国家社科基金
后期资助项目
GUOJIA SHEKE JIJIN HOUQI ZIZHU XIANGMU

法条竞合之判断

技术与路径选择

付恒 著

社会科学文献出版社
SOCIAL SCIENCES ACADEMIC PRESS (CHINA)

图书在版编目（CIP）数据

法条竞合之判断：技术与路径选择 / 付恒著. --
北京：社会科学文献出版社，2024.8
国家社科基金后期资助项目
ISBN 978-7-5228-3649-2

Ⅰ.①法… Ⅱ.①付… Ⅲ.①刑法-研究 Ⅳ.
①D914.04

中国国家版本馆 CIP 数据核字（2024）第 103287 号

国家社科基金后期资助项目
法条竞合之判断：技术与路径选择

著　　者 / 付　恒

出 版 人 / 冀祥德
组稿编辑 / 刘骁军
责任编辑 / 易　卉
文稿编辑 / 齐栾玉
责任印制 / 王京美

出　　版 / 社会科学文献出版社·法治分社（010）59367161
　　　　　　地址：北京市北三环中路甲 29 号院华龙大厦　邮编：100029
　　　　　　网址：www. ssap. com. cn
发　　行 / 社会科学文献出版社（010）59367028
印　　装 / 三河市龙林印务有限公司

规　　格 / 开　本：787mm×1092mm　1/16
　　　　　　印　张：22　字　数：350 千字
版　　次 / 2024 年 8 月第 1 版　2024 年 8 月第 1 次印刷
书　　号 / ISBN 978-7-5228-3649-2
定　　价 / 138.00 元

读者服务电话：4008918866

国家社科基金后期资助项目
出版说明

后期资助项目是国家社科基金设立的一类重要项目，旨在鼓励广大社科研究者潜心治学，支持基础研究多出优秀成果。它是经过严格评审，从接近完成的科研成果中遴选立项的。为扩大后期资助项目的影响，更好地推动学术发展，促进成果转化，全国哲学社会科学工作办公室按照"统一设计、统一标识、统一版式、形成系列"的总体要求，组织出版国家社科基金后期资助项目成果。

全国哲学社会科学工作办公室

序　言

从罪数论上观照，法条竞合理论相关研究的目的在于解决当一行为触犯数个刑法法条之时，究竟评价为法条竞合、想象竞合抑或其他竞合形态，以及是实质的一罪还是数罪之问题。从竞合论上观照，则是要解决对于不同的法条竞合类型应当如何处断的问题。法条竞合的处断虽属竞合理论中的一个局部视域问题，但由于该问题与其他犯罪竞合形态及其处断原则等问题有着最深度的关联，故其在我国刑法学研究中仍占据颇为重要的理论地位，尤其对于刑事司法实践中合理地解释立法与正确地适用法条有着积极的指引作用。

当下我国刑法学界对法条竞合理论的纷争，集中表现为在法条竞合的类型特征、形态判断以及司法适用原则等问题上不能达成共识。究其症结，乃在于学界对相关问题的讨论，在对法条竞合如何进行分类的原点问题上就已经误入歧途，继而导致对于整个法条竞合理论体系的厘清与司法实务的目标渐行渐远。

针对当前学界在法条竞合判断的研究方法上缺乏整体观与联系观的问题，本书主张在研究进路上以法律规范、司法案例与理论成果为研究素材，以系统论的整体视野、目的性的观察视角和规范分析的基本手段，充分运用刑法解释学、逻辑分析法、实证分析法、规范分析法、比较分析法等方法来进行具体分析与探究。例如，对法条竞合的类型判断不能就类型划分而讨论类型划分，而必须澄清法条竞合的范围、划分标准与竞合类型三者之间的内在逻辑关系。同时也不能将主要学术视野仅仅停留于类型划分标准的建构与存在范围的讨论上，而始终要以法条竞合研究的终极目的为指导，避免理论研究在情状万端的竞合现象中陷入无谓纷争的泥潭，实现在技术层面建构简单、高效、实用的法条竞合判断模型之目标。

本书在总体设计思路上，以"语境化"地阐释和澄清法条竞合的基本原理为基础，以技术上形塑法条竞合的处断模式为突破口，以法条竞合的立法模式选择和制度体系建构为依归，以技术规则对疑难案件的运用为检验标准，使本书的各个分论在主线上呈现出从原理阐释、技术设计、制度建构到技术验证这样一种逻辑理路。在总体架构的设计上，分为导论、原理论、案例论、技术论、制度论、运用论。其中原理论部分关涉的内容较多，体系也相对较为庞杂，具体可以分为比较论、本体论、范围论、划分论、形态论、区分论、处断论。下文分别就每一部分的主要内容和与其他部分的逻辑关联予以阐述。

导论部分主要介绍关于法条竞合判断原理及处断模型研究的意义、内容、进路与方法，并就目前法条竞合划分标准与处断规则的理论纷争分别概述。

比较论部分则在导论的基础上运用比较研究法与文献分析法，对大陆法系、普通法系以及国内刑法学界，关于法条竞合类型判识与处断的理论研究概况作分析对比。同时对各自体系下的相关理论纷争的特点与症结分别予以述评，并总结、提炼与反思普通法系下的法条竞合处置方案对我国法条竞合理论和实践的启示，以期以异域法系的研究视角与进路，为当下法条竞合的处断探索提供一种路径的镜鉴。

本体论从法条竞合的发生机理、结构、特征、概念、本质等维度对法条竞合的本体存在属性予以全面揭示。本书认为欲对法条竞合的类型、形态、处断等问题进行相关讨论与深入研究，首要的问题便在于弄清楚法条竞合的本体属性。因为只有在学者们对法条竞合的概念基本达成共识的基础上，后续的相关讨论与研究方有实际存在的价值和意义。首先，透过法条竞合的种种现象与外在特点，深入揭示其发生机理与基本结构，并以此为法条竞合本质的研究切入点。其次，通过法条竞合的成因与结构分析，揭示其深刻的内在本质，并从构成要件的形式关系侧面和实质内涵侧面探究其本质之所在。法条竞合的本质乃是单一构成要件对行为的全部非价内涵予以充分评价。再次，在揭示法条竞合本质的基础上，明确法条竞合是指，一行为触犯保护同一法益之数法条，仅适用其中一法条即可对行为的全部非价内涵予以充分评价，故仅适用该法条而排除其余法条之适用。最后，基于法条竞合的本质与概念之考量，本书主张将法条竞合作为"实质的一罪"而置于罪数论中，从而将法条竞合定位于犯罪论的体系之下。

　　范围论主要探讨法条竞合在何种范围内成立之问题，易言之，也即研究犯罪构成之间在具有什么样的关系时方发生法条竞合。在澄清法条竞合本体属性的基础上，将理论的视野聚焦于法条竞合的成立的范围，这不仅是理论研究的自然逻辑延伸，也是合理进行类型划分的理论前提和基础，更是对法条竞合进行科学分类之关键。本书对同质犯罪构成与异质犯罪构成之间能否发生法条竞合现象进行了相关检讨，并得出了在中国刑法体系的语境下，仅异质犯罪构成之间存在法条竞合可能性之结论。

　　划分论在法条竞合范围界定的基础上，旨在确立划分标准的基本原则，并通过在形式层面和实质层面建构划分标准的不同形式构造，克服单纯采用逻辑标准或在同一阶段采用多重标准的种种弊端。在划分标准上，传统的形式逻辑标准仅仅在理论层面上抽象地判断法条之间是否存在竞合关系，没有进一步从构成要件的角度分析说明在具体符合什么条件时成立什么类别的法条竞合，导致形式标准在实践中因缺乏可操作性而被束之高阁。划分论在指出划分标准研究意义的基础上，确立划分标准的基本原则，并提出二次划分标准说。在一次划分阶段，是在形式层面上以"法条外延之间的关系"为法条竞合的逻辑划分标准。这样划分的优势在于以简单明了的方式，直观上清晰地勾勒出法条之间的外延关系。为了克服该逻辑标准流于形式之局限，在二次划分的过程中引入犯罪构成的标准，在实质层面上对法条竞合进行分类。如果犯罪客体重合或包容，犯罪客观方面的实行行为竞合，犯罪主观方面类型一致，犯罪主体相容，那么即可判识为法条竞合。

　　形态论将法条竞合形态分为一般形态论与特殊形态论。该部分在接续类型划分论的基础上，研究法条竞合的一般形态与特殊形态竞合的不同特点与表现形式以及处断中面临的问题。其目的在于划清各种法条竞合形态之间的界域，并为不同的法条竞合形态选择适当的处断规则奠定形态划分的理论基础。首先，所谓法条竞合形态是指，法条竞合现象发生时，法条之间呈现出各种形式的具体竞合样态，既包括法条竞合的一般形态，也包括法条竞合的特殊形态。其次，形态论对法条竞合一般形态中的从属关系、交叉关系以及分解关系的竞合特点进行了深入分析，对相关理论分歧进行了述评。再次，形态论对法条竞合中的"涵摄效应"所涉及的多重竞合的特殊形态进行了初步的理论探索与分析。在对比德日想象竞合夹结形态理论的基础上，提出了应当将法条竞合中的夹结形态与法条多重竞合中的非夹结形态作为特殊的竞合形态加以研究的构想。形态论分析论证了两种特殊竞合现象产生的原因，并提出了司法处断上面临的问题与困境，指出了加强对该特殊形态的研究的理论意义和现实意义。最后，形态论还对共同犯罪中法条竞合的特殊形态进行了初步研究。阐释了共同正犯之间、共犯与正犯之间法条竞合的不同表现形式与形态特征，分析了共同犯罪中法条竞合的处断痛点，提出了在共同犯罪形态下对法条竞合当如何进行处断的司法适用问题。

区分论在承继法条竞合形态论的基础上，旨在通过对法条竞合形态与想象竞合、吸收犯、牵连犯等易混淆形态的辨正，提出符合本土化特点的理论修正，——厘清相关竞合形态之泾渭。通过对法条竞合、想象竞合、吸收犯与牵连犯进行不同体系下的比较研究，逐一提出了本土化的调适方案。在法条竞合与想象竞合区分理论的调适部分，区分论提出了要从罪质和罪量的双重维度去区分法条竞合与想象竞合，即只有当一法条在罪质和罪量双重维度上都可以充分评价行为不法内涵之时，方能认定为法条竞合；在法条竞合与实质补充关系理论的调适部分，主张不能盲目将德国竞合论体系下的实质补充关系纳入中国的法条竞合类型，而应当将其在范围调适的基础上纳入我国的吸收犯范畴；在法条竞合与共罚的事前或事后行为理论的调适部分，主张在我国刑法语境下，不宜将共罚的事前或事后行为纳入法条竞合的概念范畴，而应将其纳入牵连犯的范畴，但在处断上应当依照吸收犯的处断原则加以处罚。

处断论在法条竞合形态识别的基础上，回归司法适用层面，阐释各种法条竞合形态的不同处断规则及其法理依据。在一定意义上，刑法学界之所以长期聚焦于法条竞合的学术个案，其目的也就在于建立法条竞合的合理处断规则以解决司法实践中遭遇的法律适用难题。该部分在基本处断原则、一般处断规则与补充处断规则的基础上，对一般处断规则和补充处断规则进行了部分理论调适与修正。法条竞合的基本处断原则是指在法条竞合的司法适用过程中所必须坚持的一般原则。它对法条竞合处断的一般规则和补充规则都具有极其重要的指导作用。一般处断规则和补充处断规则若与基本处断原则相违背皆无效。因此基本处断原则不仅涵盖了全面评价原则与禁止重复评价原则，而且具有更高的法律效力。一般处断规则是针对从属关系、交叉关系以及分解关系的法条竞合类型，应当如何具体选择适用法条的规则。通说认为一般处断规则具体包括特殊法优于普通法之规则、复杂法优于简单法之规则、整体法优于部分法之规则。在一般处断规则的调适上，本书提出，在我国刑事立法体系下，应当将特殊法优于普通法规则调适为特殊法排除普通法适用之规则。补充处断规则系针对适用一般处断规则会导致罪刑不相适应的结果所采用的适用规则。在补充处断规则的调适上，通过对德日的比较研究并结合中国"立法定性+立法定量"的个罪模式，本书提出当特殊情形下出现简单法或部分法的法定刑反而高于复杂法或整体法的法定刑之时，不能依照法条竞合论处而应当依照兼具"法条竞合与想象竞合色彩"的竞合形态的处断模式择一重罪处断。针对"中国式竞合"、法条多重竞合以及共同犯罪中法条竞合的处断问题，分析了特殊竞合问题的成因，探究了技术处断路径的可行性方案。

案例论通过法条竞合司法适用中的实证数据分析，发现法条竞合理论在审判实践中遭遇的"真问题"，并通过对其成因的揭示，为判识与处断的技术规则建构奠定实证基础。法律的智慧是一种实践理性，缺乏司法判决中的问题归纳与司法实践经验的支撑，常常使我们在对某个法学问题作精深理论分析和完美逻辑建构之时，却与司法实践的需求相去甚远。承此，必须立足于我国的司法实践现状，检讨法条竞合在范围界定、类型判断、处断规则等方面在审判实践中遭遇的难题。该部分对选样的236份牵涉法条竞合案件的刑事裁判文书进行实证分析，并对其中记载的主要案件事实与判决结果等基础信息进行数字化处理，通过对相关刑事判决数据的梳理和分析，从司法实践维度考察法条竞合理论的微观运行样态，借以发现当前法条竞合理论在审判实践中的问题并探析其成因。

技术论主要针对当下理论界和司法实务界在法条竞合本体论、范围论、形态论、处断论上存在的理论认识误区，通过系统地澄清误区的具体成因，提出理论调适的本土化方案，弥合现行理论的瑕疵。同时因应理论调适对技术的需求变化，以及通过对司法适用现状与问题的实证分析，修正司法技术流程上的不足，提出加入罪量判断阶段的技术路径构想，从而助力于司法处断阶段法条竞合判识流程的设计优化与技术规则的建构。

制度论在接续技术论的基础上，从法条竞合的现行法律制度出发，对我国"分则个罪立法模式"形成、特征与存在的问题进行了阐释，提出建构"以总则性立法为统领，以分散性立法为支撑"的立法模式构想；在对法条竞合典型立法表述的"从一重处断""从特别规定"两大类条款进行系统梳理的基础上，指出上述条款在理解和适用中的疑难问题。同时在对大陆法系和普通法系相关制度设计进行比较研究的基础上，探索在立法和司法层面具体制度的建构路径。

运用论主要运用法条竞合的技术判断规则并结合中国语境下的理论调适方案，对法条竞合司法判决中的典型疑难案例进行释法说理，探讨理论调适方案在疑案中运用的有效性，通过技术规则在疑案中的适用检验技术规则的可靠性。细言之，该部分针对交叉关系、从属关系、分解关系的类型判断，法条竞合与想象竞合的区分标准，复合行为引发多重法条竞合的判识，以及夹结形态的处断等多类司法判决中的存疑问题，检验相关理论调适方案与技术规则的有效性，从而将法条竞合的技术规则与司法实践紧密融合，增强法条竞合理论与技术规则的实践理性与学术生命力。

目　录

第一章 导论

第一节 问题的提出与研究意义

一 问题的提出

法条竞合论在当下我国刑法学研究中占据颇为重要的理论地位，其对于刑事司法实践中合理地解释立法与正确地适用法条有着积极的指引作用。"德国刑法学者 Binding 最早发现法条之间的竞合现象，后经 Honig、Klug、Jakobs、Puppe 等学者的'继力'和'加功'，法条竞合研究逐渐呈现一派繁荣的景象。"[1] 然而自民国伊始，[2] 法条竞合的相关概念引介至中国以来，有关法条竞合的理论纷争就从未休止，各种观点纷呈迭出、蔚为壮观。时至今日，法条竞合的观点纷争在促进法条竞合理论臻于完善的同时却又不自觉地呈现出更大的立场分歧。有学者以"不但影响当事人之权益至巨，且每为适用刑法者抑或学习刑法者倍觉困扰之所在"[3] 称之，以至于今日步入了"令学者绝望，实务上无解"[4] 的困局。

相较于德国、日本以及我国台湾地区的学理讨论，我国大陆学界基本是围绕法条竞合特别关系类型的法律适用规则展开论战，使得法条竞合问题有一定特色。[5] 国内学者对法条竞合相关问题的关注发端于 20 世纪 80 年代初。冯亚东教授与肖开权教授围绕四川省岳池县的粟登荣制

---

[1] 叶良芳：《法条何以会"竞合"？——一个概念上的澄清》，《法律科学（西北政法大学学报）》2014 年第 1 期。

[2] 法条竞合的相关理论源于德日刑法学，民国时期的刑法教科书就有了关于法条竞合理论的论述。民国学者王觐开始传播日本学者大场茂马关于法条竞合的理论，并最先展开了有关法条竞合与想象竞合分野的学术论争。参见陈兴良《法条竞合的学术演进——一个学术史的考察》，《法律科学（西北政法大学学报）》2011 年第 4 期。

[3] 甘添贵：《罪数理论之研究》，中国人民大学出版社，2008，第 1 页。

[4] 柯耀程：《刑法竞合论》，中国人民大学出版社，2008，"序言"第 5 页。

[5] 参见黄小飞《法条竞合之特别关系类型及其适用规则》，《中国刑事法杂志》2017 年第 3 期。

造、贩卖假药案首开论战。争论围绕"根据特别法定罪量刑不能做到罪刑相适应时，能否撇开特别法优于普通法适用原则，转而适用重法优于轻法原则"的焦点问题展开。① 随后，"特别法优先"与"重法优先"两大学术阵营展开了旷日持久的学术论争。近年来，周光权教授与张明楷教授聚焦于讨论"在特别关系法条竞合的场合，是特别法绝对优先还是允许有条件的重法优先，以及在数额未达司法解释所确定的特殊诈骗罪定罪标准但超过诈骗罪时，能否以诈骗罪定罪处罚"等问题，② 将两大阵营的学术争鸣推向了新的高潮。当下学界基本形成了以陈兴良教授、周光权教授、刘明祥教授等为代表的特别法绝对优先的通说派与以张明楷教授、吴振兴教授、庄劲教授等为代表的有条件的重法优先派之间论战的格局。③

　　另外，在法条竞合类型判断的相关研究领域，目前国内刑法学界也尚未取得普遍共识，这势必会影响司法实务对法条竞合的理解与适用。"法条竞合的类型是认定法条竞合的表征，长期以来，我国刑法学界一直使用罪数论的概念，法条竞合的下位类型和罪数论中的吸收犯等概念又往往存在交叉关系，因而让人感觉杂乱无章和充斥着混乱。"④ 究其症结，乃在于相关问题的讨论在法条竞合形态的出发原点上就已经误入歧途，导致对于法条竞合理论体系的厘清，与司法实务目标渐行渐远。难怪有学者慨叹："多年来，我国刑法学界对法条竞合的讨论，在其类型、名称及其处断原则等问题上都不能达成共识，而其首要问题便是如何进行分类。"⑤ 也有学者认为："法条竞合的类型。像是特别关系、补充关系、吸收关系、择一关系、包容关系，光是这些称谓就给人眼花缭乱之感，而各种关系的确切内涵及其相互之间的关系又是什么，则亟须厘清。"⑥

---

① 参见冯亚东《论法条竞合后的从重选择》，《法学》1984 年第 4 期；肖开权《法条竞合不能从重选择——与冯亚东同志商榷》，《法学》1984 年第 8 期。
② 参见周光权《法条竞合的特别关系研究——兼与张明楷教授商榷》，《中国法学》2010 年第 3 期；张明楷《法条竞合中特别关系的确定与处理》，《法学家》2011 年第 1 期。
③ 参见陈洪兵《竞合处断原则探究——兼与周光权、张明楷二位教授商榷》，《中外法学》2016 年第 3 期。
④ 方军：《法条竞合的法理及类型思考》，《河南财经政法大学学报》2017 年第 5 期。
⑤ 冯亚东：《罪与刑的探索之道》，中国检察出版社，2005，第 192 页。
⑥ 黎宏、赵兰学：《论法条竞合的成立范围、类型与处罚规则》，《中国刑事法杂志》2013 年第 5 期。

例如，行为人在实施相关渎职犯罪的过程中，有可能具有索贿或者受贿的行为，对此如何处理，在刑法理论界存在着严重分歧与长期争议。第一种观点认为，如果收受贿赂并且达到法律所规定的受贿罪数额标准，则应当以渎职罪与受贿罪对行为人实行数罪并罚；第二种观点认为，因收受他人贿赂而渎职的属于牵连犯的情况，应择一重罪处罚；第三种观点认为，上述行为引发的竞合现象符合法条竞合中的整体法与部分法竞合的类型，根据整体法优先于部分法的原则，在一般情况下，只适用受贿罪就可以评价上述不法行为的全部非价内涵。① 由此可见，理论上法条竞合形态与其他相关竞合形态在类型认定上存在模糊界域，导致在罪名认定与刑罚处罚上的大相径庭。盖究其根源而言，还在于理论界对于法条竞合的类型划分存在多重标准与学说，致使一行为触犯数法条，该当数要件时，对于是否属于法条竞合，以及属于哪一种相关类型，缺乏明细的判断标准，从而使得司法实务无所适从。

法条竞合的类型判断虽属法条竞合理论中的一个局部视域问题，但由于其与其他犯罪竞合形态及其处断原则等问题有着最深度的关联，故其所牵涉的问题必将扩散至整个竞合理论体系。但囿于篇幅和笔者学识，对法条竞合的相关研究自然难以面面俱到。本节主要针对当前中国刑法学界在法条竞合类型问题上存在的主要分歧和争论作一些粗浅探讨。

首先，法条竞合类型的划分缺乏统一的标准，导致标准林立，各种法条竞合形态细目种类庞杂，难以尽述。② 有德国学者主张以特别关系适用于所有法条竞合之情形，比如，Puppe 教授以法条竞合的本质为标准，在实务上采用一个法条是否足以对于行为的不法内涵进行完整的评价作为划分法条竞合类型的依据，据此认为法条竞合仅有一种类型即特别关系。另有学者 Klug 教授则以评价对象和构成要件的关系为标准，借

---

① 但特殊情况下，定受贿罪可能处罚较轻从而有违罪刑相适应原则，则可根据法条竞合的补充处断原则按渎职罪处罚。参见冯亚东《受贿罪与渎职罪竞合问题》，《法学研究》2000 年第 1 期。

② 有的分类甚至与形式逻辑的分类规则相互冲突，导致子项相容等逻辑错误。有的分类则标准含混无助于推动司法实践。例如有学者提出："法条竞合包括两大类型：横向的法条竞合与纵向的法条竞合。其中，横向的法条竞合是学界所通常探讨的，纵向的法条竞合鲜有学者论及。"参见马凤春《论法条竞合的类型及其法律适用》，《法治研究》2009 年第 12 期。

由概念关系之分析将法条竞合类型划分为从属关系（特别关系）和交错关系（补充关系、吸收关系）；[1] Beling 则从刑法法规间的逻辑关系入手将其划分为排他关系、特别关系和中立关系[2]。日本学者大体认同特别关系、补充关系作为法条竞合的基本类型。[3] 但对于择一关系则见解颇为分歧。[4] 中国台湾学者大多承认上述四种法条竞合类型，尤其是对于择一关系几乎都持肯定之态度。[5]

中国大陆学者率先对法条竞合进行分类的是马克昌教授，他认为法条竞合形态包括以下两种："一是特别法与普通法的竞合，二是实害法与危险法的竞合。"[6] 姜伟教授则在此基础上分两阶段分别使用不同的标准对法条竞合类型进行划分。第一阶段以逻辑上是否存在重合为标准将法条竞合划分为绝对竞合和相对竞合两种形态，第二阶段则在第一阶段分类的基础上引入犯罪行为的标准将其划分为局部竞合、全部竞合、重合竞合与偏一竞合。[7] 陈兴良教授认为，"只有从规范结构关系中，才能寻找法条竞合的真正原因"，故以规范结构为标准，采用外延与内涵两种不同分析法将其划分为两类四种："两类是指从属关系的法条竞合与交叉关系的法条竞合；四种是指独立竞合、包容竞合、交互竞合与偏一竞合。"[8] 冯亚东教授则从形式逻辑学出发，根据不同罪质之间的外延关系，将法条竞合大致划分为特殊法与普通法的竞合、狭义法与广义法的竞合以及全部法与部分法的竞合。[9] 近年来有学者提出两分类说："法条竞合的类型应当仅限于特别关系与补充关系，吸收关系、'对立排他的择一关系'均不应当被视为法条竞合的类型。"[10]

概言之，法条竞合的类型纷争不论是在德日刑法体系下，还是在中

---

① 参见许玉秀《当代刑法思潮》，中国民主法制出版社，2005，第 776~779 页。
② 参见张明楷《犯罪之间的界限与竞合》，《中国法学》2008 年第 4 期。
③ 平野龍一『刑法總論』（Ⅱ）有斐閣、1975、411 頁。
④ 〔日〕大塚仁：《刑法概说（总论）》（第三版），冯军译，中国人民大学出版社，2003，第 484 页。
⑤ 参见甘添贵《罪数理论之研究》，中国人民大学出版社，2008，第 55 页。
⑥ 马克昌：《想象的数罪与法规竞合》，《法学》1982 年第 1 期。
⑦ 参见姜伟《法条竞合初探》，《西北政法学院学报》1985 年第 4 期。
⑧ 陈兴良：《本体刑法学》（第三版），中国人民大学出版社，2017，第 363~366 页。
⑨ 参见冯亚东《受贿罪与渎职罪竞合问题》，《法学研究》2000 年第 1 期。
⑩ 陈珊珊：《法条竞合的内涵与处断规则探析——以嫖宿幼女罪与强奸罪的法条竞合为例》，《中国刑事法杂志》2013 年第 7 期。

国刑法的语境下，以此多重标准所界定的法条竞合类型，内涵与外延自然均不尽相同。其结果必然是学者们在各自的语境下建立类型化的概念体系并以此为基础对法条竞合的相关问题进行探讨，这样的研究进路显然难以形成有效共识。

其次，法条竞合的范围认定存在多种学说，这种差异直接导致法条竞合类型认定上的迥异。法条竞合的类型判定与两大因素相关，一是存在范围，二是划分标准。具体而言，按照目前的通说，先运用逻辑标准，根据法条之间的外延关系将法条之间的逻辑关系划分为全异关系、交叉关系、包容关系、同一关系四种;① 然后再在这四种关系之间讨论法条竞合的存在范围。基于任何刑法法条不可能完全相同之故，同一关系则不可能存在法条竞合之情形。通说大多认为包容关系下存在法条竞合，对这一点无论是德日刑法学界还是中国大陆及台湾刑法学界都取得了较为一致的认识。但是对于交叉关系下是否存在法条竞合则有肯定说与否定说的长期学术论争。肯定说认为："所谓交叉关系，是指一方的法条所规定的构成要件和另一方的法条所规定的构成要件部分地重合的场合。"② 否定说认为，交叉关系不是法条竞合而是想象竞合。③ 至于全异关系的法条之间是否存在法条竞合的可能性，通说给出了完全否定性的回答。究其原因乃在于，既然法条的外延之间不存在交叉重合以及包容的关系，那么法条之间就不可能产生法条竞合关系。但也有学者认为，当法条之间在逻辑学上存在整体与部分关系时，即便在外延之间没有任何重合或者包容，抑或说它们之间是一种全异关系，也可能产生法条竞合。譬如，行为人在实施相关渎职犯罪的过程中，有可能具有索贿或者受贿的行为，那么此时具有全异关系的受贿罪与渎职罪就会发生整体与部分的竞合。渎职罪成为受贿罪评价的一部分内容，而此时仅适用受贿罪即可以评价上述不法行为的全部非价内涵。④ 由此可见，全异关系中是否存在法条竞合的可能性，仍是值得理论界继续深入探讨的话题。另

---

① 参见付恒《论法条竞合的成立范围、划分标准与竞合类型》，《四川师范大学学报》（社会科学版）2018 年第 4 期。

② 〔日〕山口厚：《刑法总论》（第三版），付立庆译，中国人民大学出版社，2018，第393 页。

③ 参见高铭暄主编《中国刑法学》，中国人民大学出版社，1989，第 217~218 页。

④ 参见冯亚东《受贿罪与渎职罪竞合问题》，《法学研究》2000 年第 1 期。

外在同质的犯罪间，如实害法与危险法之间，以及基本犯罪构成与修正犯罪构成、基本犯罪构成与特殊犯罪构成之间是否存在法条竞合也存在着相当大的学术争议。

最后，当下对法条竞合类型的研究缺乏目的性和体系性的考量，导致研究方向盲目、研究进路狭隘、研究视角单一。所谓缺乏目的性考量是指当前对法条竞合类型的研究，其主要学术视野停留在类型划分标准的建构上，而没有以法条竞合类型研究的目的为指导。[①] 事实上"罪数判断是规范判断，规范判断的检验标准是方法与结论的合目的性"[②]。因此对法条竞合的类型划分需要深入地去思考为什么要进行如此划分，如此划分是否有助于司法实践中对法条竞合的认定，这样划分的依据是否符合法条竞合类型研究的根本目的、是否有利于区分其他犯罪竞合形态。一些研究仅仅是为研究而研究，甚至为了创造出理论上逻辑自洽的分类体系而无视司法实践的生动实际，忘却了进行法条竞合类型划分之根本使命。

所谓缺乏体系性考量是指当前法条竞合类型的研究方法缺乏整体观、大局观，看问题时欠缺联系的视角，因而视域狭隘，研究难以深入。本书认为要合理地进行法条竞合的分类，首先必须对法条竞合这种客观现象的发生机理有清醒的认知；其次要对法条竞合的基本结构和特点有精准的把握；再次要对法条竞合的本质与体系定位有深刻的体察；最后还要对各种"疑似数罪"的竞合形态有清晰的把握和深刻的洞见。因为上述因素都与法条竞合类型的合理划分有着最直接、最深度的关联。

二　研究意义

首先，从理论维度审视，加强对类型划分的理论研究，有利于法条竞合类型划分标准的相对统一，有利于厘清法条竞合与其他相关罪数形态的模糊界域，有利于澄清法条竞合的发生机理，进而丰富和完善我国的法条竞合理论体系。以法条竞合的类型划分标准为例，在当下的分类

[①]　本书认为研究法条竞合类型的目的在于创造出一套简单实用、分类科学、逻辑自洽的分类体系，运用该体系能较为准确地判识出行为是否属于法条竞合的基本类型，最终有助于顺利地推进司法实践中的相关认定。

[②]　庄劲：《机能的思考方法下的罪数论》，《法学研究》2017 年第 3 期。

体系下，分类标准不仅五花八门、政出多门而且标准模糊、含混晦涩。各自分类体系的语境差异使学者在学术对话的平台上缺乏相应概念的一致内涵，致使难以达成有效共识。只有建立标准统一、分类科学、逻辑自洽的分类体系才能消除学术壁垒，统一概念体系从而破解困局。另外法条竞合在体系定位上应当属于罪数论的范畴，是"本来的一罪"。因此对其类型与形态的厘清必将有助于与其他罪数形态相区分，从而丰富和深化我国的罪数论体系。

其次，从立法维度上讲，加强法条竞合典型立法表述条款研究，有助于科学立法和合理地解释立法。比如，依据通说，特别法条可以优先于普通法条而适用，但其为何能够优先于普通法条？其优先适用的法理何在？这就需要运用法条竞合的理论，对法条竞合典型立法表述条款进行研究，以期合理地解释立法。依照通说的解释，特别法条与普通法条的竞合属于法条竞合类型中的包容竞合，而包容竞合的实质在于特别法条已经包含了普通法条的全部非价内涵，即仅适用特别法条就足以对普通法条的全部不法内涵予以全面充分的评价。因此适用特别法条后普通法条即无适用余地，否则就是评价过剩。另外在存在交叉关系的法条竞合中，何以适用一条而废弃另一条？适用的理由是什么？这些都需要法条竞合的相关理论作出科学的解释。以交通肇事罪（交通肇事行为已经致人死亡）和过失致人死亡罪发生法条竞合为例，为何此时仅适用交通肇事罪而排斥过失致人死亡罪？概言之，该两罪的竞合属于交叉竞合，交叉竞合的实质在于两个法条的保护法益具有同一性，而在适用法条的选择上应适用法益评价最为充分之法条。易言之，交通肇事罪与过失致人死亡罪均保护生命法益，但是交通肇事罪是具体危险犯，其保护的公共安全法益已经涵盖了对个体生命法益的保护，显而易见，用交通肇事罪对不法行为进行评价更为全面和充分。

最后，从司法维度审视，研究法条竞合的处断理论有助于指导刑事司法实践中正确地适用法条。一方面，不同类型的法条竞合形态必然导致适用不同的处断规则，而在不同处断规则下所适用的法条将致使行为人承担完全不同的法律后果。合理分类有助于根据不同法条竞合类型的特点以及不同的司法适用原则正确地选择适用法条。另一方面，刑事司法实践的精义在于正确地定罪、合理地量刑，而其难点在于对于行为处于模糊界域边缘的某些疑难案件的出入罪判断以及科刑处罚。科学的分类不仅有助于合理地解释立法，还能够为刑事个案中"疑似数罪"的判断提供路径清晰的比对模型，对行为是否符合法条竞合的基本类型、是否具有法条竞合的本质属性作出合理的判断。概言之，法条竞合类型的合理划分是科学地识别、掌握不同类型竞合形态的关键环节，对于准确地指导司法实践有着重要的实践价值。

第二节　研究的结构、进路与方法

一　研究结构

本书主要研究关于法条竞合的判断原理、技术以及在中国语境下的法律制度模式设计与选择，具体结构如下（详见图1-1）。

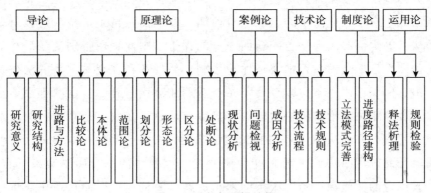

图1-1　本书逻辑结构

（1）导论部分。阐述关于法条竞合判断原理及处断模型研究的意义、内容、进路与方法，并就当下法条竞合的划分标准与类型纷争分别概述。

（2）原理论部分。第一，运用比较研究法与文献分析法对大陆法系、普通法系以及国内学者的法条竞合类型研究概况作分析对比。同时对各自体系下的相关理论纷争的特点与症结分别予以述评，以期运用异域法系的研究视角与进路为当下处于迷惘状态的相关理论探索提供一种路径的镜鉴。第二，运用刑法教义学的视角，对法条竞合的发生机理、特征、结构进行多维诠释，并对法条竞合的基本概念与体系定位进行准确厘清。第三，以法条竞合的基础理论为构建基石，分别对法条竞合的存在范围与划分标准进行相关理论梳理与辨正。第四，在澄清法条竞合存在范围与划分标准的基础上对法条竞合形态进行揭示，并从法理上论证一般形态和特殊形态的特征、类型与发生机理。第五，在区分论部分，针对在实践中德国竞合论体系下的法条竞合犯与我国罪数论体系下的想象竞合犯、吸收犯、牵连犯之间难以区分的问题，探析在我国刑法语境下相关理论应当如何调适，方能契合"本土化"的理论与实践之需求。第六，在有效划分法条竞合形态与相关竞合形态界域的基础上，处断论的目的在于回归司法适用层面，探究解决各种法条竞合形态的不同处断规则及其适用法理的依据。

（3）案例论部分。通过对选样的 236 份牵涉法条竞合案件的刑事裁判文书进行梳理和分析，并对其中记载的主要案件事实与判决结果等基础信息进行数字化处理，其目的在于从司法实践维度考察法条竞合理论的微观运行样态，借以发现在审判实践中遭遇的"真问题"，进而通过对成因的揭示，为判识与处断的技术规则建构奠定实证基础。

（4）技术论部分。从司法机关的视域出发，针对理论的症结、现状与司法实践判决中大量存在的适用问题，根据罪数评价的基本原理，提出针对不同的竞合类型设计司法技术判识流程的技术构想。通过建立简单、科学、实用的法条竞合判识与处断规则，形塑法条竞合司法处断的具体路径。

（5）制度论部分。针对我国"分则个罪立法模式"存在的问题，提出建构"以总则性立法为统领，以分散性立法为支撑"的立法模式构想；针对法条竞合典型立法表述的"从一重处断""从特别规定"两大类条款在理解和适用中的疑难问题，提出在立法和司法层面的法律制度建构。

（6）运用论部分。主要针对交叉关系、从属关系、分解关系的法条竞合类型判断，法条竞合与想象竞合的区分标准，复合行为引发多重法条竞合的判识，以及夹结形态的处断等多类司法判决中的存疑个案，检验本书提出的相关理论调适方案与技术规则的有效性。

二　研究进路

法条竞合的判识与处断主要牵涉三个关键性问题：第一是如何从理

论上澄清法条竞合的概念与存在范围；第二是在界定清楚范围的基础上，如何确立标准来划分法条竞合的基本类型与形态；第三是在明确基本类型与形态的前提下，如何构建法条竞合犯司法适用的技术判断流程并完善相关法律制度体系。全书以解决这三大问题来统摄研究重点与基本架构，这即是本书研究的基本进路。

前文已述，当下对法条竞合理论研究缺乏目的性和体系性的考量，导致研究方向盲目、研究进路狭隘、研究视角单一。本书主张在研究进路上要以系统论的整体视野、目的性的观察视角和规范分析的基本手段来进行具体分析与研究。

针对当前对法条竞合理论的研究方法缺乏整体观与联系观的问题，本书主张要科学分类，不能就类型划分而讨论类型划分，而必须讨论与其有深度牵涉的其他因素。易言之，就是要透过法条竞合的种种现象，深入揭示其发生机理；要通过分析法条竞合的基本结构，把握法条竞合的基本特点；要通过对法益的深刻分析，揭示假性竞合的本质特征与一罪内涵；还要对"疑似数罪"的竞合形态与法条竞合形态的相似性进行辨析，以澄清理论认识上的误区，辨正法条竞合的基本范围。

针对法条竞合理论研究缺乏目的性考量的问题，本书主张法条竞合的相关研究若用语艰涩、理论繁杂反而不利于司法实务。法条竞合的研究最终要回归"竞合的类型和处断原则"的根本性问题，因此，在类型的划分和处断规则的建构，尤其是处断规则的技术流程设计上，始终坚持删繁就简的原则，始终围绕有利于区分其他犯罪的竞合形态、有利于司法实践中类型的识别、有利于司法处断的适用之目的。只有始终坚持以目的性为指导，才能保障理论研究在情状万端的竞合现象中不至于陷入无谓纷争的泥沼，才能正确地对法条竞合理论进行体系定位，才能为司法操作建构简单、高效、实用的法条竞合判断流程。

三　研究方法

基于研究内容与特点的考量，本书在研究过程中主要以法律规范、司法案例与理论文献为研究素材，主要采用刑法解释学、逻辑分析法、实证分析法、规范分析法、比较分析法等方法进行研究，并通过调适法条竞合理论，为解决本土化司法适用问题提供理论指引。

　　第一，刑法解释学的方法是本书的重要研究方法。"刑法解释学是根据解释现行刑法的规范的意义以体系的认识为内容的学问领域，其对象是现行的刑法规范，其方法是解释。刑法解释学也是科学，属于精神科学、社会科学、文化科学。"[1] 刑法解释学实际上就是在刑法典的文本范围内研究刑事法律的解释机制和解释方法。刑法解释学的方法即是运用文理解释、扩张解释、限制解释、当然解释、历史解释等达到解释目标的方法。研究法条竞合，必须分析构成要件之间的内在逻辑关系，分析逻辑关系则需运用刑法解释学的方法探究刑法法条所保护的法益范围，解释各种客观要素与主观要素的涵摄范围。站在客观解释的角度进行解释是本书之基本立场。

　　第二，逻辑分析法是本书的基本研究方法。法条竞合关系是以刑法法条为基本研究对象的，而刑法法条是对行为的类型化规制，因此对刑法法条关系的研究，也应当以围绕"行为"展开的刑法条款为对象，而非具体的犯罪行为与犯罪形态，这是本书在法条竞合理论上的基本学术立场。那么在情状万端的竞合现象下，如何对静态的法条进行合理划分，从某种意义上讲则依赖于"概念之间逻辑关系"的分析。由于形式逻辑乃规范人类基本思维形式之科学，故运用逻辑分析法研究法条竞合的类型应当是首选的基本方法，易言之，该方法就是要在遵循逻辑划分规则的前提下，对法条之间的外延关系进行逻辑判定，以确定法条之间逻辑关系的基本类型。

　　第三，实证分析法。自孔德伊始，实证主义作为一种强大的学理运动，以反对先验的思辨和注重经验的材料为特征，日渐成为一种法学领域内的主流研究方法。它是一种立足于当下的学科现实，通过案例和经验的收集，力图从理论上推理说明的研究范式。由于法条竞合是司法实践中的常态现象，加之刑法学又是一门极具实践理性的学科，因此重视与实践的有机结合就成为法条竞合理论研究的必然选择。对于法条竞合理论研究而言，实证研究的主要路径就是通过案例来检视相关理论的妥适性和合理性，以避免无益于司法实践的纯粹的概念建构游戏。

　　第四，规范分析法。刑法法条大多是由刑法规范构成的，从规范分

---

[1]　马克昌:《比较刑法原理——外国刑法学总论》，武汉大学出版社，2002，第16页。

析的角度分析"疑似数罪"的构成要件要素和行为的不法内涵，对法条竞合类型的判断起着举足轻重的作用。以构成要件的规范分析为基础，以法条竞合的基本结构为观察视角，以法益分析为主导，进而探讨各种法条竞合的类型与形态是本书的重要研究方法。

第五，比较分析法。该方法是对研究对象加以比较，对比、认识研究对象的本质和规律，从而作出正确评价的研究方法。它通过优劣的比较，有助于更加深刻地认识相关研究问题。比如，通过对法条竞合类型相关理论的比较研究，可以进一步拓宽学术研究视野，增进对大陆法系和普通法系相关理论与制度的了解，分析其在司法实践中的利弊得失，进而为我国的法条竞合理论研究提供一种未来可以参考的镜鉴。

第三节　研究的创新设计

一　研究进路上的创新

在研究进路上，本书在一定程度上改变了过去对法条竞合类型探讨的固有范式，即首先界定法条竞合的基本概念，再探讨法条竞合的分类标准，最后根据不同类型的法条竞合形态构建不同的司法适用原则。本书主张在法条竞合类型的研究上，要在明确目的性和体系性要求的前提下来设计研究进路，如此方能避免陷入研究方向盲目、研究进路狭隘、研究视角单一的误区。

概言之，就法条竞合研究的目的性来看，一是确立法条竞合的科学划分标准，二是明确法条竞合的具体类型与形态，三是选择法条竞合的合理处断规则。就法条竞合类型研究的体系性来看，虽然法条竞合的类型研究属于法条竞合理论中的一个局部性问题，但对于其牵涉的问题之讨论，必将扩散至整个罪数论体系，以至于影响到刑法体系的整体架构与布局。因此体系性的内在要求在研究进路上体现为要以系统论的整体视野、目的性的观察视角、规范分析的基本手段来进行具体分析，不能就类型划分而讨论类型划分，而必须讨论与其有深度牵涉的其他因素。为此，其具体路径设计如下。

整体设计上遵循由表及里、由浅入深、由现象到本质的研究路径。

第一步，透过法条竞合的种种现象，深刻揭示其发生机理；第二步，通过对发生机理与法条竞合外观特点的深刻剖析来揭示其假性竞合的本质特征与一罪内涵；第三步，在明晰法条竞合本质的基础上归纳出法条竞合的基本概念并进行体系定位；第四步，在法条竞合本质与概念界定的基础上，厘清法条竞合的存在范围；① 第五步，在澄清法条竞合范围的前提下，确立科学的分类标准并划定法条竞合的基本类型与形态；第六步，依据法条竞合的类型和形态特征构建合理的法条适用原则、处断模型与相关法律制度。

二 研究内容上的创新

第一，在划分标准上，传统的形式逻辑标准仅仅在理论层面上抽象地判断法条之间是否存在竞合关系，没有进一步说明构成要件在符合何种条件之时构成法条竞合关系，因而在实践中缺乏可操作性。针对该理论症结，本书在法条竞合的类型划分标准上，提出了二次划分标准说。通过在形式层面和实质层面分别建构划分标准的形式构造，克服了单纯采用逻辑标准或在同一阶段采用多重标准的种种弊端。

第二，在法条竞合的基本类型研究上，本书从理论上澄清了分解关系的法条竞合类型得以产生的逻辑基础。通说长期以来认为全异关系的法条之间因不具有交叉或包容关系，所以不可能产生法条竞合关系。本书以逻辑理论为基础并结合个案实证研究与规范分析，从理论和实践上澄清了在具有分解关系的前提下，全异关系的整体法与部分法之间产生法条竞合关系的根源所在。

第三，在法条竞合的特殊形态上，本书提出了应当将一行为既构成法条竞合也构成想象竞合以及一行为既构成法条竞合也构成实质竞合的现象作为特殊的竞合形态加以研究的理论构想。本书不仅分析了法条竞合中夹结现象产生的原因，还对其特殊性进行了深入阐释，并首次提出

---

① 本书之所以要在法条竞合分类研究之前厘清法条竞合的存在范围，乃是因为法条竞合的存在范围界定是构建合理进行类型划分的理论的前提和基础，同时也是对法条竞合进行科学分类之关键。

了"法条竞合夹结形态"的概念，① 对在司法上应当如何处断也一并提出了相关技术判断流程的设计方案。

第四，在与法条竞合容易混淆的相关竞合形态上，本书对德国竞合论体系下的法条竞合犯与我国罪数论体系下的想象竞合犯、吸收犯、牵连犯之间存在的模糊界域进行了一一辨正。在法条竞合与想象竞合区分理论的调适部分，提出了要从罪质和罪量的双重维度去区分法条竞合与想象竞合；在法条竞合与实质补充关系理论的调适部分，主张不能盲目将德国竞合论体系下的实质补充关系纳入中国的法条竞合类型，而应当将其在范围调适的基础上纳入我国的吸收犯范畴；在法条竞合与共罚的事前或事后行为理论的调适部分，主张不宜将共罚的事前或事后行为纳入法条竞合的概念范畴，而应将其纳入牵连犯的范畴，但在处断上应当按照吸收犯的处断原则进行处罚。

第五，在法条竞合的判断标准上，本书结合中国刑法的语境，对德日的法益判断标准说进行了本土化的改造，提出了罪质和罪量相统一的判断模式。德日通说认为法条竞合判断的关键在于能否以一法条实现对行为的充分评价，但是德日体系采取的"立法定性+司法定量"的个罪模式仅对行为非价性的罪质进行评价而不牵涉罪量。反观中国刑法采取的"立法定性+立法定量"的个罪模式，对行为非价性的充分评价则既包括罪质又包括罪量。由此可见，行为的非价性既有质的差异性，也有量上的不同性。被适用的优位法不仅要充分评价行为的罪质，也要全面评价行为的罪量。但值得注意的是，在判断的逻辑顺序上，应当坚持先评价罪质而后评价罪量，否则会犯"以刑制罪"的颠覆性错误。

第六，在法条竞合的补充处断规则上，本书通过对德日的比较研究得出结论并结合中国刑法体系下的语境特点，提出了特殊情形下简单法或部分法的法定刑反而高于复杂法或整体法的法定刑之时，因在罪量上不能实现对行为非价性的充分评价，故不能判定为法条竞合。因简单法与复杂法、整体法与部分法具有法益保护的同一性，自然也不能判识为想象竞合，本书姑且称之为兼具"法条竞合与想象竞合色彩"的竞合形

---

① 通说认为夹结形态仅仅存在于想象竞合犯与牵连犯之中，对法条竞合中的夹结现象鲜有涉及。

态。为贯彻全面评价原则与禁止重复评价原则，并结合《刑法修正案（九）》中竞合处理的立法模式，应当比照想象竞合的处断模式择一重罪处罚。

第七，在法条竞合的形态研究上，本书提出了将中国语境下兼具"法条竞合与想象竞合色彩"的竞合形态作为一行为触犯数罪的新型竞合形态加以研究的理论构想。本书对该形态与法条竞合、想象竞合的形态特征进行了差异化对比研究，对其罪数的性质与法条竞合、想象竞合的区别进行了阐释，并尝试对其司法处断规则加以探讨。

第八，在法条竞合的立法模式选择上，本书针对其存在零散性、分散性、重复性立法的问题，提出了建构"以总则性立法为统领，以分散性立法为支撑"的立法模式构想；针对法条竞合典型立法表述的"从一重处断""从特别规定"两类条款在理解和适用中的问题，在立法和司法层面分别提出了具体法律制度的建构路径。

第二章 比较论：法条竞合理论的比较研究

自民国伊始，法条竞合的概念引介至中国以来，法条竞合的理论迁衍就同向德日的借鉴结下了不解之缘。长期以来我国在法条竞合的理论体系、知识体系和话语体系的建构上尊德崇日，对普通法系在理论与实务中处理该问题的实践经验与理论成果缺乏必要的借鉴，事实上不同的法系面临实现罪刑均衡的共同课题。

本部分主要运用比较研究法与文献分析法，对大陆法系、普通法系以及我国刑法学界关于法条竞合类型判断与处断理论的研究概况作分析对比。在纵向梳理和横向比较后，对各自体系下的相关理论展开反思，并总结、提炼普通法系下的法条竞合处置方案对我国法条竞合理论与司法实践的启示，以期以异域法系的研究视角与进路，为当下法条竞合的处断探索提供一种路径的镜鉴，从而为后续原理论的展开奠定理论基础，为技术论以及制度论的建构拓宽学术视野，并提供得以借力滋养的实践进路。

第一节 域外研究现状概览

一 大陆法系法条竞合类型判断的理论概述

大陆法系关于法条竞合的判断，在类型划分上存在较大的理论分歧。德日刑法学者的相关研究主要集中围绕以下三个方面展开了充分而热烈的讨论：第一是关于法条竞合的划分标准，第二是关于法条竞合类型划分的方法，第三是关于法条竞合的存在范围与形态（类型）。以下分别述之。

首先是关于法条竞合的划分标准。法条竞合划分标准之研究意义在于从理论上揭示法条竞合的本质，在实践中给出具有可操作性的判断标准，它是进一步判断法条竞合的具体类型的前提和基础。因为只有明确了法条竞合的实质与判断标准，对法条竞合的分类研究才可能具体和深入。

　　在大陆法系，实务界和理论界分别根据各自的实践和理论的需要建立了众多的划分标准，其标准林林总总、纷繁复杂。本书选择主要学说介绍其概要。① 德国司法实务界主要提出了六种划分标准。第一种以构成要件的阶段性关系为标准，认为两个以上的构成要件之间具有逻辑结构上的阶段性关系即可构成法条竞合。第二种则以经验上的必然关系为划分标准，认为一个行为如果该当某个犯罪构成要件，那么必然或通常也该当另一犯罪构成要件，比如运输毒品与持有毒品之间的关系。第三种从量刑的角度出发，把法定刑的轻重作为认定标准。该观点认为，法定刑较轻的罪不可能吸收法定刑较重的罪，因而以此可以排除不能成立法条竞合的各种情况。第四种则从法条竞合的本质出发，建立了法益同一性的标准。例如，山火正则主张法条竞合应当有"与各种现象形式的发现技术相关联的诸特征及法益的同一性的存在"②。易言之，一行为触犯的不同构成要件之间必须具有法益保护的同一性，不存在法益同一性的法条之间不符合法条竞合的特征。第五种则认为，法条竞合的本质是不法内涵的完全包容，即应当以不法内涵为标准来判断一构成要件是否完全包容另一构成要件的不法内涵。比如放火罪与故意杀人罪之间，放火罪虽然保护的是公共安全法益，但其犯罪之成立必须依赖于危害公共安全的实害结果的发生，显而易见的是立法者在制定该法条的时候，已经将故意杀人罪所保护的个人生命法益纳入了公共安全法益所保护的范围。因此放火罪已包容了故意杀人罪的不法内涵，二者存在着法益保护的同一性，因而是法条竞合关系。在这种判断标准下，用一个构成要件就可以对行为的不法内涵作出充分且不重复的评价，即可判定为想象竞合；如果无法用一个构成要件实现对行为不法内涵的完整评价，便可以判定为想象竞合。第六种则以对个案的判决是否有利于公平正义的实现为标准。该观点认为，法条竞合的判断标准应当在个案正义中考量，如果按照法条竞合处理会导致不公平、不合理的结果，那么此一法条关系就应当判定为实质竞合而非法条竞合。

---

　　① 　参见黄荣坚《刑法问题与利益思考》，中国人民大学出版社，2009，第 195~199 页。

　　② 　山火正则「法条競合の諸問題」（2）『神奈川法学』7 卷 2 号、1972 年。

　　德国刑事法学理论界从法条竞合的本质出发，主要提出了两种具有代表性的划分标准学说。第一种可称为"不法内涵与罪责内涵说"。该学说认为："虽然在形式上实现了多个行为构成，但是，通过对其中一个行为构成的惩罚就已经可以完全清偿这个事件所具有的不法内容与责任内容时，人们就会谈论法规竞合（die Gesetzeskonkurenz）。"[1] 法条竞合之所以称为法规单一，原因在于其仅仅是表面现象的竞合。由于其中一构成要件已经足以将其他构成要件的所有不法和罪责包含，从而实现充分评价和全面评价，故只有一个刑罚法规被适用。所以法条竞合的划分标准乃是不法性和罪责性。德国 Puppe 教授则据此理论认为，法条竞合的存在范围仅在于存在包容关系的法条之间，因为只有具有包容性的法条方可对被包容法条实现不法与罪责的充分评价。[2] 我国台湾地区学者甘添贵教授也认为："法条竞合—罪性之内涵即指应适用之优位法与被排除之劣位法在法律上的地位关系问题。"[3] 第二种为 Geerds 教授提出的"单一刑罚权说"。该学说认为，不同的法条竞合形态在本质上都可以追溯到一个统一的理由，那就是单一的实质的刑罚权。由于一个行为事实中，国家只有一个刑罚权，所以行为人触犯数法条，也仅能被评价一次。如果一个法条的适用足以包含其他法条的不法内涵，其他法条的适用就显得多余。[4] 但是 Geerds 也不得不承认所谓的"单一刑罚权说"对于法条竞合的判定过于笼统，并不能提供一个清晰的标准，具体判断还是要借助于法条竞合类型的划分标准。

　　Klug 则完全从静态法律条文之间的结构出发，将构成要件间的逻辑关系作为法条竞合的判断标准。该观点认为，只有具有从属性的法条之间和具有明示的补充关系的法条之间才具有法条竞合关系。[5] 而与此持相反观点的学者 Jakobs 则提出了"广义特别关系说"，该学说认为，所

---

① 〔德〕克劳斯·罗克辛：《德国刑法学　总论》（第 2 卷），王世洲等译，法律出版社，2013，第 637 页。

② 参见陈志辉《重新界定法条竞合与想象竞合之界限——Puppe 教授之竞合理论》，《刑事法杂志》1997 年第 5 期。

③ 参见甘添贵《罪数理论之研究（三）——法条竞合（八）》，《军法专刊》1994 年第 5 期。

④ 参见甘添贵《罪数理论之研究》，中国人民大学出版社，2008，第 59~60 页。

⑤ 参见黄荣坚《双重评价禁止与法条竞合》，《台大法学论丛》1993 年第 1 期。

有的法条竞合都属于广义的特别关系。[①]　判定法条竞合的成立与否不能仅仅着眼于静态法律条文的构成要件，而是既要考虑构成要件要素，也要考虑量刑的要素，尤为重要的是要关注个案适用中、在具体语境下的条文之间的关系，否则法条竞合的判定就完全被立法技术法左右。

其次是关于法条竞合类型划分的方法。大陆法系理论中对法条竞合类型的研究主要采取了以德国学者 Klug[②] 和 Beling[③] 为代表的形式逻辑分析法[④]、以日本学者小野清一郎和德国学者 Geerds 为代表的构成要件分析法[⑤]、以日本学者前田雅英[⑥]和山火正则[⑦]为代表的法益分析法、以奥地利学者 Wegscheider[⑧] 和我国台湾地区学者许玉秀[⑨]为代表的构成要件解释法。

赞成形式逻辑分析法的学者几乎一致认为，法条竞合现象的产生原因乃在于不同法条竞相保护同一法益而在外延上发生交叉或者包容，从成因上审视乃是逻辑关系的衍生物。该方法主要依据刑法法条之间的外延关系来进行分类处理。德日学者根据概念之间的逻辑关系将法条竞合的类型界定为排斥关系、包容关系、同一关系以及交叉关系，并主张在包容或交叉关系的情况下始有法条竞合现象发生之可能性。上述方法不仅适合分析刑法法条之间的逻辑关系，也同样适用于分析其他领域中一切"概念"之间的逻辑关系。

同时形式逻辑分析法也是在法条竞合类型研究中运用得最早和范围最广的方法。在德国刑法学界，最先运用法条之间的形式逻辑关系分析法条竞合类型的学者代表是 Klug 和 Beling。Klug 将法条之间的关系界定为异质关系、同一关系、包摄关系以及交叉关系，这与我国的通说分类大体上并无二致。Beling 也同样采取了形式逻辑的分析方法，对法条竞

---

① 转引自黄荣坚《刑法问题与利益思考》，中国人民大学出版社，2009，第 198 页。
② 转引自许玉秀《当代刑法思潮》，中国民主法制出版社，2005，第 776 页。
③ 转引自甘添贵《罪数理论之研究》，中国人民大学出版社，2008，第 56 页。
④ 参见吕英杰《刑法法条竞合理论的比较研究》，《刑事法评论》2008 年第 2 期。
⑤ 参见〔日〕小野清一郎《犯罪构成要件理论》，王泰译，中国人民公安大学出版社，2004，第 180 页。
⑥ 前田雅英『刑法總論講义』（第四版）東京大学出版会、2006、497 頁。
⑦ 山火正則「法条競合の諸問題」（1）『神奈川法学』7 卷 1 号、1971 年。
⑧ 参见陈志辉《刑法上的法条竞合》，硕士学位论文，台湾政治大学，1997，第 171~172 页。
⑨ 参见许玉秀《当代刑法思潮》，中国民主法制出版社，2005，第 780 页。

合的分类与 Klug 的大致相同。① 日本学者山口厚教授运用形式逻辑分析法将法条竞合的下位形态分为"包摄关系（特别关系、补充关系）和交叉关系（择一关系），其中，择一关系是指两个构成要件处在交错关系的情况下，在两个构成要件交叉的领域中存在竞合关系"②。虽然许多学者均认为以形式逻辑的分析方法进行法条竞合分类，具有概念明晰、逻辑自洽的合理之处，但同时也有学者提出了反对意见，认为这种逻辑划分过于形式化，应当从实质性角度即法条竞合的本质理念出发，对法条竞合进行科学分类。

日本学者小野清一郎在研究方法上以构成要件分析为突破口，创新性地提出了"构成要件的形态类型论"，跳出了纯逻辑分析法中形式主义的泥潭，在实质化的方向上迈出了重要的一步。"构成要件的形态类型论"认为，只有不同的刑法法条在大体上属于"同一构成要件类型"时，才存在发生法条竞合的可能性，而并非像传统逻辑方法分类理论认为的那样，仅仅依靠形式逻辑中外延间的关系即可判定类型。据此，小野清一郎认为："暴行罪、伤害罪、伤害致死罪，或者盗窃罪、强盗罪、强盗致死罪之间，它们分别是独立的构成要件，但同时也可以在更宽的意义上视为同一犯罪类型。"③ 该理论根据构成要件的同一类型性可以缩小法条竞合类型范围，使其分类更具科学性，体现法条竞合的本质特征，但就构成要件本身而言仍然具有形式化的特征，比如该理论对不同的刑法法条在大体上属于"同一构成要件类型"时，方有法条竞合发生之可能性未作出深入解释。而要回答该问题就必须深入构成要件的保护法益，即进一步在违法性的实质阶段探讨法条竞合的分类问题。

以日本学者前田雅英等为代表的学者主张"法益同一性说"，并以此来完善和修正以形式逻辑的分析方法为主导的法条竞合分类理论。前田雅英认为："法条竞合之所以实质上是一罪，在于只不过侵害了一个法益。"④因此所谓法益同一性，是指一行为该当的数个构成要件所保护的法益具

---

① 参见吕英杰《刑法法条竞合理论的比较研究》,《刑事法评论》2008 年第 2 期。

② 〔日〕山口厚：《刑法总论》（第三版），付立庆译，中国人民大学出版社，2018，第 391~392 页。

③ 〔日〕小野清一郎：《犯罪构成要件理论》，王泰译，中国人民公安大学出版社，2004，第 179 页。

④ 前田雅英『刑法總論講義』（第四版）東京大学出版会、2006、497 頁。

有相同性。山火正则也认为："法条之间具备包含（或者交叉）的逻辑关系只是认定法条竞合的第一阶段，只有进一步判定该数个法条是为了保护同一法益而设立时，才可能发生二重评价的问题，因此才会为了避免二重评价，优先适用某一法条，而排除其他法条。"① 该学说主张在探讨法条竞合的类型时，一则不能完全摒弃形式逻辑的分析方法；二则也应当清醒地认识到，如果仅仅依靠逻辑标准进行分析，便会流于形式而不能深入法条竞合的精义所在。因此必须通过"法益同一性"原则去限制法条竞合的形式分类，并以此区别法条竞合与想象竞合。"法益同一性说"中，法益分析方法的运用为法条竞合类型的判断提供了实质性的可供操作的标准。

20 世纪 80 年代，奥地利学者 Wegscheider 在对法条竞合类型的研究中另辟蹊径，率先从解释学的角度，提出运用解释构成要件的方法来审视法条竞合的传统分类。"Wegscheider 提出通过对构成要件的目的和体系解释来取消法条竞合。"② 他认为疑似该当的数个构成要件之间，借助于目的解释和体系解释可以得出根本无法同时适用的结论。易言之，数个构成要件之间是不具有相容关系的，因而相互排斥。这一解释结论揭示出法条竞合仅仅是现象上的竞合，而不是实质意义上的竞合，故德国刑法学界称之为"非真正竞合"。③ 据此观点推论，实质的竞合事实上不存在，通过法律解释的方法完全可以确定应当适用之法条。故法条竞合之分类毫无必要，完全可以取消。例如，对于我国《刑法》的盗窃罪和盗伐林木罪，盗窃枪支、弹药、爆炸物、危险物质罪，盗窃武器装备、军用物资罪，盗窃国家机关公文、证件、印章罪，盗窃武装部队公文、证件、印章罪之间的关系，通说一般认为具有逻辑上的包容关系。但是按照 Wegscheider 的观点进行目的解释，会认为盗窃罪的对象是指除了林木，枪支、弹药、爆炸物、危险物质，武器装备、军用物资，国家机关公文、证件、印章，武装部队公文、证件、印章以外的其他财物，这样当行为人盗窃了林木，枪支、弹药、爆炸物、危险物质，武器装备、军

---

① 转引自吕英杰《刑法法条竞合理论的比较研究》，《刑事法评论》2008 年第 2 期。
② 参见陈志辉《刑法上的法条竞合》，硕士学位论文，台湾政治大学，1997，第 171~175 页。
③ 〔德〕汉斯·海因里希·耶赛克、托马斯·魏根特：《德国刑法教科书》（下），徐久生译，中国法制出版社，2017，第 999~1000 页。

用物资，国家机关公文、证件、印章，武装部队公文、证件、印章等物品时就仅该当一个构成要件，也就不会有包容竞合现象之发生。"这种完全否认法条竞合的见解在德日刑法理论中没有多大市场，但是有学者吸收了其中的精神，提出应当使用解释构成要件的方法来限制法条竞合的范围。"① 我国台湾地区学者许玉秀认为，通过解释构成要件的方法观察，所谓的特别关系在法条竞合类型中是根本不存在的。特别构成要件和普通构成要件、基本构成要件和修正构成要件之间的关系，是立法者根据不同的法益保护目的而设置的，无论是从目的上还是内容上讲都是异质关系而非包容关系，因此所谓法条竞合中的特别关系是不会有法条竞合现象发生的。②

最后是关于法条竞合的存在范围与形态（类型）。所谓法条竞合的存在范围，是指犯罪构成之间在具有什么样的关系时可能发生法条竞合。所谓法条竞合的形态，是指法条本身的竞合关系通过具体的犯罪行为所反映出来的外在表现形式。法条竞合的范围界定是研究法条竞合类型的理论前提和基础，是合理进行法条竞合分类的关键，二者既相互联系又相互区别。在理论研究中对二者的讨论往往是在界定范围的基础上检讨法条竞合的类型划分是否具有合理性。

大陆法系刑法理论界对法条竞合的存在范围与形态存在着不小的争议。日本学界通说认为法条竞合的基本类型有以下四种：特别关系、补充关系、吸收关系和择一关系。③ 德国刑法学界则大体承认其中的三种，对择一关系的学术见解分歧较大。而择一关系实则已逐渐淡出德日刑法学之视野，鲜见其提倡者。④ 中国台湾地区刑法学界对于法条竞合的分类非常繁杂。有"三类型说""四类型说""五类型说"，多的分类达到八类之多，大体而言所涉及的类型也包括了特别关系、补充关系、吸收关系和择一关系。⑤

---

① 庄劲：《犯罪竞合：罪数分析的结构与体系》，法律出版社，2006，第 115 页。

② 参见吕英杰《刑法法条竞合理论的比较研究》，《刑事法评论》2008 年第 2 期。

③ 参见〔日〕山口厚《刑法总论》（第三版），付立庆译，中国人民大学出版社，2018，第 391 页。

④ 参见〔德〕约翰内斯·韦塞尔斯《德国刑法总论》，李昌珂译，法律出版社，2008，第 477 页。

⑤ 参见彭国能《法条竞合之检讨》，《军法专刊》1989 年第 2 期。

特别关系是指一个刑法法条包含了另一个刑法法条的全部构成要素，且尚有一个以上的要素为另一个刑法法条所无，则此两法条之间存在着特别关系。德国自法条竞合的概念产生伊始就承认特别关系这一种类型，到目前为止，该类型也是学界几乎没有争议的类型。因为同一个犯罪行为侵害数法条时，以包含要素较多的法条评价就足以对行为的不法内涵和罪责内涵完整地予以涵盖和评价。目前意大利①、荷兰②在刑法典中对此种类型作出了明确规定。虽然对该类型的承认在大陆法系学界几乎形成了共识，但是在该种类型的竞合范围上仍存在着较大的学术争议。例如，有德国学者认为："被提升为独立犯罪的特别构成要件与其本来的构成要件之间也具有特别关系。"③ 黄荣坚教授则认为："结合犯的规定是任意偏离了竞合规则以及行为刑罚的罪责原则，结合犯构成要件与单一构成要件根本不存在特别关系的竞合。"④

补充关系类型的划分标准则采用了截然不同于特别关系的路径。该类型不从法条间的逻辑关系来判断某一个构成要件是否完全包容另一构成要件，而是从禁止对同一法益侵害作出双重评价的角度来判识法条间的关系。因此属于此种类型的法条间的逻辑关系，既有交错关系也有包含关系。一般认为，"补充关系可分为明示（形式）的补充关系与默示（实质）的补充关系。前者是指法条本身明文规定，当其他法条不能适用时才适用本条。后者大体上则包括两种下位类型：第一，侵害阶段不同的补充关系，即预备犯、未遂犯和既遂犯之间，以及具体危险犯和实害犯之间，前者依次相对于后者是补充关系；第二，参与形态不同的补充关系，即帮助犯、教唆犯、正犯三者，前者依次相对于后者是补充关系"⑤。此外，也有部分学者认为在默示的补充关系之中还存在着作为犯与不作为犯的关系以及抽象危险犯与具体危险犯的关系。德国学者Honig认为，补充关系乃指不同之刑法法条，对相同法益依不同之攻击状态提供保护，在攻击强度较低时，适用补充规定，在攻击强度较高时，适用

---

① 《意大利刑法典》，黄风译，中国政法大学出版社，1998，第9页。
② 《荷兰刑法典》，于志刚、龚馨译，中国方正出版社，2007，第40页。
③ 〔德〕汉斯·海因里希·耶赛克、托马斯·魏根特：《德国刑法教科书》（下），徐久生译，中国法制出版社，2017，第1002页。
④ 黄荣坚：《犯罪的结合与竞合》，《台大法学论丛》1993年第2期。
⑤ 方军：《法条竞合的法理及类型思考》，《河南财经政法大学学报》2017年第5期。

基本规定。①

　　吸收关系是指行为实现一个法定刑较重之犯罪形态的主构成要件也会实现其他较轻之伴随构成要件，后者相对于前者而言属于典型的伴随犯罪行为，那么这两个构成要件之间存在着吸收关系。② 吸收关系的实质在于以主构成要件已经足以评价整体行为的非价内涵，即伴随构成要件的不法与罪责犹如被主构成要件吸收从而排斥伴随构成要件的适用。德国有学者在此基础上进一步将吸收关系的存在范围界定为不可罚的事后行为和典型的伴随行为。前者如盗窃财物后的销赃行为，后者如杀人行为伴随的贵重衣物的毁损行为。在日本刑法的传统理论中，持反对观点的学者则提出吸收关系是不同犯罪行为实现了两个以上的犯罪构成，而某一犯罪构成要件比其他构成要件更具完备性，因此只适用某一构成要件的情形。③ 易言之，吸收关系是不同的自然行为实现了多个犯罪构成，而法条竞合关系是同一行为实现多个犯罪构成，承认吸收关系属于法条竞合则必然承认法条竞合不应当以一行为为前提，而可以是复合行为。例如，在德国刑法理论中，将与罚的行为（包括与罚的前行为、与罚的伴随行为以及与罚的后行为）视同广义行为单数而置于法条竞合视域之下予以讨论。④ 该观点在中国刑法的语境下，与罪数论体系是不相容的。因为德日语境下的吸收关系即是我国罪数论体系下的吸收犯，而吸收犯与法条竞合犯存在着明显的不同，将二者不加区分地杂糅在一起讨论，会模糊二者的界域，增加罪数论体系的混乱。另有学者认为应当从形式逻辑的角度去诠释吸收关系的存在范围。持该观点的 Klug 教授认为，可以用法条间的逻辑结构解释法条竞合的吸收关系，认为吸收关系的法条间处于交错的结构。⑤ 然而反对者提出对于杀人行为伴随的贵重衣物的毁损行为，很难说杀人罪与毁损罪之间在法条上存在交错关系，而事实上二者在逻辑上是全异关系，二者仅因为经验上的同一发生性，才产生法条竞合，很难用逻辑的结构加以分析。所以日本学者大塚仁指

---

①　参见甘添贵《罪数理论之研究》，中国人民大学出版社，2008，第75页。

②　参见林山田《刑法通论》（下册），北京大学出版社，2012，第221页。

③　参见马克昌《比较刑法原理——外国刑法学总论》，武汉大学出版社，2002，第771页。

④　参见庄劲《罪数的理论与实务》，中国人民公安大学出版社，2012，第94~95页。

⑤　参见许玉秀《当代刑法思潮》，中国民主法制出版社，2005，第778~779页。

出："吸收关系与特别关系（包含补充关系）不同，不是构成要件的逻辑性的包摄关系，而是各个事态的价值关系。"①

择一关系从定义开始就存在着两种明显的分歧。第一种定义最早是由 Binding 提出的。他认为数个法条由于不同的法律观点会对同一行为加以处罚，如果从逻辑结构上检视数个构成要件，则它们之间实质上是一种交叉关系，而对于存在这种交叉关系的构成要件通常只能适用一个构成要件，这样数个法条之间的关系可称为择一关系。② 例如，《日本刑法典》第 224 条规定了以未成年人为对象的略取、诱拐罪，第 225 条则规定了以营利、猥亵、结婚或者对生命、身体的加害为目的的略取、诱拐罪，所以当行为人以营利等目的诱拐未成年人时，两罪形成竞合。③ Binding 进一步指出，如果不同的法条刑罚相同，则无论适用哪一个刑法法条均可，但如果刑罚不同则适用对行为人最不利的法条。④ 但是 Binding 这一定义最大的弊端在于不能从定义中区别想象竞合，因此李斯特在其基础上进一步提出了第二种定义。

李斯特认为择一关系是两个构成要件之间具有相互排斥与矛盾的要素。⑤ 按照这一观点，所谓的择一关系就根本不是所谓的交叉关系而是全异关系。以我国刑法中传播淫秽物品牟利罪与传播淫秽物品罪为例，按照 Binding 的观点，相关两个法条是刑法对一个不法行为所设立的具有交叉关系的法条，且是为了保护同一法益而设立。只是二者规制的角度不同，后者更加强调行为人的主观恶性而已，所以二者之间存在择一关系。若按照李斯特的观点，该两罪之间无论哪一方成立，另一方皆不会成立。究其根本原因在于两个要件之间存在矛盾因素，在逻辑上是全异关系，从而相互排斥。主观上具有牟利目的则构成传播淫秽物品牟利罪而非传播淫秽物品罪。

目前李斯特的定义虽然为部分德国学者所认同，但是反对择一关系

---

① 〔日〕大塚仁：《刑法概说（总论）》（第三版），冯军译，中国人民大学出版社，2003，第 484 页。

② 参见甘添贵《罪数理论之研究》，中国人民大学出版社，2008，第 94~95 页。

③ 参见〔日〕山口厚《刑法总论》（第三版），付立庆译，中国人民大学出版社，2018，第 393~394 页。

④ 参见甘添贵《罪数理论之研究》，中国人民大学出版社，2008，第 95 页。

⑤ 参见甘添贵《罪数理论之研究》，中国人民大学出版社，2008，第 95 页。

这一法条竞合类型的学术见解却日渐成为学界的主流观点。通说认为，一方面，这种具有全异关系的数个法条的适用应当是刑事诉讼法选择认定的而非实体法上的问题；另一方面，对于一行为侵害同一法益的，一般需先经过其他类型的检验，如果都不符合，方可归入择一关系这一类型。实质上择一关系本身并没有自己的独立判断标准，对其判断必须借助于补充关系的法益同一性标准。故而相对于其他类型而言，择一关系只是一个起补充作用的法条竞合类型，仅仅是用来填补法条竞合理论漏洞的一种类型而已。择一关系也不应该作为法条竞合的一种独立存在类型。因为既然罪与罪之间的构成要件相互排斥，那么某一行为不可能存在同时满足两罪的构成要件，所以这就不具备成立法条竞合的形式要件。事实上日本学界新近也较为倾向于反对择一关系的学说，比如西田典之认为："并无必要认为法条竞合还包括择一关系。"① 大塚仁认为择一关系从根本上讲不过是法律解释和法律适用的问题而非法条竞合的问题。②

二　普通法系法条竞合处断的理论概览

1. 普通法系下有无法条竞合现象？

在大陆法系中关于法条竞合的理论著述洋洋洒洒、颇为壮观，但在普通法系国家，则几乎难觅法条竞合著述的踪影，似乎在英美刑法的教科书中也找不到与之相对应的概念，遑论对于法条竞合类型的精细化研究。根据普通法系的特点，在学理上大致可以得出两个主要论断：一是普通法系国家在秉持先例原则的理念下，以经验为逻辑起点，以追求实用主义为价值诉求，因大多数情形下已有先例可循，司法上并不迫切需要专门研究一行为触犯数法条的法律适用问题，以至于在普通法系下缺失了法条竞合、想象竞合等与罪数相关的概念；二是普通法系因缺失刑法典，所以就不会有对于具体罪名的法条，当然就不可能出现所谓的法条竞合现象。

上述论断似乎在普通法系的语境下一语中的地揭示出产生这一现象的根源，然而事实并非如此。那么普通法系下究竟有无法条竞合？对此

---

① 〔日〕西田典之：《日本刑法总论》，王昭武、刘明祥译，法律出版社，2013，第376页。
② 参见〔日〕大塚仁《刑法概说（总论）》（第三版），冯军译，中国人民大学出版社，2003，第484页。

问题的回答尚需解决两大问题。第一，英美刑法究竟有没有刑法典、刑事单行法规抑或刑法法条？如若有，当然就存在法条竞合的可能性。对此必须从实证研究的角度对英美刑法的立法流变历程作理论寻踪与立场梳理。第二，如果在没有刑法法条的情况下，普通法系判断一行为是否构成犯罪的标准又是什么？这个标准（无论是理论上的犯罪构成标准抑或实践中的判例规则）是否也有可能重合？如若有，当然也可能发生竞合，只是行法条竞合之实，冠之以其他称谓而已。接续的问题是：这种不称为法条竞合的处理方式是否对大陆法系也具有借鉴意义？事实上遵循先例固然可以在一定程度上避免对于法条竞合的讨论，然而法院判例中的早期先例终须遵循一定的犯罪构成标准抑或判例规则。从理论上讲，无论是理论上的犯罪构成标准还是实践中的判例规则都存在发生竞合的可能性，故而即使在普通法法系下，也必须面对如何处理一行为触犯数重合罪名的难题。一言以蔽之，由于罪名的内涵和外延在客观上难以完全避免重合，因此法条竞合作为一种刑事司法领域中存在的客观现象是不会因为大陆法系与普通法系的路径差别而泯灭的。易言之，两大法系下无论采何种技术路径，一行为触犯数重合罪名当如何处理，均是不可回避的司法问题。

2. 英国有关法条竞合的立法与司法概况

英国刑法的渊源由普通法和制定法两部分构成，其中普通法是英国刑法最主要的法律渊源，制定法则是英国刑法的另一个重要法律渊源。普通法滥觞于人们的长期习惯，并通过各级法院法官的判决和裁定不断完善和发展。制定法则是对普通法加以整理、修订和充实，主要由国王批准的上议院和下议院正式通过的法案构成。当下英国大部分罪名几乎都是由制定法创设而成的，也有部分制定法是议会对普通法的原则以条文形式细化规定而成的。刑法制定法的主要功能是对普通法的原则进行说明，也可以对普通法中某些阙如进行补正。这种功能就决定了它并不像大陆刑法典一样在刑法总则的规定下构建统一的分则体系，而是根据司法实践的需要产生数量众多且杂乱的规定。①

自 16 世纪伊始，英国学者便倾心于法典编纂理论的研究并将其付诸

---

① 参见王磊、曹瑞臣《19 世纪英国刑法法典化改革探析》，《菏泽学院学报》2014 年第 4 期。

司法实践之中。在 Jeremy Bentham 提出系统的法典编纂理论之前，英国刑事法律界，在尝试对制定法和案例上的某些内容作法典化的努力方面，已经积累了为数不少的法典编纂的相关经验。但是，正如美国学者 Gunther A. Weiss 所指出："到目前为止，普通法系的法律学者虽然仍致力于对欧洲大陆的法典化研究，而法典化在普通法系中的相关作用研究仍然不甚明确。"① 直至 19 世纪，英国刑法改革出现了去"不成文"法传统转而走向法典化的趋势。此举引发了推动法典编纂的改革派与以法官、律师为主的保守派之间的争论与博弈。改革派推动法典化也取得了一定的积极成效。例如，英国在 1981 年编纂完成了《英国刑法汇编》，但直至 1989 年 4 月，英国法典编纂委员会方公布《关于〈英国刑法典〉的最终报告》和《刑法典草案》。但是在强大的普通法传统的抵制下，法典化努力最终归于失败。正如曾任英国刑法改革委员会主席的 Brook 大法官所言："倡导刑法法典化的改革者没有找到务实、可行的法典化方法；在于主张法典化的观点没有得到社会大众的普遍认可，社会民众没有感受到现行刑法可能存在的问题和改革的必要性；在于社会民众很难接触到刑法的基本部分……"② 虽然英国刑法法典化运动功败垂成，但 19 世纪开始的刑法法典化改革对英国刑法的系统化和规范化发展产生了深刻影响，促使普通法不断吸收大陆法系成文法之精义而得以行稳致远。

英国以判例法为主，刑事法典化起步较晚，加之缺乏成文法文化传统的底蕴，导致其制定法在法条竞合问题上缺乏直接规定。其主要成因在于英国没有明确规定构成要件的概念。③ 这体现为无论是刑事制定法上的具体犯罪规定还是普通法上的隐性犯罪规定，均通过不同的差异化的具体案例判决对每种犯罪类型个别化处理，而非抽象地归纳构成要件。这就在很大程度上使大陆法系中探讨各个犯罪构成之间究竟是否存在竞合的理论在英国刑事法制体系的构架下近乎多余。

值得一提的是，由于刑事制定法是英国刑法的另一个重要法律渊源，

---

① Gunther A. Weisst, "The Enchantment of Codification in the Common-Law World," *The Yale Journal of International Law* 25（2000）：437.

② 何荣功：《英国刑法的法典化改革之路述评》，《中国审判》2013 年第 1 期。

③ 参见赵秉志、党剑军《英国刑法的新走向——法典化》，《中央检察官管理学院学报》1995 年第 3 期。

它不仅可以对判例的原则进行说明，也可以对判例中某些阙如进行补正，所以制定法中有很多关于罪名的内涵和外延的具体规定。有鉴于此，英国为数众多的不同刑事制定法中完全存在着罪名之间发生竞合的可能性，从而产生法条竞合的司法适用问题。

面对一行为触犯数罪的司法处理，英国刑事法律界特别强调对危害结果的关注，不区分想象竞合与法条竞合，严格奉行有罪必罚的原则。在普通法系中，形式上的数罪（如法条竞合）均被认为是实质上的数罪，对各罪所判处的刑罚必须严格相加。毋庸讳言的是这种做法会直接导致刑罚过分严厉而失去均衡性的结果。20 世纪 50 年代伊始，吸收原则（同时执行原则）和限制加重原则开始被广泛采用。① 例如《英国刑法汇编》中规定了一行为触犯数罪的并罚方法——同时执行原则。所谓同时执行是指罪犯的数个判决在相同时间和地点同时执行，其在执行效果上相当于大陆法系的吸收，但是在理论上又不同于吸收。② 以同时执行为例，犯罪嫌疑人通过故意损坏财产的方式实施盗窃，因盗窃罪被判处 5 年有期监禁，因损害财产罪被判处 1 年有期监禁。当因盗窃罪被判处的 5 年有期监禁执行完毕之时，因损害财产罪被判处的 1 年有期监禁相当于在 4 年前已经执行完毕。从适用效果上看，这种并罚方法与大陆法系的并科原则近乎一致，但其判决确立的数个宣告刑是彼此独立的并且按照判决顺序依次执行。质言之，英国刑法对于一行为触犯数罪的处理模式可以归纳为两点：一是对触犯的罪名分别处刑；二是依次执行各罪所判处刑罚，但刑期并科。通过刑期并科的量刑手段来纠偏因认定一行为触犯数罪而被并罚的不公正结果，从而实现罪刑均衡的目标。

3. 美国关于法条竞合的立法与司法概况

与英国处理法条竞合问题的模式相比较，美国不仅有犯罪类型个别化的法典化尝试，也有普通法上的类型化经典判例，同时还在法典中对该问题的处理作出了专门具体的规定。

法官造法、遵循先例是普通法的核心要义。按照普通法的逻辑，判例法必定在美国法律体系中独霸天下，然而事实并非如此，成文法在美

---

① 参见任彦君《数罪并罚论》，中国检察出版社，2010，第 12~13 页。
② 参见吴平《数罪并罚论》，中国政法大学出版社，2011，第 171 页。

国法律体系中作为法律的重要渊源，其地位和分量足以与判例法平分秋色。尤其是在联邦刑事立法方面，刑事单行法规几乎是刑法渊源的绝大部分。美国刑法的法典化运动滥觞于 1790 年国会颁布的《治罪法》。此后，大量单行刑法及附属刑法如雨后春笋般涌现，1879 年美国国会任命专门委员会校订和编纂刑事法典。1909 年《编纂、修正、改订联邦刑事法规的法律》正式颁布，共计 14 章 536 条。但该法典并无总则的规定，且各个章节之间留有很多空白法条，以便于后来增补。1926 年，美国正式制定《联邦法典》。1948 年，国会通过修正、法典化及实施有效法律的法令，创制了《联邦法典》第十八主题——犯罪及刑事程序。[①] 该法典被定性为"法律的系统收集，归纳或修订"[②]，其目的在于加强各个州之间刑事立法的统一性。但法典条文"没有组织、没有结构、按照字母排序"[③]，对个罪的定义冗长而不明确。"1971 年 1 月 7 日，国家联邦刑法改革委员会向总统和国会提交了关于全面修订实体联邦刑法的提案。这项工作是在国会授权的基础上开展的，旨在改善刑法典的体系。"[④] 之后《联邦法典》虽经历多次修订，但其基本面并无太大变化，"联邦刑法典的缺陷不能修复或通过增加新法加以弥补，因为缺憾是根本性的"[⑤]。

进入 20 世纪，美国立法及判例数量呈现几何级数量的膨胀，由于联邦刑法太过细化，加之理论上不完整、缺乏实践的可操作性，司法者无所适从。1962 年，美国法学会编撰并公布了《模范刑法典》，树立了美国近代刑法法典化的里程碑。回顾美国的刑法法典化进程，"《模范刑法典》不是第一次或最具雄心的刑法编撰，但是迄今为止最成功的刑法法典化编撰尝试"[⑥]。

深受普通法系传统的影响，美国刑事司法理论中没有构建法条竞合

---

① 参见李仲民《美国联邦刑法法典化述评》，《西南政法大学学报》2014 年第 4 期。

② Julie R. O'Sullivan，"The Federal Criminal Code Is a Disgrace: Obstruction Statutes as Case Study," *Journal of Criminal Law and Criminology* 96（2006）: 643.

③ John F. Dobbyn，"A Proposal for Changing the Jurisdictional Provisions of the New Federal Criminal Code," *Cornell Law Review* 57（1972）: 92-93.

④ John F. Dobbyn，"A Proposal for Changing the Jurisdictional Provisions of the New Federal Criminal Code," *Cornell Law Review* 57（1972）: 1.

⑤ 参见李仲民《美国联邦刑法法典化述评》，《西南政法大学学报》2014 年第 4 期。

⑥ Paul H. Robinson，"The America Model Penal Code: A Brief Overview," *New Criminal Law Review* 10（2007）: 319.

的相关概念。当判例中出现一行为触犯数罪的客观现象而危及"禁止双重危险原则"（double jeopardy）之时，司法中当如何处理以实现罪刑相适应，无疑是对美国刑事法律界智慧的重大考验。现代美国刑法理论与实务上都采取了相对的变通措施，并对大陆法系法条竞合类型中的包容关系予以立法承认，将此类情形全部作为一罪处理。对于该问题，《模范刑法典》首次在第1.07条中专门作出具体规定，并称之为"当一行为超过一罪行时的起诉方法"（method of prosecution when conduct constitutes more than one offense）。尤其在第1.07条第1款和第4款中更是分别详细规定了一行为构成"数罪"处理的一般原则与特殊例外规则，以实现有罪必罚原则和禁止双重危险原则的平衡。① 禁止双重危险原则作为美国宪法的重要原则，其基本含义是"对同一罪行禁止多项起诉和多重处罚"②，其义理在《模范刑法典》第1.07条至第1.11条的规定中从不同的方面得到了淋漓尽致的彰显。

　　一般原则规定当被告人实施一行为而触犯数罪名之时，对于所犯各罪名均可予以追诉。特殊例外规则规定当同一行为触犯数罪时，不得作两个以上的有罪认定的五种情形。①一罪被他罪所吸收的。第1.07条第4款规定了存在以下三种情况时，犯罪被吸收：一是被指控的一罪成立的全部或部分事实已被包含在他罪之中；二是被指控的基本犯罪吸收该种罪的未遂或教唆；三是被指控的某一罪名对于同一人、同一财产或公共利益，所造成的损害较轻，或者可责性比较轻，那么损害和可责性较重的吸收较轻的。②一罪仅为他罪的共谋或其他预备行为。③如果被告人只有一个相同行为，为确定数罪的实行，需要认定不同的事实。④存在一般与特殊关系的情况。⑤某持续性行为被规定为犯罪，并且持续行为未被中断的。③ 第一种情形和第四种情形大致分别对应大陆法系法条竞合理论中的吸收关系类型和一般与特殊的关系类型。第1.07条的规定充分说明美国刑法体系中虽然没有法条竞合的相关概念，但并非不存在

---

①　The American Law Institute Model Penal Code, 1962-05-24.

②　Carissa Byrne Hessick & F. Andrew Hessick, "Double Jeopardy as a Limit on Punishment," *Cornell Law Review* 97 (2011): 46.

③　参见美国法学会编《美国模范刑法典及其评注》，刘仁文、王祎译，法律出版社，2005，第11~12页。

法条竞合的客观现象，并对如何处断提出了独特的适用原则与方法。

虽然《模范刑法典》属于民间研究机构——美国法学会自行编撰的学理法典，在理论上根本不具有国家的法定效力。但是自其编撰发行以来，其对美国各州的刑事立法与司法都产生了深刻的影响，并最终促使美国刑法在立法与司法实践中部分地对原来的有罪必罚原则作出了相应的调适。同时各州也参照《模范刑法典》中所归纳的作为一罪处罚的各种情形并结合各州的自身特点加以本土化吸收和改造，以限制过分严厉而又僵化的传统罪数处理模式。①

第二节　我国研究现状概述

一　整体研究情况扫描

长期以来学界聚焦于法条竞合的概念、特点、本质以及与想象竞合等犯罪竞合形态的区分，并取得了丰硕的研究成果。但法条竞合类型判断以及分类标准的专题研究方面，无论是在数量上还是在质量上都显得相对薄弱。本书探讨我国法条竞合的判断原理与技术，从期刊论文、学位论文和著作三方面分别进行考察。

首先，从期刊论文方面考察。通过 CNKI 数据库以"法条竞合"为主题在刑法学学科进行检索，从 1982 年起到 2022 年 9 月止，在这 40 年间属于研究"法条竞合"的论文共计 586 篇，但以"法条竞合的判断"为主题的论文仅有 37 篇。

其次，从博、硕士学位论文方面考察。通过 CNKI 数据库以"法条竞合"为主题在刑法学学科进行检索，从 2001 年起到 2022 年 9 月止，共有 160 篇相关学位论文。从 2001 年起到 2022 年 9 月止，以"法条竞合的判断"为主题检索，仅有 29 篇。虽然通过上述检索方式不一定能完全检索到所有的相关论文，但这也能从一个侧面反映学界对法条竞合类型研究的概况。

最后，从著作方面考察。这里的著作主要是指刑法学教材与刑法学

---

① 参见美国法学会编《美国模范刑法典及其评注》，刘仁文、王祎译，法律出版社，2005，"导论"第 1~2 页。

个人专著。较早期的刑法学教材一般仅对法条竞合的概念和适用原则进行简单介绍，大多根本没有涉及法条竞合的具体分类。如高铭暄、马克昌主编的《刑法学》（北京大学出版社 2000 年版），仅对法条竞合的定义、适用原则以及与想象竞合的区别作了简单介绍；时间较近的张明楷教授所著的《刑法学》（法律出版社 2021 年第 6 版），在罪数论部分不仅对法条竞合的概念与形成原因作了具体介绍，还对法条竞合的分类标准与存在范围作了较为深入的论述。从个人专著来看，截至目前，较早论及法条竞合相关理论的是吴振兴教授所著的《罪数形态论》（中国检察出版社 1996 年版）和姜伟教授所著的《犯罪形态通论》（法律出版社 1994 年版），这两部著作都是早期研究的结晶。而专门论述法条竞合的论著主要是陈兴良、龚培华、李奇路所著的《法条竞合论》（复旦大学出版社 1993 年版）。该书是我国第一本专门研究法条竞合的专著。该书不仅对法条竞合种类的概念、特征、划分标准以及各种具体种类和存在范围进行了全面深入的专门研究，还在指出法条竞合分类研究意义的基础上，提出了指导法条竞合适用的基本原则。此外，庄劲所著的《犯罪竞合：罪数分析的结构与体系》（法律出版社 2006 年版）与刘士心所著的《竞合犯研究》（中国检察出版社 2005 年版），也对法条竞合的类型研究产生了重要的学术影响。两书均在研究方法上以犯罪竞合的动态视野重新对法条竞合的存在范围进行了比较全面的检视，并从犯罪竞合的动态视角来诠释法条竞合的基本概念，从而否定了从纯静态的法条逻辑关系角度来理解法条竞合基本概念的研究进路。张爱晓所著的《犯罪竞合基础理论研究》（中国人民公安大学出版社 2011 年版），也对法条竞合的概念、基本类型划分的学术分歧以及与想象竞合的区分等问题进行了较为深入的系统研究。庄劲所著的《罪数的理论与实务》（中国人民公安大学出版社 2012 年版）采用了法条竞合犯的概念，提出了法条竞合不是一种评价竞合而是一种行为竞合的学术观点。该书从法条竞合的本质、构成、适用范围、适用原则的角度全面解读了法条竞合的有关概念，辨正了法条竞合的存在范围与适用原则，并就适用原则提出了"封底效力"和"出罪效力"的补充处断原则。蔡鹤等著《中国刑法语境下的法条竞合研究》（人民出版社 2019 年版）系统分析了大陆法系、普通法系的法条竞合相关学说和我国现行理论，衍生出各种法条竞合类型的具体判断标准，界定了"被排除法条"的适用范围，提出了"从重处罚"能否作为特别关系处罚原则这一中国式难题的解决方案。李晓磊著《罪数理论简约化论要——兼论"纯粹简约化思想"之提出》（法律出版社 2021 年版）对被大陆法系长期冷落的英美罪数理论进行了系统考察和分析，从理论起点、实践侧重及文化背景的差异性方面，分析了大陆法系"竞合、罪数论模式"与普通法系"去竞合、罪数论模式"的成因，得出了建构简约化罪数理论的路径之观点。

二　主要研究问题概述

1. 关于法条竞合类型判断的标准

我国刑法关于法条竞合的理论借鉴于苏联，但是苏联的刑法理论并没有对法条竞合的划分标准与相关类型作深入探讨。直至 20 世纪 80 年代初，受大陆法系的影响，我国学者在马克昌教授的倡导下开始了对该问题的热烈讨论。时至今日，可谓观点林立、异彩纷呈。目前存在多重标准划分的混乱状况，源于传播法条竞合理论的德日刑法内部也对法条竞合的划分标准莫衷一是，而相关争论也从未休止。如果从根源上审视这种多重标准划分的症结，不难发现一切皆源于对法条竞合范围认识的差异。就国内学者的划分标准来看，大体可以分为以下三类。

第一类是以法条间的逻辑关系为标准对法条竞合进行类型划分。按照此种标准，法条间的关系可分为包容、全异、交叉三种。[①] 有学者认为仅存在包容关系的法条竞合；[②] 也有学者认为包容和交叉关系均可以产生法条竞合；[③] 更有甚者不仅承认法条竞合存在于包容和交叉关系中，而且认为全异关系的整体法与部分法也可能发生法条竞合[④]。

第二类是在法条间的逻辑关系标准的基础上再添加构成要件标准（抑或其他标准）来对法条竞合进行类型划分。采取这种划分标准的观点认为，纯粹逻辑方法的划分流于形式而不能揭示法条竞合的实质，应

[①]　由于同一刑法典中不可能存在完全相同的法律条文，故同一关系在刑法法条间并不存在，因此仅讨论其余三种情况。

[②]　参见高铭暄、马克昌主编《刑法学》，北京大学出版社、高等教育出版社，2000，第 193 页。

[③]　参见李晓明主编《中国刑法罪刑适用》，法律出版社，2005，第 21 页。

[④]　参见冯亚东《受贿罪与渎职罪竞合问题》，《法学研究》2000 年第 1 期。

当在逻辑划分的基础上考虑构成要件的要素才能使分类向实质化的方向迈进。持此说的学者有的把法条竞合分为独立竞合、包容竞合、交互竞合、偏一竞合等四种类型,[①] 有的则分为局部竞合、全部竞合、重合竞合以及偏一竞合[②]。

第三类是完全以法条间的非逻辑关系的标准来划分法条竞合类型。这种划分标准林林总总,难以尽述。比如,有学者对大陆法系的四类型学说加以本土化的改造,以吸收关系和特别关系为标准,将法条竞合划分为因特别关系形成的法条竞合和因吸收关系形成的法条竞合。[③]

2. 关于法条竞合类型划分的研究方法

国内学者对法条竞合类型的研究主要采取了截然不同的两种研究方法与进路。

一种是占主导地位的形式逻辑分析法。这种方法认为,法条竞合现象之所以产生,原因在于法条之间在立法阶段所形成的错综复杂的关系,其本质是一种法条之间的逻辑关系而非行为形态。比如,有学者认为:"法条竞合所要解决的是在一个犯罪行为该当数个法条的情况下,使用哪个法条的问题,是关于法条之间的理论。"[④] 更有学者认为:"人们是否实施了犯罪行为,对于法条竞合本身并无影响,犯罪行为不是法条竞合的前提条件。"[⑤] 易言之,法条之间的竞合现象乃纯粹静态法条之间的逻辑关系,与行为本身没有任何关系。因此对于法条竞合类型的研究就必须着眼于运用形式逻辑划分的基本规则来研究竞合法条外延之间可能存在的逻辑关系,从而确定法条竞合的基本类型。该方法长期以来在国内学界关于法条竞合类型的研究中占据主导地位。比如当前学界盛行的法条竞合类型"一类型说""二类型说""三类型说""四类型说"大多是采取此类逻辑划分方法的结果。

另一种截然不同的研究方法是研究的视野不再拘泥于法条间静态逻辑关系,而是立足于犯罪竞合形态(立足于犯罪构成与某种行为之间的

---

① 参见陈兴良《本体刑法学》(第三版),中国人民大学出版社,2017,第363~366页。
② 参见姜伟《法条竞合初探》,《西北政法学院学报》1985年第4期。
③ 参见吴振兴《罪数形态论》(修订版),中国检察出版社,2006,第173页。
④ 陈兴良:《刑法适用总论》(上卷),法律出版社,1999,第713页。
⑤ 魏克家:《刑事法条竞合及其适用》,《广东法学》1991年第5期。

评价关系，并根据法条竞合犯的概念具体判断）来具体研判法条竞合的相关类型。持该种研究方法的学者认为："法条竞合的属性是一种犯罪竞合形态，是基于基本犯罪构成与行为之间的评价关系而产生的，其判断也应该立足于犯罪构成与行为之间的评价关系来判断，而不是纯粹地观察所谓的法条逻辑关系。"① "事实上，犯罪行为之形态变幻万千，在某种行为出现之前任何人都不可能通过纯粹的预想，而穷尽出某一法条的全部行为形态，自然也无从通过预想而断言两个法条之间的外延是否存在着重合。"②

　　一言以蔽之，上述研究方法之分歧，源于对法条竞合现象理论属性的认识差异，即法条竞合现象究竟是静态条文之间的逻辑关系问题还是犯罪构成与行为之间的动态评价问题。事实上这种研究进路在一定程度上有助于摆脱法条竞合在逻辑主义指导下的划分困境。

　　3. 关于法条竞合的存在范围与类型

　　目前在我国刑法学界对法条竞合范围的讨论除了基本认同外延具有包容关系的法条之间存在法条竞合外，在其他竞合范围方面分歧甚大，难以取得有效共识。在其余法条竞合的范围问题上，讨论主要围绕"法条竞合的范围是否限于异质的犯罪构成、实害法与危险法、基本犯罪构成与修正犯罪构成及修正犯罪构成间，基本犯罪构成与特殊犯罪构成及特殊犯罪构成间能否发生法条竞合"③ 展开。

　　就同质的犯罪（罪名相同的犯罪）构成之间能否发生法条竞合，学界主要有三种观点，分别是肯定说、否定说和折中说。肯定说赞同同质的犯罪构成间可以发生法条竞合。④ 否定说对此持否定态度，而认为只有不同罪名的犯罪构成间才能发生法条竞合。⑤ 折中说认为对此主张不能一概而论，而应当以犯罪构成是否同一为标准来判断。第一，数法条的犯罪构成全同，罪名同一，非法规竞合。如基本犯罪构成与其情节加重犯、情节减轻犯、结果加重犯的犯罪构成间因只是同一犯罪的基本构

---

① 庄劲：《犯罪竞合：罪数分析的结构与体系》，法律出版社，2006，第112~113页。
② 庄劲：《犯罪竞合：罪数分析的结构与体系》，法律出版社，2006，第113页。
③ 田明海：《罪数原理论》，博士学位论文，中国政法大学，2003，第144页。
④ 参见〔日〕大塚仁《刑法概说（总论）》（第三版），冯军译，中国人民大学出版社，2003，第478页。
⑤ 参见姜伟《犯罪形态通论》，法律出版社，1994，第407页。

成与加重、减轻构成关系，没有犯罪构成的交叉或包含，因此不能形成法条竞合。第二，罪名同一，构成要件外延不同，是法规竞合。该处所谓"构成要件外延不同"无非是指犯罪构成某些要件的要素略有不同，如犯罪主体范围、行为、时间、地点不同。①

就同一罪名下的危险法条与实害法条之间能否发生法条竞合，学界主要有两种观点。持肯定说者认为实害法与危险法之间能形成法条竞合，并提出二者竞合时的处理原则，即按照实害法吸收危险法之精神，依照实害法的规定处理。② 持否定说者则认为，二者在适用范围上是互相排斥的，能够为危险法所评价的必不能够被实害法评价，因此不可能发生法条竞合。③ 对基本犯罪构成与修正犯罪构成以及修正犯罪构成之间能否发生法条竞合也形成了肯定说与否定说之争。否定说认为，某种行为如果既符合刑法分则规定的某种犯罪构成，又符合某种修正犯罪构成，则不是法条竞合犯。④ 例如，故意杀人罪的基本构成评价的是致人死亡行为，修正构成（故意杀人未遂）评价的则是因意志以外原因而未能致人死亡的行为，这是完全排斥的两种行为。而肯定说认为上述情况可能形成法条竞合，并认为："竞合主要表现为犯罪预备与犯罪既遂、犯罪预备与犯罪中止、犯罪预备与犯罪未遂间的竞合。"⑤

当下"对于法条竞合的类型，学界观点较为混乱，从一类型说到二、三、四类型说，从'横向竞合'到'纵向竞合'说，都有人主张，不同学者的概括不尽相同"⑥。主要观点表现为以下几种。第一种是"一类型说"，该学说主张法条竞合的类型仅有一种，即是包容关系。⑦ 也有学者将其概括为特别法与普通法的关系。⑧ 详言之，该类型是学界几乎达成共识的类型。因为包容竞合中以包含要素较多的构成要件进行评价就足

---

① 参见马克昌主编《犯罪通论》（第三版），武汉大学出版社，1999，第 633~634 页。
② 参见马克昌主编《犯罪通论》（第三版），武汉大学出版社，1999，第 632~636 页。
③ 参见庄劲《犯罪竞合：罪数分析的结构与体系》，法律出版社，2006，第 120 页。
④ 参见姜伟《犯罪形态通论》，法律出版社，1994，第 407 页。
⑤ 王勇：《定罪导论》，中国人民大学出版社，1990，第 164~165 页。
⑥ 周铭川：《法条竞合中特别法条和普通法条的关系探析》，《中国刑事法杂志》2011 年第 3 期。
⑦ 参见高铭暄、马克昌主编《刑法学》，北京大学出版社、高等教育出版社，2000，第 193 页。
⑧ 参见张明楷《刑法学》（第二版），法律出版社，2003，第 524 页。

以对行为的非价内涵完整地予以涵盖和评价，故而其争议最小。第二种是"两类型说"，该学说主张法条竞合的类型有两种：一是包容竞合，二是交叉竞合。① 第三种是"三类型说"，该学说主张法条竞合的类型有三种，即属种关系的竞合、交叉关系的竞合与分解关系的竞合（整体法与部分法的竞合）。② 第四种是"四类型说"，该学说主张，独立竞合、包容竞合、交互竞合、偏一竞合是法条竞合的四种基本类型。③ 上述不同的分类或源于对法条竞合范围的理解多样，或源于法条竞合分类标准的差异，这造就了多种类型林立的局面。

第三节　大陆法系法条竞合判断理论的评析

一　法条竞合类型判断标准之评析

虽然大陆法系实务界和理论界分别根据各自的需求建构了相应的划分标准，但综观其标准可谓异彩纷呈、千差万别。即使是在理论界与实务界内部也是标准林立、细目庞杂，令人有目眩神摇之感。反观德国司法实务界所提出的六种划分标准，不难发现无论是以构成要件的阶段性关系、经验上的必然关系、量刑关系、法益同一性、不法内涵、公平正义中的哪一个为标准，都是源自不同角度和阶段处理司法实务的需要。德国刑事法学理论界则站在理论的高度，另辟蹊径探索法条竞合的划分标准。一条路径是从静态法律条文之间的关系出发，将构成要件间的逻辑关系作为法条竞合的判断标准；另一条路径则是从法条竞合的本质出发，提出"不法内涵与罪责内涵说"与"单一刑罚权说"。诚然，以逻辑关系为判断标准有利于从外延上清晰地判定法条之间的竞合关系，但此标准过于形式化以至于可以适用于所有概念的外延判断而不能揭示构成要件竞合的本质特征；以不法内涵与罪责内涵是否包容为判断标准的最大优点在于深刻地诠释法条竞合的一罪本质，但是其抛弃了逻辑分析方法的运用，在很大程度上依赖于对构成要件的解释，因而具有较强的

---

① 参见李晓明主编《中国刑法罪刑适用》，法律出版社，2005，第21页。
② 参见冯亚东《受贿罪与渎职罪竞合问题》，《法学研究》2000年第1期。
③ 参见李晓明主编《中国刑法罪刑适用》，法律出版社，2005，第21页。

主观性；"单一刑罚权说"虽然从另一个侧面解读法条竞合的本质，但其对于法条竞合的判定过于笼统，并不能提供一个可供操作的标准，其具体判断则不得不依赖于法条竞合类型的其他划分标准。

综上所述，大陆法系的划分标准可谓纷繁复杂、五花八门，究其根源而言，一方面，缺乏对法条竞合本质的统一性认识与目的性考量，因而理解上的差异导致在标准的建构上各行其是；另一方面，部分学者虽然宣称从形式逻辑的角度对法条竞合进行分类，但在具体细化时却采用了不同的标准。由于建构了双重或多重划分标准，背离了形式逻辑划分的基本规则，从而出现了子项相容的逻辑谬误。

二　法条竞合类型研究方法之评析

形式逻辑分析法是大陆法系在法条竞合类型研究中运用得最早和范围最广的方法。在德国刑法学界，运用法条之间的形式逻辑关系分析法条竞合类型的学者代表是 Klug 和 Beling。这种方法的天然优势在于从逻辑关系上清晰地揭示法条竞合现象的产生原因，并在实践层面提供一套具有可操作性的判断标准。即按照形式逻辑要求，基于划分的基本规则对刑法法条间的外延关系进行分类处理。但形式逻辑分析法的运用过于宽泛，也过于形式化，多从学理间盖然寻找法条关系，而对构成要件要素在竞合中的影响考虑不足，不能揭示法条竞合现象的一罪本质。

正是基于形式逻辑分析法的上述缺陷，日本学者小野清一郎和德国学者 Geerds 提出了构成要件分析法。这种方法的优点在于摆脱了形式逻辑分析法中的形式化倾向，在法条竞合的类型划分上考虑了构成要件的各个要素，使竞合类型的划分更具实质的指导意义。但是就构成要件本身而言，其仍然具有形式化的特征，尤其是在解释各种法条竞合形态为什么都具有一罪之本质时，显得苍白而乏力。

以日本学者山口厚为代表的法益分析法，[①] 则在构成要件分析法的基础上深入法益保护层面，即进一步在实质违法阶段探讨法条竞合的分类问题。该方法的优越之处，在于从法益保护的同一性角度，深刻揭示

---

① 参见〔日〕山口厚《刑法总论》（第三版），付立庆译，中国人民大学出版社，2018，第 389 页。

形式逻辑分析法所不能诠释的法条竞合的一罪本质，同时也为法条竞合类型的判断提供实质性的可供操作的标准。

20世纪80年代，奥地利学者Wegscheider提出运用构成要件解释法来取消法条竞合。他认为通过法律解释就完全能够确定适用之法条，法条竞合之分类毫无存在之必要。对此本书认为，Wegscheider的解释方法虽然在一定程度上有利于划清法条之间的界域，但法律解释本身具有很强的主观因素，在客观上个人的学理解释是否合理存在很多制约因素。而Wegscheider的解释实际上是在某些构成要件中加入了许多主观的排除性要素，这样的解释不仅不符合客观解释之要旨，而且还可能因为对法条竞合类型的排除而产生处罚的漏洞。

三　法条竞合的形态与存在范围之评析

在德日刑法体系下，理论界大体认为法条竞合的基本形态包括以下四种：特别关系、补充关系、吸收关系和择一关系。但德国刑法学界对择一关系的类型基本不予承认。总体而言，大陆法系的四种类型划分缺乏统一标准，导致多重标准林立，不同类型之间相互交叉，在类型判断上经常陷入亦此亦彼的矛盾境地。例如，在特别关系和择一关系的类型划分中恪守的是逻辑标准，而在补充关系的类型划分中则采取了禁止对同一法益侵害作出双重评价的判断标准，在吸收关系的类型划分中却又采取了主构成要件能否吸收伴随构成要件全部非价内涵的标准。这样的类型划分必然违背形式逻辑中每一次划分只能按照一个标准进行的规则，从而导致子项相容的逻辑混乱。

另外在法条竞合的存在范围上，大陆法系认为：第一，当数个法条中对于同一法益的侵害属于不同阶段时，未遂与既遂、具体危险犯与实害犯间均存在法条竞合；第二，当数个法条中对于同一个法益的侵害属于不同强度的侵害时，共犯间（帮助犯、教唆犯以及正犯之间）存在法条竞合；第三，当数个法条中对于同一法益的侵害分别属于不同方式时，作为犯与不作为犯之间存在法条竞合；第四，不可罚的事后行为和典型的伴随行为与主行为之间在具有吸收关系时存在法条竞合；第五，学界对特别关系的法条间存在法条竞合取得了高度的一致，但对交叉关系的法条间是否存在法条竞合，分歧则仍十分明显。本书认为，大陆法系在存在范围上的根本分歧归根结底还是源于对法条竞合本质的理解差异。大陆法系普遍认为法条竞合的核心要义在于法益保护的同一性，法益间的竞合是法条竞合的实质和核心。因此在竞合范围的界定上，大陆法系采取了较为宽泛和模糊的做法，即不论是罪质相同的构成要件还是罪质不同的构成要件，只要数个构成要件对于同一法益的侵害属于不同阶段、不同强度并具有吸收关系，均可成立法条竞合。不可否认，这种做法在一定程度上体现了法益保护之同一性的特征，有利于在司法实践中对法条竞合的正确理解与适用，但其弊端在于极易造成法条竞合范围的多层次扩张与各种法条竞合形态之间的交叉重叠。

第四节　普通法系法条竞合处置方案的启示

我国在罪数论问题的研究场域，基于与大陆法系源出同宗之故，长期以来在法条竞合的理论体系、知识体系和话语体系的建构上尊德崇日，对普通法系在理论与实务中处理该问题的实践经验与理论成果漠然视之。虽然在日风德雨的浸润下，普通法系至今尚没有法条竞合的概念萌芽，但是英美学界仍然对于客观存在的法条竞合现象进行了富有成效的探索，并归纳了相关的竞合形态与处断原则，仅未使用"法条竞合"这一概念而已。

毋庸讳言，笼统地认为普通法系对法条竞合类型的相关问题毫无研究是不符合实际的，认为普通法系对于一行为触犯数法条的行为实行过于苛严的有罪必罚原则也是失之偏颇的，毕竟不同的法系面临着实现罪行均衡的共同课题。因此，总结、提炼与反思普通法系下的法条竞合处置方案，或能使我国的法条竞合理论与司法实践借力滋养而呈现异域新花。

启示之一，普通法系借助于先例制度和陪审制度，针对法条竞合个案的"找法"路径值得大陆法系学习和借鉴。事实上建构法条竞合理论无非是要解决一行为触犯数法条应当如何适用法律来达到罪刑均衡的目的之问题，说到底是要解决如何在理论和实践中"找法"的问题。大陆法系在承认法条之间存在竞合的前提下，运用刑法解释学的方法，在对法条竞合现象分类的基础上，提出针对不同类型的法条竞合采取不同的司法适用原则来实现罪刑相适应。普通法系则绕开错综复杂的纷繁法条另辟蹊径，其主要着力点并未放在法律解释技术层面，而主要是通过实体和程序双重维度的技术设计来"找法"以实现个案正义。

一方面，这是在实体法层面通过普通法系先例的适用来回避抽象繁杂的法律条文解释。与大陆法系的司法体制不同，普通法系国家实行先例制度。在这种制度模式的架构下，法官在审判案件之时，必须以先前的判例为指导，因此有效地避免了抽象繁杂的法律条文分析，让裁判者的思维更多地集中于案件的事实、证据的认定以及程序是否正当等相关问题，而非拘泥于在法条应当如何分析、如何适用的语境下考虑问题。"它使法院在一个法律问题每次重新提出时就重新考察该问题的做法成为不必要"①，从而缩短了法条竞合个案的处理过程，减少了人力、物力耗费，大大地提高了司法效率。同时在思维模式上则更多地侧重于通过法官自由裁量权的运用，使案件的判决结果符合罪刑均衡的理念。

另一方面，在制度的设计上，陪审团制度的设计理念与制度安排，巧妙地将草根阶层的"常识、常情、常理"融入案件事实的认定过程之中，有效地化解了精英阶层与草根阶层在对待个案正义上的价值评判差异。此种设计之精义在于力图避免出现大陆法系学者在自行构造的理论经纬中违背常识、常情、常理的刑法解释与司法判断。因为"出于解决纠纷的需要，司法必须要考虑民众的伦理性需求和惯常性行为方式，必须以更贴近民众生活的方式来运作"②，而陪审团制度在进行犯罪事实的认定上，无疑是一种以普通大众的生活经验为基础，以满足人伦、人情、人性需求为出发点，以合理的价值考量为终极目标的独特司法运作方式。

另外，对于"找法"涉及的实体和程序问题，普通法系通常采用杂糅的方式进行合并规定。通过这样的技术处理，涉及相关问题的实体性规定和程序性规定便一目了然，较大陆法系中实体法、程序法分别规定的"找法"路径更为简洁明了。例如，美国《模范刑法典》第 1.07 条第 1 款主要从实体上规定一行为触犯数罪的处理原则，第 2 款规定对数

① 〔美〕E. 博登海默：《法理学：法律哲学与法律方法》，邓正来译，中国政法大学出版社，2017，第 565 页。

② 李拥军：《当代中国法律对亲属的调整：文本与实践的背反及统合》，《法制与社会发展》2017 年第 4 期。

罪分开审理的程序性限制，第 3 款规定法庭启动分开审理数罪的权限，第 4 款规定一罪吸收他罪的三种具体情况，第 5 款规定法庭是否有义务对被吸收的犯罪向陪审团说明具体的指控。① 由此可见，第 1 款和第 4 款主要涉及实体问题，第 2 款、第 3 款和第 5 款主要涉及程序问题，对处理一行为触犯数罪的实体和程序问题在同一条文中予以全部规定，尽显普通法系简约、高效之风范。

启示之二，对于普通法系通常采取的对同一行为构成两个以上犯罪，各罪均应追诉的有罪必罚原则，不能一味地加以批判和否定。所谓有罪必罚原则是指当一个行为触犯两个以上法条规定的罪名时，普通法系坚持以行为触犯的法条为标准确定基本的罪数并且不设上限的原则。这一点显著区别大陆法系在罪数问题上的基本立场。

例如，当一个行为同时触犯数个不同法条规定的罪名并且侵害同一法益时，大陆法系国家通常按照法条竞合处理而认定为一罪，但在普通法系国家，则有可能认定为数罪。大陆法系坚定地认为，普通法系中对犯罪行为的不同阶段割裂开来评价并将之作为数罪加以并罚是过于苛严而又极其不合理的。正是这种僵化而生硬的处断模式在刑事司法实践中造成了个案的非正义。以美国刑法为例，当一个行为触犯两个以上法条规定的罪名时，应当奉行有罪必罚原则，对各罪均应加以追诉。例如，"一个被告人在一次打斗中伤了几个人，可定几项伤害罪；开一枪打死打伤各一人，构成杀人和伤害两项罪；某人殴打并威逼一妇女令她跟随到其家中，并实施了性行为，这一行为过程构成了殴打、绑架和强奸三项罪。复合行为（手段行为与目的行为）构成的罪，如果手段行为超过限度而构成犯罪的，则可以与目的行为实行数罪并罚；而犯罪结果超过限度而构成犯罪的，则可以与犯罪行为实行数罪并罚"②。在大陆法系看来，这将直接导致诸如想象竞合犯、牵连犯、法条竞合犯等情形均作为数罪处断，不但会违背"一行为不二罚""双重评价禁止"的基本原则，而且与罪刑相适应原则的精神背道而驰。这是大陆法系所不能容忍的。

换个角度思考问题，至少普通法系的这种在定罪问题上严格遵循罪

---

① The American Law Institute Model Penal Code, 1962-05-24.

② 储槐植、江溯：《美国刑法》（第四版），北京大学出版社，2012，第 111 页。

刑法定原则的精神是值得肯定的。这不仅反映了其对犯罪认定的谨慎态度，也彰显了其法治精神的基本理念。"有罪必罚"实质上是应然层面的法则，普通法系对这一原则的恪守，更是体现了对应然原则的遵循。虽然被告因同一行为可能构成两项以上的犯罪时，可能会因每个罪名而被起诉，但事实上其可能并非会被判处构成多个罪名，或者即使判处了构成多个罪名，也可以通过刑法典中的吸收原则或同时执行制度加以矫正而达到罪刑均衡的目的。

从罪的角度看，美国《模范刑法典》通过第 1.07 条规定不得重复处罚的五种情形来避免对一行为触犯数罪名的过度认定。例如，被告的客观行为符合五种情形之一，那么被告虽然在理论上会被指控多个罪名，但事实上多个罪名会被某一个罪名吸收而仅构成一罪。多项指控的进行体现了对法治原则的尊重，吸收原则的执行实现了对禁止双重危险原则的恪守。通过有罪必罚原则和吸收原则的贯彻，实现了法治精神与罪刑均衡的协调与统一。

从刑罚的角度看，英美两国解决法条竞合问题的同时执行制度成功地化解了有罪必罚原则在罪数认定问题上可能导致的罪刑失衡。由于《模范刑法典》并非一一涵盖法条竞合的全部类型，当出现不属于五种吸收情形的一行为触犯数罪的情况而被认定为数罪时，则必须对各罪的刑罚一一执行，这样的做法过于严格。普通法系独树一帜的同时执行制度，即是从刑罚的角度来纠正对罪名过度评价而造成的失衡，通过最大限度地发挥法官自由裁量权的积极作用，消解法条竞合被裁定为数罪所带来的重复评价和罪刑不相适应的问题。它的适用标准是同一行为，即针对同一行为的判决才能适用同时执行制度，如果对基于同一行为的数罪判决连续执行则构成"双重处罚的危险"，这是英美立法明令禁止的。于是采取同时执行制度便可以取得与按照法条竞合理论处断近乎相同的效果。另外，作为判断同一行为的依据，普通法系从理论上提出了"同样的证据""同样的处理""同一立法目的"等标准。"同一立法目的"标准与大陆法系在判断法条竞合上的法益标准有异曲同工之妙，事实上保护法益就是立法目的。[①]

[①]　参见李贵方《自由刑比较研究》，吉林人民出版社，1992，第 238 页。

一言以蔽之，在司法技术运用上，美国通过《模范刑法典》对吸收理论的构建，英国通过同时执行制度的技术运用，从罪与刑的双重维度对有罪必罚的基本原则进行"纠偏"以体现罪刑均衡的理念，合理避免"双重处罚的危险"。

启示之三，在刑事立法和刑法解释技术上，普通法系在易于混淆的罪名设置上，最大可能地通过澄清罪名的内涵与外延，以消解法条之间发生竞合的可能性，这种技术路径值得大陆法系借鉴。[①] 普通法系在罪名的设置上大多采用"互斥论"的基本立场，即在罪名的内涵释义上将容易发生法条竞合现象的罪名之间解释为对立关系。尤其是概括的罪名之下多采用对立关系的模式设立关系模糊的个罪，从而避免各个罪名之间是否发生竞合的判断。例如，"英美普通法和制定法把杀人罪（criminal homicide）分为谋杀（murder）和非预谋杀人（manslaughter）两大类"[②]。为了防止谋杀罪中错综复杂的关联罪名之间的竞合，通过对立模式的学理解释将谋杀罪分为蓄意谋杀罪（intent-to-kill murder）、故意重伤谋杀罪（intent-to-do-serious-bodily-injury murder）、极端轻率谋杀罪（depraved-heart murder）、重罪谋杀罪（felony-murder）、拘捕谋杀罪（resisting-lawful-arrest murder）；[③] 将非预谋杀人罪（manslaughter）分为非预谋故意杀人（voluntary manslaughter，如激情杀人）和过失杀人（voluntary manslaughter）[④]。又如，在美国的刑法理论和实践中，通过区分财物交易过程中所有权是否转移来划分以欺骗方式实施的盗窃罪与诈骗罪的界域，[⑤] 在这类型的案件中"盗窃罪的控方要求证明在起诉状中指控的盗窃是以何种形式实施的。因此，如果起诉状中指控偷盗罪，控方就不能获得侵占罪或诈骗罪的裁判"[⑥]。

[①]　参见饶景、蔡鹤《英美刑法中的法条竞合》，《师大·西部法治论坛》2017 年第 2 期。

[②]　储槐植、江溯：《美国刑法》（第四版），北京大学出版社，2012，第 160 页。

[③]　对于谋杀罪的类型分类，在美国并没有统一的立法模式或理论学说，这里采用了大多数美国学者承认的分类标准。参见储槐植、江溯《美国刑法》（第四版），北京大学出版社，2012，第 162 页。

[④]　Emily Finch & Stefan Fafinski, *English Legal System*（London：Pearson Education Limited, 2007），pp. 93-113.

[⑤]　例如，行为人以试穿高档名牌服装为幌子，趁店主不加防备而携带服装潜逃。

[⑥]　〔美〕约书亚·德雷斯勒：《美国刑法精解》（第四版），王秀梅等译，北京大学出版社，2009，第 529 页。

第五节　国内法条竞合判断的理论述评

一　法条竞合类型判断标准之评析

目前国内学界对法条竞合类型的划分标准未能达成共识，实与相关论者对法条竞合现象本质的理解有关，与缺乏对法条竞合范围的必要共识性前提有关。

一方面，如果将法条竞合的本质理解为法条外延竞合所形成的假性竞合，那么法条竞合概念的建构目的就在于揭示该竞合现象的一罪本质。因此对法条竞合类型的划分就必须使划分出的类型更有利于凸显法条竞合的一罪性。故而在此种认知的指导下，法条竞合类型的划分就必须从源头上选择逻辑分析的根本路径，并运用统一、科学之逻辑标准对法条的外延进行类型划分，从而避免多重标准分类导致的子项外延的交叉重合。

另一方面，如果认为法条竞合形态存在于异质的犯罪构成之间，那么对其类型的划分就应当在不同罪名的法条之间去寻求内在的逻辑关系，因此对逻辑划分标准的运用也就自然成为法条竞合类型分类的题中应有之义。反之，如果认为法条竞合形态还存在于同质的犯罪构成之间，由于同一罪名下的基本犯罪构成与修正犯罪构成之间是非此即彼的矛盾关系，因而法条外延间不存在交错关系，那么唯一的选择就是从同质犯罪构成的不同角度来进行竞合分类，从而导致划分标准的多元化。比如，实害法与危险法、既遂与未遂、共犯之间的法条竞合分类即是明证。

另外部分学者主张，采取适用于所有概念划分的形式逻辑分析法流于形式。这种做法只是从逻辑中的盖然性去寻找法条关系，而未深入问题实质层面。本书认为，这种见解指出了一般形式逻辑分类的缺陷，具有一定的合理性。但在类型划分标准上，本书仍然坚持认为，必须将法条间的外延关系作为逻辑划分之基本标准。在逻辑分类的基础上，考虑不同类型之间的具体法律适用关系时，则可以适当引入构成要件的具体要素以增强实质性。

二　法条竞合类型划分方法之评析

国内学者对法条竞合类型的研究主要采取了两种迥异的研究方法。

第一种是运用形式逻辑的基本标准对法条的外延关系进行初步划分，从而得出法条间关系类型的方法。这种方法论的理论根据为，法条竞合现象的产生根源于静态法条之间本身在外延上存在的交叉或包容关系。法条竞合现象的发生并不以违法行为的发生为前提，换言之，即使没有违法行为的存在，法条竞合现象在静态的法律条文之间仍旧作为一种客观现象而存在。所以法条竞合在实质上是一种法条之间的逻辑关系而非行为形态。

第二种研究方法则主张应当立足于犯罪构成与某种行为之间的评价关系来具体研判法条竞合的相关类型，而非采用形式逻辑的基本标准来对静态的法条进行划分。这种方法论的理论依据在于，法条竞合现象的产生根源于行为，法条之间不存在抽象的竞合，只有发生特定行为时，才存在多个法条对行为的评价。因此任何人都不能通过事先的预想，而穷尽所有可能的法条竞合形态，也就无从断言两个法条之间的外延是否存在竞合。

对此，本书的见解如下。

一方面，虽然刑法法条的产生与行为有着密切联系（因为刑法法条是将类型化的行为通过构成要件抽象化和条文化），但我们并不能据此认为法条竞合现象的产生根源于行为。

另一方面，法条竞合现象的产生原因在于法条之间在外延上的交叉关系、包容关系以及分解关系。易言之，即使没有犯罪行为的发生，法条竞合现象也同样真实地存在。法条竞合只能是法条内部关系的问题，不能恣意将现实发生的行为事实与法条之间的逻辑关系相联系。如果我们在解释法条之间逻辑关系时又将行为事实掺入其中，然后按照主观理解来阐释法条竞合问题，则有将大量法条之间的关系纳入法条竞合范畴之嫌。这会导致法条竞合的范围无限扩大，以至于法条竞合的概念被滥用。①

---

① 例如，有学者认为国家工作人员在归还预支工作经费时，以假钞换取真钞，则行为触犯贪污罪和使用假币罪，但由于仅仅侵犯了国有单位财产法益，所以是法条竞合犯。（参见庄劲《犯罪竞合：罪数分析的结构与体系》，法律出版社，2006，第114页。）本书认为，这种见解在解释法条之间逻辑关系时又将行为事实掺入其中，然后按照主观解释理解法益，这是失之偏颇的。贪污罪保护的法益是国家工作人员职务之廉洁性与公共财产权，使用假币罪保护的法益是金融管理秩序，而这两种法益不属于同一法益。因此适用任一法条都不能实现对行为的充分评价，应当作为想象竞合而非法条竞合处理，否则会违背全面评价之原则。

概言之，法条竞合作为一种法条之间客观存在的现象和个人能否想象出可能的法条竞合形态无关。不管个人能否穷尽法条竞合的各种形态，法条竞合的种类和数量都不会因想象者的想象能力而改变。

三　法条竞合的形态与存在范围之评析

目前国内学者已认识到，对法条竞合种类的认识差异除了与划分标准密切联系外，更与存在范围休戚相关。对法条竞合的存在范围的认定，直接影响着对法条竞合形态的划分。因此围绕上述相关话题，学界展开了充分的讨论，并在一定程度上达成了共识。

国内刑法学界几乎一致认为具有包容关系的法条之间存在法条竞合，但在具有交叉关系以及具有分解关系（整体与部分关系）的法条之间是否存在法条竞合则未曾形成共识。

本书认为，对于外延交叉的法条是否属于法条竞合的范围不应一概而论，应当具体问题具体分析。当其交叉部分具有法益保护的同一性且用其中一法条就可以评价其余法条的全部非价内涵时，那么此种交叉关系属于法条竞合的范围。而在分解关系中，部分法已成为整体法的一部分，部分法的全部非价内涵已经被整体法包含，因此分解关系理当属于法条竞合的存在范围。另外，围绕同质犯罪构成之间是否有法条竞合存在的问题，相关讨论围绕实害法与危险法、基本犯罪构成与修正犯罪构成、基本犯罪构成与特殊犯罪构成间能否发生法条竞合而展开。

本书之基本立场为，反对在同质的犯罪构成之间讨论法条竞合的存在问题。因为一则是这会使法条竞合的范围过于宽泛，从而不断扩大；二则是同质的犯罪构成之间存在着矛盾关系，符合基本构成的必然不符合修正构成。比如，我们显然不能说一个行为犯既是既遂犯又是未遂犯。由于在基本构成与修正构成之间没有逻辑上的交叉与包容关系，因而讨论这样的存在范围只会平添问题的复杂性，丝毫无助于问题的解决。

第三章　本体论：法条竞合的本体属性探讨

通过法条竞合理论的比较研究不难发现当下中国刑法学界在法条竞合理论与实践中所遭遇的诸多争议与种种质疑，在很大程度上源于学者们各自对法条竞合概念的不同理解与诠释，这势必导致学者们在各自的论域下建构类型化的概念并以此为基础对法条竞合的相关问题进行研讨。这样的研究进路显然难以形成有效共识。

本书认为欲对法条竞合的类型、形态、处断等问题进行相关讨论与深入研究，首要的问题便在于弄清楚法条何以会竞合，法条竞合究竟是什么。因为只有在学者们对法条竞合的概念能基本达成共识的基础上，后续的相关讨论与研究方有实际存在的价值和意义。因此本书尝试从法条竞合的发生机理、结构与特点、本质、概念等维度对法条竞合的本体存在属性予以全面揭示。

第一节　法条竞合的发生机理

基于立法阶段法益保护的复杂性、逻辑规则的冲突性、立法技术的不足以及语言文字的模糊性，刑法法条之间的外延关系呈现出错综复杂、彼此交错之状况。由于法条竞合的发生机理是理解法条竞合概念与本质的前提和基础，并对采取适当的研究方法进行法条竞合的类型划分起着至关重要的作用，基于发生机理研究在整个法条竞合分类研究中的重要性，本节从法条竞合的原因切入相关研究。

一　法条竞合产生的法益根源

1. 刑法法条的设立要旨在于法益之保护

法益简单地说就是法所保护的利益。具体而言，"法益是指根据宪法的基本原则，由法所保护的、客观上可能受到侵害或者威胁的人的生活利益"①。最大可能地对法益实现充分而全面之保护乃刑法法条设立之根本要义。刑法法条通过行为的具体类型化规制而实现对法益之保护，故法条竞合的产生脱离不了法益之范畴。但有论者认为，特定内容法律的产生，是由于现实生活中调整社会关系的实际需要，刑法所要保护的客体也即是被犯罪行为侵害的而受到刑法保护的社会关系。② 本书认为由于社会关系说过于抽象而难以在司法实践中具体运用和把握，故在刑法分则中没有任何一个章节将社会关系作为犯罪客体，而是将相对较为具体的权利、利益、秩序等作为犯罪客体。因此用法益来代替社会关系更为适宜。那么从刑法法条保护法益的角度理解，法条竞合的实质乃是为犯罪所侵犯而为刑法所保护的法益之间的竞合，此乃法条竞合的精义所在。法益竞合是法条竞合最深层次的本质，它不仅在理论上深刻揭示了法条竞合发生的根源与一罪内涵，也对其为何仅有一法条得以适用的缘由进行了最佳诠释。

2. 法益根源之一：法益的交叉与包容

刑法上保护之法益众多，彼此交错且性质迥异。学理上大致对其进行了分类，日本与我国台湾地区刑法学界比较盛行的是法益三分说。该说以法益之持有者为标准将法益分为国家法益、社会法益与个人法益。个人法益又按照与人格之关系分为个人专属法益与个人非专属法益。③上述法益的分类，在事实上存在着虽列为个人法益但也与社会法益有深度关联，以及虽属于社会法益但也可能牵涉个人法益之情形，社会法益与国家法益之间以及国家法益与个人法益之间亦复如是。盖其原因而言，虽然现今刑事立法技术使刑法法条几乎囊括了错综复杂的各类法益，将法益无一例外地纳入保护之范畴，但各类法益之间很难清晰地离析与界定。法益的复杂性和广泛性使法益与法益之间在外延上存在着犬牙交错之情状，遑论其他部门法也从不同角度与程度保护着纷繁复杂之法益。因此某一构成要件在保护某一法益的同时又往往和其他构成要件保护之法益发生竞合。以我国刑法中的放火罪、故意杀人罪与故意毁坏财物罪为例，当行为人故意放火烧毁多间房屋与他人之所有物且造成人员死亡

① 张明楷：《刑法学》（上），法律出版社，2021，第78页。
② 参见赵炳贵《犯罪客体概念之新诠》，《法学家》2000年第6期。
③ 参见甘添贵《罪数理论之研究》，中国人民大学出版社，2008，第22页注释。

时，放火罪不仅维护了公共安全之法益，同时也实现了故意毁坏财物罪对财产安全法益的维护以及故意杀人罪对个人生命法益的保护。因为从本质上讲，放火罪保护的虽然是社会公共安全法益，但此种社会法益在立法之初就天然地蕴含了对财产安全法益与生命法益之维护。持相同论者认为："社会法益是个人法益的集合，最终可还原为个人法益。当社会法益通过个人法益呈现时，对同一结果不能再有保护个人法益罪名的宣告，否则即是对同一结果的双重评价。"① 故此种情形下，放火罪与故意杀人罪和故意毁坏财物罪之间存在法条竞合关系。

3. 法益根源之二：多构成要件保护同一法益

刑事立法者出于惩罚犯罪之需要，总是力图无一遗漏地对类型化的行为予以抽象化与条文化的规定，以实现法网疏而不漏之目的。然事实情状形态万端，为了使同一法益免受来自不同行为样态之侵害，立法者便需要从不同的方面和角度加以全面保护，以实现对类型化行为侵害法益的全面评价和充分评价。但这种立法模式必然会导致多构成要件保护同一法益情况的出现，其具体表现为：在立法阶段，保护同一法益的分则法条在内容上就已经出现了从属或交叉的竞合现象，即多构成要件保护同一法益之立法模式奠定了法条竞合赖以存在之客观基础。例如我国《刑法》第 140 条生产、销售伪劣产品罪与第 141 条生产、销售假药罪，第 142 条生产、销售劣药罪，第 143 条生产、销售不符合安全标准的食品罪，第 144 条生产、销售有毒、有害食品罪，第 145 条生产、销售不符合标准的医药器材罪，第 146 条生产、销售不符合安全标准的产品罪，第 147 条生产、销售伪劣农药、兽药、化肥、种子罪，第 148 条生产、销售不符合卫生标准的化妆品罪等 8 个罪名之间即是多构成要件从规制不同类型化行为出发而保护同一法益之产物。它们之间存在着法条竞合关系。具体而言，上述 9 个法条从打击经济管理过程中的非法经营活动的实际出发，针对不同种类和层面的破坏市场经济产品质量管理秩序的各种行为样态，作出不同的类型化规制。其目的在于从多角度与多维度打击此类型的各种犯罪行为。由于以上 9 个法条处于刑法的同一章节，保护的是同类法益（市场经济中的产品质量管理秩序），故此情形下会

———————

① 王强：《法条竞合特别关系及其处理》，《法学研究》2012 年第 1 期。

出现一行为既符合生产、销售伪劣产品罪又符合其他 8 种罪名之情形，这即是多构成要件规制不同行为样态以保护同一法益之必然结果。

二 法条竞合产生的逻辑根源

1. 法条竞合现象产生的逻辑必然性

首先，刑事立法者从不同视角对犯罪进行多标准划分是导致法条外延交叉重合和罪名相容的重要成因。毋庸讳言，对社会有序生活的向往始终是人类孜孜以求的目标与渴望，刑事立法者便以维系有序生活和公序良俗为标准，从不同的层面与角度制定刑法法条，以规制各类型的严重破坏人类有序生活之行为。而在对犯罪行为的类型化过程中，立法者多维度拟制法条的方式必然导致采用对犯罪行为的多重划分标准。这种方式在客观上背离基本逻辑规律，使划分后的各个法条之间子项相容、外延交叉重合。其次，为实现精细化的犯罪打击，弱化逻辑规则的基本地位。立法者为了实现对犯罪行为的全面精确打击，总是竭尽所能地从不同角度、不同层面严密地编织"法网"。只要有助于全方位地预防和惩罚犯罪，立法者都试图予以法典化，从而在明知可能违背逻辑规则的前提下，使逻辑规则服从于全面打击犯罪的需求。最后，基本的逻辑划分规则对法条的划分往往流于形式，难以满足刑事司法实践的具体化要求。一方面，现代刑事法治理念奉罪刑法定主义为圭臬，在客观上要求刑法条文的具体细化，从而在司法实践中防止法官的罪刑擅断，以保障犯罪嫌疑人、被告人的正当权益；另一方面，若机械地按照形式逻辑之要求，仅仅以一个标准对"犯罪"划分到底，这必然使刑法条文过于僵化和笼统，法官的自由裁量权就会在模糊的刑法规定之下急剧膨胀。这样的划分不利于对犯罪嫌疑人、被告人权利的维护，也有违人权保障之基本理念。

2. 我国刑法在个罪划分标准上存在逻辑混乱

形式逻辑告诉我们：概念是反映客观事物本质属性的思维形式。划分方法则是以客观事物的某种属性为标准，将一个属概念分成若干个种概念，以明确其外延的逻辑方法。它一般由被划分的概念（母项）、划分后的概念（子项）、划分标准共三部分组成。划分需遵循以下逻辑规则：①划分必须相应相称，不能出现子项不全、多出子项的逻辑错误；②各子项之间没有共同的因素，即各子项之间不能相容；③在每一次划分的过程中，只能确立一个标准，否则就会犯"多标准"划分的逻辑错误；④划分的过程应当逐级依次进行，不能越级划分。上述划分所要遵循的逻辑规则，也同样适用于刑事立法领域。

但我国刑法的个罪划分标准却未完全遵循上述原则，从而导致逻辑混乱与法条竞合现象的产生。比如有论者认为："如刑法分则大体以客体为标准将犯罪划分为危害国家安全罪、危害公共安全罪、危害国防利益罪等十大类；其中，第五章侵犯财产罪中又以犯罪方法为标准分为抢劫罪、盗窃罪、诈骗罪等个罪；危害公共安全罪中又分别以方法和对象为标准规定出以危险方法危害公共安全的犯罪和破坏特定对象的犯罪等等。这样的分类方法必然导致分类后的种概念之间外延交叉、子项相容，从而造成不同条文中犯罪构成的内容竞合。"①

三　法条竞合产生的规范根源

从竞合论的角度观察刑法中的竞合现象，不外乎存在着两种性质迥异的竞合类型。

第一种就是在行为的形成阶段所产生的行为竞合现象。类型化的犯罪行为往往通过客观的自然行为来实现，但基于犯罪形态的多样性与复杂性，在特定情形下不同的类型化犯罪行为会通过同一自然行为来实现。例如，某甲因嫉恨某乙，一夜在郊外偶遇某乙驾车行至僻静处，趁其关上车门寻找厕所之机，用汽油烧毁了其汽车。但令某乙始料未及的是，某甲的小孩由于被反锁在车中，也一同被大火烧死。此时故意毁坏财物的行为和过失杀人的行为就同时通过放火的行为实现。这种不同犯罪行为样态寓于同一自然行为之中的现象，即称为刑法竞合论中的行为竞合。

第二种则是在规范评价阶段形成的评价竞合现象。刑法为了全面保护法益，必将多角度、多层次地侵犯法益的各种行为类型化，从而导致侵害同一法益的行为被多个构成要件评价。法条竞合即属于评价竞合之类型，因此对法条竞合成因的揭示离不开对规范结构关系的考察。对此，

---

① 汤火箭：《想象竞合犯与法条竞合犯辨析》，《西南民族大学学报》（人文社科版）2004年第6期。

黄荣坚教授认为："法条竞合现象完全是法规范内部的问题，也即对于具体的评价对象所产生之规范适用关系，系属规范与规范彼此间，关系确认的问题，根本上与评价客体并无关联。"①

　　从刑法规范形成的微观角度观察，规范之形成大致经历如下过程：首先，刑事立法以客观事实为基础，全面分析行为事实的构成要素；其次，将各种行为要素分解成具有刑法意义的概念单元；最后，将刑法概念单元分别加以组合，从而形成对各种类型化行为的刑法规范。本书认为，在此过程中三大因素影响了法条竞合现象的产生。第一，在将刑法概念单元组合的过程中，组合关系可能会发生在不同的刑法规范中，这就导致不同的规范之间含有完全相同的要素。当同一法益要素为多个构成要件所共同拥有时，就会产生同一法益的行为被多个构成要件评价之现象。第二，由于事实情况变化万千，根本不可能用刑法的有限规定对个别事实之情形进行毫无遗漏的评价。在刑事立法技术中，往往通过拓宽刑法规范中概念的外延以及规范间的相互适用来补足上述缺陷，这就为法条竞合的产生奠定了规范基础。第三，在刑事立法阶段形成的规范一般是基本规范，其内容均是以最基本的类型化行为为评价客体的。但是由于犯罪形态千状万端，仅仅以基本规范试图全部涵摄，显有力所不逮之嫌。立法者为因应司法之需要，便在基本规范之中加入其他构成要件要素，形成所谓的变体构成要件。在变体构成要件中行为要素不变，仅对基本规范中的其他构成要件要素予以修正而形成的刑法规范被称为"非独立变体构成要件"。如若对变体构成要件中行为要素加以改变，这必将导致刑法规范所保护之法益发生本质性的改变，基于此种变化而产生之构成要件被称为"独立变体构成要件"。非独立变体构成要件除了内含基本规范之构成要件以外，尚有其他情形之要素，因此它与基本规范之间天然地存在法条竞合关系。而独立变体构成要件与基本构成要件之间，基于行为要素的根本性变化，保护法益直接不同，因此二者之间绝无法条竞合现象产生之可能性。

四　法条竞合产生的语言根源

　　刑法法条的外在表达形式乃借助于语言文字的外壳实现，也基于语

---

①　黄荣坚：《双重评价禁止与法条竞合》，《台大法学论丛》1993 年第 1 期。

义关系与语句关系而形成。在通常情况下，对这种法条之间关系的判断与法条关系的选择适用并无太大之争议。但是，有两方面问题。

一方面，法律条文以文字的形式固化下来时，具有相对的明确性和固定性，然而社会生活的变化却千状万端，必然会存在某一法条所设立的犯罪类型不能涵摄或难以全部涵摄的行为事实。对于此种行为事实，在司法实践中就需要数个法条来评价，而这些法条之间就存在发生竞合的可能性。

另一方面，语言本身的模糊性，以及人们对刑法法条语词理解的差异性，在某些情况下，会导致法条外延关系难以界定以及适用上的困惑。分析哲学告诉我们："语言是表达思想和情感的工具。但通常都不曾注意到语言有这样一种性质，即它从根本上改变所指涉对象的性质，使它消除特殊性而具有普遍性的规定。"① 比如对于刑法中规定的"枪支"的理解，按照纯粹字面意思来理解的话应当包括所有类型的枪支。但是显然立法者在设立相关枪支犯罪的法条时，使用"枪支"这一概念乃具有特殊的指涉，主要是指能对公共安全产生重大威胁、具有现实危险性之枪支，按照相关司法解释即是能够发射出金属弹丸的枪支。但是刑法法条中的"枪支"这一概念却在不经意间从根本上改变了其所指涉对象的性质，使它消除了特殊性而具有普遍性。

卡尔·拉伦茨也认为，就法律语言自身的特点而言，它富有一般语言的弹性特征，无法做到像符号语言那样精准，法律语言总是需要解释。② 在探寻刑法法条中具体文字概念的含义时，基于立法者与司法者本身的分歧、解释者本身的立场差异以及所采用的解释方法的不同，对刑法法条之间是否具有竞合关系常常产生认识上之分歧。例如，关于盗窃罪与侵犯商业秘密罪之间是否存在法条竞合的判断，关键就在于对"财物"一词所指涉范围的理解。如果认为商业秘密作为无形财产不属于刑法盗窃罪中的财物，那么二者之间就不存在法条竞合关系。反之，认为盗窃罪中的财物包括无形财产，则二者之间就存在法条竞合关系。事实上，"财物"一词由于语词概念的模糊性与复杂性，其涵摄范围本

---

① 胡军：《哲学是什么》，北京大学出版社，2002，第128页。
② 参见〔德〕卡尔·拉伦茨《法学方法论》，陈爱娥译，商务印书馆，2003，第201页。

身就存在不确定性。由此可见，对刑法法条中语词范围的理解差异，会直接导致对法条竞合关系判断的不同。

第二节　法条竞合的结构与特点

前文已从规范关系内部视角深度剖析了法条竞合产生的法益根源、逻辑根源、规范根源以及语言根源。本书将在对刑法规范作内部透视的基础上，以外部视角考察法条竞合的基本结构与特点，从而更好地透过外部结构与形态特征之观察，充分把握该法条竞合的内涵和外延，以揭示法条竞合现象的本质之所在。

一　法条竞合的结构

所谓法条竞合的结构乃指各类法条竞合形态之构成要素的外部组成架构。其主体要素是一行为人，其实体要素是一行为，其结果要素是实现数构成要件，其实质要素是侵害一法益。具体而言，法条竞合的结构外在表现为：一行为人或数行为人以一行为实现了数构成要件，侵害了同一法益。按照逻辑结构分别说明如下：一行为人（主体要素）→一行为（实体要素）→实现数构成要件（结果要素）→侵害同一法益（实质要素）；数行为人（主体要素）→一行为（实体要素）→实现数构成要件（结果要素）→侵害同一法益（实质要素）。

1. 主体要素释义

就主体要素而言，本书认为无论是在一行为人的参与下还是数行为人的参与下都有法条竞合之适用余地。如果主体是数人，则该数行为人的结构关系为横向关系（如共同正犯、帮助犯）或者是纵向关系（如间接正犯、教唆犯）。那么对于各行为人以一行为实现数构成要件侵害一法益之行为的重点乃在于对数行为人参与角色之认定，在此意义上应当属于刑法参与论之范围；但本书主张，教唆犯与帮助犯之可罚性认定应当与正犯的一致，以正犯之罪数为认定标准。当正犯构成法条竞合仅成立一罪时，教唆犯与帮助犯也同样构成法条竞合并以一罪评价。至于共同正犯间是否存在法条竞合的可能性，日本刑法学者中野次雄认为："共犯者之行为，实属于自己行为之一部分，同时共犯之行为，也与自己之意思活动相合，故得认其为一个行为。"① 因此在共同正犯以一行为触犯数法条而实质上只侵害一法益的情形下，共同正犯间构成法条竞合关系。例如，两人共谋合伙实施盗伐林木，且共为共同行为之全部，则二者均构成盗窃罪与盗伐林罪的法条竞合犯。

2. 实体要素释义

就实体要素而言，大陆法系刑法学界对于法条竞合的产生是否限于一个行为展开了激烈的争论。日本刑法理论认为："所谓吸收关系，指一个构成要件吸收其他构成要件的情况，即某一构成要件行为的不法、责任内容，包含其他行为的不法、责任内容，全体的现象的法的评价由于某一行为全被评价的场合，其他行为的评价，被某一行为的评价所吸收。"② 在德国刑法理论中，"与罚的行为"作为广义的行为单数而定位于假性竞合③中被讨论。德国学者认为所谓与罚的行为基于法条竞合原理而被主行为吸收，对与罚的行为不独立处罚，缺少的不是与罚的行为的构成要件该当性，而是行为人的应受处罚性。④ 但林山田教授认为法律单数只出现于行为单数的情况下，法条竞合仅存在于行为单数的前提下，而将不罚之前后行为视为法条竞合以外之另一现象。⑤ 与罚的行为大体分为三类：第一类是与罚的前行为，系指行为人前后两个行为分别触犯同一法益保护不同阶段的构成要件，前后两个行为分别符合两个构成要件，然而这两个构成要件的该当行为却是侵害同一法益，比如危险犯与实害犯、既遂犯与未遂犯；第二类是与罚的伴随行为，伴随某一较重构成要件的实现，通常也会有较轻犯罪构成要件的实现，比如杀人后的毁尸行为；第三类是与罚的后行为，系指行为人为了保全、利用或处分其先前行为的不法利益而所为之后续行为，比如盗窃后的销赃行为。我国台湾地区学者甘添贵教授也认为："如果法条竞合本来就不限于一行

---

① 转引自甘添贵《罪数理论之研究》，中国人民大学出版社，2008，第 176 页。
② 转引自马克昌《比较刑法原理——外国刑法学总论》，武汉大学出版社，2002，第 771 页。
③ 德国刑法学界将法条竞合称为假性竞合。其原因在于形式上有数个构成要件被该当，而实质上仅有一个构成要件能对行为的不法与罪责进行完整评价，且最终只有一法条得以适用。所谓的构成要件的疑似该当不过是假象而已，故以假性竞合对其命名。
④ 参见〔德〕汉斯·海因里希·耶赛克、托马斯·魏根特《德国刑法教科书》（下），徐久生译，中国法制出版社，2017，第 1005~1006 页。
⑤ 参见林山田《刑法通论》（下册），北京大学出版社，2012，第 209 页。

为的情况，而是包括数行为的情况那么就有可能把与罚的后行为也当作一种法条竞合来处理。"① 本书赞同采取限制说，即将法条竞合的产生限定于一个行为。因为采取何种学说需在我国刑法的具体语境下考量是否和现行的罪数理论相协调，是否会造成司法实践中的混乱。在我国现行的罪数论体系下，吸收犯和法条竞合犯都属于评价竞合的形态，都实现多个犯罪构成而侵害一法益，具有极强的相似性。但法条竞合犯的实质是在相同的行为阶段实现了多个犯罪构成而侵害同一法益，吸收犯的实质则是在前后相继的行为阶段实现了多个犯罪构成而侵害同一法益。易言之，德日刑法中讨论的与罚的行为的三种类型均属于我国罪数理论中的吸收犯。因此如果将法条竞合的产生扩展至数行为，则必然导致我国刑事司法实践中法条竞合犯与吸收犯概念的混淆。

3. 结果要素释义

就结果要素而言，对一行为实现了数个犯罪构成要件的结果需要在以下两方面作说明。一方面，所谓的实现数个构成要件，仅仅是指形式意义上的符合、形式意义上的该当。在数个构成要件中只有一个构成要件能对行为的非价内涵进行充分而全面的评价，所以当采用这一个构成要件评价时，其余的构成要件均被排除适用。从这个意义上讲，一行为仅仅在形式上貌似符合了数个犯罪构成要件，而实质上只有一个构成要件的符合与该当。比如，交通肇事致人重伤的行为既符合交通肇事罪的犯罪构成又符合过失致人伤害罪的犯罪构成。从表面上看此一行为符合两个犯罪构成，但交通肇事罪保护的公共安全法益已内含了过失致人伤害罪所保护的生命、健康法益。因此交通肇事罪全面评价了此一行为的非价内涵，此一行为在实质上仅符合交通肇事罪一罪而已。另一方面，此处所指涉的构成要件仅仅是指基本的构成要件而不包括修正的构成要件。前文已述，修正的构成要件与基本的构成要件之间以及修正的构成要件之间由于存在着逻辑上的反对关系，符合一者则必定与另一者相悖，故不存在法条竞合的可能性。

4. 实质要素释义

就实质要素而言，犯罪的本质并不在于形式层面的犯罪构成要件的

---

① 转引自黄荣坚《刑法问题与利益思考》，中国人民大学出版社，2009，第 194 页。

该当性而在于其法益侵害性。对同一法益的侵害是构成法条竞合的真正理由，也是讨论其可罚性的前提。所谓侵害同一法益，是指一行为侵害同一客体之相同法益。因此判断行为是否侵犯同一法益，应当分别从法益的同类性和行为客体之同一性两个层面加以判断。如果行为侵犯之法益既具有同类性又具有行为客体之同一性，就可作出法益同一性之判断。

对法益同类性的判断可分为三个步骤进行。第一步是进行大类判断，看竞合的构成要件大类是否相同，大类的判断可借助于法益三分说。法益三分说以法益之持有者为标准将法益分为国家法益、社会法益与个人法益。个人法益又按照与人格之关系分为个人专属法益与个人非专属法益。个人专属法益系指以个人的人格尊严为基础并与人格密不可分之法益。比如，生命、自由、名誉等皆属于此，其罪数判断应以被害者的个数为认定之标准。个人非专属法益是指以财产为内容之法益。对侵害财产法益之犯罪应当将其持有状态和财产监督权的个数作为认定犯罪个数的标准。社会法益是指以社会上不特定人的生活利益为内容的法益，包括不特定人的生命、财产等，其罪数判断应当以刑法具体保护之法益个数为标准。国家法益是指刑法具体保护的国家利益，包括国家之存在与安全、国家公权力之正当行使、国家之公共秩序等，其罪数判断也应当以刑法具体保护之法益个数为标准。[1] 第二步是结合刑法分则中的章节予以认定。因为法益同类性的判断，一般应当以刑法分则对法益的章节分类为基础。易言之，应根据所保护法益的刑法条文所处的章节加以判断。比如，我国《刑法》第 140 条规定的生产、销售伪劣产品罪与第 141 ~ 148 条规定的 8 个罪名保护同类社会法益，且处于刑法分则的同一章节，因而具有法益的同类性。第三步是从反向判断，即如果数构成要件之间虽然大类不同，也不隶属于刑法的同一章节，但在构成要件竞合的同时存在法益竞合，就可对其作出法益同类性的判断。例如，行为人以自制炸弹引爆的方式在闹市区炸死多人，其行为在表面上符合爆炸罪和故意杀人罪两罪的构成要件。爆炸罪保护的法益是公共安全，而故意杀人罪保护的法益却是个人生命法益，似乎其保护的是两种截然不同的法益。二者也规定在刑法的不同章节，但公共安全是社会法益，生命法

---

[1]　参见甘添贵《罪数理论之研究》，中国人民大学出版社，2008，第 22 ~ 25 页。

益是个人法益，二者存在着法益保护的交叉，二者都保护个人的生命法益。事实上立法者在制定爆炸罪之初，自然会联想到爆炸致人死亡的严重后果，故而将对生命法益的保护纳入了爆炸罪所保护之公共安全法益的范畴。这就使爆炸罪的法益内涵全面包容了故意杀人罪的法益内涵。事实上适用爆炸罪就可以对行为的全部非价内涵予以评价。

就行为客体之同一性判断而言，主要是指行为之侵害对象必须具有同一性，因为同类的法益建立在不同的侵害对象之上，就是不同的法益。例如，行为人甲用刀片将被害人的路易威登的昂贵皮包划破，从而窃取包中大量现金。此行为触犯故意毁坏财物罪和盗窃罪，而这两个罪侵犯的都是财产法益，具有法益种类的同一性。但故意毁坏财物罪之侵害对象是路易威登的皮包，盗窃罪侵犯的则是现金，二者从根本上讲属于不同的侵害对象，因而该行为侵犯的是不同的法益。

二　法条竞合的特点

1. 行为人实施了一个不法[①]行为

法条竞合的显著特征在于行为人仅仅实施了一个不法行为，该特征具有区分吸收犯与牵连犯的重要理论意义。由于牵连犯和吸收犯的首要特征都是数行为，自然在行为数上明显区别于法条竞合犯，二者与法条竞合犯之间呈现泾渭分明的特征。但问题的关键在于如何识别刑法意义上的一行为。德国刑法理论发展出了一套体系完备的行为单数学说。但是行为单数的判断标准究竟是存在于社会事实的认知经验还是存在于法律规范之中，则常成为学说争议点。[②] 德国学界对于行为单数的划分大致有四种类型。[③]

第一种是自然意义之一行为（又称单纯的行为单数），系指行为人出自一个行为动机，引发一个意思活动，在刑法的认定上始终为单一行为。这是站在刑法主观主义的立场来审视行为单数的概念，其实质是主

[①]　这里所指的不法，本书采取客观违法论的基本立场，即认为刑法规范是客观的违法性规范，在具体个案中不论行为人的主观动机与能力如何，只要在客观上实施了违反刑法构成要件的行为，那么该行为就具有违法性。

[②]　参见柯耀程《变动中的刑法思想》，中国政法大学出版社，2003，第 273 页。

[③]　参见柯耀程《评德国刑法竞合论"行为单数"概念》，《东海大学法学研究》总第 14 期（1999 年）。

张从行为人的主观意思活动个数来考量行为个数，至于行为所导致结果的多寡，则不在考虑之列。日本判例也有类似的观点，所谓一行为，是指"撇开法律性评价并且舍弃构成要件性观点，从自然观察的角度，可以将行为人的行动于社会观念上评价为一个的情形"①。例如，向水井里投毒，致多人死亡，由于只是一个意思活动引发的多个结果，故仅认定为一行为。

第二种是自然的行为单数，系指"行为人虽然在客观上实现了多数的行为举动，但以一个客观第三人自然的观察，认定所有之行止间具有一个直接的连带关系存在，而认为行为人所有者，仅为一个单数而已"②。这是站在刑法客观主义的立场来审视行为单数的概念，其实质是主张以旁观者的客观观察来决定行为个数。但在后来的判例中，实务界也强调自然的行为单数需加入主观要素的要求，即一致性的意思或者行为决意。易言之，所有的客观举止必须源于一个一致性的行为意思且整体行为具备时空上的不可分割性。例如，为了实施绑架而盗窃汽车，绑架行为和盗窃行为由于来源于一致性的行为意思，且整体行为具有不可分割性，因此在刑法上仅能评价为一行为。

第三种是构成要件的行为单数，系指"从单纯实现构成要件本身就可以认定行为单数。只要实现了一个法定犯罪构成要件，就可以认定一个行为的成立，即使这个行为由多个身体举动构成"③。由于学理上对于行为单数的判断，倾向于法规范的思维方式，因此构成要件的行为单数概念渐有取代自然的行为单数而成为通说见解的趋势。④ 例如，国家工作人员非法收受他人钱财是自然意义上的一个行为，而后滥用职权为他人谋取利益又是自然意义上的一个行为。在我国刑法中，则通过受贿罪的规定将其评价为一个受贿行为。

第四种是法的行为单数，系指"即使行为超越了单纯地实现构成要

① 转引自陈洪兵《竞合处断原则探究——兼与周光权、张明楷二位教授商榷》，《中外法学》2016 年第 3 期。
② 转引自柯耀程《变动中的刑法思想》，中国政法大学出版社，2003，第 275 页。
③ 转引自李海东《刑法原理入门：犯罪论基础》，法律出版社，1998，第 191 页。
④ 目前我国刑法学界的主流观点与德国的构成要件的行为单数学说接近。二者均倾向于认为，对于行为单数，应依该行为所符合犯罪构成的次数来认定，一次符合一个犯罪构成的可以认定为一行为，数次符合数个犯罪构成的则为数行为。

件，根据相关刑法规定也应当被认为是行为单数，这种概念也构成广义的构成要件的行为单数"①。该行为单数的主要诠释者乃是所谓的连续行为。虽然德国刑法的规定中并无连续关系之说，但是实务上却通过法的行为单数这一概念将此种整合连续行为作为一整体行为加以评价。比如，我国刑法理论中存在的连续犯即属于此。

本书之基本立场如下。

首先，自然意义之一行为学说由于采取主观主义的见解和立场，主张以行为意思数来判定客观行为数，则必然产生与客观实际的脱节。此说与复行为犯②仅评价为一行为之情形不符。例如，行为人触犯《刑法》第 236 条规定的强奸罪，即成为复行为犯。强奸行为既包含暴力、胁迫等强制行为，也包含奸淫妇女的行为。行为人既有暴力强制意图又有奸淫意图。按照此说，应当成立数行为而触犯数罪，显然这与司法实践大相径庭。

其次，对于自然的行为单数学说，其最大的难题在于如何推断行为人具有主观意思的一致性。虽然理论与实务上采取了所谓的自然的思维方式，但此标准显然过于模糊和恣意，因此德国学者更多地倾向于构成要件的判断方式。

再次，法的行为单数学说，在实质上是通过法律拟制，将行为人的系列行为，在同一犯意的统领下，整合成一个行为加以评价。然而此种拟制却造成了更多的问题。一则是此学说不能说明为何犯意同一即可将数个行为整合成一个行为加以评价，二则是判断主观犯意是否同一的标准缺乏明晰性。有鉴于此，德国刑法学界有不断收缩和限制此学说之趋势，更有甚者希望将法的行为单数的概念完全去除。

最后，尽管学界提出了对构成要件的行为单数学说的批评与质疑，比如有论者认为，"从构成要件的解释反推认定行为的单数，则系将规范适用置于存在之前，在逻辑思维上，已经是本末倒置。更何况构成要件

---

① 参见〔德〕汉斯·海因里希·耶赛克、托马斯·魏根特《德国刑法教科书》（下），徐久生译，中国法制出版社，2017，第 968 页。

② 所谓复行为犯，是指由复合行为构成的犯罪，具体是指在一个独立的基本犯罪构成中包含数个不独立成罪的实行行为的犯罪，即《刑法》分则条文规定的构成要件行为属于数行为的犯罪。

行为单数，如何产生复数的构成要件实现"①，但笔者认为上述理由有不尽合理之处。一方面，人类逻辑思维的认识规律在于经历从感性具体到理论抽象的过程和从理论抽象回到感性具体的过程，而对辩证思维而言最重要的就是从抽象上升到具体。刑法理论先是要对自然意义上的行为作理论化的概括和抽象，使之成为类型化的行为。这一步是认识经历从感性具体到理性抽象的过程。用类型化的行为去检验判定自然意义上的行为是否符合构成要件的行为单数，则是认识经历从理论抽象回到感性具体的过程，而且是更为重要的认识过程。因此用构成要件来检验行为单数根本不存在所谓的逻辑上的本末倒置之说，而是行为单数认识发展的必然要求。另一方面，反对者认为既然是构成要件的行为单数，那就不可能产生复数构成要件的实现问题，而事实上构成要件的单数行为却时常引发复数构成要件的实现，这就说明构成要件的行为单数学说存在问题。该反对见解的症结在于，未能认识到基于犯罪形态的多样性与复杂性，在特定情形下不同构成要件意义上的单数行为会通过同一自然行为来实现。事实上这就是竞合论中的行为竞合现象。比如，一个射击行为造成多人死亡和重伤，则构成要件意义上的杀人行为和故意伤害行为通过自然意义上的一个射击行为竞合，构成要件的行为单数实现了复数构成要件。同时，构成要件的行为单数学说为行为单数的判断提供了统一、明确的法律标准，有利于避免在我国司法实践中采取自然行为标准的恣意性和不确定性。因此本书主张，在行为单数的判断上应当采取构成要件之标准。

2. 一行为在表象上同时触犯了数个不同的刑法法条

对此特点应当从表象和实质两个层面予以把握。一方面，在表象上此特点表现为行为人之一行为同时触犯数个不同的刑法法条；另一方面，产生竞合的数个不同法条，之所以不同，原因乃在于所规定的犯罪构成和罪名迥异。因此从实质上看，一行为所侵犯的数个不同法条之间的竞合，当属犯罪构成要件竞合与罪名竞合。

当前刑法学界对法条竞合现象中法条的理解存在着理论上的误读。这种误读表现为未能从实质上认清法条竞合属于犯罪构成要件之间的竞

_____

① 柯耀程：《变动中的刑法思想》，中国政法大学出版社，2003，第291页。

合与罪名之间的竞合。有论者认为，在特殊情况下我国刑法总则条文会和分则条文产生竞合关系。例如，我国《刑法》第 29 条教唆犯与第 295条传授犯罪方法罪间存在法条竞合关系。教唆犯犯罪构成要件中"教唆他人犯罪的"与传授犯罪方法罪犯罪构成要件"传授犯罪方法的"，在一定程度上存在着交叉重合，此情形可视为传授犯罪方法之方式教唆。

　　本书之基本立场如下。其一，基于法条竞合乃属犯罪构成要件竞合与罪名竞合之性质考量，总则规定的教唆犯乃属刑事理论的原则性规定，既不属于罪名更不属于构成要件，故而此总则条文不可能与分则条文产生法条竞合关系。所竞合者，乃教唆犯之犯罪构成（实质是分则规定的罪名之犯罪构成）与传授犯罪方法罪犯罪构成的竞合。其二，即使发生了上述教唆犯之犯罪构成要件"教唆他人犯罪的"与传授犯罪方法罪犯罪构成要件"传授犯罪方法的"的交叉重合现象，也未必就存在法条竞合。法条竞合的实质在于其一罪性，即用竞合法条之一即可对行为的所有非价内涵予以充分而完整的评价。据此，教唆犯之犯罪构成要件与传授犯罪方法罪犯罪构成要件是否存在法条竞合的判断关键，在于二者之间是否存在适用其中一构成要件即可对另一要件的不法和罪责予以完整评价的情形。显而易见，这就要视教唆犯所保护的法益之不同而定。传授犯罪方法罪保护的法益是公共管理秩序，而教唆犯所保护的法益则依据教唆所触犯的具体罪名而定。故而在实践中，一行为兼具教唆与传授犯罪方法之性质或者用传授犯罪方法的手段使他人产生犯罪决意，是否一定产生法条竞合不能一概而论。例如，行为人以传授制造毒品方法的手段使他人产生制造毒品的决意，被教唆者而后实施了制造毒品的行为，则行为人同时触犯制造毒品罪和传授犯罪方法罪。由于制造毒品罪侵犯的是国家对毒品的管理秩序，传授犯罪方法罪侵犯的是公共秩序，二者也不处于《刑法》的同一章节，因此不是同类法益。加之无论是制造毒品罪还是传授犯罪方法罪都不能对该行为的全部非价内涵予以评价，故不存在法条竞合之可能性。

　　3. 犯罪构成要件在逻辑上存在交叉、从属或者分解关系

　　法条竞合的显著特点在于犯罪构成要件之间存在逻辑上的交叉、从属、分解关系，学术上也称为"法条竞合之逻辑模式"。对于这一特点的研究具有重要的理论意义和实践价值。其一，根据这一显著特征可将

法条竞合划分为交叉关系类型、从属关系类型以及分解关系类型（整体法与部分法的关系类型），不同的类型决定法条竞合的不同适用原则。其二，法条竞合与想象竞合的重要区分点之一在于，想象竞合是行为竞合而法条竞合是评价竞合。因此法条竞合在本身的条文规定上就存在着交叉和包容，这一特征可成为想象竞合与法条竞合合理区分的重要标志。其三，该特征从逻辑上澄清了法条竞合现象产生的逻辑根源，即构成要件之间的交叉、从属与分解。

　　有学者对此提出了反对意见，认为犯罪构成要件在逻辑上存在着交叉、从属关系只是学者虚构的命题，事实上静态的法条原则上是不会发生竞合的，因为"静态的法条只是一种单纯的自然存在，彼此之间不会发生勾连。静态的法条存在只是规范的一种宣示和表达，不可能发生冲突。法条竞合只有在动态的法条适用过程中，即在行为事实与法律规范的对应活动中才可能发生"①。持相同观点的学者也认为："法条竞合是一行为而符合数个法条规定的犯罪构成要件，那就意味着须借助'一行为'才能成立法条竞合，这恰恰是以案件事实为中介。"②

　　事实上，任何一个刑法条文都是以社会生活中的行为为规制对象和评价对象的，刑事立法者通过社会经验的归纳和理论化的抽象，将自然意义上的一行为或者数个行为概括成构成要件意义上的类型化行为。因此无论现实生活中的个案发生与否，由于立法者的局限性和语言的模糊性，不同的法条描述的类型化行为难免会交错或包容进而发生所谓的静态竞合（法条竞合），所以法条竞合的发生是不以具体行为的发生为先决条件的，事实上静态的法条之间在对同一行为的类型化评价上发生了天然的竞合。倘若法条描述的类型化行为本身没有交叉、从属和分解关系，而其竞合只是由于行为的发生，此种现象就不能评价为法条竞合而应当归属于想象竞合。因为"想象竞合成立与法条关系无关，完全取决于偶然的案件事实'激活'法条之间的关系"③。综上所述，从本质上讲

①　叶良芳：《法条何以会"竞合"？——一个概念上的澄清》，《法律科学（西北政法大学学报）》2014 年第 1 期。

②　庄劲：《机能的思考方法下的罪数论》，《法学研究》2017 年第 3 期。

③　陈洪兵：《竞合处断原则探究——兼与周光权、张明楷二位教授商榷》，《中外法学》2016 年第 3 期。

法条竞合是一种评价竞合，即不论行为发生与否，数个刑法法条评价的类型化行为都存在重合点。想象竞合则是一种行为竞合，如果该行为不发生，人们难以想象静态的数个刑法法条之间可能发生竞合，事实上这种竞合现象的产生是以行为的发生为必备要件的。因此认为静态的法条之间本身不可能发生冲突，而只能通过行为发生冲突的观点，是模糊了评价竞合和行为竞合的界限，混淆了法条竞合和想象竞合。

4. 一犯罪构成要件能对不法行为的非价内涵予以充分评价

此特征是法条竞合的本质特征，是法条竞合本质的外部特性表现。法条竞合除了构成要件之间在逻辑上的交叉、从属以及分解关系以外，更实质的层面还在于具有法条竞合关系的数个构成要件之间，必存在其中一个法条能对行为的非价内涵予以包容性评价之情形。有鉴于此，虽然法条竞合在现象上触犯了数个法条，但由于具有包容性评价功能的法条已经将行为的非价内涵包容，故法条竞合在实质上只有一个构成要件该当。因此用此一罪名足以完全地把行为的不法内涵概括，故所谓的竞合现象只不过是假象而已，盖德国学者冠之假性竞合之称谓也就不足为奇了。

第三节　法条竞合的本质

概念乃反映客观事物本质属性的思维形式，因此厘清法条竞合概念之首要问题乃在于透过法条竞合的外部现象，揭示其深刻的内在本质。法条竞合在外部现象上表现为：一行为该当数个构成要件，数个构成要件相互竞合适用，最终仅以一构成要件定罪量刑，而排除其他构成要件之适用。然各构成要件之间具有怎样的逻辑关系，何以仅适用一构成要件而排除其余构成要件之适用，均需从法条竞合的本质出发加以澄清。大陆法系学者与国内刑法学者大致从构成要件的形式关系侧面和实质内涵侧面探究其本质之所在。

一　大陆法系相关学说评析

德国刑法实务界对于一行为触犯数个法条实现数个构成要件的情形，皆以想象竞合犯论处。盖因《德国刑法典》中并无法条竞合之规定，第

52 条第 1 项、第 2 项与第 53 条第 1 项、第 2 项仅就想象竞合与实质竞合作了明确规定，而未对法条竞合加以规定。[①] 在德国刑法理论中，当一行为实现的数个构成要件之间存在某一构成要件可以将其余构成要件的不法内涵与罪责充分评价之时，则认为不符合想象竞合犯的特征。因为该行为没有实现多个构成要件，而仅有一构成要件符合，此种情况下不是真实的竞合，而代之以"法规单一"（Gesetzeseinheit）抑或"假性竞合"（scheinbare Konkurrenz）之称谓，我国刑法理论界习惯称之为"法条竞合"。[②]

盖其产生原因在于，一行为只是表面上触犯数个刑法法条，但实际上是由于静态法条本身存在逻辑上的交叉、包容或分解关系，因此只能适用其中一个法条，而排除其他法条适用。德国学者罗克辛认为，虽然"法规竞合"的表述已经被采纳，但遗憾的是，它完全具有欺骗性，一种纯正的不同法律的"竞合"几乎是不存在的，因为有罪判决仅仅是一次违反法律为基础。[③] 故法条竞合在本质上是犯罪单数，仅具有一罪之内涵。所以法条竞合之称谓在德国理论界被认为是对其本质的误读，因而逐渐取消了。

日本刑法学界认为法条竞合实质上是"本来的一罪"。也即是说，虽然法条竞合现象呈现一行为实现数个构成要件之特征，但由于其构成要件具有逻辑上的交叉或包容关系，事实上仅用一个构成要件评价行为足以实现充分评价。日本刑法学者西田典之认为："法条竞合是指某行为看上去似乎符合数个构成要件，但从构成要件间的逻辑关系来看，仅成立一个犯罪的情形。"[④]

从构成要件的形式关系着手，探讨法条竞合之本质的主要代表人物是德国学者 Beling、Klug 与日本学者小野清一郎。他们运用形式逻辑之方法分别从不同的视角透视法条竞合之本质。Beling 自刑法法条之类型

---

① 参见《德国刑法典》，徐久生、庄敬华译，中国方正出版社，2004，第 19 页。

② 参见〔德〕汉斯·海因里希·耶赛克、托马斯·魏根特《德国刑法教科书》（下），徐久生译，中国法制出版社，2017，第 999~1000 页。

③ 参见〔德〕克劳斯·罗克辛《德国刑法学　总论》（第 2 卷），王世洲等译，法律出版社，2013，第 637 页。

④ 〔日〕西田典之：《日本刑法总论》（第二版），王昭武、刘明祥译，法律出版社，2013，第 375~376 页。

关系入手将其划分为排他关系（逻辑上的矛盾关系）、特别关系（逻辑上的包容关系）和中立关系（逻辑上的全异关系）。他认为法条竞合的本质在于构成要件的交叉与包容，抑或外延关系上全异，因此法条竞合仅在特别关系和中立关系中存在。Klug 则运用概念关系之分析，将法条竞合类型划分为异质关系、同一关系、包摄关系与交叉关系。他认为法条竞合的本质在于构成要件的交叉与包摄，因此法条竞合仅在包摄关系和交叉关系中存在。Beling 与 Klug 运用对法条外延的逻辑分析，阐释法条竞合之本质，对于法条竞合类型的判断实有重要的理论意义与实践价值。然纯逻辑之概念分析，显得过分抽象与流于形式，从而无法说明具有交叉关系的法条间何以有想象竞合与法条竞合之分野。小野清一郎着眼于构成要件的类型性，通过构成要件要素的分析，探讨刑法法条之间的相互关系，以揭示法条竞合的本质。小野清一郎认为，当且仅当不同的刑法法条在大体上属于"同一构成要件类型"时，方有法条竞合之可能。其理论揭示出法条竞合现象中存在着构成要件的同一类型性特征，但就构成要件本身而言仍然具有形式化之倾向。比如，该理论对为什么不同的刑法法条在大体上属于"同一构成要件类型"时，才存在发生法条竞合的可能性没有作出合理解释。而要对此作出诠释，就必须深入构成要件的实质层面探讨法条竞合的本质。

从构成要件的实质层面着手，探讨法条竞合之本质的主要代表学说有"单一刑罚权说"、"不法内涵包含说"、"构成要件二重评价说"与"法益同一性说"。[①] 该观点主张从不同犯罪间的实质层面关系去揭示法条竞合的本质之所在。持该学说的论者，不再局限于概念间逻辑关系的束缚，而是直接切入犯罪的实质层面去探究法条竞合的本质。

"单一刑罚权说"以法定刑为依据并且将不法内涵作为法条竞合之基础。该学说主张，数个形式该当的刑法法条，在实际上仅有一个该当之刑罚权，该刑罚权已将某行为事实之不法内涵完全评价。所以行为人触犯数法条时，该当之刑罚权外的法条均不得适用。故法条竞合的本质在于一行为虽实现数个构成要件，但刑罚权仅有一个。按此学说，则法定刑较轻之刑法法条不能将刑罚较重之刑法法条的不法内涵包含在内，

---

①　参见甘添贵《罪数理论之研究》，中国人民大学出版社，2008，第 59~63 页。

故当法条竞合发生时一律适用重法方可实现对行为的充分评价。但是事实上有时轻法的法益保护范围反而较重法的更广，适用轻法评价反而更能体现对行为罪质的充分评价。故将此学说作为法条竞合之本质揭示，实有悖于刑事司法之实际而缺乏妥适性。

以德国 Puppe 教授为代表的学者提出了"不法内涵包含说"，从不法内涵的包容性角度对法条竞合的本质进行了诠释。Puppe 教授认为，当一个犯罪事实虽然在表象上该当数个构成要件，但仅适用一个法条就足以把所有的不法构成要件要素完全包容时，基于双重评价禁止原则之考量，禁止再去适用其他构成要件来对行为人加以评价。[①] 此学说从不法内涵是否具有包容性的角度，较为明晰地划清了法条竞合与想象竞合之间的界域。易言之，当构成要件发生交叉时，如果一个刑法法条的不法内涵无法将另一个刑法法条的不法内涵包含在内则是想象竞合，反之则是法条竞合。然此学说在貌似划清了想象竞合与法条竞合之分野的同时却又面临更大的诘难。由于不法内涵之概念内容较为模糊，在实践中难以把握，同时对不法内涵的解释也会因解释主体的不同而得出大相径庭的结论，故以此学说阐释法条竞合之本质实有不妥之虞。另外也有学者对法条竞合的本质，在不法内涵之基础上添加了责任内涵的要素。采此说之观点认为，法条竞合的本质在于一个刑法法条可对一个可罚行为的全部不法与罪责进行包容性评价。比如，在法条竞合的情形下，犯罪行为的不法内容与罪责内容根据可考虑的刑法法规之一即被详尽规定，被排除的刑法法规不会出现在判决主文中，在描述犯罪行为时也不得被使用。[②] 唯此种学说中的责任内涵实与前述不法内涵相同，其内涵和外延究竟为何，在实践中仍令人费解。

"构成要件二重评价说"主张考察法条竞合的本质应自"对于具体事实评价之方法"的观点加以考察。具体而言，当一个行为该当数个构成要件之时，如将其评价为数罪乃违背了"一行为不二罚"的原则，故仅成立一个犯罪。至于是否二重评价则依据构成要件之间的关系来判断，

---

①　参见陈志辉《重新界定法条竞合与想象竞合之界限——Puppe 教授之竞合理论》，《刑事法杂志》1997 年第 5 期。

②　参见〔德〕汉斯·海因里希·耶赛克、托马斯·魏根特《德国刑法教科书》（下），徐久生译，中国法制出版社，2017，第 999～1000 页。

与不法内涵、责任内涵和法定刑皆无关系。当构成要件之间具有包容关系时，即使法定刑较轻之法条也可将较重之法条包容性评价。由此可见，此说较好地解决了"单一刑罚权说""不法内涵包含说"所面临的刑罚较轻的法条之不法内涵无法将刑罚较重之法条的不法内涵完全包含的诘难。但此说在面对具有交叉关系的法条之间何以具有法条竞合关系时就显得苍白无力了。因为此说立足于构成要件本身考察，而排除不法内涵等因素，故无法说明不具有包容关系的法条竞合为何在实质上仅构成一罪，难免使人滋生疑虑。

"法益同一性说"认为，刑法法条为保护同一法益之安全，考虑到侵害行为之形态万端，故而从多角度规制行为样态，从而导致对同一法益的保护有多个法条可以适用。倘若以其中之一法条即对该法益尽充分保护之必要，其他刑法法条则无适用之余地。故按此说，法条竞合的本质在于法益保护之同一性。例如，学者前田雅英认为："法条竞合之所以实质上是一罪，在于只不过侵害了一个法益。"① 町野朔也主张："仅存在一个犯罪事实，却对此适用复数的刑罚法规进行处罚是不能被容许的。如果实施了这样的处罚则违背了日本国宪法第 39 条（关于罪刑法定主义的规定）所规定的双重评价禁止原则。"② 黄荣坚教授也认为，所谓法条竞合乃在于"一行为触犯保护同一法益之数罪名"③。此说从法益同一性的视角深刻揭示了法条竞合的一罪本质在于法益保护的同一性，却无法以法益同一性标准区分法条竞合犯与吸收犯。盖本质乃一事物区别于他事物的根本性特征，然法条竞合犯与吸收犯都具有法益保护的同一性，故将法条竞合之本质界定为法益保护的同一性恐难以将二者明确区别。

二　国内相关学说评析

国内学界关于法条竞合的本质探讨因研究切入视角的差异，众说纷纭，莫衷一是。以下试加综合归纳，以略明其大要。当前代表性学说主要有四种，分别是"法律条文竞合说"、"罪名竞合说"、"社会关系竞合

---

① 前田雅英『刑法總論講義』（第四版）東京大学出版会、2006、497 頁。
② 町野朔「法条競合論」『平野龍一先生古稀祝賀論文集』（上卷）有斐閣、1990、411 頁。
③ 黄荣坚：《刑法问题与利益思考》，中国人民大学出版社，2009，第 231 页。

说"与"犯罪构成竞合说"。①

"法律条文竞合说"主张："法条的重合关系是法条竞合的本质特征，没有法条的重合即没有法条竞合。"② 一方面，该说是从法条竞合的现象层面去形式化地理解法条竞合的本质。它不能从根本上解释法条竞合的一罪内涵，也不能厘清法条竞合与想象竞合之分野，所以此说根本上未能揭示出法条竞合的本质内容，而是就现象论现象而已。另一方面，以法条重合之概念解释法条竞合之概念，在定义方法上恐有循环解释之嫌。而其对"重合"的内容也未作解释，到底是罪名的重合抑或构成要件的重合，还是法益的重合，给人不甚明了之感。

"罪名竞合说"认为，法条竞合的本质是一个犯罪行为涉及数个相关罪名。③ 诚然，当法条之间存在交叉重合关系时，一行为在表面上触犯了数个相关罪名，但这绝非法条竞合之本质而是体现其本质的外在现象。第一，"罪名竞合说"不能从本质上将法条竞合与想象竞合加以区别，因为二者都是一行为触犯数罪名。第二，我国刑法典中并未明示罪名，罪名在实质上仅是为了司法操作中的方便而人为给相关法条取的"名字"。因此罪名主要依靠司法解释而确定，但有解释就会有不同，司法解释的灵活易变导致罪名的不确定性与模糊性。第三，此说不能从理论上澄清何以法条竞合仅具有一罪的内涵，且仅有一法条得以适用。

"社会关系竞合说"认为："法条竞合的本质是刑法所保护的社会关系的竞合。"④ 此说虽然在一定程度上揭示了法条竞合产生的社会根源，但不足之处主要有二。第一，虽然各个法条都保护独特的社会关系，但是并非保护相同社会关系的法条之间一定会发生法条竞合。例如，假冒注册商标罪和侵犯著作权罪，保护相同的社会关系，即国家对知识产权保护、管理的社会关系。但是该两罪之间却不存在法条竞合关系。第二，法条竞合作为一法律现象，要探讨其最为本质的核心要素。对社会关系的探讨却未能深入问题的实质，不能解释法条竞合称为"假性竞合"和"法规单一"的缘由之所在。

① 参见朱飞《论法条竞合的本质》，《政法学刊》2004年第2期。
② 马克昌主编《犯罪通论》（第三版），武汉大学出版社，1999，第629页。
③ 参见陈兴良《刑法竞合论》，《法商研究》2006年第2期。
④ 吴振兴：《罪数形态论》（修订版），中国检察出版社，2006，第172页。

"犯罪构成竞合说"是力图从犯罪构成的角度去探寻法条竞合本质的方法体系之说，即通过对不同条文设定的犯罪构成之间外延的分析确定法条之间的竞合关系。此学说是目前我国学界占主导地位的学说。比如有论者认为，法律规范的竞合就是犯罪构成的竞合。① 值得注意的是，我国大陆地区学者由于长期受苏联四要件体系的影响，大多运用犯罪构成的概念来研究法条竞合的本质，而德日及我国台湾地区的学者则运用构成要件的概念来分析法条竞合之本质。语境不同，造成了在概念用语上的差异，同时也导致其指涉范围和实质意义发生根本性的变化。在我国大陆犯罪构成理论的语境之下，"犯罪构成"包含了主体、主观方面、客体、客观方面四个要素，兼具事实认定和实质评价之功能。在此学术视野下，法条竞合与其说是犯罪构成的竞合，倒不如说是罪与罪之间的竞合。反观大陆法系的犯罪构成要件理论，构成要件的主要功能在于对行为的事实认定，而非进行"出罪"与"入罪"的实质评价。具体而言，一行为触犯数个构成要件，仅仅意味着这一行为具有构成犯罪之可能性，而是否最终构成犯罪尚需经过违法性和有责性阶段的检验。职是之故，在德日语境下说犯罪构成要件的竞合，即是某一行为同时符合几个构成要件，而绝非罪与罪之间的竞合；在苏式语境下则是犯罪构成的四个方面的要件全部竞合。由此可见，在不同的语境下用犯罪构成或构成要件来诠释法条竞合的本质，其指涉意义相去甚远。②

三　本书之基本立场

通过上文对大陆法系与国内学界法条竞合本质理论的对比，不难发现国内通说所称法条竞合之本质与德日的主流见解大相异趣。盖其缘由所在，乃在于无论是"法律条文竞合说""罪名竞合说"还是"犯罪构成竞合说""社会关系竞合说"都未触及法条竞合现象的本质层面，而是从不同的观察角度对法条竞合之现象进行分析解读。具体而言，"法律条文竞合说"认为法条竞合本质上是刑法法条本身发生的外延包容或交

---

① 参见田禾、戴绍泉《论我国刑法中的法律竞合》，《社会科学战线》1989 年第 2 期。
② 事实上国内学者在研究过程中，很多时候将二者混用而不加区分。但学者们大多在犯罪构成的意义上来使用"构成要件"一词。本书认为，只要注意了二者的语境差异，在使用时不至于造成理论研究混乱，也没有对二者刻意加以区分之必要。

叉，"罪名竞合说"则认为法条竞合本质上是罪名之间的包容或交叉，"犯罪构成竞合说"主张犯罪构成是两个以上的犯罪构成的重合，"社会关系竞合说"提出法条竞合的本质乃在于刑法所保护的社会关系的重合。以上四种学说分别是从刑法法条、罪名、犯罪构成以及社会关系的观察视角对法条竞合现象进行的诠释，并分别主张只要存在刑法法条、罪名、犯罪构成以及社会关系的重合，就会发生法条竞合之现象。毋庸讳言，这种见解与德日刑法学界认为法条竞合本质上是"法规单一"或"假性竞合"的主流见解截然不同。它们共同的理论症结在于，均就现象而论现象，因此不能从本质上澄清法条竞合的内在一罪性，也不能在理论上厘清法条竞合与想象竞合之区分。事实上法条竞合与想象竞合都是一行为牵涉数个刑法法条、数个罪名、数个犯罪构成以及数个社会关系。显而易见，仅用刑法法条、罪名、犯罪构成以及社会关系均不能说明二者之区别，而必须透过上述表象从实质层面探究其本质。

本书主张在研究范式上遵循大陆法系探索法条竞合本质的理论进路，即在方法论上，首先从构成要件的形式关系着手，而后层层深入法条竞合的实质层面（在德日体系下即是不法内涵层面与罪责内涵层面，在苏式体系下即是客体层面），最后在本质上说明法条竞合的一罪内涵以及其与想象竞合的本质区别。在德日语境下，对法条竞合本质的追问，经历了从形式层面到实质层面的过程。经过 Beling 与 Klug 的理论探索，德日学者确立了法条竞合在形式层面的特征（构成要件之间要存在交叉或包容关系），这是法条竞合赖以发生的前提和基础。然仅有构成要件之竞合还不足以将法条竞合与想象竞合区分，因为二者在外观上都符合一行为该当数构成要件之特征。由于本质是一事物显著区别于他事物的内在规定性，故构成要件的重合显然不是法条竞合之本质。德日学者于是深入构成要件的不法性阶段和有责性阶段去探寻答案。他们认为，法条竞合之所以仅适用一罪而排除其他构成要件之适用，原因乃在于适用之法条已对其余法条的全部不法内涵[①]予以完整的充分评价，故在实质上一行为仅仅该当一罪。所以德国学者称之为"假性竞合"抑或"法规单一"，

---

① 有的学者主张还应包括全部有责性。前文已述，此处不赘。参见本书"罪名竞合说"部分。

而日本学者称之为"本来的一罪"。① 事实上法条竞合区别于想象竞合的理由也在于此。想象竞合中任何一个法条都不能包容其余法条之不法内涵，也不能对行为进行充分评价。因此在德日刑法理论中想象竞合是实质的竞合而非假性竞合，是评价上的数罪而非一罪；法条竞合则反之，由于其中一个法条能包容其余法条之不法内涵，故仅以一法条即可对行为进行充分评价，所谓形式上的竞合仅是假象而已。

德日体系下对法条竞合的本质探讨，虽然在实质层面说明了法条竞合的一罪本质在于不法内涵与有责性的包容，但是当面对不法内涵与有责性的具体内容时，却又显得语焉不详，从而导致在实践中缺乏一套可供操作的判断标准。由于"犯罪构成"与"构成要件"相比较而言，兼具事实评价和实质评价之功能，且在构成要素上更为清晰，故本书主张以苏式体系下的"犯罪构成四要件说"为标准，从形式和实质两个层面对法条竞合的本质予以诠释。

在形式层面，犯罪构成的竞合是法条竞合形成的前提和基础。这种竞合表现为犯罪构成的交叉或包容，但绝不是主体、主观方面、客体、客观方面四个要素中某一个要素或某几个要素的交叉，而必须是四要件的全部符合。因为只有四要件的全部符合才可能构成罪与罪的竞合。若只有部分要素的竞合，比如仅仅是主体的竞合或主观方面的竞合则不可能构成罪与罪的竞合。在实质层面，一个犯罪构成所保护的客体（也可称为法益）应当对其余犯罪构成所保护的客体进行包容性评价，即以此犯罪构成即可实现对行为的完全评价，从而排除其余犯罪构成之适用，这便是法条竞合的本质之所在。例如，故意泄露军事秘密罪与故意泄露国家秘密罪之间，在主体、主观方面、客体、客观方面存在竞合关系。虽然故意泄露国家秘密罪在外延上涵盖故意泄露军事秘密罪，但故意泄露军事秘密罪实质上不仅包括对国家秘密客体的保护，也包括对军事秘密客体的保护，因此以故意泄露军事秘密罪定罪即可对故意泄露国家秘密罪进行包容性评价。综上所述，本书认为法条竞合之本质，在形式层面表现为犯罪构成的竞合（交叉或包容），在实质层面则表现为一犯罪

---

① 　参见〔日〕大塚仁《刑法概说（总论）》（第三版），冯军译，中国人民大学出版社，2003，第478页。

构成对于其余犯罪构成的包容性评价，从而实现对行为的充分评价。概言之，法条竞合的本质乃是仅凭单一构成要件即可对行为的全部非价内涵予以充分评价。其中能实现充分评价一行为是其本质特征（想象竞合则无此特征），某一犯罪构成与其他犯罪构成在四要件上的包容或交叉则是其形式特征。

第四节　法条竞合的概念

对法条竞合概念的科学界定乃进行类型划分的首要问题。明晰的法条竞合概念可为法条竞合的类型划分提供清晰的范围与明确的判断标准。而要厘清法条竞合之概念则必须从法条竞合的本质出发，深度辨析当下理论界与之有关的易混淆概念，并依据法条竞合的特点与结构特征，揭示法条竞合的深刻内涵。

一　法条竞合的相关概念辨析

大陆法系对法条竞合现象有多种不同之称谓。德国学者有的称之为"法律单数"（Gesetzeseinheit）、"法规单数"、"法规单一"，有的则冠之以"假性竞合"、"不纯正竞合"（Unechte Konkurrenz）。① 我国台湾地区学者林山田教授主张将法条竞合称为"法律单数"。② 日本刑法学者则将其称为"本来的一罪"或"单纯的一罪"。③ 译文固然可能造成语词翻译上的混乱，然不同的称谓从不同的侧面反映了大陆法系对法条竞合概念一罪内涵的揭示。国内对于法条竞合的定义，则主要从竞合现象的不同侧面出发，可谓林林总总、不尽一致。学者称之为"法规竞合"、"法条竞合"、"法律竞合"以及"规范竞合"。以上法条竞合称谓上的混乱，大体可以反映出法条竞合概念本身的复杂性以及对其本质理解上的差异性。以下将基于对法条竞合概念的不同揭示角度，结合法条竞合的本质，对

---

① 参见〔德〕汉斯·海因里希·耶赛克、托马斯·魏根特《德国刑法教科书》（下），徐久生译，中国法制出版社，2017，第 999~1000 页。

② 参见林山田《竞合论概说与行为单数》，《政大法学评论》总第 39 期（1989 年）。

③ 参见〔日〕大塚仁《刑法概说（总论）》（第三版），冯军译，中国人民大学出版社，2003，第 478 页；〔日〕山口厚《刑法总论》（第三版），付立庆译，中国人民大学出版社，2018，第 390 页。

相关概念作一辨析。

1. 从法条竞合的现象层面揭示法条竞合的概念

我国部分学者主要是从法条竞合的外在现象出发，即以法律条文竞合的外观现象去诠释法条竞合的基本概念。比如，"法条竞合，也叫法规竞合，指一犯罪行为，同时触犯数个法律条文，其中一个法律条文与另一个法律条文间存在重合或交叉关系"①。此种从现象上对法条竞合概念下表面化定义的方式，仅仅流于形式层面，未能深刻揭示并完整表述法条竞合的一罪内涵，故本书不赞同此种定义法条竞合概念之方式。

值得一提的是，在此种方式下，法条竞合被冠以"法规竞合"或"法律竞合"之称谓。其与法条竞合概念相比较究竟有何异同？"法规竞合"和"法律竞合"之称谓是否有存在之必要？下文试作一分析比较。马克昌教授主张使用法规竞合的概念代替法条竞合之概念，他指出："法规竞合是一个犯罪行为，同时触犯数个法律条文，其中一个条文成为他一法律条文的一部分。将法律规范（而不是法律条文）用于具体案件活动才是法律适用，因此发生法条竞合，给刑事司法造成障碍的，仅仅是法律规范。"② 持异见者认为，法规竞合是不同法规之间的横向联系，法条竞合为法律条文之间的横向联系，"考虑到法条竞合最终解决的是法条适用问题，法官在判决时直接引用的也是具体条文，称'法条竞合'更为合适"③。

本书认为，一方面，基于刑法规范包括定罪规范与量刑规范之考量，必然得出规范竞合包含定罪竞合和量刑竞合之结论，而事实上关于法定制裁的竞合并未被纳入法条竞合理论之竞合范围；另一方面，法条竞合中的法律条文系指刑法中以具体刑法规范为规定内容之条文（没有具体刑法规范内容的原则性条文因不发生法条竞合而不在讨论之列）。因此刑法条文包含刑法规范，而刑法规范必存在于刑法条文之中，二者之间存在相互指涉的关系。事实上法官对具体条文的适用也即是对刑法规范的适用，所以对二者的争论意义不大，仅是使用不同的语词表达同一意思。

---

① 　王作富主编《中国刑法适用》，中国人民公安大学出版社，1987，第 295 页。

② 　马克昌：《想象的数罪与法规竞合》，《法学》1982 年第 1 期。

③ 　苏彩霞：《法条竞合新探》，《贵州省政法管理干部学院学报》2000 年第 4 期。

主张"法律竞合"概念的学者认为："法律竞合是指一个犯罪行为表面上同时符合存在交叉或包容关系的数个犯罪构成或数个法定制裁的适用条件，而只能适用其中之一，排斥其余的法律现象。"[1] 本书主张如果称为"法律竞合"，则容易造成理解上的误区，似乎竞合的仅仅是不同的法律，而非具体的刑法条文。毋庸讳言，在对某一不法行为定罪量刑之时，我们的适用依据是具体的刑法条文，而不可能笼统地适用整部法律，因此将法律竞合代之以法条竞合也不甚妥帖。

2. 从法条竞合的法律效果层面揭示法条竞合的概念

日本学者福田平和大塚仁认为："法条竞合是指一行为表面上似乎符合同一个构成要件。但在这些构成要件在相互关系上，仅适用其中一个，其他均被排斥，结果仅构成一次构成要件的评价。"[2] 张明楷教授也从法律效果的层面对法条竞合的概念进行了揭示。他指出："法条竞合，指一个行为同时符合数法条规定之犯罪构成，从数个法条之间逻辑关系而言，仅适用其中一个法条，当然排除适用其他法条的情况。"[3] 本书认为，从法律效果的层面对法条竞合的概念进行界定，在一定程度上揭示出法条竞合仅有一个犯罪构成得以适用的一罪内涵。它表明只适用一个犯罪构成即可对行为进行充分评价，仅适用一个犯罪构成就可以涵盖全部犯罪事实，仅适用一个法定刑就可以做到罪刑相适应。而其他犯罪构成在整个定罪量刑中不产生任何实际作用，也不会出现在判决文书中。但是，从法律效果的角度出发，难以充分诠释仅适用一犯罪构成而排除其他犯罪构成之缘由。

3. 从法条竞合的原因层面揭示法条竞合的概念

日本学者木村龟二主张："所谓法条竞合是指某一行为虽然从外观上看与数个刑法法规相符合，但实际上，由于这些刑法法规的构成要件的内容是重复的，所以只能从这些法规中适用包含着对该行为包括评价的一条法规，而排除其他条文适用的情况。"[4] 我国台湾地区学者韩忠谟认

① 田禾、戴绍泉：《论我国刑法中的法律竞合》，《社会科学战线》1989 年第 2 期。

② 〔日〕福田平、大塚仁编《日本刑法总论讲义》，李乔、文石、周世铮译，辽宁人民出版社，1986，第 192 页。

③ 张明楷：《刑法学》（上），法律出版社，2021，第 622 页。

④ 〔日〕木村龟二主编《刑法学词典》，顾肖荣、郑树周等译校，上海翻译出版公司，1991，第 397 页。

为："法条竞合是指仅系一个犯罪行为，只因法条之错综，以致可以适用之法条，适有数个而已，故法条竞合无论自何方观察，均为单纯一罪，应按一般法理决定其适用之法条，而排斥其他法条之适用。"[①] 陈兴良教授也从竞合原因的层面对法条竞合的概念进行了揭示。他指出："法条竞合指同一犯罪行为因法条的错综规定，出现数个法条所规定的构成要件在其内容上具有从属或者交叉关系的情形。"[②] 本书认为，上述观点在一定程度上揭示出法条竞合发生的原因，但对其具体原因之表述却又语焉不详。比如，以构成要件的内容重复性和规定错综性说明法条竞合之产生缘由，然而何以会发生法条内容之重复与规定之错综却未能在定义中加以解释。因此内容重复性和规定错综性仅仅是表层的原因，而非实质之原因。上述原因根本不能说明法条竞合为何仅适用一犯罪构成而排除其他犯罪构成。而对其实质原因的考察则必须立足于法条竞合的一罪内涵，结合法条竞合的本质方可得出结论。

4. 从法条竞合的本质层面揭示法条竞合的概念

前文已述，本书认为法条竞合的本质是能充分评价某一行为的犯罪构成与其他犯罪构成在四要件上的包容或交叉关系。概言之，法条竞合的本质在乃于它的一罪性，所谓一行为在外观上触犯多个法条仅仅是假象而已。从一罪性的本质出发，大陆法系学者对法条竞合的概念进行了深度诠释，而国内则鲜有从法条竞合的一罪性层面定义法条竞合的概念之学说。例如，耶赛克认为所谓法条竞合，"只是数个刑法法规外观上的竞合，实际上是某一法条排除其他的法条。这一类共同的基本思想在于，某一可罚的行为的违法内容与责任内容，根据被考虑的刑罚法规之一，已经能够完全评价。由于仅仅主张法律被适用，被排除的法律在有罪判决中不出现，所以'法条竞合'这种表述，改换为'法条单一'"[③]。我国台湾地区学者张丽卿也从法规单一的实质出发界定法条竞合之基本概念。她认为："法条竞合系一行为侵害一法益，欲同时该当数个构成要

---

① 韩忠谟：《刑法原理》，中国政法大学出版社，2002，第 320 页。
② 陈兴良：《刑法适用总论》（上卷），法律出版社，1999，第 713 页。
③ 〔德〕汉斯·海因里希·耶赛克、托马斯·魏根特：《德国刑法教科书》（下），徐久生译，中国法制出版社，2017，第 999~1000 页。

件，只能论以单纯一罪。又称法规竞合或法律单数。"① 柯耀程教授也认为："法条竞合，实际上是'假性竞合'，乃指对于一行为在法律上，有多数个规定，疑似被该当，但最终仅有一个法律规定被适用，其他疑似该当的规定则完全被除斥，而无具体之适用。"② 虽然此说从"法规单一"抑或"假性竞合"的层面揭示出法条竞合概念的一罪本质，但是这种提法却没有说明法条竞合的法律特征，也没有从犯罪构成的角度去具体揭示法条之间存在的法益同一性关系。而事实上法益保护的同一性乃法条竞合概念的一罪本质之深层原因所在。

二　本书之基本立场

首先，界定法条竞合的基本概念，其前提条件在于确定"竞合"一词之涵摄范围。"竞合"一词非汉语原有词语，而是舶来品，其德语为"Konkurrenz"，原指聚合、碰撞，广义的"竞合"作为法学专门术语，是指"行为在表面上触犯了多个构成要件，这些构成要件间可能相互排斥，也可能并行适用"③。刑事法学领域中的数种竞合之情形，不仅存在于该当性判断的阶段，在违法性和罪责阶段也有竞合情形之发生。比如，当行为人的一行为具有数个违法阻却事由或数个责任阻却事由之时，便相应存在数个违法阻却事由或数个责任阻却事由的竞合。然在本书中需明确"法条竞合"一词所指涉的范围，即仅存在于构成要件阶段的竞合，也即行为人以一行为同时该当数个构成要件，有数个构成要件可以对其加以评价之情形。

其次，界定法条竞合的基本概念需改变单一视角的研究模式，应从法条竞合的现象、法律效果、原因、本质等四个向度进行多维诠释。基于上文对法条竞合的相关概念的分析评述，四种进路揭示法条竞合之基本属性角度各异，各有其优势然也皆有其缺陷。从法条竞合的现象层面揭示法条竞合的概念，优点是直观明了、易于把握，缺点是流于形式而不能深入本质。从法条竞合的法律效果层面揭示法条竞合的概念，优点是以一罪之处罚效果直接体现法条竞合的一罪性，缺点是不能说明一行

---

① 张丽卿：《刑法总则理论与应用》，台湾一品文化出版社，2005，第422页。
② 柯耀程：《刑法竞合论》，中国人民大学出版社，2008，第97页。
③ 庄劲：《罪数的理论与实务》，中国人民公安大学出版社，2012，第2~5页。

为触犯数罪何以仅以一罪定罪处罚。从法条竞合的原因层面揭示法条竞合的概念，优点是将现象层面的探讨深入内在成因方面，弊端是很多观点尚未深入法条竞合的实质层面。从法条竞合的本质层面揭示法条竞合的概念，优点是从"法规单一"抑或"假性竞合"的层面诠释法条竞合概念的一罪本质，缺点是未能从现象层面揭示"法条竞合"的外在特征，因而显得过于抽象而难以把握。故本书主张从原因到结果、从表象到本质的层层深入的研究路径，以期多维度、全方位揭示法条竞合的概念。

最后，在对法条竞合概念的界定中必须牢牢把握法条竞合的性质。从性质上解读，法条竞合是一种评价竞合而非行为竞合。无论在实践中不法行为发生与否，为实现从不同的角度保护同一法益，数个法条竞相评价同一不法行为，造成了法条之间竞合的表象。而在事实上，只有一个法条能实现对不法行为的充分、全面评价。该法条的适用便可以排除其余法条的适用效力。所以法条竞合现象是一种假性竞合、评价竞合，故坚持基于法条竞合的性质去分析解读其一罪本质，方能科学地揭示其概念。

综上所述，本书之基本立场为：法条竞合现象在外观上表现为一行为触犯数法条；在法律效果上表现为仅以一法条定罪量刑而排除其余法条之适用；在原因上体现为多个法条为保护同一法益而发生立法上的包容、交叉或分解；在本质层面表现为所适用之法条能对行为的全部非价内涵予以评价，也即包容其余法条的全部不法内涵，较其他法条而言具有完全的法益包容性。故"法条竞合"可定义为：一行为触犯保护同一法益之数法条，仅适用其中一法条即可对行为的全部非价内涵予以充分评价，故仅适用该法条而排除其余法条之适用。

第五节　法条竞合理论的体系定位

研究法条竞合类型的判断理论、司法处断理论必先确定其在刑法理论体系中的定位，以便根据其所处的理论板块明确其主要功能，从而以目的性指导为依归，避免相关研究与目标渐行渐远。准确厘清法条竞合的体系定位之关键在于对法条竞合本质之理解，对本质的不同诠释则必然会导出截然相反的结论。德日刑法学界以法条竞合的本质属性为研究出发点，围绕法条竞合的体系定位问题——在理论上究竟属于罪数论抑或竞合论，是犯罪行为论还是法律效果论——展开了持久而激烈之讨论，时至今日仍无定论。那么在中国刑法的语境下，法条竞合究竟归属于犯罪论还是刑罚论是时下理论界值得思考的问题。法条竞合之体系定位不仅深刻影响整个中国刑法学理论体系的内容与结构，也关乎刑事司法中法条竞合适用之命运。然探寻究竟定位于何处更具妥适性，乃本书研究目标之所在。

反观《德国刑法典》第 52 条、第 53 条规定的"行为数即罪数"的基本原则，对厘清我国的法条竞合理论的体系定位具有积极的借鉴意义。该原则指出：当一个不法行为实现数个犯罪构成要件时成立一罪，该种竞合称为想象竞合；当数个不法行为实现多个犯罪构成要件时则成立数罪，该种竞合称为实质竞合。法条竞合在《德国刑法典》中并无相关规定，是作为不成文或学理的竞合类型而存在的，构成对想象竞合类型的排除与限制。① 在刑事司法实践中，德国刑法理论在竞合论问题上首先讨论一行为与数行为的区分标准，其次以不法行为数为分析起点，再次区分实质竞合、想象竞合抑或法条竞合，最后分别讨论对三种基本类型的竞合应当如何判定可罚性。这一研究进路相对于传统的罪数论进路具有流程简洁、逻辑清晰的优点，近年来为我国学者所提倡。例如陈兴良教授认为："在我国刑法理论中，罪数的研究经历了一个从刑罚论到犯罪论、从罪数论到竞合论的演变过程，这是一个逐渐吸收日本刑法学关于罪数的理论，并从日本的罪数论向德国的竞合论转变的过程。"②

一　罪数论与竞合论之辨

罪数论构建的目的在于解决如何针对不法行为事实作出全面评价，如何分析探讨犯罪的个数，犯罪个数是单数还是复数的理论依据何在等问题。竞合论则是接续罪数论，对于已经成立的多个具体犯罪探讨应当如何科刑处断才能符合罪刑均衡原则的理论。竞合论处于犯罪论与刑罚

---

① 参见《德国刑法典》，徐久生、庄敬华译，中国方正出版社，2004，第 19 页。

② 陈兴良：《从罪数论到竞合论——一个学术史的考察》，《现代法学》2011 年第 3 期。

论的交叉点上，是定罪向量刑过渡的中间阶段。[①] 事实上德日刑法学界在实践中并未严格区分罪数论与竞合论的差异，二者往往相互指涉，作为同义表达的代名词而使用。对于探讨犯罪之单复数以及处罚的理论，日本刑法学界普遍称之为罪数论；德国刑法学界则习惯称其为犯罪竞合论。虽然用语有别，但深究其内容，二者之间别无二致。

1. 罪数论体系下的法条竞合定位

日本刑法对罪数之判定采用了罪数论的体系。[②] 日本刑法学界认为罪数论之主要任务在于解决两大问题：第一，当行为人实施犯罪时，对犯罪行为是作一罪处理还是数罪处理（犯罪个数之判定）？第二，若作数罪处理，当一个行为人同时实施数个犯罪时，则会产生犯罪竞合现象，那么对行为人处以什么样的刑罚？[③] 第一个问题乃罪数论之首要问题，即以犯罪构成要件为犯罪个数的判断标准。其主要目的在于检验行为是构成一个犯罪还是数个犯罪，一构成要件是否可以充分评价行为的全部非价内涵是其关注的重点，可称为狭义罪数论。第二个问题乃确定产生犯罪竞合的行为当如何处罚的问题，可称为犯罪竞合论。

日本刑法理论认为法条竞合当属狭义罪数论之研究范畴。一方面，法条竞合的首要问题在于行为与规范之间的评价问题即犯罪个数的确定问题而非实现数个构成要件之行为的处罚问题，所以其不在竞合论研究之列而应当属于狭义罪数论的研究范畴。另一方面，日本刑法学界认为，行为事实一次符合一个构成要件即构成一罪，这被称为"本来的一罪"或"单纯的一罪"；行为事实数次符合一个构成要件或数个构成要件则是数罪。[④] 有鉴于此，由于事实上法条竞合仅仅是表面上符合数个犯罪构成要件，而实质上只有一个构成要件能对其进行充分评价，是本来的一罪而非数罪，因此其当属狭义罪数论之研究范畴。

2. 竞合论体系下的法条竞合定位

同样基于罪数之判定，与日本的罪数论体系不同的是，德国刑法理

---

① 参见刘宪权《罪数形态理论正本清源》，《法学研究》2009 年第 4 期。

② 即广义罪数论，具体包括犯罪竞合论和狭义罪数论。

③ 参见〔日〕大谷实《刑法讲义总论》（新版第二版），黎宏译，中国人民大学出版社，2008，第 431 页。

④ 参见马克昌《比较刑法原理——外国刑法学总论》，武汉大学出版社，2002，第 759 页。

论以行为实现复数犯罪构成要件为基础，构建了德国的刑法竞合论体系。德国刑法学界认为："竞合问题是当行为人的行为在犯罪构成要件的检讨上可以构成数个犯罪时，刑法上要如何处理的问题。"① 以此为出发点，德国竞合论体系包括纯正竞合和不纯正竞合两大类。想象竞合与实质竞合（数罪并罚情形下的竞合），因其实现复数犯罪构成要件、侵害数个法益，是犯罪行为的竞合，属于纯正竞合；法条竞合和与罚的前后行为，仅仅是行为在表面上、形式上实现数个犯罪构成要件，最终仅有一个构成要件被具体适用而排斥其他构成要件适用，故属于不纯正竞合或假象竞合。

在德国竞合论体系下，对竞合现象之判断分为三个阶段。第一阶段为判断行为是否为单数。若是单数仅能发生想象竞合与法条竞合，若是复数则只能发生实质竞合和与罚的前后行为。第二阶段为排除不真正竞合。此阶段在承接第一阶段的基础上对一行为和数行为分别检验。若是一行为则检验有无法条竞合之情形，若是数行为则检验有无与罚的前后行为。由此可见，法条竞合在竞合论体系校验的第二阶段即被排除出竞合论之列，因此在德国竞合论体系下的法条竞合不属于竞合论之范畴。第三阶段为成立真正竞合之阶段。在此阶段，对于一行为而言，若无法条竞合之情形即为想象竞合；对于数行为而言，若无与罚的前后行为就是实质竞合，应依据数罪并罚之原则处理。

然也有论者反对将法条竞合排除于竞合体系之外。持此论者认为若从复数构成要件彼此竞争的角度观察，法条竞合与想象竞合以及实质竞合都具有数个构成要件同时得以适用之性质，符合竞合论的基本结构形式（复数规范的实现），只是在最后的评价上排除劣位法之适用。难怪有学者认为："假性竞合并非刑法的专属类型，在竞合论中出现，主要的意义，不在于其根本结构具有竞合之性质，而是一种与真实竞合之对照关系。"②

二　犯罪行为论与法律效果论之辨

1. 定位于犯罪行为论

犯罪行为论的涉及范围主要在于对行为可罚性之认定，其作为国家

---

① 　转引自黄荣坚《基础刑法学》（下），台湾元照出版有限公司，2012，第866页。
② 　柯耀程：《刑法竞合论》，中国人民大学出版社，2008，第92页。

刑罚制裁之前提。对可罚性的认定主要从行为是否具有构成要件的该当性、违法性和有责性三个阶段来评价。由于可罚性的基础在于"一行为人一行为构成要件该当"，也即是说犯罪行为论所要探讨之核心问题主要在于一罪之确定，同时兼具对行为与构成要件相互关系的认定功能。在法条竞合中，其外观表现为一行为在形式上符合数个犯罪构成。据此持犯罪行为论者认为既然一行为该当数个犯罪构成，那么理当进行违法性和有责性检验。而在法条竞合中，由于只适用其中一构成要件即可将行为的不法与罪责全部包含。那么在此检验的过程中，实质上是在进行可罚性之认定，因而法条竞合应当定位于犯罪行为论。我国台湾地区学者向来将涉及罪数判断之问题定位于犯罪行为论中讨论。例如，甘添贵教授认为罪数判断的问题应归属于刑法适用论。[①]

2. 定位于法律效果论

与犯罪行为论相比，法律效果论的主要任务在于对刑罚法律效果种类及范围的认定而非对行为可罚性之认定。具体而言，当一行为实现复数构成要件时，行为可罚性的不法内涵虽然可以通过构成要件确认。但数个构成要件的法律效果应当如何适用，却无法从构成要件中直接得出结论，因此法律效果论的要旨在于解决多构成要件的刑罚适用问题。

按照法律效果论的观点，由于法条竞合在实质上有且仅有一个犯罪构成与之完全符合，故并不存在所谓的可罚性认定问题。而问题的关键在于，能对行为进行全面评价的构成要件被适用，反而导致适用该构成要件的法定刑比被排除之构成要件的法定刑更轻。此时究竟是应该贯彻重法优先的补充原则而选择适用法定刑较重之构成要件，还是坚持全面评价原则而适用法定刑较轻但具有包容性评价功能的构成要件？一方面，从法条竞合的本质出发，应当选取能对行为的罪质内涵作出全面评价之构成要件，但这样做的后果却有违反罪刑相适应原则之嫌；另一方面，若选择法定刑较重之法条固然维护了罪刑相适应原则，却不能说明何以用罪质内涵较小之构成要件排除罪质内涵较大之要件，此种做法似乎有违法条竞合的法规单一实质。所以法条竞合的核心问题不是对行为的可罚性认定问题而是对触犯的多个法条如何适用的法律效果问题。对此，

---

① 参见甘添贵《罪数理论之研究》，中国人民大学出版社，2008，第4页。

李斯特认为："法规竞合不属于犯罪论的内容，而是属于法规适用论的内容。"① 意大利刑法学者帕多瓦尼也认为："从抽象教条的角度讲，法条竞合的理论应属于更广泛的刑罚适用范围。因为这实际上要解决的是某一法条的适用范围因其他法条的存在而受到限制的问题。"② 我国台湾地区学者林山田教授主张："不纯正的竞合，虽在外形上有数个法条的抵触，但在实质上却只是一个法条的适用问题，而无专设法条规定的必要；况且，是否有数个法条形成法律单数的问题，系至具体案情适用法条处断时才发生，刑法判断上只能经由可能形成法律单数的数个不法构成要件的解释，确定彼此之间的关系，而为判断。"③

三　中国语境下的体系定位

基于前文对法条竞合体系定位的相关理论评述，本书主张应当立足于中国刑法体系之语境，检视上述争论的实质与意义，反对不顾实际状况的盲目照搬与全盘否定。

第一，对于法条竞合究竟是定位于罪数论还是竞合论，日本学者提出了定位于狭义罪数论之说，本书对此持赞同态度。其理由在于罪数论所要解决的是一行为与数行为以及一罪与数罪、此罪与彼罪的判断问题。事实上法条竞合的首要问题也在于此。具体而言，对法条竞合的判断前提在于对疑似该当的数个要件进行违法性和有责性判断，以确定究竟适用哪一法条而排除其余法条。所以法条竞合的判断关键乃是确定应该适用哪一法条来定罪的问题，而这恰恰是罪数论的核心和关键。值得注意的是，相关研究者应当在不同语境下区别使用"罪数论"一词。中国刑法语境下的罪数论并无广义和狭义之分。而日本刑法学界则有广义罪数论与狭义罪数论之分野。广义罪数论既包括狭义罪数论又包括犯罪竞合论。④ 日本的狭义罪数论大致与中国的犯罪论相同，都是对行为与犯罪构成之间的符合性进行检验。故按此说，法条竞合当定位于中国刑法学

---

① 〔德〕弗兰茨·冯·李斯特著，埃贝哈德·施密特修订《李斯特德国刑法教科书》，徐久生译，北京大学出版社，2021，第314页。

② 〔意〕杜里奥·帕多瓦尼：《意大利刑法学原理》（注评版），陈忠林译评，中国人民大学出版社，2004，第359页。

③ 林山田：《刑法通论》（下册），北京大学出版社，2012，第210页。

④ 小田直樹「法条競合論一考」『広島法科大学院論集』創刊号、2005年、191頁。

语境下的犯罪论范畴。犯罪竞合论由于是讨论对实现数个犯罪构成的行为如何处罚的问题，理当属于中国刑法学语境下的刑罚论范畴。

本书对德国学者反对将法条竞合归入竞合论体系的见解持支持态度。其理由在于，竞合论的前提是复数构成要件被实现，其讨论的是真实犯罪形态的竞合，是行为的竞合而非评价的竞合。由于法条竞合根本不存在复数构成要件被真正实现的问题，其所谓的"竞合"仅仅是假象竞合，而实质在于法规单一评价之一罪性。

第二，在中国刑法体系的语境下，本书反对法律效果论之提法而主张代之以刑罚论。首先，法律效果论是大陆法系国家采取刑罚与保安处分二元分立之立法模式的产物。在大陆法系国家的立法体例中，犯罪的刑事法律效果包括刑罚和保安处分两种。因此法律效果论之意域与刑罚论的意域不尽相同，法律效果论理当属于刑罚和保安处分的上位概念。其次，即使在德日体系下，区分法律效果论与刑罚论也并无多大实际意义。因为其关于犯罪竞合的立法规定，内容都是在解决实现复数构成要件的情形下如何科处刑罚之问题，丝毫未涉及保安处分。换言之，一旦触及竞合问题的相关处罚，其刑事法律效果就是指刑罚。故对二者作刻意区分并没有实质意义。最后，在法条竞合的定位问题上，将二者作区分无益于我国的刑事司法实践，只会平添理论之困惑。我国刑法中并没有采取刑法与保安处分并存的二元立法模式，所以犯罪的刑事法律效果就是刑罚，刑事法律效果论也即是刑罚论。

第三，我国刑法的结构体系仅分为犯罪论与刑罚论，本书主张将法条竞合作为"实质的一罪"而置于罪数论中，从而将法条竞合定位于犯罪论的体系之下。

长期以来我国刑法学界对法条竞合的认识停滞于条文竞合的表象，而未深入理解其一罪性的内涵。因此基于对法条竞合的认识偏差，法条竞合在我国刑法学教科书以及相关理论著述中有着不同的体系定位。概而言之，大致有以下四类：一是置于罪数论之下，作为实质一罪的一种表现形式；二是定位于犯罪论的最后部分，并以脱离罪数论的方式单独论述；三是置于刑法分则概说部分，以加强对分则法条的理解；四是置于罪数论的想象竞合之下，以区别于想象竞合，此种方式在现行教材中较为常见。① 同时根据我国现行之通说，罪数理论涉及一罪与数罪的问题。"将罪数的诸形态区分为单纯的一罪（包括连续犯、法条竞合等）、包括的一罪、科刑的一罪（包括想象竞合与牵连犯）与并罚的数罪。"②

　　基于现行理论之论述，本书同意第一种体系定位方式。将法条竞合归于犯罪论而非刑罚论的理由大致有二。一是法条竞合的相关理论研究首要解决的不是量刑的问题而是定罪的问题。虽然法条竞合的不同类型应当适用不同刑罚处断原则，也涉及刑罚之量刑，但按照法律效果论的观点，其主要机能在于认定数罪之可罚性。由于法条竞合在实质上有且仅有一个犯罪构成要件与之完全符合，故并不存在所谓的可罚性认定问题。加之量刑以确定的罪名为先决条件，而对于法条竞合首先要确定应当适用哪一法条来定罪。对于具体行为究竟适用哪一法条才能对其作出全面评价和充分评价，毫无疑问地当属犯罪论之研究范畴。二是将法条竞合归于罪数论的理由在于，法条竞合相关研究的首要目标是判断某个形式上符合数个犯罪构成的行为究竟是构成一罪还是数罪，是此罪还是彼罪，而这恰恰是罪数论之研究范畴。同时由于法条竞合发生时，一个行为在形式上触犯数个法条，容易给人以犯罪竞合的假象，从而可能引起适用法律的错误。因此把法条竞合纳入"实质上的一罪"既可以彰显法条竞合的一罪性内涵，也有利于和其他非数罪的情况相区别，从而完善我国刑法的罪数理论体系。

---

① 参见高铭暄、马克昌主编《刑法学》（第九版），北京大学出版社、高等教育出版社，2019，第183页。

② 张明楷：《刑法学》（上），法律出版社，2021，第620页。

第四章 范围论：法条竞合的存在范围剖析

长期以来，刑法学界在致力于澄清法条竞合本体属性的基础上，将理论的视野更多地聚焦于法条竞合的类型判断。盖竞合类型长期纷争而未取得共识的根源在于通说未能厘清法条竞合的范围、划分标准与竞合类型三者之间的内在逻辑关系。本书认为法条竞合的范围界定不仅是类型划分的前提，更是科学分类之关键，直接影响甚至决定着划分标准。划分标准则是法条竞合分类的基础，是识别、掌握纷繁复杂的竞合类型之关键。

法条竞合的范围论主要探讨法条竞合在何种范围内成立之问题。围绕法条竞合的存在范围，大陆法系主流见解主张，法条竞合的本质特征在于法益保护的同一性，因此不论是数个同质的犯罪构成还是异质的犯罪构成，[①] 只要对同一法益进行不同阶段的侵害、不同强度的侵害并具有吸收关系均可成立法条竞合。与此进路相反，国内部分学者则主张，法条竞合的本质特征在于构成要件的竞合，[②] 故对存在范围的讨论应始终立足于犯罪构成之间的关系来展开。在此基础上，国内学者围绕交叉关系的犯罪构成之间、分解关系的犯罪构成之间以及同质犯罪构成之间能否产生法条竞合展开了激烈的学术论争。

第一节 存在范围的研究意义

一 法条竞合的范围界定直接影响甚至决定着法条竞合的类型划分

时下理论界对法条竞合类型的划分标准林立、类型众多且名目繁杂，

---

① 同质的犯罪构成不是指四要件完全相同的犯罪构成而是指罪名同一但在某些构成要件上存在差异的犯罪构成。异质的犯罪构成则是指罪名不同的犯罪构成。

② 比如有论者认为："法条竞合的本质是犯罪构成要件的竞合，法条竞合的成立范围也应由此而推出。"参见肖中华《也论法条竞合犯》，《法律科学（西北政法学院学报）》2000 年第 5 期。

其根源均在于对法条竞合范围的认识差异。法条竞合现象的发生，在表象上看是法条之间的竞合，而在其表象掩盖下的却是实质上的犯罪构成竞合。然而犯罪构成之间在具有什么样的关系时方可发生法条竞合？不论是大陆法系刑法学界还是国内刑法学界，对此都未曾达成一致的共识。大陆法系学者将法条竞合分为特别关系、补充关系、择一关系和吸收关系四种类型，实质上这种类型划分并未完全根据构成要件间的逻辑关系来进行，而是在逻辑标准之外掺杂了法益要素的考量。盖其主要缘由乃在于，其认为仅仅依靠对逻辑外延关系之分类，尚不足以实现对同一法益充分保护之目的。据此，大陆法系学者主张，为达到法益全面保护之目的，在存在范围上的界定应当不再局限于异质犯罪构成间的关系，在同质犯罪构成内部，只要存在法益保护的竞合就有法条竞合出现之可能性。

基于对构成要件相互关系之考量，如果认为法条竞合不仅可以在异质的构成要件之间发生，而且同质的构成要件之间也存在法条竞合发生的可能性，那么赞同该学说者则必定站在同质犯罪构成的理论层面来划分法条竞合的具体类型。具体而言，以同质犯罪构成为划分母项，那么可以按照不同的划分标准将子项具体划分为基本犯罪构成与修正犯罪构成之间的法条竞合①、基本犯罪构成与加重犯罪构成之间的法条竞合，以及修正犯罪构成与修正犯罪构成之间的法条竞合。同时还可依据对法益的侵害之阶段的标准，将某些同质犯罪构成划分为危险犯与实害犯的法条竞合。反之，如果认为法条竞合的发生仅仅存在于异质的犯罪构成之间，那么对法条竞合的类型划分则主要依据犯罪构成的外延关系，并按照逻辑划分的基本规则将其划分为逻辑上的交叉、包容以及分解等三种法条竞合类型。② 一言以蔽之，法条竞合的范围界定问题，说到底就是要确定究竟在哪一个层次来把握犯罪构成的问题。因此科学地界定法

---

① 比如，有学者认为，当行为人实施的某个犯罪行为满足了犯罪既遂、中止或未遂，其行为会因同时符合该罪的犯罪预备与犯罪既遂、中止或未遂，而构成法条竞合。参见王勇《定罪导论》，中国人民大学出版社，1990，第164~165页。

② 对此学界有不同看法，有学者认为仅存在"一类型说"（包容关系），也有学者支持"两类型说"（交叉关系和包容关系），还有的主张"三类型说"（交叉关系、包容关系和分解关系）。对此文献综述部分已有阐述，此处不赘。本书主张"三类型说"，具体理由将在法条竞合的划分论部分阐述。

条竞合的存在范围，必将为法条竞合的合理分类奠定坚实的基础。

二　存在范围上的分歧源于对法条竞合本质理解的差异性

本书认为，大陆法系刑法学界与国内刑法学界在存在范围上的根本分歧，归根结底还是源于对法条竞合本质理解的差异性。大陆法系普遍认为，法条竞合的本质在于法益保护的同一性，法益间的竞合是法条竞合的实质和核心。因此在竞合范围的界定上，采取了较为宽泛和模糊的做法，即不论是罪质相同的构成要件还是罪质不同的构成要件，只要数个构成要件对于同一法益的侵害属于不同阶段、不同强度并具有吸收关系均可成立法条竞合。易言之，为了实现全面保护法益之目的，大陆法系从侵害的不同阶段以及侵害的不同强度与方式方面，竭尽所能地规制各种可能发生的行为样态，从而造成同质犯罪构成内的法条竞合。

与此相反，国内部分学者认为法条竞合的实质不在于表面上的法条竞合而在于构成要件之间的竞合，故对存在范围的讨论应始终立足于犯罪构成之间的关系来展开，而非按照对同一法益的侵害状况来展开。这在一定程度上避免了确定法条竞合类型在认识上的误区。在竞合范围的界定上，国内刑法学界的主流观点主张采取较大陆法系更为严格的做法，即仅仅认为异质犯罪构成之间方有法条竞合现象发生之可能性。虽然国内学者也围绕同质犯罪构成之间能否产生法条竞合来开展相关讨论，但通说观点不认同将同质犯罪构成纳入法条竞合之范围。相关理论争论也主要集中于对异质犯罪构成之间的范围辨析。①

三　合理的范围界定能有效抑制法条竞合类型之扩张，减少司法适用之困扰

大陆法系为实现对遭受不同阶段、不同强度侵害的法益的全面保护，不可避免地对行为规制样态及主体进行宽泛化界定，以至于在同质犯罪构成内部也会出现所谓的各类法条竞合现象，从而使法条竞合存在的范围呈现不断扩张之趋势。国内刑法学界在一定程度上认识到法条竞合的实质在于犯罪构成的竞合，因此仅在各类犯罪构成之间讨论法条竞合的

---

① 参见刘明祥《论法条竞合的范围和适用原则》，《检察理论研究》1996 年第 4 期。

存在范围。这有利于限制法条竞合类型的扩张，但是仍需在同质与异质犯罪构成中进一步严格界定范围，力图避免多层次与多视角的类型划分方法，从而减少庞杂分类体系和多样化种类给刑事司法个案所带来的适用困扰。

四　法条竞合范围的界定是类型划分之前提，更是科学分类之关键

明确法条竞合的成立范围是构建法条竞合分类标准的前提条件。因为法条竞合的分类标准只有在法条竞合的成立范围内才有存在的价值和意义，一旦离开其成立范围，其标准的建立就失去了赖以存在的坚实基础。在法条竞合成立范围以外研究所谓的分类标准，无论是对理论研究还是对刑事司法实践都没有丝毫意义。故而，法条竞合进行科学分类之关键应在于确定究竟是在法条竞合成立范围的哪一个层面上建立合理分类之标准。

第二节　同质犯罪构成间法条竞合存在范围之检讨

同质犯罪构成间能否发生法条竞合现象，大致可以分为三种情形，具体包括：危险犯犯罪构成与实害犯犯罪构成之间、基本犯罪构成与修正犯罪构成及修正犯罪构成之间、基本犯罪构成与加重（减轻）犯罪构成之间。以下就三种情形能否产生法条竞合分而述之。

首先是关于危险犯犯罪构成与实害犯犯罪构成之间关系之检视。持肯定说者认为："同一罪名下的危险法与实害法的规定之间，就是法条竞合的关系。"① 我国台湾地区学者许玉秀也认为："危险犯与实害犯之间、作为犯与不作为犯之间、教唆犯与帮助犯和正犯之间，都属于法条竞合。"② 持否定说者认为，《刑法》第 116 条规定的是破坏交通工具罪的危险犯，其犯罪构成的主要特征是"足以使火车、汽车、电车、船只、航空器发生倾覆、毁坏危险，尚未造成严重后果"；第 119 条规定的是破坏交通工具罪的实害犯，其犯罪构成的主要特征是"造成严重后果"。

① 马克昌：《想象的数罪与法规竞合》，《法学》1982 年第 1 期。
② 许玉秀：《当代刑法思潮》，中国民主法制出版社，2005，第 781～782 页。

两个犯罪构成的基本特征决定了二者在逻辑上存在互斥关系，不可能存在某一破坏交通工具的行为同时实现上述两个犯罪构成之情形。

　　为此需要对危险犯与实害犯的概念作一分析比较。所谓危险犯主要是指立法者针对比较重要的法益所采取的一种提前保护的立法方式，实质是惩罚对法益具有危险的行为。危险犯的构成要件相对于实害犯的构成要件而言是一种截堵的构成要件（Auffangtatbestande），以提前保护的方式防止实害结果的发生。① 法条竞合的要件之一便是数犯罪构成间具有竞合关系。因而判断实害犯与危险犯间是否具有发生法条竞合之可能性，关键在于检验实害犯规定的犯罪构成与危险犯规定的犯罪构成间是否有竞合关系。具体而言，不同的犯罪构成所评价的行为，尽管罪质相同且具有同一罪名，但其犯罪构成的内涵与外延是不同的。危险犯规定的犯罪构成所评价之行为，本身已经造成了对法益的威胁但尚未造成实害结果。实害犯规定的犯罪构成所评价之行为，是已经造成实际侵害结果的行为。故二者在适用范围上的互斥性，导致能够被危险犯的犯罪构成评价的行为必不能被实害犯的犯罪构成评价。因此具有同一罪名的实害犯与危险犯之间不可能发生法条竞合现象。

　　其次是关于基本犯罪构成与修正犯罪构成及修正犯罪构成之间关系之审视。② 本书认为，基本犯罪构成与修正犯罪构成及修正犯罪构成之间不可能发生法条竞合。一方面，成立法条竞合的前提条件是数犯罪构成间有竞合关系之存在，而上述犯罪构成之间实际上并不具有竞合关系。由于基本犯罪构成与修正犯罪构成在内涵上的差异，符合基本犯罪构成的行为必不能再符合修正犯罪构成。犯罪既遂与犯罪预备、犯罪中止、犯罪未遂间即存在此种内涵互斥的关系。犯罪既遂是犯罪的完成形态，犯罪预备是指在行为人着手实施犯罪以前因意志以外的原因而未能完成犯罪的未完成形态，犯罪中止是行为人因个人意志的因素而未能完成犯

---

①　参见林东茂《危险犯的法律性质》，《台大法学论丛》1994 年第 1 期。

②　以犯罪构成的形态为标准对犯罪构成进行划分，可将犯罪构成分为基本犯罪构成与修正犯罪构成。所谓基本犯罪构成，是指刑法条文就某一犯罪的基本形态所规定的犯罪构成，是实现了既遂状态且没有特殊情节的一般犯罪构成。基本犯罪构成一般包括既遂犯或者单独犯的构成要件；所谓修正犯罪构成（也称为特殊形态的犯罪构成），是指以基本犯罪构成为前提，在犯罪阶段上尚处于未完成形态，对基本犯罪构成加以修改变更而形成的犯罪构成，主要包括犯罪预备、犯罪未遂与犯罪中止三种犯罪构成形态。

罪的未完成形态，犯罪未遂是指行为人着手实施犯罪以后因意志以外的因素而未能完成犯罪的未完成形态。由此可见，犯罪的完成形态与未完成形态之间以及未完成形态相互之间根本不具有竞合关系。犯罪构成间的竞合关系尚不存在，法条竞合的发生也就无从谈起，正所谓"皮之不存，毛将焉附"。另一方面，就犯罪发展的不同阶段而言，犯罪完成形态与未完成形态间，实质是一种前后相继之关系。当犯罪行为发展到既遂阶段，实现了基本犯罪构成后即应当以基本犯罪构成的构成要件处理。如果此时再去研究与犯罪预备、犯罪中止或犯罪未遂的构成要件的法条竞合问题，不仅是人为地使理论复杂化，亦对司法处断毫无实际指导意义。

最后是关于基本犯罪构成与加重（减轻）犯罪构成之间关系之分析。在我国刑法中有不少法条既规定了基本犯罪构成也规定了加重或减轻犯罪构成。[①] 由于基本犯罪构成与加重（减轻）犯罪构成分别评价不同的行为样态与结果样态，因而二者的内涵也就具有互斥性，故二者之间不存在竞合的可能性。以《刑法》第 260 条虐待罪为例，第 1 款规定的是虐待罪的基本犯罪构成，评价的对象是虐待家庭成员情节恶劣但并没有造成被害人重伤死亡的行为；第 2 款规定的是虐待罪的加重犯罪构成，评价的对象是虐待家庭成员情节恶劣且致被害人重伤死亡的行为。故凡是被第 260 条第 1 款评价之行为即不能再被第 260 条第 2 款评价，所以虐待罪的基本犯罪构成与加重犯罪构成之间并无法条竞合发生之可能性。

第三节 异质犯罪构成间法条竞合存在范围之检讨

国内刑法学界围绕异质犯罪构成，主要在三个层面开展了法条竞合的范围检讨。第一是基本认同在具有属种关系的犯罪构成之间存在法条竞合。显而易见，属种关系的犯罪构成之间具有外延上的包容关系，不仅具备竞合之前提，更符合法条竞合的本质特征，即以包含要素较多的犯罪构成足以将行为的非价内涵完整评价，故而该范围在学界争议最小。

---

① 比如，《刑法》第 263 条中的"以暴力、胁迫或者其他方法抢劫公私财物"属于基本犯罪构成，其后规定的"入户抢劫"等 8 种情形皆属于加重犯罪构成；《刑法》第 232 条规定的"故意杀人"属于基本犯罪构成，"情节较轻的"是减轻犯罪构成。

第二是学界论争的焦点问题，也即交叉关系中是否存在法条竞合的问题，而围绕此问题学界展开了旷日持久之讨论，至今仍有许多质疑之声。第三是具有分解关系的犯罪构成之间是否存在法条竞合。这一问题也日渐成为学界关注的热点话题。所谓分解关系的竞合即全部法条与部分法条的竞合，如受贿罪的犯罪构成与渎职罪的犯罪构成之间的竞合。

一　具有交叉关系的犯罪构成之间是否存在法条竞合

对于交叉关系是否存在法条竞合有肯定说与否定说的长期学术纷争。肯定说认为："所谓交叉关系，是指一方的法条所规定的构成要件和另一方的法条所规定的构成要件部分地重合的场合。"① 否定说认为："法条竞合是一法条的全部内容包含于另一法条的内容之中，而想象的竞合犯所触犯的数项罪名则不存在这种关系。"② 否定说的反对理由认为，交叉关系中的一个犯罪构成与另一个犯罪构成仅具有交叉关系，因而并不能包括另一个犯罪构成的全部非价内涵，故此种情况不属于法条竞合而应当归属于想象竞合。本书认为，具有交叉关系的犯罪构成之间可以发生法条竞合。

第一，从法条竞合的形成原因看，犯罪构成之间的交叉是形成法条竞合的直接因素。为了规制不同行为样态对同一法益之侵害，立法者往往对同一保护对象进行多重标准之划分，必然导致分类后的种概念之间存在外延交叉、子项相容等逻辑错误，从而造成不同条文中犯罪构成的内容交叉与包容。因此法条竞合的产生同刑法规定的异质犯罪构成之间的交叉与包容关系有着最直接、最深度的关联。而事实上，它同是否存在具体个案无关，而只是一种纯正的规范竞合与静态竞合。

第二，从犯罪构成的外延关系审视，具有交叉关系的犯罪构成之间存在法条竞合的可能性。但此时还不能据此断定一定会发生法条竞合，因为想象竞合在外观上也符合上述特征。如若要断定究竟是想象竞合还是法条竞合，还需要从法条竞合的一罪性入手来作分析判断。但不可否认的是，若两个犯罪构成之间存在交叉关系，则意味着两个犯罪构成的

---

① 〔日〕山口厚：《刑法总论》（第三版），付立庆译，中国人民大学出版社，2018，第393页。

② 高铭暄主编《中国刑法学》，中国人民大学出版社，1989，第218页。

外延存在重叠，既然两个犯罪构成的外延存在重叠，那么一定意味着存在某种行为可以同时被两个犯罪构成评价。比如，一般认为爆炸罪与破坏交通工具罪存在犯罪构成上的交叉关系，那么两个犯罪构成所评价的行为也应当在外延上存在重叠。既然某行为既能被爆炸罪评价也能被破坏交通工具罪评价，那么毋庸置疑的是这两个犯罪构成之间存在竞合关系。在爆炸中致使交通工具严重破坏的行为类型，则属于这两个法条的外延重叠部分。

第三，从法条竞合的一罪内涵审视，具有交叉关系的犯罪构成之间也可能产生法条竞合。否定说主张在具有交叉关系的犯罪构成中，不论适用哪一个犯罪构成，都不能对行为的全部非价内涵予以评价，故此种情况不属于法条竞合而应当归属于想象竞合。殊不知此种观点的错误在于，仅仅停留于交叉关系的表象而忽略了法条竞合的内在本质。交叉关系的竞合在表象上表现为在犯罪构成的外延与内涵上，构成要件之间相互都不能包容，这似乎并不符合法条竞合的法规单一之特征。但法条竞合的本质在于，一构成要件能对行为的全部非价内涵予以完整评价。因此当一犯罪构成与另一犯罪构成在客体要件上存在包容关系，而在其余三要件上仅存在交叉关系时，犯罪构成之间即存在法条竞合的可能性。例如，交通肇事罪与过失致人死亡罪之间，在犯罪构成上存在交叉关系，即在主体上重合，主观罪过相容，实行行为交叉重合，客体要件上存在包容关系。详细而言，交通肇事罪虽然保护的是公共安全法益，但显而易见的是立法者在制定该法条的时候，已经将过失致人死亡罪所保护的个人生命法益纳入公共安全法益所保护的范围，交通肇事罪已包容了过失致人死亡罪的全部非价内涵，因而二者是法条竞合关系。

二 具有分解关系的犯罪构成之间是否存在法条竞合

在讨论犯罪构成之间的关系时，我们会发现存在着这样一种特殊形式的竞合现象，即其中一个构成要件包含了另一个构成要件的全部要素，后者成为前者的构成部分，二者之间存在逻辑上的整体与部分的关系。故有国内学者将其称为"分解关系"。[1]

---

[1] 参见冯亚东《受贿罪与渎职罪竞合问题》，《法学研究》2000 年第 1 期。

　　在我国刑法分则中具有"分解关系"的犯罪构成大量存在，以至于成为最为常见的竞合形态之一。例如，当行为人在妨害公务的过程中使用轻微暴力致国家工作人员轻伤时，妨害公务罪与故意伤害罪（轻伤）之间构成整体法与部分法的法条竞合关系，作为整体法的妨害公务罪能对该行为所侵害的全部法益进行充分评价。① 此时上述犯罪构成之间即会产生部分法与整体法之间的竞合。

　　本书之基本立场为：具有分解关系的犯罪构成之间可以发生法条竞合。

　　一方面，分解关系的竞合现象完全符合法条竞合的外在形式特征。否定说认为法条竞合在外在形式上表现为一行为实现数个犯罪构成，而在分解关系的竞合中往往是数个行为实现数个犯罪构成，因此在分解关系中不能发生法条竞合。需要指出的是，否定说是站在"自然意义之一行为"的立场上来诠释一行为之刑法意义的。但此种学说对自然意义之一行为的界定完全依赖人们社会生活中的常识观念。观念的差异，常常导致出现判断的分歧，进而造成对一行为判断的认识纷争。比如，行为人虽然在客观上实施了数个的行为举动，但以客观第三人的视角自然地观察，认定所有的行为间具有一个直接的连带关系存在，此时究竟是判断为一个行为还是数个行为？以"自然意义之一行为"理论判断，因观察视角和常识观念的差异，必然会出现分歧。具体而言，行为人因索贿或者受贿而渎职的过程中，究竟是将"收受他人财物"与"渎职"这两个具有自然意义的行为界定为一个受贿行为还是两个行为，不同的学者从不同的认识角度出发，对此必然会作出不同的判断。本书主张在构成要件的意义上界定一行为。因为构成要件意义上的行为单数判断具有统一而明确的法律标准，有利于避免采取自然行为标准的恣意性和不确定性。站在构成要件的行为单数视角观察，"收受他人财物"与"渎职"这两个具有自然意义的行为，因出自一个行为动机，引发一个意思活动，在刑法构成要件的认定上始终为单一的受贿行为。综上所述，在分解关

---

　① 本书认为当暴力突破一定的量度而达到致国家工作人员重伤的程度时，妨害公务罪与故意伤害罪（重伤）之间就不再是法条竞合关系。因为此时从法定刑上考量，妨害公务罪的法定最高刑是 3 年有期徒刑，而故意伤害罪（重伤）的法定最高刑则是 10 年有期徒刑，仅用妨害公务罪已不能实现对行为罪量的充分评价。而从法益侵害的角度考虑，此时作为整体法的妨害公务罪已不能对严重暴力行为所侵害的生命法益进行充分评价，故应当以想象竞合论处。

系的竞合中不是数个行为实现数个犯罪构成，而是一个构成要件意义上的行为实现数个犯罪构成且犯罪构成之间具有包容关系，因此符合法条竞合的外在形式特征。

另一方面，分解关系的竞合现象也完全符合法条竞合的内在本质特征。法条竞合的本质特征在于，一犯罪构成要件能将其余全部构成要件的非价内涵充分包容，此特征是法条竞合的本质特征，是法条竞合本质的外部特性表现。在具有分解关系的犯罪构成中，具有整体法意义的犯罪构成包含了部分法犯罪构成的全部内容，因此部分法犯罪构成的全部非价内涵已被整体法犯罪构成包容。事实上当一行为在形式上既触犯整体法又触犯部分法时，真正能对行为的非价内涵进行全面充分评价的仅仅是整体法而已。所以分解关系的竞合在实质上和法条竞合一致，即只有一个构成要件真正符合，用此一构成要件规定的罪名已经足以把行为的不法内涵完全概括。因此分解关系的竞合现象完全符合法条竞合的内在本质特征，故在分解关系的犯罪构成之间存在法条竞合之可能性。

第五章　划分论：法条竞合的
类型划分标准构造

在承继法条竞合范围界定的基础上，"法条竞合研究中最重要的问题是法条竞合类型的划分问题"①。不同的法条竞合类型直接关涉不同的适用原则，在不同适用原则的指引下甄别选择不同的犯罪构成将直接导致犯罪人接受不同的刑罚效果。尤其对司法适用而言，法条竞合类型的科学划分，更是识别、掌握纷繁复杂的竞合类型之关键。法条竞合的划分论旨在确立划分标准的基本原则，并通过在形式层面和实质层面分别建构划分标准的形式构造，克服单纯采用逻辑标准或在同一阶段采用多重标准的种种弊端。概言之，如果说法条竞合类型划分之前提在于存在范围之界定，那么最为关键的环节则在于划分标准之确立。因此，法条竞合的划分标准研究，既具有重要的理论意义又具有较高的实践价值。

第一节　划分标准的研究意义

法条竞合的分类是法条竞合理论中的一个基础性问题。作为法条竞合理论体系之关键组成部分的法条竞合标准，在当下的理论研究中则处于相对无序的纷争状态，值得刑法学者深入思考并开展进一步的研究，以弥合法条竞合理论研究中的罅隙。深入研究法条竞合标准，无论是对法条竞合理论体系，还是对立法与司法实践，都有着积极的指导意义。

首先，从理论定位的角度看，法条竞合的划分论处于法条竞合理论的关键环节，是进一步开展相关研究的基础。其一，法条竞合的存在范围是法条竞合研究的前提，法条竞合的划分标准则是法条竞合研究的关键。法条竞合的形态是法条竞合标准划分的必然结果，法条竞合的适用

---

① 　陈兴良：《刑法竞合论》，《法商研究》2006 年第 2 期。

原则是法条竞合理论的必然延伸。因此只有建立科学实用的法条竞合标准，法条竞合的具体形态与分类适用原则才有进一步研究的基础和价值。其二，法条竞合与罪数论中的许多罪数形态有着密切的联系。法条竞合分类标准的科学确立，有助于人们在纷繁复杂的相关罪数形态中准确地识别出法条竞合的各种形态。其三，罪数理论体系的不断调适与完善同法条竞合理论的深入研究是密不可分的。确立科学实用的法条竞合标准，对于进一步深化法条竞合理论的研究以及完善和充实罪数论体系都具有颇为重要的理论意义。

其次，从刑事立法的角度看，深入开展对法条竞合划分标准的相关研究，对于完善立法技术、提高立法质量从而最大限度地避免法条竞合现象的发生，具有积极的促进作用。法条竞合在很大程度上是由刑法分则对同一保护对象的划分采用了多重标准，导致保护同一对象的法条之间发生了子项相容的逻辑错误所致。一方面，刑事立法出于全方位保护同一法益之需要，往往会竭尽所能地规制各种犯罪样态，这也意味着法条竞合的发生在一定程度上难以完全避免；但是另一方面，在刑事立法中也应当更多地考虑采用科学的立法技术，以界定适度的划分范围并确立合理的划分标准，从而有效地减少法条之间的交叉与包容。而这一切也都依赖于对法条竞合标准的进一步深入研究。

最后，从刑事司法的角度看，科学的法条竞合分类标准有利于保证司法机关对涉及法条竞合的犯罪行为进行准确识别，从而依据识别之结果进行正确定罪与科学量刑。法条竞合标准由于具有可操作性，在刑事司法实践中有利于厘清法条竞合形态与其他相关罪数形态的具体区别，尤其是有助于区别想象竞合。具体而言，当一个危害行为同时实现数个不同的犯罪构成之时，应当根据法条竞合的类型划分标准进行相关识别。对于属于属种关系的竞合类型，则根据特别法优于普通法之原则进行定罪识别与量刑判断。由于属种关系这一类型属于法条竞合之范畴，这一危害行为只能适用其中一个犯罪构成来定罪量刑，而不能作出数罪并罚之处罚。对于属于交叉关系的竞合类型，则判断是否有一犯罪构成能对行为的非价内涵进行完全评价。若没有一个犯罪构成能对行为的非价内涵进行完全评价，则可断定犯罪构成之间不是法条竞合关系，而应依据想象竞合犯的相关理论来处理对该行为的定罪与量刑。若有一犯罪构成能实现充分评价，则可断定存在交叉关系的法条竞合并依据此犯罪构成来定罪和量刑。对于属于分解关系的竞合类型，则根据整体法优于部分法之原则进行定罪识别与量刑判断。

第二节　划分标准的基本原则

一　遵循逻辑划分的基本原则

在逻辑学上划分是指按照一定标准把一个属概念分为若干种概念，从而揭示这个概念的外延的逻辑方法。划分由三个部分组成，分别是划分的母项、划分的子项和划分的标准。划分的母项是指被划分的属概念，划分的子项是划分出来的种概念，划分的标准是指划分时所依据的对象的某一属性或特征。在实践中要对某一概念进行正确的划分须遵守以下四条基本规则。

第一，划分后的各个子项的外延之和必须与母项的外延相一致。换言之，划分出来的种概念外延之和应当等于属概念的全部外延，违反这项逻辑规则会发生多出子项或划分不全的逻辑错误。所谓多出子项是指划分过宽，也即划分的子项外延之和大于母项的外延。所谓划分不全是指划分的子项外延之和小于母项的外延。第二，每一次的划分必须按照同一标准来进行。同一标准意味着在每一次划分当中，必须使用相同的标准，不得随意变换。否则就会产生多标准划分的逻辑错误，从而导致要么子项相容、要么子项不全的逻辑矛盾。需要说明的是，每一次划分虽然标准必须一致，但这并不意味着连续划分在不同的层次上也要使用同一标准。实际上为了满足实践的需要，在多次划分的过程中一般是根据有利于划分目的的实现的规则采取多个标准。第三，划分后的各个子项必须互不相容，且子项既没有多余也没有不全。子项互不相容指的是各个子项间必须是全异关系，不允许出现全同、从属或交叉关系。子项既没有多余也没有不全指的是划分的子项外延之和既不大于母项的外延，也不小于母项的外延，而是和母项外延完全一致。第四，划分应当逐级进行，不能越级划分。上述四条规则是相互联系的有机统一体，如若违反其中某一规则就有可能违反另一规则，犯一种逻辑错误的同时也有可能犯其余几种逻辑错误。①

二 服务于逻辑划分的根本目的

逻辑划分的根本目的在于明确概念的具体外延范围。划分不仅有助于明确一个概念的外延范围，还有助于人们把握事物之间的属种关系。因此人们常常根据实践的需要，采用连续划分的方法，在不同的层次阶段采用不同的标准，以达到囊括所有认识概念之目的。逻辑学上常用的划分方法有一次划分和连续划分。所谓一次划分是指对划分的母项仅划分一次。这种划分只有母项与子项两层。连续划分就是把划分出来的子项再进行划分，一直划分到人们能在实践中清晰地把握事物之间的属种关系为止。由此可见，对法条竞合划分标准的确定，也应当最大限度地服务于厘清法条与法条之间的外延关系。而为了实现此目的，不仅可以采用一次划分，也可以采用连续划分之方法，并依据司法实践之需要，在不同的划分层次上确定具体不同的划分标准。但是必须注意的是，在对法条划分的同一阶段只能采用一个标准，否则就会出现法条之间子项相容或不全的逻辑错误。

三 遵循可操作性原则

法条竞合的划分标准既是判定不同的刑法法条之间是否存在竞合关系的标准（关于不同的刑法法条，在符合什么条件时成立法条竞合关系，在何种情况下不成立法条竞合关系之标准），又是法条竞合的类型判断标准（属于交叉关系、属种关系还是分解关系）。如果从逻辑划分的角度而言，法条竞合的划分标准在不同的划分层次上可以采用不同的标准构造。然而事实上并非标准可以恣意确立，也并非标准越多越好。法条竞合的划分标准作为一种工具性手段，在客观上应当服务于法条竞合划分的根本目的，并遵循可操作性原则。如果从技术设计层面审视，可操作性应该是法条竞合划分标准进行形式架构的首要考虑因素。这意味着，法条竞合的划分标准构造，应当对法条之间是否存在法条竞合、存在何种类型的法条竞合有直观明了、简单易行的实用性判断方式。

---

① 参见雍琦主编《法律逻辑基础》，四川省社会科学院出版社，1986，第47~49页。

　　盖法条竞合的划分标准具有可操作性，乃划分标准的本质属性和功能使然。一方面，在刑事司法实践中，法条竞合的划分标准主要是作为手段而使用。其本质上具有工具的性质，而可操作性在一定意义上可以视为工具的根本属性。另一方面，法条竞合划分标准的功能在于，判断静态的法条之间是否存在竞合关系，若存在竞合关系又当属于哪一类型。其判断的流程是极其精细化和复杂化的。刑法罪名繁杂，法律条文众多，各条文之间的关系犬牙交错。仅仅依靠一个抽象的、宏观的标准是难以对法条之间的关系进行识别和把握的。

　　本书之立场为：只依靠单一的、抽象的"法条外延之间的关系"标准，很难将错综复杂的法条关系厘清，也容易漏划法条竞合的具体类型。比如，分解关系类型若采用"法条外延之间的关系"标准，则表现为全异关系，这就极易被漏划，因为通说认为法条之间在外延上没有交叉重合即不可能产生法条竞合。而事实上在分解关系下，存在着整体法与部分法间的法条竞合关系。① 因此，对于法条竞合的划分标准而言，其具体要素越详细、越具有可操作性，则越好。

　　就可操作性本身的内涵而言应当包括以下三重含义。第一，法条竞合的划分标准必须简单明了、具体直观、易于识别和把握。法条竞合的划分标准应当把宏观层面的抽象标准还原为微观层面的具体构成要件，用具体的构成要件去分析识别和检验相关法条间的类型关系。当然，该标准的具体要件也不能过于复杂化，标准太复杂，其可操作性必将大打折扣，徒增理论与实践的困扰。第二，法条竞合的划分标准必须有益于判断具体的法条竞合关系。因为只有对具体问题的研究，才能够为理论体系的评判提供实在的依据，所以法条竞合的划分标准应当建立在对法条竞合关系的具体研究之上，并从具体的法条关系中抽象出具有实用性的划分标准。② 第三，划分标准的可操作性必须立足于我国刑法体系下的具体语境，即对该标准的运用不存在理论层面或者刑法思维方式上的障碍。就国内而言，该标准的建立则需考虑理论界与实务界长期习惯于在苏式体系下思考刑法问题的基本思维习惯，尤其是要符合刑事司法处

---

①　相关具体论证在法条竞合划分标准的形式构造部分详述。

②　参见李洁《犯罪构成理论体系设定需要厘清的基本问题》，《湖北警官学院学报》2007年第1期。

理法条竞合个案中的思维方式。如果该标准的设定不符合上述思考路径选择，甚至引入异域法系的另类概念与体系，不仅无助于问题的解决，反而在刑事司法实践中造成更多的问题与困惑。虽然这也可以通过对标准使用者的理论培训来弥补，但习惯的改变是一个长期的过程。

第三节　划分标准的形式构造

一　法条竞合划分标准的形式构造

法条竞合划分标准的形式构造，系指构造具体的法条竞合划分标准，以判断刑法法条之间是否存在法条竞合关系以及属于何种类型的法条竞合关系。其构造必须符合法条竞合划分标准的基本原则，即遵循逻辑划分的基本原则、服务于逻辑划分的根本目的、遵循可操作性原则。同时应当从法条竞合的本质出发，即从犯罪构成竞合的角度运用犯罪构成的四要件理论，立足于我国刑法体系的具体语境构造法条竞合的划分标准。

二　形式逻辑标准之利弊评析

综览当下中外刑法竞合理论不难发现，在法条竞合划分标准的确立上大多采用形式逻辑标准，即以概念的逻辑分类为基础，判断法条竞合关系的存在与否。不可否认的是形式逻辑标准的运用使法条之间的外延关系泾渭分明，有利于判断者直观明了地判定法条之间的外延关系。但是这一标准本身存在一定的局限性，例如，有学者将形式逻辑标准运用于法条之间竞合类型的划分称为法条逻辑主义的困境。该观点认为："法条的内涵与外延关系，都不可能为我们确定要适用的法条提供有用的线索。在这一点上，逻辑工具的作用是非常有限的。"[1] 其主要问题大致有四方面，以下分而述之。

第一，仅以"法条外延之间的关系"为法条竞合的逻辑划分标准，不能说明外延重合的法条之间真正竞合的实质内容，也就无法对相关法条竞合现象作出合理的解释。例如，在逻辑上处于交错关系的刑法法条，既具有相同要素也具有不同的要素。但是为何在具有不同要素的法条之

---

[1]　庄劲：《罪数的理论与实务》，中国人民公安大学出版社，2012，第113页。

间也能发生一个法条的非价内涵完全被另一个刑法法条充分评价的情况呢？仅从形式逻辑的标准出发恐难得出正确之结论。

第二，采用逻辑划分的分类结果与法条竞合类型并非完全一一对应。比如，同一性逻辑关系的划分结果对法条竞合没有任何实际的意义，也没有与之相对应的法条竞合类型。所以该标准更多的是逻辑学意义上的标准而非法律意义上的标准。究其根源在于，它只不过是抽象地对概念的逻辑外延关系进行分类，始终未曾从深入法条竞合的实质层面，即构成要件的层面来审视和观察竞合的本质内容，因而往往缺乏与犯罪构成的实际对应关系而流于表面形式。

第三，运用形式逻辑标准划分法条会将具有整体与部分关系的法条排除于法条竞合体系之外。由于整体法与部分法之间在外延上是全异关系，显而易见，通过直观的形式逻辑标准划分，是很容易将完全没有交叉要素的全异关系法条排除在法条竞合之外的。因为站在形式逻辑标准的立场来看，没有交叉关系或从属关系的法条之间存在法条竞合，是匪夷所思的。

第四，以"法条外延之间的关系"为法条竞合的逻辑划分标准，不能有效区分想象竞合与法条竞合。按照形式逻辑的外延划分标准，只要法条外延之间存在交叉之情形就被归入法条竞合的类型。但事实上法条竞合与想象竞合在现象上都表现为一行为触犯数个法条，而数个法条之间也可能都存在交叉关系，故仅依据形式逻辑标准实难将二者加以区分。也许有论者认为，法条竞合是一种静态的条文竞合而想象竞合是一种行为竞合，如果没有行为的发生也可以发生竞合则是法条竞合，反之则是想象竞合。但事实上某些看似没有关联的法条由于犯罪行为样态的变化也可能出现外延上的重合。因此两个静态法条之间究竟有没有法条竞合，往往要等到犯罪行为具体出现时才能加以判断，而不能通过事先的逻辑关系想象而得出结论。例如，重婚罪与破坏军婚罪表面上看来没有交叉关系，但是当行为人明知是军人的配偶而与之结婚时，重婚罪与破坏军婚罪二者之间则存在竞合关系。但是此时仅依靠法条外延之间的逻辑关系是难以将二者区分的。

三　本书之基本立场

本书认为法条竞合划分标准的确立目的在于实现对法条竞合的准确

判断与类型的科学划分。为此，仅仅在形式层面确立"法条外延之间的关系"作为法条竞合的一次划分标准，难以实现上述目的。必须考虑引入实质要素即犯罪构成标准对一次划分后的类型进行二次划分。具体而言，法条竞合划分标准的形式构造应当分为两个层面即两个划分阶段来具体建构。在一次划分阶段，在形式层面上以"法条外延之间的关系"为法条竞合的逻辑划分标准。这样划分的优势在于，以简单明了的方式，直观清晰地勾勒出法条之间的外延关系。而为了克服该逻辑标准流于形式之局限，应当从法条竞合的本质出发，在二次划分的过程中引入犯罪构成的标准，在实质层面上对法条竞合进行分类。易言之，在二次划分的过程中，需运用犯罪构成的标准，具体对一次划分的类型再次划分。如果在该类型中犯罪客体重合或包容，犯罪客观方面的实行行为竞合，犯罪主观方面类型一致，犯罪主体相容，那么即可划分出法条竞合的基本类型。

四　划分标准形式构造的具体路径

*1. 形式层面的构造：法条外延之间的关系（一次划分标准）*①

在形式层面上，法条竞合往往表现为法条之间在外延上的包容或者交叉关系。因此法条竞合类型划分的第一步，乃是探求法条外延之间的关系，此即为确定法条竞合关系之逻辑标准。犯罪行为之间存在着各种各样的交错关系，而反映犯罪行为属性的法条之间同样也存在着纷繁复杂的重叠关系。形式逻辑标准的主要功用则在于通过法条外延之间关系的分类，使人们明确法条的外延，以揭示法条竞合现象可能发生之范围。

若我们以 S 和 P 分别代表任意两个罪名的法条，则 S 和 P 这两个法条之间的外延关系不外乎以下五种类型，即同一关系、包含关系、包含于关系、交叉关系以及全异关系。其中前四种关系为相容关系，最后一种关系为不相容关系。在同一关系中，S 与 P 的外延完全相同，显而易见这对于刑法法条而言，此种情形除非出自立法的缺陷否则是不可能出现的。因为没有一个国家的立法者会在刑法分则条文中赘设两个完全相同的法条，所以在此种情形下没有法条竞合现象发生之可能性。

---

①　参见陈波《逻辑学是什么》（第二版），北京大学出版社，2007，第 130~131 页。

　　在包含关系与包含于关系中，要么 S 的部分外延与 P 的全部外延相同（S 包含 P，或称 S 是 P 的种概念，S 和 P 是种属关系，P 和 S 是属种关系），要么 S 的全部外延与 P 的部分外延相同（S 包含于 P，或称 P 是 S 的种概念，S 和 P 是属种关系，P 和 S 是种属关系）。在逻辑学上我们把外延较大的属概念对于外延较小的种概念的关系叫作属种关系，把外延较小的种概念对于外延较大的属概念的关系叫作种属关系。属种关系和种属关系统称为从属关系。而事实上不论是存在上述哪一种关系，我们都可以说 S 和 P 之间具有从属关系①抑或包容关系。由于从属关系是事物的大类与小类的关系，大类具有的属性小类必然具有。因此，在包容关系中，一法条将另一法条的全部外延包含于其中，触犯一法条的行为也必然触犯另一法条，毋庸讳言二者之间具有明显的法条竞合关系，当属法条竞合之基本类型。

　　在交叉关系中，S 和 P 两个法条的外延有部分相同并且有部分不同。由于两个法条之间的外延部分相同，即法条之间存在交叉，那么必然存在一个行为同时触犯两个法条之情形。因此从逻辑标准的视角考量，在此类型中存在法条竞合发生的可能性。但囿于逻辑标准的形式性特征，未能从法条竞合的本质出发确立划分标准，故容易仅从法条之间存在交叉的角度考量而将所有的交叉类型均归入法条竞合之范畴。事实上，存在着具有交叉关系的法条之间不是法条竞合而是想象竞合之情形。甘添贵教授认为："不单单是补充关系以交错性为基础，想象竞合也有可能出现这种情况。因而，规范之间具有交错性时，不一定全部属于法条竞合，有可能构成想象竞合。"② 盖在这种情形下，虽法条间有交叉关系，但任何一个法条均不足以宣示行为人行为之全部非价内涵，从而不能排除其他法条之适用。例如，国家工作人员在归还预支工作经费时，以假钞换取真钞，则行为触犯贪污罪和使用假币罪。在此情形下审视，贪污罪和使用假币罪都保护国有单位财产这一法益，且存在交叉关系。但贪污罪

---

①　因为 S 和 P 法条之间，存在着 S 和 P 是种属关系以及 S 和 P 是属种关系这两种可能性，而属种关系和种属关系统称为从属关系。但当下学界将二者之间的从属关系均归为属种关系的类型，事实上失之偏颇，准确的类型定位应代之以从属关系似乎更为周全。但考虑到该类型的称谓已约定俗成，在不引起歧义或概念混乱的情况下相互替代使用也未尝不可。

②　甘添贵：《罪数理论之研究（三）——法条竞合（三）》，《军法专刊》1993 年第 11 期。

主要保护的法益是国家工作人员职务之廉洁性与公共财产权，使用假币罪主要保护的法益是货币的公共信用，而这两种法益不属于同一法益。因此任何一个法条都不足以评价行为的全部非价内涵，故此一行为侵犯二法益的行为，应当作为想象竞合而非法条竞合处理。

在全异关系中，S 与 P 两个法条的外延完全不相同，即所有的 S 都不是 P，所有的 P 都不是 S。具体而言，全异关系又包括矛盾关系和反对关系。若具有全异关系的 S、P 两个法条的外延之和等于属概念 D 法条的外延，则 S、P 法条之间的关系就是矛盾关系；若具有全异关系的 S、P 两个法条的外延之和小于属概念 D 法条的外延，则 S、P 法条之间的关系就是反对关系。由于存在全异关系的两个法条之间，外延部分完全不同，即法条之间在逻辑形式上没有任何的重合，那么仅从逻辑划分的角度观察，似乎并不存在法条竞合发生之可能性。然而事实却并非如此，具有整体与部分关系的法条之间在划分类型上属于全异关系，然而它们之间实际上却可能存在法条之间的竞合。例如，在我国刑法分则中存在着规定甲罪的手段可以涵盖乙罪的罪名之情形。比如，《刑法》第 277 条妨害公务罪的规定中，使用暴力是妨害公务罪的客观构成要件。但在使用暴力的过程中就可能造成伤害而触犯《刑法》第 234 条故意伤害罪（轻伤）之规定。故意伤害罪的犯罪构成虽可作为一个整体单独被评价，但也是妨害公务犯罪构成的一部分内容。二者之间虽然在逻辑划分标准下是全异关系，但仍然存在整体法与部分法的法条竞合关系。

综上所述，在一次划分的过程中，本书以"法条外延之间的关系"为逻辑标准对法条进行了形式意义的划分。从法条间的外延关系角度出发，直观明了地将法条之间类型关系分为同一关系、从属关系、交叉关系和全异关系。同一关系的法条实际上在刑法分则中并不存在，故不在法条竞合的讨论之列。从属关系的法条间基于包容关系的存在，导致一法条涵盖了另一法条的全部外延，则必然存在法条竞合。交叉关系的法条间由于存在外延范围的交错，故也存在法条竞合之可能性。但问题是应当如何在交叉关系的法条间区分法条竞合与想象竞合，形式层面的逻辑标准似乎显得无能为力，而有赖于实质层面标准的构造。全异关系的法条，在逻辑划分规则的作用下，仅从外延关系观察实难得出可发生法条竞合之结论。但是若从分解关系的角度审视，具有整体与部分关系的法条在全异关系的类型框架下，则仍有法条竞合现象发生之可能性。

2. 实质层面的构造：犯罪构成要件整体重合（二次划分标准）[①]

众所周知，在形式层面上法条竞合一般表现为法条之间的竞合，若对法条竞合的认识仅限于此，那么对法条竞合的标准建构就会停留于现象层面，而不能触及法条竞合之本质。事实上在现象层面掩盖下的法条竞合在实质层面上表现为犯罪构成之间的竞合，也即犯罪构成在四要件上的包容或交叉。因此对法条竞合类型进行划分的第二步，乃是从本质层面对逻辑形式层面划分的类型进行再次划分，从而区别出交叉关系中的法条竞合与想象竞合，以及全异关系中的整体法与部分法。

本书主张以犯罪构成要件整体重合为实质层面的划分标准，其原因大致有以下三点。第一，以犯罪构成要件整体重合为法条间是否存在竞合的判断标准，体现了法条竞合的本质。在形式逻辑划分的第一阶段，对法条竞合所能形成的认识仅仅是外延上的交叉与包容。然而它不能从本质上说明外延竞合的实质内容，只是以外延上的交错重叠进行抽象化的表达。以犯罪构成为具体标准，不但清晰地表达了法条竞合外延交错的实质内容，而且将法条之间的模糊竞合点还原成犯罪构成的具体四要件。第二，以犯罪构成要件整体重合为法条间是否存在竞合的判断标准，具有极强的可操作性。由于竞合点被界定为法条外延间的竞合抑或整体与部分的竞合，为了还原外延部分的具体内容则必须对竞合点作细致分解。因为"如果不经过整体分割、分别评价，则对一个有着复杂结构的犯罪行为是很难以进行适法性分析的"[②]。而犯罪构成具体分解为四大要件的这一结构功能，恰恰能对竞合点的分解内容进行分别对接，这在实质上建构起一种复杂问题简单化的分析路径，对判断者而言具有极强的可操作性。第三，以犯罪构成要件整体重合为法条间是否存在竞合的判断标准，符合中国刑法体系之具体语境。例如有学者认为："确定法条竞合的类型，必须考虑分类标准具有概括力，能够涵盖刑法立法中现实存在的各种法条竞合类型；同时，必须考虑中国刑法中的独特规定。"[③] 毋

---

① 参见饶明党《规范竞合标准论》，硕士学位论文，中国人民大学，2008，第22～33页。

② 高晋康主编《中国犯罪构成体系完善研究》，法律出版社，2010，第67页。

③ 周光权：《法条竞合的特别关系研究——兼与张明楷教授商榷》，《中国法学》2010年第3期。

庸讳言，无论是国内刑法的理论界还是实务界均已经长期习惯于在苏式体系下思考刑法问题，犯罪构成的四要件理论已成为其运用最广泛、最熟悉的理论工具。因此将犯罪构成作为实质层面的划分标准，不仅符合我国刑法体系下的思维习惯，也有利于司法工作者具体识别和把握。

基于以上论述，特将实质层面的法条竞合划分标准构造如下：总体上以犯罪构成要件整体重合为划分标准，在具体划分的过程中——检验竞合点上是否存在犯罪客体竞合，犯罪客观方面是否有实行行为竞合，犯罪主观方面类型是否一致，犯罪主体是否相容。以下就四个方面的具体内容分别阐述。

第一，关于犯罪客体竞合的判断。所谓犯罪客体，是指"我国刑法所保护，为犯罪行为所侵害的社会关系，这部分社会关系包括国家安全、公共安全、社会主义经济基础、公民的人身权利、民主权利和其他权利、社会主义社会管理秩序、国防利益、军事利益等"①。犯罪客体是犯罪构成的必备要件，是刑法规范的必要组成部分。犯罪客体一般可分为一般客体、同类客体与直接客体。本书所讨论的客体是指直接客体，即"某一种犯罪行为所直接侵害的我国刑法所保护的社会关系"②。

为了使同一客体免受来自不同行为样态之侵害，立法者便需要从不同的方面和角度加以全方位保护，以实现对类型化侵害客体行为的全面评价和充分评价。但这种立法模式必然会导致多构成要件保护同一客体的情况，从而出现法条之间的交叉重合现象。由此可见，客体重合是法条竞合现象发生的必要条件。

犯罪客体竞合是指犯罪客体之间存在包容或交叉关系。但若客体之间只具有交叉关系，那么一法条就不能对其余法条的全部不法内涵予以包容性评价，故不能评价为法条竞合。具体判断流程如下。就具有交叉关系的法条而言，需判断犯罪构成中的客体之间有无包容关系，若有包容关系则说明该犯罪构成能将其余法条的不法内涵包容，从而排除其余法条之适用，因此可断定为法条竞合；否则应当判定为想象竞合。这就

---

① 高铭暄、马克昌主编《刑法学》（第九版），北京大学出版社、高等教育出版社，2019，第49页。
② 高铭暄、马克昌主编《刑法学》（第九版），北京大学出版社、高等教育出版社，2019，第53页。

可以解释缘何在具有不同要素的交叉法条中，一个法条的不法内涵完全被另一个刑法法条充分评价。其原因在于法条之间交叉的仅是除客体以外的其余三要件，而客体要件之间却存在包容关系。故而可以一法条对行为的全部不法内涵予以评价。

就具有全异关系的法条而言，也需判断犯罪构成中的客体之间有无包容关系。因整体法条的保护客体能将部分法条的保护客体包容，故适用整体法就能将部分法的不法内涵囊括，从而排除部分法之适用。这理当属于法条竞合，可归入分解关系之类型。全异关系的法条间若没有客体间的包容关系则不属于法条竞合之类型，应当归入其他范畴讨论。

第二，关于客观方面竞合的判断。所谓犯罪客观方面，"也称犯罪客观要件，是指刑法所规定的，说明行为对刑法所保护的社会关系造成侵害的客观外在事实特征"[1]。犯罪客观方面内容包括危害行为，危害结果，行为的时间、地点、对象等。"其中的危害行为是一切犯罪构成的核心。任何犯罪都表现为客观上的危害行为。犯罪构成四个方面中的其他构成要件，都是说明危害性及其严重程度的事实特征，它们都以危害行为作为基本依托，并且围绕着危害行为而连结成为一个整体。"[2] 但是危害行为的这种表述方式，更为强调的是行为的危害属性，因此用价值无涉的实行行为的概念来表述我国刑法通说上的危害行为似乎更为确切。实行行为是法条竞合的前提和基础，实行行为若无重合关系，法条之间的竞合关系也就无从谈起。所谓实行行为，是指形式上符合构成要件，实质上是类型化的侵害法益的紧迫危险行为。[3] 实行行为是使各种犯罪构成具有自身特点的最主要的构成要件要素。因此实行行为是具体犯罪构成要件行为的核心要素，是构成要件行为的最为本质的特征。所以，若法条之间存在竞合关系，则实行行为必然重合，判断在客观方面是否存在竞合，即主要是判断实行行为是否重合。

第三，关于主观方面竞合的判断。所谓犯罪主观方面，"亦可称为犯

---

① 高铭暄、马克昌主编《刑法学》（第九版），北京大学出版社、高等教育出版社，2019，第 57 页。

② 马克昌主编《犯罪通论》（第三版），武汉大学出版社，1999，第 146~147 页。

③ 参见张明楷《刑法学》（上），法律出版社，2021，第 188 页。

罪的主观要件，是犯罪主体对自己行为的危害结果所持的心理态度"①。犯罪主观方面的具体内容包括必要要件的故意与过失以及作为选择要件的犯罪目的和犯罪动机。犯罪故意与过失也称为主观罪过，是行为成立犯罪所必须具备的要件，同时也是刑事法律规范的必备组成要素。

法条竞合是法条之间的竞合，而刑法分则之法条大多是对类型化犯罪行为的描述，而这些类型化行为无一不与其主观罪过相联系。因此，对犯罪主观方面竞合要素的讨论，则主要在于对主观罪过的探讨。法条竞合的成立，要求不同犯罪构成之间的主观罪过类型一致，换言之即是要求不同犯罪构成的主观罪过形式均是故意或过失，而不能一个是故意，而另一个是过失。例如，在我国现行刑法体系中，交通肇事罪与危险驾驶罪在主观罪过的类型上即存在不一致性。危险驾驶罪的主观罪过形式是故意，交通肇事罪的主观罪过形式是过失。主观罪过类型不一致的犯罪构成之间不具有发生法条竞合之可能性。其根源在于故意和过失是两个性质完全不同的罪过形式，二者之间是逻辑上的矛盾关系，在外延上是全异关系，因此不可能具有相容性。故而若行为人以危险驾驶行为致使交通事故发生，应当认定为危险驾驶罪与交通肇事罪的想象竞合犯，择一重罪处罚。

第四，关于主体方面竞合的判断。所谓犯罪主体，是指"实施危害社会行为，依法应当负刑事责任的自然人和单位"②。犯罪主体包括自然人犯罪主体和单位犯罪主体，其中自然人犯罪主体又包括一般主体与特殊主体。而"特殊主体依据其是影响定罪还是影响量刑可分为基于定罪身份的特殊主体和基于量刑身份的特殊主体"③。

犯罪主体是犯罪构成的必要要件，判断犯罪主体之间是否发生竞合并不要求犯罪主体完全一致，仅要求不同犯罪构成所规定的犯罪主体之间具有相容性。具体而言，若一犯罪构成规定主体仅为自然人之间，另一犯罪构成的主体也需为自然人；若一罪的犯罪主体仅为自然人，而另一罪的犯罪主体仅能为单位，二者之间即不相容，不成立法条竞合；若

①　高铭暄主编《刑法专论》（第二版），高等教育出版社，2006，第242页。
②　高铭暄、马克昌主编《刑法学》（第九版），北京大学出版社、高等教育出版社，2019，第79页。
③　张小虎：《犯罪论的比较与建构》，北京大学出版社，2006，第238页。

一罪的犯罪主体仅为特殊主体，而另一罪的犯罪主体为一般主体，二者之间也不相容，即不成立法条竞合。

综上所述，法条竞合类型纷争的根源在于相关理论未能有效澄清法条竞合的范围、划分标准与竞合类型之间的关系。在竞合范围上，仅异质犯罪构成之间存在法条竞合关系，故仅应在该层面讨论划分标准的确立。在划分标准上，传统的形式逻辑标准仅仅是在理论层面上抽象地判断法条之间是否存在竞合关系，没有进一步说明在具体符合什么条件时成立什么类别的法条竞合关系，因而在实践中缺乏可操作性。本书提出对法条竞合的划分标准进行二阶段的形式架构。第一阶段在形式层面上构造形式逻辑标准，即法条之间的外延关系，并据此标准将可能发生法条竞合的范围概括为从属关系、交叉关系和全异关系；第二阶段在实质层面上构造犯罪构成的重合标准（犯罪客体重合或包容，犯罪客观方面的实行行为竞合，犯罪主观罪过一致，犯罪主体相容）以识别交叉关系中的想象竞合与全异关系中的分解关系。通过上述两阶段的划分，最后得出在中国刑法语境下法条竞合的基本类型包括从属关系、交叉关系与分解关系之结论（见图5-1）。

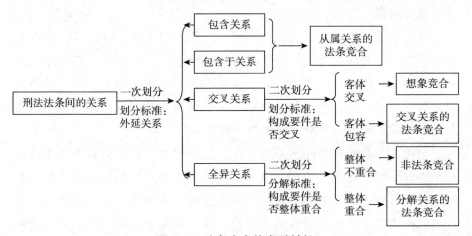

图 5-1　法条竞合的类型判断

第六章 形态论：法条竞合的一般形态
与特殊形态

　　法条竞合的形态，依据国内目前的学术观点存在着多种称谓，如"法条竞合的形式"①、"法条竞合的分类"②、"法条竞合的种类"③、"法条竞合的类型"④ 以及 "法条竞合的表现形态"⑤。各种说法虽然表述并不一致，但都是从一定的视角对法条竞合的具体样态进行细分。本书主张的法条竞合的形态，是指法条竞合现象发生时，法条之间所呈现出的各种形式的具体竞合样态。法条竞合的形态论是在接续划分论的基础上，指出法条竞合现象发生时，法条竞合不仅包括法条竞合的基本类型（法条竞合的一般形态），还包括法条竞合的特殊形态（多重竞合中法条竞合的特殊形态与共同犯罪中法条竞合的特殊形态）。

　　本章一方面针对法条竞合一般形态中的从属关系、交叉关系以及分解关系类型的理论质疑作进一步的分析论证与学说回应；另一方面在论证法条竞合特殊形态与一般形态竞合方式差异性的基础上，提出应当将多重竞合中法条竞合的特殊形态与共同犯罪中法条竞合的特殊形态作为特殊的竞合方式加以研究的理论构想，着力分析阐释两种特殊竞合形态产生的不同机理以及不同的表现样态，指出加强特殊形态研究的理论意义和实践价值。

第一节　法条竞合的一般形态

　　法条竞合的一般形态是指法条竞合的基本类型。按照前文所采取的

①　参见马克昌主编《犯罪通论》（第三版），武汉大学出版社，1999，第630页。
②　参见周光权《刑法总论》（第四版），中国人民大学出版社，2021，第395页。
③　参见高铭暄主编《刑法专论》（第二版），高等教育出版社，2006，第383页。
④　参见张爱晓《犯罪竞合基础理论研究》，中国人民公安大学出版社，2011，第121页。
⑤　参见田明海《罪数原理论》，法律出版社，2011，第204页。

类型划分理论，其具体形态包括从属关系的竞合形态、交叉关系的竞合形态与分解关系的竞合形态。以下针对每一种具体形态的特点及各自面临的理论质疑与司法适用困境一一展开论述。

一　从属关系的竞合形态

从属关系的法条竞合，由于法条之间在逻辑结构上存在着属种关系，所以也被称作属种关系的法条竞合、普通法条和特别法条的竞合以及包容关系的法条竞合，而德日法系则将其称为特别关系的竞合。但德日语境下的特别关系与国内语境下的特别关系有所不同。在德国刑法中特别关系包括基本构成要件与加重或减轻构成要件之间的关系。基本构成要件与加重或减轻构成要件属于异质的构成要件，即存在于不同的法条和罪名中，如《德国刑法典》第 249 条的抢劫罪与第 251 条的抢劫致死罪。国内语境下的特别关系并不是指基本构成要件与加重或减轻构成要件之间的关系，且基本犯罪构成与加重或减轻犯罪构成属于同质构成要件。

1. 从属关系的竞合特点

首先，从外延关系看从属关系的法条竞合，一般表现为具有属概念的法条在外延上完全包容了具有种属性的法条，即凡是符合种属性的法条必然符合具有属概念的法条，二者之间是大类与小类的关系，在逻辑上也称为属种关系。例如，我国《刑法》规定的盗窃罪和盗伐林木罪，盗窃枪支、弹药、爆炸物、危险物质罪的关系，以及诈骗罪与各种金融诈骗犯罪、合同诈骗罪之间的关系，皆属于此类从属关系。其次，从内涵关系看从属关系的法条竞合一般表现为内涵较大的特别法条包容内涵较小的普通法条，故仅仅适用特别法条。由于概念的内涵与外延之间成反变关系，即外延越大内涵越小，因而在普通法条的外延完全包容特别法条的外延之情形下，特别法条的内涵包容普通法条的内涵也就在情理之中。比如，使用假币罪和诈骗罪之间属于法条竞合的从属关系类型。使用假币行为可视作特殊的诈骗行为，因此，使用假币罪是特别法条而诈骗罪是普通法条。显而易见，诈骗罪的外延包容了使用假币罪的外延，使用假币罪可视为诈骗罪，但使用假币罪的内涵包容了诈骗罪的内涵。它不仅要保护国家的货币信用之法益还要保护财产法益，而诈骗罪仅保护财产法益，其内涵小于使用假币罪，故二者竞合时，一般情况下应当适用使用假币罪。再次，在从属关系的法条竞合类型中，同质的法条竞合和异质的法条竞合各有其特点。同质的法条竞合相对较少，其保护的法益具有一致性，且经常处于刑法分则的同一章节中。比如，我国《刑法》第 140 条规定的生产、销售伪劣产品罪与第 141~148 条规定的 8 个罪名即属于此。而异质的法条竞合尤为多见，其保护法益系呈现包容关系而非一致关系。具体体现为普通法条保护的法益，在特别法条中常常作为次要法益被保护。比如，盗窃罪与盗伐林木罪、诈骗罪与金融诈骗罪即属此类。最后，从实质形式看从属关系的法条竞合就是犯罪构成要件之间的包容竞合。一般表现为一法条所规定的犯罪构成包含另一法条所规定的犯罪构成，两个法条所规定的犯罪构成之间形成包容与被包容的关系。

2. 大陆法系视野下的特别关系类型分歧

大陆法系对特别关系的法条竞合类型存在着肯定说和否定说之争。肯定说的坚定维护者是 Puppe 与 Jakobs 教授。他们不仅肯定特别关系的存在，还指出特别关系是法条竞合的唯一类型，并主张以特别关系统摄全部法条竞合类型之观点。Puppe 教授认为法条之间具有三类关系：第一类是排斥关系，在这种关系中，法条彼此间无交叉要素，因而是实质的数罪；第二类是交错关系，在这种关系中，彼此间有共同要素，但一法条不能包容另一法条之不法内涵应以想象竞合论；第三类是逻辑严格意义上的特别关系，即一个特别法条除了包含另一个普通法条的所有要素之外，还包含其他要素。因此，逻辑严格意义上的特别关系是法条竞合的唯一形式。对于德国通说中的其余法条竞合类型，Puppe 教授认为其实质上应当属于想象竞合。[①] 持相同见解的还有 Jakobs 教授。他首次提出了"广义的特别关系"的概念，并指出："特别关系是指一个犯罪类型描述包含了另外一个犯罪类型描述的全部要素，并且前一个犯罪类型描述至少还多出了一个要素。法条竞合的所有下位类型都属于广义的特别关系。"[②] 因此 Jakobs 教授主张法条竞合的类型只有"广义的特别关

---

① 参见陈志辉《重新界定法条竞合与想象竞合之界限——Puppe 教授之竞合理论》，《刑事法杂志》1997 年第 5 期。

② 转引自陈志辉《刑法上的法条竞合》，硕士学位论文，台湾政治大学，1997，第 36~37 页。

系"，而所谓的补充关系和吸收关系类型皆被视为特别关系的类型。

在日本刑法学界，法条竞合的"三类型说"长期占据主导地位。"三类型说"虽然内部存在严重分歧，但无一例外地承认特别关系当属法条竞合的基本类型。例如，泷川幸辰主张的三类型是特别关系、吸收关系与择一关系，[①] 野村稔教授认为三类型包括特别关系、补充关系与吸收关系，[②] 大谷实教授倡导的三类型是特别关系、补充关系、择一关系[③]。可见特别关系是最无争议的法条竞合类型。

持否定说的学者则认为在特别关系的类型下，普通法条和特别法条在刑法中各自规定独立的不同罪名。事实上它们是不具有种属关系而具有全异关系的并列法条，因此，应当不属于法条竞合之基本类型。我国台湾地区学者许玉秀运用构成要件解释法分析指出："我国台湾地区'刑法'加重窃盗罪（第 321 条）就是窃盗罪的变体（第 320 条），杀害直系血亲尊亲属罪（第 272 条）就是杀人罪（第 271 条）的变体。然而，依据立法者对不同构成要件的功能设定，基本形态和特别形态之间不仅是量的变化，而且是质的变化，所以是异质的关系，因此不可能发生竞合，犯罪事实符合特殊形态时，直接适用各规定即可。"[④]

大塚仁教授在各罪论中也指出："虽然强奸行为也是强制猥亵行为的一种，但是，因为特别设有强奸罪（177 条），所以，当然不成立本罪。"[⑤]更有甚者，如奥地利学者 Wegscheider 提出通过对构成要件的目的和体系解释来取消全部的法条竞合类型。[⑥] 他认为，疑似该当的数个构成要件之间，借助于目的解释和体系解释可以得出根本无法全部同时适用的结论，也即数个构成要件之间是不具有相容关系的，因而相互排斥适用。

3. 国内视野下的从属关系类型分歧

国内刑法学界对特别关系的法条竞合类型，虽然大多予以承认，但

①　泷川幸辰『改訂犯罪論序説』有斐閣、1947、264 頁。
②　参见〔日〕野村稔《刑法总论》，全理其、何力译，法律出版社，2001，第 448~449 页。
③　参见〔日〕大谷实《刑法讲义总论》（新版第二版），黎宏译，中国人民大学出版社，2008，第 433~434 页。
④　许玉秀：《当代刑法思潮》，中国民主法制出版社，2005，第 768~769 页。
⑤　〔日〕大塚仁：《刑法概说（各论）》（第三版），冯军译，中国人民大学出版社，2003，第 123 页。
⑥　参见陈志辉《刑法上的法条竞合》，硕士学位论文，台湾政治大学，1997，第 171~175 页。

同样存在着肯定说和否定说之争。时下不论"一类型说""二类型说"
"三类型说""四类型说"，都将从属关系作为法条竞合的基本类型之一，
因此肯定说在一定意义上已逐渐成为通说。其中"一类型说"与德国
Puppe 和 Jakobs 教授的观点如出一脉。持"一类型说"的观点认为，特
别关系的竞合中以包含要素较多的特别构成要件进行评价就足以将行为
的非价内涵完整涵盖，因此可以将所有的法条竞合类型都归结为特别法
与普通法的竞合。① 具体而言，将法条竞合分为若干种类而采用不同的
处理原则，不仅在理论上烦琐多余，而且在实践中难以掌握，因此应以
一种扩大的特别关系来囊括所有的法条竞合现象。另外，还有学者主张
包容关系是法条竞合的唯一形式。②

　　否定说主张从属类型下的普通法条与特别法条之间不是属种关系而
是反对关系。二者之间是此消彼长的关系，符合普通法条的必然不符合
特别法条。由此可见，我国大陆学者的否定说与台湾学者许玉秀主张的
以构成要件解释属种关系类型的结论基本一致。例如有论者认为："法条
竞合理论的混乱现状根源于对特别法条和普通法条之间关系的误解，实
际上，这两者之间是反对关系而非种属关系。"③ "如果某一案件事实恰
好完全符合某一犯罪的全部构成要素，必然不可能同时符合其他犯罪的
全部构成要素。"④ 因此，普通法条与特别法条之间不存在竞合关系。

　　4. 中国语境下的学术立场选择

　　本书采取否定说之立场，认为在中国刑法语境下普通法条与特别法
条之间不是属种关系而是反对关系，即普通法条与特别法条之间不存在
法条竞合关系。

　　首先，从中国的现行立法体系来看，认为普通法条与特别法条间存
在法条竞合关系不符合《立法法》第 103 条之规定。在刑法上确立特别
法优于普通法的原则，主要是基于对法益全面保护和罪数的考量，但仅

---

① 参见刘明祥《论法条竞合的范围和适用原则》，《检察理论研究》1996 年第 4 期。
② 参见高铭暄、马克昌主编《刑法学》，北京大学出版社、高等教育出版社，2000，第 193 页。
③ 周铭川：《法条竞合中特别法条和普通法条的关系探析》，《中国刑事法杂志》2011 年第 3 期。
④ 周铭川：《法条竞合中特别法条和普通法条的关系探析》，《中国刑事法杂志》2011 年第 3 期。

有少数国家的刑法对此有明文规定，例如《意大利刑法典》第 15 条规定："当不同的法律或同一刑事法律中的不同条款调整同一问题时，特别法或法律中的特别条款优于普通法或法律中普通条款，法律另有规定的除外。"①《荷兰刑法典》第 55 条第 2 款也存在类似规定："如果某一行为根据一般刑法条款和特别刑法条款均可罚，仅适用特别条款。"② 但在我国《刑法》中并没有特别法优于普通法的原则性规定。反而是我国《立法法》第 103 条明文规定，"特别规定与一般规定不一致的，适用特别规定"③。这是以法律的形式对特别法的适用规则作出的明确规定。易言之，在现行立法体系下，当一个行为既符合特别法也符合一般法时，特别法应当绝对适用且必须排除一般法的适用。由此可见立法选择了否定说的立场，也即普通法条和特别法条之间不存在竞合关系。然而在刑事司法实践中，《立法法》明文规定的"只能适用特别规定"却被替换成了"优先适用特别法"。该条款的排除适用规则被曲解而转换成了优先适用规则，这必将造成对《立法法》精神的背离。

其次，从中国的现行刑法来看，本书认为普通法条与特别法条间存在法条竞合关系不符合《刑法》中"本法另有规定的，依照规定"的处断规则。在我国刑法分则中，存在着一种为我国刑法所特有的立法现象，即在部分法条中存在这样一种规定："本法另有规定的，依照规定。"④肯定说认为，这是刑法条文对法条竞合中特别法优先适用的明文规定，是刑法中的注意性规定，其主要目的在于提醒司法工作人员注意法条中该类罪名适用的特别规定。例如，有学者以过失致人死亡罪为例，认为该罪中"'本法另有规定'是指对其他因过失致人死亡的情况，如刑法分则作了专门的规定，有独立的罪名与法定刑（如失火致人死亡、交通肇事致人死亡、重大责任事故致人死亡等），径行按照上述各条的规定定

---

① 《意大利刑法典》，黄风译，中国政法大学出版社，1998，第 9 页。
② 《荷兰刑法典》，于志刚、龚馨译，中国方正出版社，2007，第 40 页。
③ 《立法法》第 103 条规定："同一机关制定的法律、行政法规、地方性法规、自治条例和单行条例、规章，特别规定与一般规定不一致的，适用特别规定；新的规定与旧的规定不一致的，适用新的规定。"
④ 《刑法》在侵犯公民人身权利、民主权利的犯罪，侵犯财产的犯罪，渎职类犯罪等三类犯罪中，共计 5 个条文 6 个罪名，存在该规定。具体罪名包括第 233 条的过失致人死亡罪、第 234 条的故意伤害罪、第 235 条的过失致人重伤罪、第 266 条的诈骗罪、第 397 条第 1 款的滥用职权罪与第 2 款的玩忽职守罪。

罪处刑，不再以本罪论处"①。由于对"本法另有规定的，依照规定"的理解不一致，罪名之间究竟是选择适用还是排除适用，直接导致此类案件在司法实践中存在大量的处断不一的结果，尤其在侵犯财产类犯罪中更为突出。当下对该问题没有明确的立法解释和司法解释，司法机关在处理此类案件的过程中缺乏统一的认定标准，导致认定中各自为政的局面。本书认为，要解决司法实践中该类案件的合理处断问题，不仅需要正确理解该注意性规定的具体含义，更需要运用刑法解释学的方法，明确普通法条与特别法条的适用规则。从文理解释的角度来看，另有规定主要是指和普通法条规定不一致的特别法条规定，因此"本法另有规定的，依照规定"是指特别法条另有规定的，应当按照特别法条的特殊规定来处理，从而排除普通法条的适用。从体系解释的角度来看，"法律条文只有当它处于与它相关的所有条文的整体之中才显出其真正的含义或它所出现的项目会明确该条文的真正含义"②。当我们面对一些不确切的法律规定时，可以通过确切的相关法律条文来解释不明确的规定，尤其是要将个别的法律规定放在整个法律秩序的框架中加以考察。中国特色社会主义法律体系中起"支架"作用的重要法律——《立法法》无疑为立法秩序的建构确立了基本规则。前文已述，该法第 103 条明文规定"特别规定与一般规定不一致的，适用特别规定"。因此在现行立法体系下，当一个行为既符合特别法条也符合普通法条时，特别法条应当绝对适用且必须排除普通法条的适用。故刑法条文出现"本法另有规定的，依照规定"时，应当解释为特别法条排除普通法条的适用，这符合体系解释的规则。运用不同的解释方法得出了特别法条排除普通法条适用的共同结论，充分说明了普通法条与特别法条在中国语境下是反对关系，而非属种关系。

　　最后，从四要件理论和三阶层理论的分析比较来看，本书认为四要件犯罪构成体系单纯分析构成要件的逻辑关系，脱离《立法法》第 103 条和《刑法》"另有规定"的条文规定，从而得出法条竞合存在属种关系类型的结论，不符合中国刑法的语境。

---

① 高铭暄、马克昌主编《刑法学》（第九版），北京大学出版社、高等教育出版社，2019，第 457 页。

② 〔法〕亨利·莱维·布律尔：《法律社会学》，许钧译，上海人民出版社，1987，第 70 页。

　　虽然在大陆法系下属种关系的法条竞合类型是理论界几乎达成共识的类型，国内刑法学界对此也有较为一致的看法，但在对属种关系的批判与质疑的研究路径上，德日体系与国内刑法学的研究方法则既有一致性又存在明显的认识差异，对此作一比较分析则可以明确差异性的成因。

　　在一致性方面，无论是奥地利刑法学者 Wegscheider 教授①还是我国台湾地区学者许玉秀②都认为通过构成要件的解释可以得出特别关系的法条之间不具有相容关系，因而相互排斥适用，故不存在属种关系这一类型的结论。国内刑法学界持否定说的学者，通过法条的逻辑关系分析，也认为一行为符合特别法条必然就会排除普通法条之适用，二者间存在对立关系。因此特别关系的法条之间并非属种关系而是全异关系。③

　　在差异性方面，三阶段判断模型和四要件犯罪构成体系的不同判断路径是差异性形成的重要原因。

　　一方面，大陆法系学者在对于行为是否构成犯罪的问题上奉行的是三阶段判断模型，即行为仅仅在该当性阶段符合数个犯罪构成尚不能断定为有罪，还必须在违法性阶段和有责性阶段对行为的非价内涵进行检验方可最后确定。故在德日体系下，一行为同时符合特别构成要件和普通构成要件的情形，仅仅意味着构成要件的符合而不是罪名的符合，因此尚不能断定该行为既构成特别罪名又构成普通罪名。事实上在德日体系下，在不法和有责阶段还会继续对行为进行实质性判断。在该阶段，大陆法系学者主要运用对构成要件进行解释的方法，对特别构成要件和普通构成要件进行相关解释，通过解释得出在普通构成要件和特别构成要件中，仅有一构成要件能对行为的不法和罪责进行充分评价和全面评价的结论。所以在德日体系的判定模式下，行为在实质上仅仅符合一罪。这也就不难理解否定说所谓的特别法条与普通法条，均可通过构成要件的解释，得出不能同时适用之结论。

　　另一方面，国内也有学者对行为成罪条件的判定是通过四要件犯罪构成体系来完成的。在四要件体系下，行为符合犯罪构成的四要件标准

① 参见陈志辉《刑法上的法条竞合》，硕士学位论文，台湾政治大学，1997，第171~175页。
② 参见许玉秀《当代刑法思潮》，中国民主法制出版社，2005，第780页。
③ 参见周铭川《法条竞合中特别法条和普通法条的关系探析》，《中国刑事法杂志》2011年第3期。

也即满足成罪的基本条件。若一行为符合特别犯罪构成和普通犯罪构成，那么在四要件的理论架构下，实质上就存在特别罪名和普通罪名可选择适用之情形。但由于特别法条与普通法条保护同一法益，如果同时适用，势必造成对法益的重复评价，因此仅仅适用非价内涵最大法条加以评价。而在三阶层体系下，形式要件的该当并不代表罪名的实质符合，它不存在选择适用的问题而是仅有一罪适用的问题。德日学者往往通过构成要件的解释，来证明行为仅仅符合一罪已实现排除其余法条之适用。故普通法条与特别法条并非属种关系下的均可适用，而是全异关系下的选择适用。

职是之故，国内持否定说的学者一般不通过构成要件的解释来证明一行为在普通法条和特别法条之间实质仅有一罪符合。因为在四要件体系下，特别法条和普通法条均可选择适用，所以主要采取逻辑关系的分析进路来说明特别犯罪构成与普通犯罪构成在外延上是全异关系抑或交叉关系。但是这种分析进路存在明显的缺陷，即四要件体系单纯分析构成要件的逻辑关系，没有考虑《立法法》第 103 条和《刑法》"另有规定"的条文内容，这就使对法条竞合特别关系类型的讨论脱离了中国刑法体系的语境，沦为纯粹的逻辑推演和概念建构，必然会在理论与实践中造成"水土不服"而失去其存在价值和意义。

二 交叉关系的竞合形态

交叉关系的法条竞合，是指由于法条之间在逻辑结构上存在着交错性，一法条所包含犯罪构成的一部分与另一法条所包含犯罪构成的一部分相互重合，被称作交叉关系的法条竞合，也称为"狭义法条与广义法条之竞合"（凡属适用概率低者皆为狭义法条，凡属适用概率高者皆为广义法条）。具体而言，S 法条规定的犯罪构成要件在逻辑上包含 P 法条的部分构成要件；P 法条规定的犯罪构成要件又包含 S 法条的部分构成要件。因此两法条在犯罪构成要件之间存在交叉性，并且两法条在外延上没有包容关系。在德日体系下，没有完全与之相对应的竞合类型，但其大体上与补充关系的法条竞合类似。

1. 交叉关系的竞合特点

首先，从外延关系看，交叉关系的法条竞合一般表现为两个不同罪名的法条之间在外延上的部分交错重合，部分互不隶属，即一部分行为既符合一法条也符合另一法条，而另一部分行为则只符合两法条中的其中之一。在规定两个罪名的法条中，其外延部分相同部分不同，形成"你中有我，我中有你"的交互式格局。例如，我国《刑法》规定的非法向外国人出售、赠送珍贵文物罪与走私文物罪，爆炸罪和破坏交通工具罪，报复陷害罪与打击、报复会计、统计人员罪，辩护人、诉讼代理人毁灭证据、伪造证据罪与帮助当事人毁灭证据、伪造证据罪的竞合关系皆属于此类交叉关系。

其次，从内涵关系看，交叉关系的法条竞合一般表现为法条之间在内涵上具有部分相同性。由于概念的内涵是对事物本质的反映，因此法条之间在外延上存在交错关系，那么其内涵必定有相同之处，反之亦然。比如，我们在考察外观上具有疑似交叉关系的法条时，常常需要借助于内涵分析。以诈骗罪与招摇撞骗罪之间是否存在交叉关系的法条竞合为例，可分析两法条之间在内涵上有无相同性。具体而言，则主要考虑犯罪构成的四要件是否存在竞合的可能性。诈骗罪在内涵上是指行为人以虚构事实、隐瞒真相之方法骗取公私财物，而招摇撞骗罪在内涵上只限于行为人冒充国家工作人员骗取名誉、地位等非财产性利益。由此可见，二者在各自保护的法益上迥异，在四要件上不可能完全竞合，因此在内涵上完全不具有相同性，也即不可能发生交叉关系的法条竞合。

再次，在交叉关系的法条竞合类型中，也存在着同质的法条竞合和异质的法条竞合之区分。具有交叉关系的法条，如果都是针对同一类型的法益，且犯罪对象同一，那么此种情形下构成同质的法条竞合。比如，爆炸罪与破坏交通设施罪和破坏交通工具罪即是如此。此情形下，择一法条处罚就已经包容另一法条的全部非价内涵，因而在法条适用上不存在问题。但问题在于具有交叉关系的法条如果针对不同类型的法益，那么就存在两种情形。适用一法条即可评价行为的全部非价内涵，那么此时构成法条竞合，反之则构成想象竞合。但是如何衡量其中一法条能否对行为的非价内涵进行充分评价，在判断上确实存在难题。

最后，从实质形式看，交叉关系的法条竞合就是犯罪构成要件之间的部分竞合。具体而言，交叉关系一般表现为一法条所规定的犯罪构成与另一法条所规定的犯罪构成在四要件上存在部分竞合。需要说明的是，在具有交叉关系的法条之间，在犯罪主体、主观方面、客观方面可以是部分竞合，但在客体上要么完全重合要么包容，不存在部分竞合的可能性。究其原因在于，如果客体之间是交叉关系则意味着用任何一法条都不能将另一法条的不法内涵包容，不能实现对法益之全面保护。因而此种情形下，不能对行为的非价内涵实现充分评价，故仅构成想象竞合而非法条竞合。

2. 补充关系与交叉关系的比较分析

在德日刑法的语境下，将存在逻辑交错结构的法条称为补充关系。虽然补充关系在逻辑结构上和国内学者倡导的交叉关系基本一致，但在价值功能、划分标准和存在范围上二者性质迥异。

从价值功能审视，补充关系法条竞合类型的价值功能在于弥合基本构成要件的不足之处。即当基本构成要件无法全面保护法益时，需要动用补充法条来发挥法益保护之作用，其适用原则为"基本法优于补充法"（lex primaria legi subsidiariae）。[①] 具体而言，补充关系类型建立的要旨即在于对于不同侵害阶段或不同侵害程度的同一法益实现充分保护。例如，《日本刑法典》第 204 条规定的伤害罪与第 208 条规定的暴行罪之间即存在补充关系。行为人施加了暴力而直接造成伤害结果的应当构成伤害罪，但是如果行为人施加了暴力并未造成任何伤害，则不构成伤害罪而可以成立暴行罪。因此，无论是暴行罪还是伤害罪都是为了实现对身体法益的不同程度保护，故暴行罪是补充法，伤害罪是基本法。[②] 对于交叉关系的法条竞合类型而言，其价值功能并不在于弥补基本构成要件的不足，其适用原则也非基本法优于补充法。其主要关注的焦点问题是如何选择法条方能实现对实行行为的全面评价和充分评价。

从划分标准审视，交叉关系类型的划分则完全是遵循逻辑划分规则的产物，是严格按照法条间的外延关系得出的分类结论。补充关系则并非仅依靠法条间的逻辑关系来确立法条竞合的基本类型，而是在其中掺杂了法益保护的要素，即从禁止对同一法益侵害作出双重评价的角度来划分法条间的关系。因此，属于此种类型的法条间的逻辑关系既有交错

①　参见〔德〕弗兰茨·冯·李斯特著，埃贝哈德·施密特修订《李斯特德国刑法教科书》，徐久生译，北京大学出版社，2021，第 315 页。

②　参见《日本刑法典》（第二版），张明楷译，法律出版社，2006，第 76~77 页。

关系也有包含关系。

从存在范围审视，对交叉关系类型仅在异质犯罪构成之间展开讨论，对补充关系类型则在同质犯罪构成之间也展开讨论。根据虫明满的观点，补充关系又划分为两种类型：一种是数个法条对于同一个法益的侵害属于不同阶段的规定，包括未遂犯与既遂犯的竞合和具体危险犯与实害犯的竞合；另一种是数个法条对于同一个法益的侵害属于不同强度的侵害状态之规定，此类型主要是指共犯间的竞合。显而易见，无论是哪一种补充关系都可能在同质犯罪构成之间发生。[1] 例如，《日本刑法典》第201条的杀人预备罪、第203条的杀人未遂罪与第199条的杀人罪[2]，《德国刑法典》第149条的预备伪造货币罪和第146条的伪造货币罪，皆属于发生在同质犯罪构成之间的补充关系。但依照我国刑法理论，刑法总则的基本犯罪构成与修正犯罪构成尚不能形成法条竞合的关系，此种情况下也不会有法条竞合发生之可能性。

3. 交叉关系类型的批判与质疑

在逻辑上具有交错关系的刑法法条，彼此之间既具有相同要素也具有不同的要素。那么具有不同要素的法条之间是否可能发生一个法条的不法内涵完全被另一个刑法法条充分评价呢？如果认为交错关系的法条之间存在一法条包容另一法条的全部非价内涵之可能性，那么即认为交叉关系之间存在法条竞合。反之，则只能认为交叉关系的类型不属于法条竞合而应当归属于想象竞合。围绕两个存在交错关系的法条之间究竟是否可以发生法条竞合的问题，无论是大陆法系刑法学界还是我国刑法学界，内部争议之声都从未停息。

在德日体系下持肯定说者认为，从属性、交错性逻辑结构相对应的法条竞合类型应当分别为特别关系和补充关系。例如，日本学者山中敬一认为："补充关系的理论构造不是包含关系，而是交错（交叉）关系。"[3] 德国学者 Klug 教授从"概念逻辑的结构"（begriffslogische Struktur）出发，认为刑法法条之间存在四种逻辑结构关系，分别是异质性、同一性、

---

[1]　参见甘添贵《罪数理论之研究》，中国人民大学出版社，2008，第76~77页。

[2]　参见《日本刑法典》（第二版），张明楷译，法律出版社，2006，第75页。

[3]　转引自赵丙贵《想象竞合犯研究》，博士学位论文，吉林大学，2006，第108页。

包摄性和交错性。这种逻辑归类中交错性的法条竞合即是交叉关系的类型。①

对此，持否定说的学者提出了强烈的质疑。他们认为，形式逻辑本身具有一定的局限性，无法解释为什么想象竞合也以逻辑交错结构为基础，二者应该如何区分。② Puppe 教授则主张，交错结构的法条各自包含不同的要素，一法条无法也不可能在事实上对另一法条进行包容性评价，所以一行为该当交错结构的数法条不应该属于法条竞合而应该归属于想象竞合。③

在国内刑法学界，持肯定说者主要是从形式上而非法规单一的本质去理解法条竞合。该说认为："所谓交叉关系的法条竞合是指在两个罪名概念中，其内容各有一部分相交的情形。"④ 持否定说者则主张，一个法条内容的一部分为另一法条内容的一部分时，不是法条竞合而是想象竞合犯。⑤ 其理由在于："如果一个行为仅仅符合两个构成要件之间的交叉部分，而刑法对该交叉部分没有独立的犯罪规定，那么就可能出现两种情况：一种是一个行为都符合两个构成要件，两个构成要件对一个行为都有评价关系；另一种是一个行为都不符合这两个构成要件，两个构成要件都无法单独完全而充分地对一个行为予以评价。前者属于想象竞合犯问题，后者是另行找法或罪与非罪问题。如果将法条之间具有的交叉关系作为法规竞合，就会无限扩大法规竞合的范围。"⑥ 例如，行为人以割断电缆线的方式盗窃通信电缆，⑦ 行为人究竟是构成破坏公用电信设施罪与盗窃罪的法条竞合犯还是想象竞合犯，在理论与司法实务中均存

---

① 　山火正则「法条競合の諸問題」（1）『神奈川法学』7 卷 1 号、1971 年。
② 　参见甘添贵《罪数理论之研究（三）——法条竞合（三）》，《军法专刊》1993 年第 11 期。
③ 　参见陈志辉《重新界定法条竞合与想象竞合之界限——Puppe 教授之竞合理论》，《刑事法杂志》1997 年第 5 期。
④ 　陈兴良：《本体刑法学》（第三版），中国人民大学出版社，2017，第 365 页。
⑤ 　参见马克昌《想象的数罪与法规竞合》，《法学》1982 年第 1 期。
⑥ 　赵丙贵：《想象竞合犯研究》，博士学位论文，吉林大学，2006，第 111 页。
⑦ 　2015 年 5 月至 8 月，被告人孔某某，犯罪嫌疑人徐某某、田某某，在镇江市丹徒区高资镇境内，采用攀爬电线杆割断电缆线的方式盗窃通信电缆，合计价值人民币 30166 元，共造成 2938 户用户通信阻断数小时。参见江苏省镇江市丹徒人民法院（2016）苏 1112 刑初 11 号。

在一定争议。

4. 本书之基本立场

在对具有逻辑交错结构的法条之间是否存在法条竞合的认识上，德日刑法学界和国内学界虽然都存在肯定说，但是其内涵是完全不同的。持肯定说的德日刑法学者认为，在存在交错逻辑结构的补充关系的法条间，仅适用一个法条就能将其余法条的非价内涵充分评价，那么这种具有交错逻辑结构的补充关系即是法条竞合的基本类型。因为它从根本上符合法规单一的一罪实质。例如，《德国刑法典》第95条的公开国家秘密罪与第94条的叛国罪在构成要件之间具有逻辑交错结构。当行为人将国家秘密面向国外公开时，公开国家秘密的行为与叛国行为发生竞合。但第94条对于将国家秘密公开时还要求"意图危害联邦德国或有益于外国"的要件，第95条则并无此要求。因此行为人为了危害联邦德国，而将国家秘密向境外公开，应适用叛国罪的规定。反之若无危害联邦德国的意图则可以补充地适用第95条的规定。但无论哪一种情形下，适用一法条均能对行为的不法与罪责进行充分评价。国内刑法学界则大多未能从"以一法条能否对行为的不法实现充分评价"的角度来判断交叉关系是否具有法条竞合之可能性。持肯定说者肯定此类型，仅仅是以外延形式的重合来判定，这就只是流于法条竞合的形式层面而未曾深入本质去看问题。

本书主张，从法条竞合的一罪实质出发，去分析考察交叉关系是否属于法条竞合的基本类型。德日体系下将法条竞合称为法规单一，是因为在疑似该当的数个法条中，仅有一个法条能对行为的非价内涵进行充分评价。事实上也仅有这一个法条能包容其余法条的不法内涵，所以最终符合的法条仅有一个，故称为假性竞合。基于对法规单一的实质考量，对于外延上交叉的法条之间是否存在法条竞合关系，不能仅看外延的范围还要看是否能以一法条对行为的不法与罪责实现全面评价。事实上，某一法条能否将行为的非价内涵充分评价之关键，即在于该法条的法益范围能否涵盖行为事实所侵害或威胁的全部法益。因此，即使交叉关系的法条彼此存在不同的构成元素，但只要其中一法条的法益具有较大的包容性，能将行为的不法与其余法条的法益包容，那么即使外延范围较窄的法条也能对行为实现充分评价。例如，放火罪与故意杀人罪存在着逻辑上的交叉关系。放火罪维护的是公共安全法益，故意杀人罪维护的是个人生命法益。但毋庸置疑的是立法者在制定法条的时候，已经将故意杀人罪所保护的个人生命法益纳入放火罪所保护的公共安全法益之范围。因此放火罪已包容故意杀人罪的不法内涵，若以两罪评价则属于对同一法益的重复评价，即为评价过剩。事实上仅适用放火罪即可对行为的全部非价内涵予以充分评价。综上所述，在交叉关系的法条之间具有法条竞合的可能性，即逻辑上的交叉是法条竞合成立的必要条件之一，但绝非充分条件。

三　分解关系的竞合形态

在逻辑学上分解是同划分相并列的概念。划分产生的是属种关系，分解产生的是整体与部分的关系。因此分解关系下的法条竞合表现为整体法与部分法的竞合。有学者将其称为分解关系类型，[1] 也有学者认为："部分法与整体法的竞合，在我国刑法理论中称为包容竞合。"[2] 对于此种竞合关系，苏联刑法学家 B. H. 库德里亚夫采夫指出："这一竞合的类型是指有两个或数个规范，其中一个规范包括整个的实施行为，而另一些规范只是包括实施行为的某些部分。这时上述规范中的一些规范……处于从属的方面。"[3] 而在德日刑法的异域体系下，没有完全与之相对应的竞合类型，但其大体上与吸收关系的法条竞合类似。

1. 分解关系的竞合特点

首先，从外延关系看，分解关系的法条竞合一般表现为整体法概念的法条与部分法概念的法条在外延上没有任何交叉重合，属于逻辑关系中的全异关系。盖其原因在于，逻辑学上分解之结果不同于划分之结果。划分是把一个属概念分为若干个种概念，母项与子项之间具有属种关系，因而在外延上存在重合。分解则是把事物的整体分成若干个部分，反映整体的概念与反映整体某个部分的概念不是属种关系的概念，所以其外延指涉的对象完全不同。例如，当行为人以暴力手段妨害公务致人轻伤

---

① 参见冯亚东《罪与刑的探索之道》，中国检察出版社，2005，第 192 页。

② 陈兴良：《刑法竞合论》，《法商研究》2006 年第 2 期。

③ 〔苏〕B. H. 库德里亚夫采夫：《定罪通论》，李益前译，中国展望出版社，1989，第 276 页。

时，妨害公务作为一个整体行为将致人轻伤的行为包容，在罪量方面，二罪的法定最高刑也一致。因此，我国刑法规定的妨害公务罪与故意伤害罪存在整体法与部分法的竞合关系。但显而易见的是，上述法条具有不同的罪质，是具有全异关系的法条类型。

其次，从内涵关系看整体法概念的法条与部分法概念的法条在内涵上也没有任何交叉。众所周知，在逻辑外延上具有交叉关系的法条，其内涵也必定交叉；反之若外延上处于全异状态，其内涵也必然不可能交错。需要说明的是，部分论者认为："整体法与部分法之间的法条关系是内涵上的包容与被包容关系。"① 其认识上的误区在于，未能理解整体构成要素对部分构成要素的包容并不意味着内涵的包容。整体法虽然包含了部分法，但不能据此认为整体法的内涵包含了部分法的内涵。内涵是对事物本质属性的揭示，部分法的内涵不同于整体法的内涵，因此整体与部分分别反映出的各自的本质属性也可能迥异。例如，我们不能说妨害公务罪反映的本质属性包容了故意伤害罪的本质属性，也即妨害公务罪的内涵包含了故意伤害罪的内涵。事实上二者是具有不同罪质的法条，具有不同性质的评价对象。

最后，整体法与部分法之间的属性不同于特别法与普通法之间的属性。整体法与部分法之间的特点在于整体法具有的属性，部分法并不具有，整体法的功能大于部分法的功能，整体法与部分法具有分解关系。如果从犯罪构成要件的整体类型上检视，整体法不仅包含部分法的全部构成要件，还包含部分法所没有的构成要件。因此，整体法和部分法的构成要件在罪质上往往是不同的，对于整体法能完整评价的行为，部分法却往往难以完整评价。而对于符合部分法的行为，整体法则可以将其纳入一个构成要件意义上的整体行为予以充分评价。特别法与普通法之间的特点在于，普通法条具有的属性特别法条也必然具有。凡是符合特别法条的也必然符合普通法条，凡是能够被特别法评价的也能为普通法所评价，二者之间是大类与小类的关系，在逻辑上也称为属种关系。

2. 吸收关系与分解关系的比较分析

在大陆法系刑法竞合理论体系下，分解关系的法条竞合类型则被纳

---

① 肖晚祥：《法条竞合的界定与适用》，《铁道警官高等专科学校学报》2009 年第 4 期。

入吸收关系之范畴。德国刑法学者认为："吸收关系是指，如果一个构成要件该当行为的不法内容和罪责内容包容了另一行为或另一构成要件，以至于一个法律观点下的判决已经完全表明了整体行为的非价（unwert），'吸收法优于被吸收法'（lex consumens derogat legi consumptae）。"① 德国有学者在此基础上进一步将吸收关系的存在范围界定为不可罚的事后行为和典型的伴随行为。前者如盗窃财物后的销赃行为，后者如杀人行为伴随的毁损贵重衣物的行为。日本有学者对此也主张："可以认为适用于一个行为的数个构成要件中，某个构成要件比其他构成要件具有完全性时'完全法拒绝不完全法'（lex consumens deerogat legi consumptae）。"②

在德日刑法的语境下，吸收关系的法条竞合类型与分解关系类型在价值功能上存在着高度的一致性。吸收关系的主要价值功能在于主构成要件已经足以评价整体行为的非价内涵，即伴随构成要件的不法与罪责犹如被主构成要件吸收从而被排斥适用。分解关系的价值功能在于整体法的犯罪构成要件已经足以对行为的非价内涵进行充分评价，部分法的不法与罪责内涵完全被整体法的构成要件吸收，从而部分法被排除适用。由此可见，分解关系中的整体构成要件即类似于吸收关系中的主构成要件，部分法的构成要件则大致相当于伴随构成要件。

此外，二者虽然在价值功能上类似，但在建立标准上却相去甚远。在大陆法系通说认定的特别关系、补充关系和吸收关系这三大法条竞合的基本类型中，一类将类型的划分建立在犯罪构成要件之间的逻辑关系的基础上，即特别关系与补充关系；另一类将类型的确定建立在规范的价值确认上，即吸收关系。毋庸讳言，对于特别关系、补充关系大体上都可以通过构成要件的外延分析来清楚地判定，而对于吸收关系则在某些情形下很难通过比较构成要件之间的外延关系来确认其类型。例如，德国刑法学界普遍认为，依照一般的社会价值观念，《德国刑法典》第212条故意杀人罪与第303条损坏财物罪之间具有吸收关系。但杀人行为与损坏财物之间却并没有所谓的逻辑形式上的关联。因此吸收关系建立

---

① 参见〔德〕汉斯·海因里希·耶赛克、托马斯·魏根特《德国刑法教科书》（下），徐久生译，中国法制出版社，2017，第1004~1005页。

② 〔日〕大塚仁：《刑法概说（总论）》（第三版），冯军译，中国人民大学出版社，2003，第483~484页。

在价值判断的基础之上，不具有逻辑结构上的特征。如果仅从法条间的逻辑关系考量，吸收关系和逻辑分类的法条类型之间就没有一一对应关系。

详细言之，整体法与部分法的区分建立在分解关系的基础之上，完全是逻辑分解规则的产物，是将一个法条的整体分成若干部分所得出的结论。因此，分解关系下的法条之间是整体与部分的关系。吸收关系则完全不是按照逻辑上的分解关系来确认法条竞合的基本类型，而是从某一个构成要件的不法和罪责内容是否能包含另一个构成要件的角度来划分法条间的关系的。例如，耶赛克教授等人认为，在具有吸收关系的构成要件之间，"不同的犯罪构成要件不是处在特定逻辑的相邻关系之中，而是处在犯罪学的相邻关系之中"①。易言之，吸收关系类型的建立目的是对数法条之间的关系作实质上或价值上的判断，而非运用逻辑关系思考。故属于此种类型的法条间的逻辑关系，既有整体与部分关系，也有交叉关系甚至全异关系。例如，在"护赃诈欺"（Sicherungsbetrug）的行为中，盗窃财物的行为人为了阻止所有权人讨回财产而欺骗所有权人，属于典型的不可罚的事后行为。此时盗窃罪的主构成要件吸收诈骗罪的构成要件的全部非价内涵，仅以盗窃罪一罪评价，但两罪之间的关系却绝非整体与部分的关系。

3. 分解关系下整体法与部分法竞合的逻辑基础

那么缘何外延没有任何交叉重合的整体法与部分法之间仍然存在法条竞合关系？其竞合的逻辑基础何在？相关学者对此进行了深入探讨。例如，有学者从内涵包容的角度进行了相关诠释，并认为，包容竞合亦即整体法与部分法的法条竞合，其中包容的法条是整体法，被包容的法条是部分法。包容竞合是内涵的从属关系，是一罪名的内涵包含另一罪名的内涵。② 但反对者从逻辑学上内涵交叉外延必然交错的角度提出了质疑，并据此认为："在形式逻辑学中，任何一个真实的概念都包括内涵和外延两方面，概念的内涵是指概念反映的客观事物的本质的固有属性；

---

① 〔德〕汉斯·海因里希·耶赛克、托马斯·魏根特：《德国刑法教科书》（下），徐久生译，中国法制出版社，2017，第 1005 页。

② 参见陈兴良《法条竞合的学术演进——一个学术史的考察》，《法律科学（西北政法大学学报）》2011 年第 4 期。

外延则指反映在概念中的具有概念反映的固有属性的个体。概念的内涵和外延之间存在一种反变关系。"① "如果此概念的外延包容彼概念的外延，则彼概念的内涵必然包含此概念的内涵。"②

本书观点如下。第一，全异关系类型的产生乃是逻辑划分的产物，而整体与部分的类型则是逻辑学上分解之产物，二者从不同的逻辑视角对事物进行观察。具体而言，在逻辑学上分解根本不同于划分。划分是从概念外延的角度，把一个属概念分为若干个种概念，从而在外延的范围上来观察事物之间的关系。而分解并不是从事物的内涵与外延的角度去描述事物，而是把事物的整体分为各个部分，通过考察整体与部分之间的要素关系，把握整体与部分的性质与功能。第二，就属性而言，在划分关系下，母项与子项之间具有属种关系，任何一个种必须具有它的属的特性；而在分解关系下，整体具有的属性部分并不具有，整体与部分之间不是属种关系，其外延的指涉范围全然不同，因而在逻辑划分类型中属于全异关系。第三，整体虽然包含了部分的全部构成要素，但不能据此认为整体的内涵包含了部分的全部内涵。事实上由整体不同要素组成的部分，其内涵与整体内涵可能大相径庭。由于内涵是对事物本质属性的揭示，加之部分的内涵不同于整体的内涵，因此整体与部分分别反映出的各自的本质属性也可能迥异。例如，树包含了树叶的全部构成要素，但我们不能说树的内涵包含了树叶的内涵。事实上二者之间是全异关系的概念，具有不同的本质属性。由此不难理解，缘何全异关系的整体法与部分法之间仍然存在法条竞合关系。

第二节　多重竞合中法条竞合的特殊形态

法条竞合的一般形态是指法条竞合的基本类型，按照本书的基本观点，即包括从属关系类型、交叉关系类型和分解关系类型。相对而言，法条竞合的特殊形态并不属于法条竞合的基本类型，也不属于特别类型。本书将其并入法条竞合的形态论予以检讨，主要是考量其相对于法条竞

---

① 中山大学逻辑学教研室编著《逻辑导论》，中山大学出版社，1996，第118页。

② 庄劲：《犯罪竞合：罪数分析的结构与体系》，法律出版社，2006，第124页。

合的一般形态而言，在竞合的方式上更具有特殊性。

这种特殊性表现为当一行为触犯数法条时，存在法条竞合、想象竞合与实质竞合之间更为复杂的叠加竞合关系。① 具体表现为两种典型的特殊竞合方式。第一种方式是一行为触犯数法条时，不仅存在法条竞合关系，同时还存在想象竞合关系，也即数法条之间发生了法条竞合与想象竞合的再竞合的特殊现象。需要指出的是，该一行为不仅在自然意义上表现为一行为，在构成要件意义上，也表现为类型化意义上的一行为。第二种方式是一行为触犯数法条时，不仅存在法条竞合关系，同时还存在实质竞合关系，也即数法条之间发生了法条竞合与实质竞合之间的再竞合的特殊现象。需要指出的是，此种竞合类型中的一行为具有时间上的延续性，常常表现为继续犯、连续犯。在一行为的延续过程中，又触犯其他犯罪构成要件。需要强调的是，此种方式与第一种方式的不同之处表现为一行为在构成要件上表现为类型化的一行为，但是在自然意义可以分解为两个独立的行为，两个独立的行为之间是实质竞合关系。反观第一种类型中的一行为不仅在自然意义上表现为一行为，在构成要件意义上也表现为类型化意义上的一行为。因此在第一种类型中，不存在实质竞合关系而仅存在想象竞合关系与法条竞合关系。

一 问题的提出

1. 类型一：一行为引发法条竞合与想象竞合的再竞合

事实上，一行为引发的多重竞合现象，在具体个案中时有发生，其引发的相关问题值得理论界与实务界深入思考。例如，行为人出于报复社会之目的，事先将一包烈性炸药埋在铁轨之下，在火车经过时引爆，最后不仅炸毁了铁轨而且使火车发生了倾覆。那么在定罪时，司法者往往会面临应当如何选择罪名的问题。此案在定性上究竟是构成爆炸罪、破坏交通设施罪抑或破坏交通工具罪？是定一罪还是数罪？

上述疑问的实质是对一行为引发多重竞合的现象，应当如何正确选择法条的问题。事实上，想象竞合与法条竞合的处断原则迥异。对想象竞合是择一重罪处断，对法条竞合则需要根据法条竞合的不同类型，有

---

① 本书将此种竞合现象称为多重竞合中法条竞合的特殊形态。

条件地选择不同的处断规则，甚至在罪刑不相适应的情形下还要适用补充处断规则。因此，在具体个案中对法条竞合和想象竞合的类型判定，以及二者竞合后的处断顺序，都会对被告人的刑事责任承担产生重大影响。

在上述案件中，行为人实施了一个自然意义上的爆炸行为，该行为在自然意义上表现为一个同时炸毁铁路和破坏交通工具的行为，在构成要件上则表现为类型化意义上的爆炸行为。该不法行为分别侵犯了两个犯罪对象，即火车和铁轨，造成了火车倾覆和铁轨毁坏两个危害结果。该行为分别触犯了破坏交通工具罪、破坏交通设施罪与爆炸罪三个罪名。按照法条竞合的判断规则，三个罪名之间是否具有法益保护的同一性是判断其是否具有法条竞合关系的关键。法益同一性既包括法益类型的同一，也包括行为侵害对象的同一。

一方面，三个罪名虽然以不同的方式保护同一类公共安全法益，但破坏交通工具罪的犯罪对象是火车，破坏交通设施罪的犯罪对象是铁轨，因此，一个爆炸行为侵害的不是同一法益而是两个不同法益。故破坏交通工具罪、破坏交通设施罪之间是想象竞合关系而非法条竞合关系。

另一方面，爆炸罪保护的法益不仅与破坏交通工具罪、破坏交通设施罪保护的法益属于同类法益，而且爆炸罪的犯罪对象包括破坏交通工具罪的犯罪对象——火车和破坏交通设施罪的犯罪对象——铁轨，即在犯罪对象上也同一。由此可见，爆炸罪与破坏交通工具罪、破坏交通设施罪不仅保护同类法益而且犯罪对象也同一，因此，爆炸罪分别与破坏交通工具罪、破坏交通设施罪构成法条竞合关系。

在此个案中，一行为触犯的三个法条之间不仅存在法条竞合关系还存在想象竞合关系，故有学者称之为竞合之竞合。所谓竞合之竞合，是指"在某种特殊情况下出现的想象竞合犯与法条竞合犯之再竞合，即具体事案既具备想象竞合犯的全部特征也完全符合法条竞合犯的规定性"①。本书认为用竞合之竞合的概念来描述法条竞合与想象竞合的再竞合现象不甚准确。因为竞合之竞合事实上不仅包括法条竞合与想象竞合

---

① 汤火箭：《想象竞合犯与法条竞合犯辨析》，《西南民族大学学报》（人文社科版）2004年第6期。

的再竞合，也包括法条竞合与实质竞合的再竞合。该观点认为竞合之竞合就是想象竞合犯与法条竞合犯的再竞合，恐有以偏概全之嫌。

类型一对应关系如图 6-1 所示。

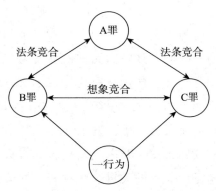

图 6-1　一行为引发法条竞合与想象竞合的再竞合

2. 类型二：数行为引发法条竞合与实质竞合的再竞合（法条竞合的涵摄效应）

对类型一的案例稍作修正，即可说明两类特殊的法条竞合现象之差异化特征。假设行为人出于报复社会之目的，事先将一包烈性炸药埋在铁轨之下，试图在火车经过时引爆。结果第一次引爆时间过早，仅仅炸毁了部分铁轨。于是半小时以后，行为人在预定地点前方 2 公里处隐蔽，目睹火车即将经过之时，向火车车厢投掷自制的炸药瓶，炸毁了部分火车。在该案中，爆炸行为虽系连续行为，但在刑法的类型化要件上可以将其评价为刑法意义上的一个爆炸行为。前文已述，在此情形下，爆炸罪与破坏交通设施罪、破坏交通工具罪分别构成法条竞合关系。

从自然意义的行为观审视，爆炸行为是由两个前后相继的自然行为分别构成的复合行为。该行为可以拆分为第一次实施的炸毁铁轨行为和第二次实施的炸毁火车行为。从构成要件的类型化行为观审视，爆炸行为可以分拆为破坏交通设施罪的行为和破坏交通工具罪的行为。这一复合行为由两个前后相继的构成要件行为构成。因此，爆炸这一复合行为，实质是两个构成要件意义上的行为，所触犯的破坏交通设施罪与破坏交通工具罪之间存在实质竞合关系。对于此种法条竞合类型的择断，究竟应当对连续行为所贯穿起来的整体事实作全面评价，还是必须将连续行为拆分作个别之处断？在此境况下，司法者往往会在全面评价原则和禁止重复评价原则之间面临艰难的选择。

　　德国刑法学界基于行为连续性、贯穿性之考量，为对连续行为作单一且不可分割之处断，创设了所谓"涵摄效应"（Klammerwirkung）的概念以探究解决上述适用难题的方法。所谓"涵摄效应"是指"贯穿整体事实结构的行为，得以将所有行为均含括在内，亦即整体含括而为单一之整体评价"①。亦有学者将其翻译成"夹结效应"。例如，行为人出于走私之目的，将盗窃与购买的枪支一并运送至境外，在此行为样态下，便会产生盗窃枪支罪、非法买卖枪支罪与走私武器、弹药罪的择断问题。倘若认为，走私武器、弹药罪具有夹结效力，可以将盗窃枪支罪、非法买卖枪支罪夹结起来，使之在科刑上具有一罪处罚的可能性，则在三罪之间择一重罪处罚。但盗窃枪支罪、非法买卖枪支罪是实质数罪的关系，本应两罪并罚，若承认夹结效力，实质数罪的并罚关系变为处断的一罪，其理由何在，尚需理论上加以阐释。

　　按照该理论模式进行处断，一方面较好地遵循了禁止重复评价原则，但另一方面却难以顾及全面评价原则。以该案为例，按照涵摄效应理论应将破坏交通工具的行为与破坏交通设施的行为夹结于爆炸行为而进行整体性评价，仅以爆炸罪一罪定罪处罚。但是这样的择断结果会导致两重消极后果：第一，破坏交通工具的行为与破坏交通设施的行为是实质竞合，本应当数罪并罚，但涵摄效应下的处理模式却仅以爆炸罪一罪定罪处罚，恐有评价不足之嫌；第二，原本属于实质竞合关系，理应数罪并罚的破坏交通工具的行为与破坏交通设施的行为，却因为爆炸行为的夹结抑或说是爆炸行为的连接而避免了数罪并罚。若以爆炸罪的法条竞合犯来处理，不仅违背了罪刑均衡原则，也与实质正义的理念背道而驰。

　　为了克服夹结效应学说存在的弊端，应对夹结行为进行分割，而后对分割行为分别予以处断，这在德国刑法理论中称为"除摄"（Entklammerung）。该学说认为："即使有贯穿行为的存在，然个别于贯穿行为中所为之行为，彼此间均无任何关联性存在，在处断时，自然应将个别行

━━━━━━━━━━

① 柯耀程：《刑法竞合论》，中国人民大学出版社，2008，第221页脚注85。

为分别论断。"①"绝对除摄说"认为："'对于两个本来独立的犯罪（A罪和 B 罪），没有理由因为第三个犯罪（K 罪）的介入，而变成单一的犯罪'，所以应当解除 K 罪的夹结效力，对涉及的所有犯罪一律按实质数罪处罚。"② 然在该处断模式下，当整体上的夹结行为触犯多个罪名，形成法条竞合之时，又再次对夹结行为进行分割处理，将分割行为分别触犯的罪名按照实质竞合评价会引发两个问题：一方面，究竟应该先处断法条竞合还是实质竞合抑或无所谓先后顺序？另一方面，对夹结行为在法条竞合和实质竞合中都予以评价是否有评价过剩之嫌？例如，有学者认为，这"意味着要将 K 罪和其他犯罪并罚，这就会违背禁止重复评价原则。根据该原则，对同一法益的同一侵犯过程，禁止适用多个罪名来处罚"③。此等问题皆需要在法条竞合的特殊形态论中一一澄清。

类型二对应关系如图 6-2 所示。

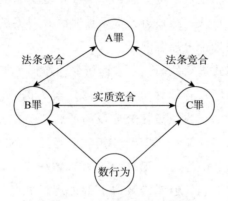

图 6-2　法条竞合的涵摄效应

二　想象竞合中的夹结形态

1. 想象竞合中夹结形态的概念

夹结在德国学理中本来是指想象竞合的夹结，即两个各自独立的犯罪行为，分别与第三个行为的不同部分构成想象竞合，前两个行为因被

---

①　柯耀程：《刑法竞合论》，中国人民大学出版社，2008，第 222 页。

②　庄劲：《牵连夹结与法条竞合：数额犯之罪数问题》，《中国刑事法杂志》2021 年第 1 期。

③　庄劲：《牵连夹结与法条竞合：数额犯之罪数问题》，《中国刑事法杂志》2021 年第 1 期。

第三个行为夹结，使之具有成立犯罪单数的可能性。但德国的想象竞合概念外延比较广，它包括了牵连犯概念的部分范畴。而日本和我国台湾地区的罪数论更多的是在牵连犯理论中讨论夹结现象，即两个本具有实质数罪关系的犯罪，分别与共同的第三方犯罪成立牵连关系，该第三方犯罪就像一个镊子，将两个独立的犯罪夹结起来，使之具有按一罪科刑处罚的可能性。[①] 易言之，夹结是指两个具有实质竞合关系的不法行为，先后与第三个不法行为构成想象竞合关系，那么可以透过第三个不法行为予以夹结，从而将三罪以想象竞合处理。在夹结关系中，夹结行为与被夹结行为之间是想象竞合关系，被夹结行为之间是实质竞合关系。

2. 想象竞合中夹结形态的结构

在夹结现象中，共涉及三个罪名之间的竞合，分别以 A 罪、B 罪和 C 罪表示，其中 A 罪不法行为的发生使 B 罪不法行为与 C 罪不法行为分别与 A 罪发生想象竞合。其中犯 A 罪的行为被称为夹结行为，犯 B 罪的行为与犯 C 罪的行为被称为被夹结行为。在想象竞合的夹结形态中，A 罪与 B 罪之间、A 罪与 C 罪之间分别存在想象竞合关系，但是 B 罪与 C 罪之间是实质竞合关系，是实质的数罪。

想象竞合中的夹结形态对应关系如图 6-3 所示。

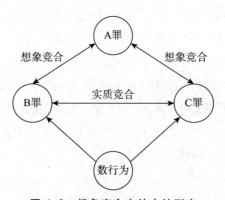

图 6-3　想象竞合中的夹结形态

例如，行为人甲私刻人民银行公章和商业银行印章，将其用于合同诈骗之中，骗取 20 万元人民币。在此案中，合同诈骗行为是夹结行为，

---

① 参见〔日〕前田雅英《刑法总论讲义》（第 6 版），曾文科译，北京大学出版社，2017，第 357 页。

触犯合同诈骗罪（A 罪）；被夹结行为是私刻人民银行公章行为和私刻商业银行印章行为，分别触犯伪造国家机关公文罪（B 罪）和伪造企业印章罪（C 罪）。合同诈骗罪与伪造国家机关公文罪、伪造企业印章罪构成想象竞合关系，伪造国家机关公文罪与伪造企业印章罪构成实质竞合关系。概言之，在夹结现象之中，仅有被夹结的不法行为和夹结之行为构成想象竞合关系，而数个被夹结行为之间却是实质竞合关系。那么，对于处于想象竞合与实质竞合关系中的 A、B、C 三罪来说，究竟应该以想象竞合论抑或数罪并罚论？

德日刑法学界关于想象竞合夹结形态的处理向来争议颇多。主要代表观点有以日本刑法学者团藤重光、平野龙一、大谷实等学者为代表的夹结理论肯定说，也有以德国学者 Werle、Jakobs、Puppe 为代表的否定说。然多年来学者各执己见、莫衷一是，在对想象竞合夹结形态的处理路径上始终未达成一致。有关各种学说的讨论分析在本书"多重竞合中法条竞合的特殊处断模式"中具体展开。

三　法条竞合中的夹结形态

1. 法条竞合中夹结形态的概念

事实上，在夹结关系中还存在着夹结行为与被夹结行为之间是法条竞合关系而被夹结行为之间是实质竞合关系的特殊形态，该类型与想象竞合中的夹结形态极为类似，本书将其称为"法条竞合中的夹结形态"。例如，在类型二的案例中，爆炸行为（夹结行为）与破坏交通工具的行为和破坏交通设施的行为（被夹结行为）分别构成法条竞合关系，破坏交通工具的行为与破坏交通设施的行为之间仍然是实质竞合关系。

2. 法条竞合中夹结形态的特点

法条竞合中的夹结形态具有以下特点。首先，从竞合产生的前提条件来看，产生法条竞合夹结形态的前提条件是存在数个行为，其本质是法条竞合与实质竞合的再竞合。其次，从法益保护的角度来看，数个法条之间既有法益保护的同一性又有侵害对象的多元性。法益保护的同一性是法条竞合产生的根源，侵害对象的多元性体现了实质竞合的特征。再次，从竞合结构上来分析，法条竞合的夹结形态表现为具有实质竞合关系的不法行为，先后与第三个不法行为构成法条竞合关系。第三个不法行为具有时间上的延续性，常常表现为持续犯、继续犯、连续犯所表现的不法行为。从涵摄效应来讲，在理论上是否可以用第三个不法行为所触犯的法条，对实质竞合关系触犯的法条进行包容性评价？抑或说是否可以透过第三个不法行为予以夹结，从而将三罪以法条竞合论处？这一竞合结构上的独特性无疑是理论界检讨对该类型竞合究竟当如何进行司法处断的重要考量因素。最后，从竞合形态的性质上看，法条竞合中的夹结形态并非属于法条竞合的基本类型范畴。它既不是逻辑划分方法的产物也不是逻辑分解方法的结果。所以它既不属于从属关系类型或交叉关系类型，也不属于分解关系类型，而是在多重竞合中法条竞合基本形态与实质竞合形态再竞合的一种特殊形态。

3. 中国语境下法条竞合的数额型夹结

与德日刑法不同，在我国刑法中存在着大量的数额犯，由于犯罪的数额具有既可分离又可融合的特性，法条竞合的夹结形态呈现出数额型夹结的特殊形式。当数额型夹结现象出现时，当如何在中国语境下予以合理处断，是当下我国竞合理论研究面临的"真问题"。

例如，行为人未经许可经营烟草买卖，在此期间又以伪劣的卷烟和雪茄烟以假充真予以销售，销售金额达到 11 万元，同时行为人明知供货方提供的烟草假冒某著名商标的名烟而予以销售，销售金额达到 15 万元。其行为分别触犯了销售伪劣商品罪、销售假冒注册商标的商品罪和非法经营罪。在该案中，非法经营烟草的行为（夹结行为）分别与销售伪劣烟草的行为和销售假冒某著名商标的烟草的行为（被夹结行为）分别构成法条竞合关系（均危害社会主义市场经济秩序，具有法益保护的同一性），销售伪劣烟草的行为与销售假冒某著名商标的烟草的行为之间仍然是实质竞合关系，符合法条竞合中夹结形态的一般特征。

法条竞合的数额型夹结的特殊性表现在，作为被夹结犯罪的销售伪劣商品罪（11 万元）和销售假冒注册商标的商品罪（15 万元），在犯罪金额上又融合为作为夹结犯罪的非法经营罪（26 万元）。如何避免对处断数额的重复评价，是中国语境下法条竞合的数额型夹结不能回避的"真问题"。

一方面，如果主张对三罪进行数罪并罚，无疑会造成重复评价，因为从数额来看，销售伪劣商品罪（11 万元）和销售假冒注册商标的商品罪（15 万元）的金额又融入非法经营罪（26 万元）中被再次评价。

另一方面，由于销售伪劣商品罪、销售假冒注册商标的商品罪分别和非法经营罪构成法条竞合关系，加之销售伪劣商品罪与销售假冒注册商标的商品罪之间又存在实质竞合关系，那么此时应当先数罪并罚还是先处断法条竞合关系，才能既实现对法益和数额的充分评价，又顾及禁止重复评价？这就必须比较数罪并罚后决定适用的法定刑和按照法条竞合处断规则适用的法定刑。本书将在第八章第五节"多重竞合中法条竞合的特殊处断模式"中探讨法条竞合的数额型夹结的处断顺序与路径。

四　法条多重竞合中的非夹结形态

1. 非夹结形态的概念

在类型一的案例中，一行为引发多重法条竞合之结果。从这一案例中，我们大体可以型构法条竞合非夹结形态的基本概念。所谓法条竞合的非夹结形态，是指一个不法行为的实施，同时触犯了三个刑法法条，其中一个刑法法条分别与其他两个刑法法条构成法条竞合关系，其他两个刑法法条之间构成想象竞合关系。① 在法条竞合的非夹结形态中，仅存在一行为而非数行为，三个刑法法条间不仅存在法条竞合关系，还存在想象竞合关系，同时法条竞合和想象竞合发生了再竞合，这给处断带来了司法适用难题。

2. 非夹结形态的特点

从非夹结形态的概念入手，我们可以大致型构法条竞合中非夹结形态的特点。

首先，从竞合产生的前提条件来看，产生法条竞合与想象竞合的再竞合现象的前提条件是仅存在刑法意义上的一行为。如果是数行为引发的多重竞合则可能是想象竞合与实质竞合行为的再竞合（想象竞合中的夹结形态），也可能是法条竞合与实质竞合行为的再竞合（法条竞合中的夹结形态），还可能是牵连犯与实质竞合行为的再竞合（牵连犯中的夹结形态）。关于在牵连犯中是否存在夹结现象的讨论，历来学说争议较

---

① 如果其他两个刑法法条之间构成法条竞合关系，由于该形态中只有法条竞合的类型，没有想象竞合、实质竞合的加入，所以在处断上按照法条竞合一般形态的处断规则即可解决，无须在特殊形态论中专门加以讨论，故不将之列入非夹结形态。

大。牵连犯理论发端于德国，但在当下德国刑法理论界和实务界中牵连犯的身影已经荡然无存。德国刑法学界将牵连关系视为想象竞合的一种次位类型，将手段—目的或方法—结果关系的情形统称为牵连犯，因此在当下德国刑法学中并无牵连犯中的夹结形态一说。日本是少数在立法上承认牵连犯的国家，但其 1974 年的《修正刑法草案》第 67 条删除了牵连犯从一重处罚的规定。随之而来的便是很多学者发起了牵连犯存废的讨论。例如，大谷实认为："很难说牵连犯有合理根据，其存在理由值得怀疑，因此应当废除牵连犯，将认定牵连犯的犯罪以包括一罪或者并合罪处理。"① 但在日本刑法理论界中也存在支持牵连犯夹结理论的声音。②

其次，从法益保护的角度来看，数个法条之间既有法益保护的同一性又有侵害对象的多元性。如果一行为引发的多重法条竞合没有法益保护的同一性，仅具备侵害对象的多元性，那么该竞合就不是法条竞合的夹结形态而属于想象竞合的夹结形态。反之，一行为引发的多重法条竞合仅有法益保护的同一性不具备侵害对象的多元性，那么该竞合则属于法条竞合的一般形态。因为法益同一性是法条竞合的前提和基础，而侵害对象的多元性（犯罪对象的差异性原则）是想象竞合存在之基础。

再次，从竞合结构上来看，该竞合类型表现为想象竞合的两个法条分别与另一法条发生法条竞合关系。由于仅有刑法意义上的一行为存在，因而没有所谓的夹结行为与被夹结行为。这一竞合结构上的特点是讨论对该类型竞合究竟当如何进行司法处断的重要考量因素。在司法实践中，因其只有一行为，基于"一行为不二罚"原则的考量，不可以处断为数罪而予以并罚。在处断的顺序上，需考虑是先评价法条竞合还是想象竞合，顺序的不同是否会造成刑罚处罚效果的差异，哪一种处断顺序更符合罪刑相适应原则，在处理流程中优先适用哪一种顺序更为简便、更加易于操作。

最后，从竞合形态的性质上看，法条竞合中的非夹结形态并非法条竞合的基本类型。它既不是逻辑划分的产物也不是逻辑分解的结果，所

---

① 〔日〕大谷实：《刑法讲义总论》（新版第二版），黎宏译，中国人民大学出版社，2008，第 446 页。
② 参见〔日〕大谷实《刑法讲义总论》（新版第二版），黎宏译，中国人民大学出版社，2008，第 450 页。

以它既不属于从属关系类型或交叉关系类型，也不属于分解关系类型，而是法条竞合基本形态与想象竞合形态再竞合的一种特殊形态。

五　法条多重竞合形态产生的根源

综上所述，由于现实生活的境况千状万端，刑法法条竞合中常常会出现某类特殊的竞合现象。这类现象呈现出两种典型的行为结构。第一种，一行为触犯数法条后，在数法条之间引发法条竞合和想象竞合的再竞合或者引发法条竞合之间的再竞合。在该类复杂的竞合关系下形成了法条竞合中的非夹结形态。第二种，"数行为"触犯数法条后，在数法条之间引发法条竞合和实质竞合的再竞合以及想象竞合与实质竞合之间的再竞合。在此竞合关系下，套用德国刑法学的学理概念，可称为法条竞合的夹结形态和想象竞合的夹结形态。①

需要指出两点。一方面，由于本书讨论的是与法条竞合有关的竞合形态，故不将想象竞合中的夹结形态纳入法条竞合的特殊形态中一并检视。前文之所以讨论想象竞合中的夹结现象，主要是为了与法条竞合的夹结现象进行对比说明。在"多重竞合中法条竞合的特殊处断模式"部分探讨想象竞合的夹结形态之处理方式，其目的是为法条竞合夹结类型的处断提供一种司法技术上的镜鉴。另一方面，在法条竞合的非夹结形态中，法条之间均是法条竞合关系，由于没有想象竞合、实质竞合的加入，所以按照法条竞合一般形态的处断规则即可解决，无须将之纳入特殊形态论中加以讨论。故本书仅讨论法条竞合中的夹结形态与非夹结形态的产生根源，即一行为引发的法条竞合形态与想象竞合形态的再竞合以及数行为引发的法条竞合形态与实质竞合形态的再竞合。此两类特殊形态的法条竞合现象何以会产生？其根源何在？对其成因的探究与司法上如何择断有着直接而深度的关联。

1. 法条竞合中夹结现象的成因分析

一方面，对刑法上具有延续性又同时实现其他构成要件的贯穿行为不加以分割，而仅作符合某一构成要件的整体性评价，这是法条竞合中

---

① 数行为由于具有持续性或延续性，在刑法上常常评价为一个类型化的行为。此类行为在继续犯、连续犯中较为常见。

夹结现象产生的根源。在继续犯中，存在着导致不法状态发生或不法状态维持的继续行为。一般来讲，继续犯中的持续行为在刑法理论上大多被视为一个整体行为而作为处断上的一罪。倘若该行为在延续过程中又实现了其他构成要件，刑法对实现其他构成要件的行为再次进行评价，就会发生法条竞合的现象。如若理论上承认继续行为的贯穿作用，在德国刑法语境下，部分学者称其为"夹结效应"或"涵摄效应"，就使刑法在评价上并不对继续行为加以分割，而是将继续行为视为完整的行为作一罪评价。例如，在中国刑法的语境下，也存在着承认夹结效应的相关规定。绑架犯是继续犯，在绑架行为的延续中，行为人又实施了非法拘禁人质、故意杀害人质的行为，分别触犯了非法拘禁罪和故意杀人罪。但由于绑架行为的贯穿作用，在刑法评价上不对其行为加以分割，从而承认绑架行为对非法拘禁行为与故意杀人行为的夹结效力，在刑法评价上仅以绑架罪一罪论处。在连续犯中也存在类似的夹结现象。类型二的案例中，行为在人实施爆炸行为的过程中，先后两次分别实施破坏交通设施的行为和破坏交通工具的行为，分别实现了破坏交通设施罪和破坏交通工具罪的犯罪构成。但由于爆炸行为是一个连续行为，多次侵犯的都是公共安全这同一法益，刑法在评价上一般将连续行为视为一个类型化的行为予以评价，从而承认爆炸行为对实施破坏交通设施的行为和破坏交通工具的行为的夹结效力。

　　另一方面，遵循"一行为不二罚"和"双重评价禁止"原则是法条竞合中夹结现象产生的另一重要原因。一个延续行为（继续行为或连续行为）作用于两个彼此毫无关联之独立行为后，产生了行为之间的整合效应。原本属于实质竞合，应当按照数罪并罚处断的行为缘何仅以整体贯穿行为触犯之罪名处理？从"一行为不二罚"的维度考量，若将各个独立的行为分别与整体贯穿行为按照法条竞合处理，而后再依照实质竞合处断，无疑会造成独立行为被重复评价的结果。法条竞合中的夹结结构是由贯穿行为的整合实现的。从"双重评价禁止"的维度考量，各个独立的行为均发生在贯穿行为中，各个独立的行为与贯穿行为之间都具有相当程度的连接关系。加之各个构成要件相互交错，犯罪构成要素相互叠加，如若将整体行为分开处断，诸多构成要件要素实在难以避免重复评价。一言以蔽之，为贯彻"双重评价禁止"原则之精神，刑法理论提出了采用夹结行为包容性评价的技术路径，从而造成了法条竞合中的夹结形态。

2. 法条竞合中非夹结现象的成因分析

法条竞合中的非夹结形态与夹结形态，在结构形态上存在着重大差异。这种差异表现为行为虽然已经实现了数个构成要件，但无论是从自然意义上区分，还是从构成要件的类型化意义上区别，都仅有一行为存在，且不能对该行为进行切割或阶段性评价。例如，类型一的案例中，行为人只实施了一个爆炸行为，但同时炸毁了铁路和火车，该爆炸行为不是连续实施的，不具备刑法意义上延续性，故不是一种夹结行为。事实上，也没有数个行为可以被夹结，因为炸毁铁路和火车的行为系同一行为所为，而非数个行为所为。在此种境况之下，竞合现象产生之根源又究竟为何？

三个竞合的法条之间不存在夹结现象，所以对竞合之原因不应当从夹结行为着手分析，而应当以一行为本身实现的构成要件间的关系为突破点。因一行为触犯数法条要么是法条竞合要么是想象竞合，所以三个构成要件之间在理论上可能存在两种情形。

第一种情形是三个构成要件之间均是法条竞合关系，此种情形下的竞合原因和法条竞合一般形态之竞合原因并无二致，皆由逻辑上的交叉、包容或者分解关系所致。前文已述，由于该类竞合现象在处断规则上和法条竞合一致，在司法适用上并无不同，故不将之纳入法条竞合的特殊形态予以检讨。

第二种情形，在司法实践中表现为一行为的发生，使三个构成要件之间既存在法条竞合关系，同时又存在想象竞合关系。具体而言，两个构成要件之间不仅存在想象竞合关系，同时这两个构成要件又分别与另一个构成要件成立法条竞合。一言以蔽之，此种情形下的竞合，从法条竞合的角度考量，构成要件之间的交叉、包容或者分解关系的存在是其重要成因；从想象竞合的角度考量，一行为引发的多重法益受到威胁与侵害是其产生的重要根源。由于该类竞合现象在处断规则上，既涉及法条竞合的处断规则又涉及想象竞合的处断规则，而且处断顺序的不同，将导致罪名和法定刑的重大差异，故在司法处断上应当将之区别于法条竞合的一般形态，纳入特殊形态中予以检视。

第三节　共同犯罪中法条竞合的特殊形态

在共同犯罪中，由于存在共同正犯、狭义共犯（帮助犯、教唆犯），法条竞合的表现形态更为错综复杂。这种复杂性不仅表现为共同正犯中存在共为共同行为之全部和各为共同行为之部分所导致的法条竞合形态差异，还表现为共犯与正犯的关系中存在正犯与帮助犯、正犯与教唆犯在法条竞合形态构造上的迥异特征。共同犯罪关系与竞合关系相互叠加，使法条竞合在共同犯罪中呈现出与单独正犯显著不同的形态差异。因此加强对共同犯罪中法条竞合的特殊形态的识别与分类研究，对于建立共同犯罪中不同法条竞合形态的适用规则具有基础性意义。

一　问题的提出

研究共同犯罪中的法条竞合形态，其价值旨趣在于从理论上解决三个主要问题：一是法条竞合的形态划分问题，针对共同犯罪中不同关系下的法条竞合，如何归纳其不同的表现形态；二是法条竞合的形态识别问题，针对共同犯罪中的复杂竞合形态，如何探索行之有效的方法予以判识；三是法条竞合的处断规则问题，针对共同正犯之间、共犯与正犯之间法条竞合的不同表现形态，如何建立与单独正犯法条竞合不同的适用规则。例如，共同正犯各为之部分行为，究竟认定为一行为还是数行为，关系到法条竞合形态成立与否的问题；教唆犯与帮助犯多次教唆和多次帮助，但正犯仅仅实施了一个引起法条竞合的行为，则教唆和帮助的罪数是与正犯一致还是单独认定，直接关涉行为人是按照一罪处断还是数罪处断的刑罚效果，具有重要的理论意义和实践价值。本节仅探讨第一个问题，即共同犯罪中法条竞合的特殊形态有哪些表现形式，至于第二个、第三个问题涉及共同犯罪中法条竞合形态的识别与特殊处断规则，本书在第八章法条竞合的处断论中予以专门探讨。

二　同正犯之间的特殊法条竞合形态

1. 共为共同行为之全部

共同正犯为两个以上行为人，基于相同故意内容，共同实施一行为，该行为引起法条竞合，即为此种形态。在此形态下，由于该行为基于一个故意内容，因此可以视之为刑法意义上的一个行为予以整体性评价，故其与单独正犯法条竞合的处理模式其实并无二致。

2. 各为共同行为之部分

共同正犯为两个以上行为人，分别实施共同行为中的部分行为，共同正犯各为之部分行为结合成一个刑法意义上的共同行为，即为此种形态。值得注意的是，在各为共同行为之部分的竞合形态中，共同犯罪中对法条竞合成立前提中的一行为之判断标准与单独正犯下的标准存在显著不同。例如，甲、乙二人持械抢劫丙的轿车，丙躲在车中试图发动汽车后驶离，乙情急之下使用器械砸坏汽车车窗、驾驶室等，致使轿车多处严重受损。

在该案中，按照"一行为论"的主张，甲、乙二人系共同正犯，基于同一概括的抢劫故意，以持械抢劫的方式实施了一个共同的抢劫行为，触犯了故意毁坏财物罪和抢劫罪两个罪名。由于抢劫罪包含了对人身法益和财产法益的双重保护，能在法益保护上涵摄故意毁坏财物罪对财产法益的保护，加之在对轿车财产的保护上又具有法益保护的同一性，因此两个罪名之间存在法条竞合关系，对甲、乙二人应当以最能实现充分评价的罪名即抢劫罪定罪处罚。

按照"数行为论"的主张，甲、乙二人虽然基于同一概括的抢劫故意，却实施了抢劫和破坏财物两个符合刑法构成要件的行为，应当分别定罪后，再依据实质竞合的处罚原则数罪并罚。甲仅实施了部分抢劫行为，构成抢劫罪一罪。乙先后实施了抢劫行为和故意毁坏财物的行为，分别构成抢劫罪和故意毁坏财物罪。毁坏和抢劫是两个刑法意义上的类型化行为，属于实质竞合，应当数罪并罚。

综上所述，"一行为论"与"数行为论"的理论分歧在于各为共同行为之部分的行为究竟是判断为一行为还是数行为。毋庸讳言，共同犯罪模式下行为数的判断标准与单独正犯下的判断标准有明显区别。上述案例无论采"一行为论"还是"数行为论"似乎都有其充足的法理依据，但共同犯罪模式下行为数的判断标准究竟是什么，与单独正犯下的判断标准有什么不同，采取何种学说更能契合中国刑法的语境，且既能实现全面评价原则又能贯彻禁止重复评价原则，此等问题皆需在处断论中辨法析理、一一澄清。

三　共犯与正犯之间的特殊法条竞合形态

依据共犯理论与罪数理论，教唆犯或者帮助犯通过实施一个教唆或帮助行为，教唆或帮助他人实施一个犯罪时，仅成立一罪；实施数个教唆或帮助行为，教唆或帮助他人实施数个犯罪时，应成立数罪。唯有行为人以一个教唆或帮助行为，教唆或帮助他人实施数个犯罪时，抑或行为人以数个教唆或帮助行为，教唆或帮助他人实施一个犯罪时，究竟应当成立一罪还是数罪，此两种情形学理上仍然存在疑义。

本部分仅探讨其中所涉的正犯与共犯的法条竞合形态，包括教唆犯与正犯的法条竞合以及帮助犯与正犯的法条竞合，即教唆犯多次教唆，帮助犯多次帮助，其教唆或帮助的行为又分别触犯多个罪名，但正犯仅仅实施了一个引起法条竞合的行为。试举"教唆出纳案"一例，说明教唆犯与正犯的法条竞合的特殊形态以及研究意义。

甲（非国家工作人员）明知乙是国有企业出纳，教唆乙挪用公款10万元用于共同炒股，乙明确表示拒绝。其后甲又教唆乙利用职务上的便利条件，伪造盗窃现场，盗窃单位现金。乙按照其教唆的方法，盗取自己监管的单位现金5万元。在该案中，争议的焦点问题主要有两个：其一，乙的行为是构成盗窃罪还是贪污罪，二者之间是法条竞合抑或想象竞合？其二，甲的教唆行为是构成盗窃罪、贪污罪抑或挪用公款罪（未遂）？

第一个争议问题的焦点涉及法条竞合与想象竞合的判断。二者区分的关键在于能否用一法条实现对一行为侵犯法益的充分评价。从行为竞合来看，由于在贪污罪的构成要件要素中已经明确把国家工作人员监守自盗侵犯国家财产权的行为规制为贪污行为，且乙的监守自盗行为也已涵盖盗窃罪的全部要素，所以乙伪造现场窃取单位现金的这一行为，既是盗窃行为，也是贪污行为。从对法益的充分评价来看，乙以一个实行行为触犯了盗窃罪和贪污罪，因贪污罪已经将盗窃罪保护的法益完全充分评价，换言之，二者在对国家财产的保护上具有法益保护的同一性，故应当按照整体法与部分法的法条竞合处断，对乙的行为应当认定构成贪污罪。

第二个争议问题的焦点涉及教唆犯的本质。该问题的争议反映在罪数之认定上，有学者主张以教唆行为之个数为标准，也有学者支持以正犯之罪数为标准。将教唆行为作为罪数的确定标准，以共犯独立说为其理论基础；将正犯之罪数作为罪数认定标准，则以共犯从属说为其理论基础。

四　中国刑法语境下共犯独立说与共犯从属说的选择难题

长期以来我国刑法学界聚焦该问题，围绕共犯独立说与共犯从属说展开了激烈的论战。共犯独立说认为："教唆犯是共犯从属性学说的例外，具有独立性，只要行为人实施教唆行为，被教唆者未达到所教唆罪的既遂，一律认定为教唆未遂。"[1] 共犯从属说认为："非实行犯（教唆犯、帮助犯）必须从属于实行犯，只有实行犯进入实行阶段（着手后），对于非实行犯才可以进行处罚。"[2] 在中国现行刑法体系下，对此立场选择的差异直接导致罪数认定结果的不同。本节仍以"教唆出纳案"为例，对该问题作一分析说明。

若采取共犯独立说，因承认教唆行为具有独立性，所以甲的教唆行为应当单独构成盗窃罪与挪用公款罪（未遂）。对贪污罪则由于甲不具有国家工作人员的身份而不符合构成要件的该当性因而予以否定。作为正犯的乙既符合盗窃罪的构成要件，也符合贪污罪的构成要件，按照法条竞合的处断规则应当评价为作为整体法的贪污罪。

若采取共犯从属说，甲的教唆行为必须从属于实行犯乙，易言之，只有乙进入挪用公款的实行阶段后，对于甲教唆挪用公款的行为才可以处罚。该案中乙没有挪用公款的实行行为，所以甲不构成挪用公款罪（未遂）。基于相同的法理，甲教唆乙盗窃的行为，致使乙实施了监守自盗的行为，该行为已涵盖盗窃罪的全部构成要件。此时虽然贪污罪和盗窃罪罪名不同，但二者可以在监守自盗的行为中发生竞合，在盗窃的范围内成立共同犯罪的既遂。因此甲应当构成盗窃罪既遂而非未遂。共犯从属说对乙的定性不产生任何影响，乙仍构成贪污罪。

---

[1]　罗翔编著《罗翔讲刑法》，中国政法大学出版社，2018，第116页。
[2]　罗翔编著《罗翔讲刑法》，中国政法大学出版社，2018，第116页。

　　概言之，在中国刑法语境下，教唆犯多次教唆，教唆的罪数是与正犯一致还是单独认定，关键看采取共犯独立说还是共犯从属说。然而判断采取何种学说更贴近中国刑法语境，在司法处罚效果上趋于合理与公正，则需要对共犯的处罚根据理论在中国刑法体系下予以比较分析和理论调适。本书在第八章第六节"共同犯罪中法条竞合的特殊处断模式"中对此予以分析探讨。

第七章 区分论：法条竞合与易混淆罪数
形态的界分

近年来，随着德式竞合论体系逐渐被引介至国内刑法学界，我国传统的苏式体系开始逐步接受德式竞合理论中关于法条竞合、想象竞合与实质竞合的三分法，开启了从传统罪数论向竞合论的转型。[①] 但在此过程中由于我国刑法的传统理论受苏联刑法以及日本刑法罪数论的影响较为深远，罪数论体系下的各类形态概念在继受德国竞合论体系时也得到了全面承继和保留。体系之间的差异性，造成竞合论体系和罪数论体系之间的内在冲突。具体表现为竞合论体系下的法条竞合形态与罪数论体系下的罪数形态"水土不服"，在理论上极易造成混淆。在德国竞合论体系西风东渐的过程中，探讨应当如何作出理论调适，以适应中国刑法学之语境，在当下具有重要的理论意义和实践价值。

竞合论体系下的法条竞合形态与罪数论体系下的吸收犯、牵连犯之间存在着相互交错的模糊界域，同时竞合论体系下的法条竞合与想象竞合之间也存在着亦此亦彼的交错形态。区分论在承继法条竞合形态论的基础上，旨在通过对法条竞合形态与想象竞合、吸收犯、牵连犯之间易混淆特征的辨正，提出符合本土化特点的理论修正，——厘清相关竞合形态之泾渭。

中、德竞合论体系下的法条竞合与想象竞合对比如图 7-1 所示。

---

① 参见方鹏《德国刑法竞合理论与日本罪数理论之内容比较与体系解构——兼及中国罪数理论的走向选择和体系重构》，《比较法研究》2011 年第 3 期。

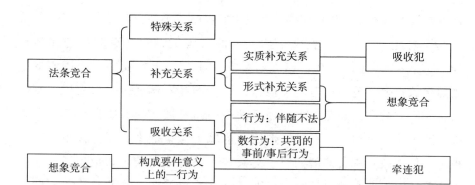

图 7-1　中、德竞合论体系下的法条竞合与想象竞合对比

资料来源：徐凌波《犯罪竞合的体系位置与原则——以德国竞合理论为参照》，《比较法研究》2017 年第 6 期。

第一节　法条竞合犯与想象竞合犯区分的理论完善

一　传统区分理论的述评

1. 问题的提出

想象竞合形态的处断原则是无条件地"择一重罪"处罚，法条竞合形态则是有条件地选择适用，即选择能对实行行为进行充分评价的法条加以处罚，二者在处断原则上性质迥异。因此，对于具体事案而言，是处断为想象竞合抑或法条竞合，对被告人承担的刑事责任将产生重大影响。有鉴于此，如何在理论上准确区分二者，如何在司法工作中构建具体的判断流程，无疑具有重要的基础性意义和重大的实践价值。

问题之一，形式补充关系在德国竞合论体系下被归入法条竞合的基本类型，但在我国刑法语境下当属想象竞合的内容，对此究竟该如何作出选择判断？形式补充关系是指"立法者在制定法律规定时，即已明示表示构成要件之间的适用关系"①。例如，"《德国刑法典》第 246 条的规定，在一行为同时构成侵占与其他犯罪时，只要其他罪名处刑更重，便排除侵占罪的适用。联邦最高法院所代表的通说观点认为，第 246 条的形式补充关系并不限于侵占罪与财产犯罪之间，即便一行为同时实现了

---

① 柯耀程：《刑法竞合论》，中国人民大学出版社，2008，第 141 页。

侵占与故意杀人罪的构成要件，两罪之间也属于法条竞合"①。

问题之二，在德国竞合论体系下的吸收关系存在着共罚的伴随行为②类型，该类型被归入法条竞合的基本类型，但在我国刑法语境下也当属想象竞合的范畴，对此又该作何选择判断？例如，行为人用刀刺杀被害人时，被害人在慌乱中用随身携带的路易威登挎包阻挡，后被害人被刺死，挎包被损坏。在德国刑法的语境下考量此案，行为人用刀刺死被害人构成故意杀人罪的同时，对被害人路易威登挎包造成损毁，成立故意毁坏财物罪。此时较轻的伴随不法即故意毁坏财物罪被重罪故意杀人罪吸收，不再单独评价，而仅仅以一罪论处。

问题之三，具有交叉关系的法条之间，究竟是法条竞合抑或想象竞合，应当如何判断？在刑事司法实践中，法条竞合与想象竞合的判断疑难在于具有交叉关系的刑法法条。传统理论认为，想象竞合犯的产生原因在于动态行为的发生造成数个危害结果。③ 动态行为的发生造成了法条之间的直接关联，如果没有动态行为的发生则不可能产生数个刑法法条之间的交叉重合。而法条竞合的产生原因在于静态的刑法法条本身，即无论是否有动态行为的发生，在立法阶段，数个刑法法条之间的交叉重合早已存在。因此从该意义上讲，想象竞合形态是动态的竞合，法条竞合形态是静态的竞合。毋庸讳言，上述对于法条竞合与想象竞合所作的区别无疑具有正确性，但是对具体司法实践中判断具有交叉关系的法条属于哪一种竞合形态则收效甚微。

例如，单纯判断挪用资金罪和背信损害上市公司利益罪之间是否具有法条竞合关系，④ 则需要考虑两个法条之间在本身的条文规定上是否

---

① 徐凌波：《犯罪竞合的体系位置与原则——以德国竞合理论为参照》，《比较法研究》2017 年第 6 期。

② 指一行为同时实现的数个构成要件之间存在典型的伴随关系。

③ 参见赵秉志主编《刑法新教程》（第四版），中国人民大学出版社，2012，第 191 页。

④ 被告人秦某利用其担任某公司法定代表人、董事长的职务便利，为运作融资、重组、收购等事宜，不惜利用职务便利，操纵上市公司从事虚假借贷高额资金，从上市公司借支高额备用金用于其实际控制公司及关联公司。一审法院认为，秦某向本单位以外的由其实际控制的公司提供资金的行为构成挪用资金罪和背信损害上市公司利益罪的法条竞合。虽两个罪名所保护的财产性法益具有共同性，但背信损害上市公司利益罪更侧重于对上市公司的利益保护，应优先考虑适用此罪名。参见新疆维吾尔自治区克拉玛依市克拉玛依区人民法院（2020）新 0203 刑初 98 号。

具有交叉重合关系。事实上，在行为发生之前，有没有竞合关系的发生在判断上很大程度依赖于判断者的想象能力。判断者如果能想象上市公司的董事、监事、高级管理人员违背对公司的忠实义务，利用职务便利，无偿向其他单位或者个人提供资金，造成上市公司的直接经济损失，则很可能会认为属于法条竞合。如果想象不出来则会认为是想象竞合。显然此种判断标准具有极强的主观性和随意性，不能解决法条竞合与想象竞合的本质区分问题。

问题之四，适用不法内涵较大的法条，反而导致法定刑明显低于适用不法内涵较小的法条，此时不法内涵较大的法条能否实现对行为的充分评价？如不能实现充分评价，二者之间究竟是法条竞合还是想象竞合？例如，《刑法》第 277 条妨害公务罪的规定中，使用暴力是妨害公务罪的客观构成要件。事实上在使用暴力的过程中，就可能造成伤害而触犯《刑法》第 234 条故意伤害罪（轻伤）之规定。因此妨害公务罪包含了对轻微暴力行为的否定性评价，故意伤害罪的犯罪构成虽可作为一个整体而被单独评价，但也是妨害公务犯罪构成的一部分内容。显而易见，妨害公务罪的不法内涵大于故意伤害罪（轻伤）的不法内涵，用妨害公务罪即可将行为充分评价，因此二者之间是法条竞合关系。但当行为人使用严重暴力妨害公务而致人重伤时，如果仍坚持用不法内涵较大的妨害公务罪评价，就会出现罪刑不相适应的结果。因为妨害公务罪的法定最高刑是 3 年有期徒刑，故意伤害罪（重伤）的法定最高刑则是 10 年有期徒刑。此时，二者之间究竟是应以法条竞合论处还是以想象竞合论处，如果以想象竞合论，何以暴力程度的变化以及法定刑的变化会直接导致罪数形态的变化，此等问题皆需要相关理论予以澄清。

2. 传统理论的述评

针对问题一和问题二，通过上述对比可以看到，尽管我国刑法学界逐步开始接纳德国刑法体系下的三种基本竞合类型，然而中德两国由于传统差异以及语境的不同，在法条竞合的具体类型的判断上仍旧大相径庭。Beling 认为："两个法条处于中立关系时，既可能出现法条竞合，也可能出现想象竞合。"① 显而易见，德国刑法理论对法条竞合的判断并未

①　转引自张明楷《法条竞合与想象竞合的区分》，《法学研究》2016 年第 1 期。

完全从逻辑主义出发，去判断法条之间是否具有逻辑上的包容、交叉抑或分解关系，而只是看适用一个刑法法条能否全面评价行为的非价内涵。这种观点在德国当今刑法理论界大行其道，但其认为逻辑上具有中立关系的构成要件之间可以发生法条竞合的观点，在中国刑法的语境下是匪夷所思的。

问题一、问题二中所涉及的问题即使在德国学理上也存在争议。事实上法条竞合的本质在于法规单一，即仅用一行为触犯的数法条当中的一法条即可对行为的全部非价内涵实现充分评价。形式补充关系与吸收关系根本不符合法条竞合的定义，在量刑规则上也并不符合法条竞合的处断规则，因而学理上被冠以"不真正法条竞合"之称谓。因此，将形式补充关系与吸收关系称为法条竞合其实名不副实。事实上，德国的竞合体系下完全符合法条竞合本质特征的，只有特殊关系以及部分情形下的实质补充关系，只有这两种类型才是名实相副的真正法条竞合。有鉴于此，德国有学者建议，以法条单一的概念替代传统的且有争议的法条竞合概念。①

从德国的竞合论体系来审视，所有只适用一个法条的情形均归入法条竞合是与其竞合论的语境相协调的。一方面，德国竞合理论将所有仅适用一个法条的情形全部视为法条竞合来处理，因此，法条竞合就被视为适用单一法条的情形。例如，形式补充关系与吸收关系虽然不符合法条竞合的本质特征，但是属于仅适用单一法条的情形。另一方面，在德国的竞合论体系下，全部与罪数和竞合有关的问题统统分别归入法条竞合、想象竞合与实质竞合这三种基本类型之中。这就导致法条竞合的范围，特别是法条竞合的吸收关系的范围变得宽泛。反观在中国刑法的语境下，由于我国刑法理论最初并没有接受德国的法条竞合理论，在苏式体系和日本罪数理论的影响下，我国刑法理论已经习惯于从构成要件的逻辑关系来判断法条竞合的基本类型，若要在逻辑标准之外另行建立标准，一则很难改变刑法传统，二则不符合中国现行的罪数论体系构造。综上所述，本书认为不能盲目照搬德国竞合论体系下的相关概念，在德

---

① 参见〔德〕汉斯·海因里希·耶赛克、托马斯·魏根特《德国刑法教科书》（下），徐久生译，中国法制出版社，2017，第999~1000页。

国竞合论体系下被评价为法条竞合类型的形式补充关系与伴随行为的吸收关系,在中国语境下只能按照想象竞合论处。

针对问题三和问题四,现行通说认为,法条竞合与想象竞合的区别主要表现为以下四方面。① ①在竞合性质上,想象竞合是实行行为触犯不同罪名之竞合,属于犯罪形态的竞合;法条竞合则是法律条文之间的竞合,属于法条形态的竞合。②在竞合原因上,法条竞合的发生不以行为人实施特定的实行行为为前提,客观存在的法条之间错综复杂的规定导致不同罪名的法条之间产生交叉重合关系;想象竞合的产生则是以行为人实施特定实行行为为前提条件的,它是受主观认识的影响而产生的竞合。③在竞合的内容上,想象竞合表现为多重罪过或复合罪过,是观念上或认识因素对不同危害结果的竞合,即罪过竞合;法条竞合则表现为行为人只有一个罪过内容,是观念上或认识因素对相同危害结果的竞合。④在处断规则上,想象竞合是择一重罪处断;法条竞合是选择适用能对实行行为实现充分评价的法条。综上所述,想象竞合是"一行为数罪一罚",显著区别于法条竞合的"一行为一罪一罚"。其本质乃一行为侵害数个法益,同时又触犯数个刑法罪名。所以在判决书中须将所有同时被触犯的罪名一一列出,完整呈现行为不法的全部内容,此即想象竞合最突出的特质——"明示机能"(Klarstellungsfunktion)。②

诚然,上述法条竞合与想象竞合的区别可谓全面而充分,但是需要澄清的是上述区别并不等于区分。当一个实行行为触犯两个以上法条时,区分其究竟为法条竞合抑或想象竞合时,上述的区别并不能起到有效划定二者界域的实际作用。根据二者竞合性质、竞合原因、竞合内容、处断规则的不同,并不能在具体的事案中判断出究竟是想象竞合还是法条竞合,特别是对于具有法条竞合色彩的想象竞合个案(法条本身之间存在交叉关系,但适用任何一个法条都不能对行为实现充分评价),上述不同更是显得无能为力。这在问题的提出阶段所列举的案例中也可以得到充分印证。加之,处断规则的不同则是在有效界定法条竞合与想象竞合之后的事情,也即区分二者在前,法律处断差异在后。因此,在有效界

---

① 参见赵秉志主编《犯罪总论问题探索》,法律出版社,2003,第607页。

② 参见王彦强《"从一重处断"竞合条款的理解与适用——兼谈我国竞合(罪数)体系的构建》,《比较法研究》2017年第6期。

定二者形态之前，谈论二者的处断差异标准实在是对区分二者没有任何的实际意义。

综上所述，传统理论对二者区分的症结在于将理论的聚焦点置于二者在不同方面的差异性比较，重点关注的是二者在哪些方面有什么不同而非给出具体实用的可操作性标准。于是当宏观的理论遭遇生动而多变的司法个案，尤其是处于模糊界域中的形态个案时，往往显得力所不及从而难以满足实践中的需求。故合理有效地划定二者的界限，建构易于操作的司法标准，从而明确地界分一行为触犯数个法条的行为究竟构成想象竞合还是法条竞合，是法条竞合与想象竞合区分理论重构的题中应有之义。

二　大竞合论观点的述评

值得注意的是，新近的大竞合论则另辟蹊径，提出了第三种解决法条竞合与想象竞合司法适用问题的新思路。该理论以目的性理论与罪刑均衡理论为两大基础，主张在理论上完全没有必要去研究法条竞合与想象竞合的界限。由于传统理论认为特别法条相对于普通法条应当具有绝对优先的效力，所以对于存在特别关系的法条竞合必须适用"特别法优于普通法"的基本原则。而想象竞合的适用应当严格贯彻"从一重处断"的规则，因此必须从理论上严格区分法条竞合与想象竞合。但站在目的论角度考察，无论是进行法条竞合的类型判断还是与想象竞合进行区分，其最终的目的都是寻找罪刑均衡的犯罪宣告与刑罚，但事实上"由于从一重处断乃是想象竞合、牵连犯等竞合形态'共享'的处置原则"[①]，加之"我国不存在类似国外刑法中所公认的具有减轻根据的特别法条，故无需严格区分法条竞合与想象竞合，而应提倡一种大竞合论，只要构成要件间存在'竞合'关系，从一重罪处罚即可；大竞合论不仅有助于实现罪刑相适应原则，而且有助于处理所谓罪名之间的界限问题，还有助于克服所谓的立法缺陷"[②]，因此，"法条竞合、想象竞合、牵连

---

① 王彦强：《"从一重处断"竞合条款的理解与适用——兼谈我国竞合（罪数）体系的构建》，《比较法研究》2017 年第 6 期。
② 陈洪兵：《不必严格区分法条竞合与想象竞合——大竞合论之提倡》，《清华法学》2012 年第 1 期。

犯、吸收关系无需区分，只要案件事实符合数个构成要件且自然行为的主要部分重合，就采取'从一重处'的处罚原则"①。Jakobs 也主张，应当对想象竞合与法条竞合的法律效果作同样的处理。② 综上所述，大竞合论主张在刑罚的处罚方式殊途同归的实际情态下，与其费心劳力地区分法条竞合与想象竞合，既没有实际的必要，更是徒劳无功。

一方面，从表象上看，根据大竞合论的观点，只要将"从一重处断"作为指导原则，那么竞合论的所有问题会变得异常简单。因为案件事实如果同时符合数个不相同的构成要件，那么在处理上从一重即可。然而细加分析，不难发现由于法条竞合与想象竞合二者存在着本质的不同，尤其表现在犯罪宣告和量刑规则悬殊。贸然主张不必严格区分法条竞合和想象竞合的做法，恐有扰乱整个竞合论理论体系之嫌，造成司法实践中的混乱。

对法院判决的犯罪宣告详加审视，在法条竞合的场合，法官无须列举被排斥的罪名，被排斥的法益不会对量刑产生影响；而在想象竞合的情形下，法官必须列明各罪的构成要件，并在量刑中加以考察。③ 因为既然想象竞合必然会侵害多个法益，那么法官就应当在判决书的结论中列明每一个法益遭受具体侵害的事实内容以及涉及的具体刑法规范。因为对犯罪进行宣告的行为本身，就是在向社会宣告，什么样的行为是刑法所允许的，什么样的行为是不被刑法容许的。为彰显犯罪宣告之意义，对于行为人不被刑法容许的行为侵犯了何种法益，法院判决书中必须清楚列明。这种涵摄在犯罪宣告差异背后的深层原因在于实现刑罚的目的。这种目的表现为：从报应的目的看，犯罪宣告是对行为人触犯数罪的否定性评价和报应性惩罚；从预防的目的看，犯罪宣告旨在达到特殊预防和一般预防的目的。

从量刑差异的角度审视，假性竞合（法条竞合）与真正竞合（想象竞合与实质竞合）的主要差异除了相关罪名是否均须列入判决文书以外，更重要的区分在于法官在量刑时应当考虑哪些罪名和客观事实。作为假

---

①　陈文昊：《大竞合论的匡正与型构》，《研究生法学》2016 年第 2 期。
②　参见柯耀程《刑法竞合论》，中国人民大学出版社，2008，第 92 页。
③　参见周光权《法条竞合的特别关系研究——兼与张明楷教授商榷》，《中国法学》2010年第 3 期。

性竞合的法条竞合，在量刑时法官只需要宣告适用某一罪名（优位法涉及的罪名）即可，被排斥的法条（劣位法）不被允许考虑，但是被斥法条具有"封底效力"时应当除外；而在作为真正竞合的想象竞合的量刑中，则必须宣告行为人构成的所有罪名，同时在重罪的法定刑基础上，一并考虑轻罪涉及的不法事实。

　　另一方面，从实质来看，《刑法修正案（九）》通过以后，大竞合论的观点与现行立法精神背道而驰，因而不应当提倡。《刑法修正案（九）》的通过使过去数量较少、较为零散的"从一重处断"条款数量激增，从而基本形成了针对竞合犯司法适用的从一重处断、从特别规定处断以及数罪并罚处断的立法模式。这标志着我国《刑法》中的竞合条款已基本呈现出较为统一的类型化和规模化格局，在一定程度上化解了我国在处理竞合问题上立法不足的尴尬局面。事实上，立法者是想表明针对想象竞合、法条竞合和实质竞合这三种基本竞合类型，应当在实际司法过程中区别对待。采取不同的处置原则的立法模式本身就表明立法者明确区分三种竞合形态的基本立场。因此大竞合论从一重即可而不区分竞合类型的做法不符合我国当前的刑事立法精神。[①]

三　区分理论的完善

1. 区分理论的解构与重塑

　　无论是秉承罪数论体系的日本还是坚持竞合论体系的德国，都几乎毫无争议地认为，当一行为触犯数法条时，对该行为的认定仅有两种结果（排除违法阻却事由和责任阻却事由），即该行为要么构成法条竞合，要么构成想象竞合，在德日理论的架构下再无第三种理论形态的选择。虽然德国学者 Puppe 教授提出将处于模糊界域中的形态界定为具有想象竞合效果的"法条竞合"，但最终在归属选择上仍将其纳入想象竞合的范畴加以考量。[②] 由此可见，在德日体系下，当一行为触犯数法条时，在排除违法阻却事由和责任阻却事由的前提下，我们仅能作出法条竞合

① 参见王彦强《"从一重处断"竞合条款的理解与适用——兼谈我国竞合（罪数）体系的构建》，《比较法研究》2017 年第 6 期。
② 参见陈志辉《重新界定法条竞合与想象竞合之界限——Puppe 教授之竞合理论》，《刑事法杂志》1997 年第 5 期。

与想象竞合非此即彼的选择。

从法条竞合的词源考察，德国学者对法条竞合现象有多种不同之称谓。有的称之为"法律单数"（Gesetzeseinheit），有的则称之为"假性竞合"（Scheinbare Konkurrenz）、"不纯正竞合"（Unechte Konkurrenz）。盖其原因乃在于德国学者认为法条竞合的本质在于法规单一，即仅用一行为触犯的数法条当中的一法条即可对行为的全部非价内涵实现充分评价。因此，表面上看，行为似乎该当数法条，而在事实上仅有一法条真正符合。故所谓的法条竞合不过是假象中的竞合而非真实意义上的竞合，被称为法规单一抑或假性竞合或不纯正竞合。这是在法条竞合原初意义上来进行称谓之诠释。从想象竞合的词源考察，想象竞合的德文为 Idealkonkurrenz，其原初意义是指观念的竞合，即基于观念因素或认识因素的影响而产生的竞合。在刑法体系的语境下其描述的是一种罪过竞合的现象。在想象竞合的罪数形态下，因为罪过的不同类型与性质，往往难以用单一的法条对行为的非价内涵实现完全充分的评价，而是需要综合考量具有不同罪过形式的法条，才能实现对行为的罚当其罪。一言以蔽之，法条竞合概念的本质特征在于法规单一，即用一个法条即可实现对行为的充分评价；想象竞合的本质特征在于罪过竞合，即用两个以上反映不同罪过形式的法条方能实现对行为的充分评价。由此可见，在德国刑法语境下，二者区分的关键在于能否以一个法条实现对行为的全面充分评价。如若能实现则可判定为法条竞合，否则应当认定为想象竞合。事实上，在法条竞合关系中，某一法条对行为的充分评价已包含对主观罪过的全面评价，如若不能实现对不同罪过形式的评价则当以想象竞合论处，而以多个法条的综合运用来达到全面评价危害行为之法律效果。例如，有学者认为，一个法条就足以全面评价行为人所实施的犯罪行为，是法条竞合的犯罪特征之一，是区别于想象竞合的关键所在，如果该犯罪行为不是一个法条所能够全面评价的，则说明该犯罪行为客观上需要数个法条的介入才能得到全面评价，那就不属于法条竞合。①

但如何才能实现对行为的充分评价？应当从哪些方面来对行为的不法内涵和罪责内涵进行评价？充分评价是仅仅包括对罪质的评价还是应

---

① 　参见付强《合理界定法条竞合的基本范围》，《法学》2009 年第 10 期。

当包括对罪量的评价？上述问题均需要在构建司法判断流程之前，在理论上得到进一步澄清。本书之基本立场为：所谓对行为的充分评价应当是指适用某一个法条或数个法条，即能够全面评价行为人的法益侵害（客体）、实行行为、危害结果、犯罪手段（客观方面）、主观罪过、犯罪动机（主观方面）、身份特征（主体方面）以及与犯罪实施相关的各种量刑情节及幅度。因此对行为的充分评价既包括对罪质（主要是指法益侵害、主观罪过以及实行行为）的评价也包括对罪量（量刑情节及幅度）的评价。

充分评价的法哲学基础在于任何个罪都是罪质和罪量的统一，罪量的变化不仅会导致罪质的变化也会对罪数形态产生影响。

一方面，罪量的变化会直接导致罪质的变化，使一罪转化为另一罪。哲学上质量互变的原理告诉我们，事物的发展变化都在遵循从量变到质变的规律，一旦事物的发展突破一定的度，事物就不再是自身而演化为另一事物。刑法中的个罪演变作为事物发展的一种形式也概莫能外。当罪量的变化发展到一定程度，突破一定的限度之时，该罪的性质就会发生质变从而成为与原来罪名完全不同的另一罪名。但这并非意味着罪量的变化改变了行为的类型，因为刑法规制的类型化行为是不因罪量的改变而改变的。罪量程度的变化只能导致法益侵害程度的提升或降低。之所以出现罪量变化导致罪名的改变，乃是因为该行为本身符合多个构成要件规定的类型化行为，只是基于罪量要素的变化而补充了其余构成要件的符合性。

比如，我国《刑法》规定集资诈骗罪是数额犯，其入罪标准为10万元人民币。其立法理由在于，集资诈骗是对社会正常金融秩序的严重干扰，向社会公众募集的资金必须达到一定数量（10万元）方能对社会金融管理秩序产生实际的严重社会危害性。因此若行为人以集资诈骗的方式骗取9万元，则以普通诈骗罪论处即可全面保护受损公私财物所有人的合法权益，而并不需要以集资诈骗罪定罪来保护金融管理秩序的法益，因为该行为尚未对该法益造成实际有效的侵损。若行为人以集资诈骗的方式再多骗取1万元即达到10万元时，该罪的罪质就会发生质变，即从诈骗罪演化为集资诈骗罪。

另一方面，罪量的变化也会直接导致罪数形态的变化。但有学者对此提出质疑。例如，"认为以轻伤的方式妨害公务时，妨害公务罪与故意伤害罪成立法条竞合（仅侵害了一个犯罪所保护的法益），而以故意重伤的方式妨害公务时，妨害公务罪与故意伤害罪却成了想象竞合关系（这时又侵害了两个犯罪所保护的法益）。这恐怕也存在疑问"①。本书认为，当行为人在妨害公务的过程中使用轻微暴力以致国家工作人员轻伤时，妨害公务罪与故意伤害罪（轻伤）之间构成整体法与部分法的法条竞合关系，作为整体法的妨害公务罪能对该行为所侵害的全部法益（包括轻微暴力侵害的附随法益——生命健康权）进行充分评价。但当暴力的程度突破一定的量度而致国家工作人员重伤时，妨害公务罪与故意伤害罪（重伤）之间就不再是法条竞合关系。因为此时从法定刑上考量，妨害公务罪的法定最高刑是 3 年有期徒刑，而故意伤害罪（重伤）的法定最高刑则是 10 年有期徒刑，仅用妨害公务罪已不能实现对行为罪量的充分评价。从法益侵害的角度考虑，此时作为整体法的妨害公务罪已不能对严重暴力行为所侵害的生命健康法益进行充分保护，故应当以想象竞合论处。其理由在于立法者在设置妨害公务罪的法定刑时，一般是以常态化的情况来考量附随法益的侵害程度的。但当严重暴力的事实发生后，其对附随法益的侵害已经大幅超过通常情形下的侵害，易言之，已经超出了本罪的刑罚评价量度。倘若不将附随法益从主要法益中剥离而单独评价，恐有违反罪刑均衡之嫌。

2. 法条竞合与想象竞合区分的路径建构

当一行为触犯数法条时，司法者当如何对法条竞合与想象竞合进行识别与判断，此乃法条竞合形态与想象竞合形态区分理论运用于实践的关键问题所在。本书的基本立场为：应当在宏观上构建一个指导性区分标准，在微观上构建具有可操作性的简单、实用的具体标准。宏观标准即是能否以一个法条实现对行为的全面充分评价，微观标准即是如何实现对行为的充分评价。

承前所述，其微观标准的构建流程如下。第一步，首先判断司法个案中的核心行为是不是一行为触犯数法条的行为。如若不是则不属于法条竞

---

① 陈洪兵：《竞合处断原则探究——兼与周光权、张明楷二位教授商榷》，《中外法学》2016 年第 3 期。

合和想象竞合的范畴，如若符合则进入下一步的讨论。第二步，从罪质上考量某一法条能否对行为实现充分评价。"一个行为的法益侵害性能够被一个法条所充分评价时，属于法条竞合，不能被充分评价而必须援引两个法条才能被充分评价时，则是想象竞合。"① 概言之，应当从犯罪客体方面（法益侵害）、犯罪客观方面（实行行为、危害结果、犯罪手段）、主观方面（主观罪过、犯罪动机）、主体方面（身份特征）等犯罪构成要件的四个方面全面评价某一法条能否实现对行为罪质的充分评价。如若不能实现上述四方面的充分评价，则应以想象竞合论；如若能实现罪质的充分评价，则需进入最后一步的罪量评价以考察法条竞合之可能性。第三步，从罪量上考量某一法条能否对行为实现充分评价。易言之，行为对该法益的实际危害程度在某一法条的法定刑度中是否能得到全面评价，是否能充分体现罪刑相适应原则，如若能实现罪量的充分评价则应当以法条竞合论。

第二节　法条竞合犯与吸收犯②区分的理论调适

一　实质补充关系与吸收犯理论的述评

1. 问题的提出

在德国竞合论体系下的实质补充关系被德国刑法理论纳入法条竞合的基本类型予以考量。然此种类型与我国罪数论体系下的吸收犯概念基本相同，表现为同一罪名的既遂与未遂、正犯与共犯、帮助犯与教唆犯之间被认为存在实质补充关系，非实行行为被实行行为吸收，从行为被主行为吸收，这与我国传统理论中的吸收犯较为接近。③ 在具体司法实践中，经常出现游离于法条竞合和吸收犯之间的个案，这给实践中的司法处断带来了极大困扰。那么在吸收借鉴德国竞合论的过程中，对于实

---

① 马乐：《如何理解刑法中的"本法另有规定"——兼论法条竞合与想象竞合的界限》，《甘肃政法学院学报》2016 年第 4 期。

② 这里讨论的吸收犯是特指德国竞合论体系下的符合实质补充关系的类型化不法行为，该种类型因符合我国罪数论体系下的吸收犯概念，又被纳入德国竞合论体系下的法条竞合的范畴予以考量，故本书在本部分中将其与我国罪数论体系下的法条竞合概念作一分析对比，以澄清差异。

③ 参见高铭暄、马克昌主编《刑法学》（第九版），北京大学出版社、高等教育出版社，2019，第 192~193 页。

质补充关系在我国刑法语境下究竟该纳入法条竞合的范畴还是吸收犯的范畴，二者如何区分，吸收犯的存废之争已历经多年，当下吸收犯理论究竟何去何从，本书将从实质补充关系的意域指涉范围与吸收犯的存在范围作分析对比，通过德国竞合论体系与我国罪数论体系的适用语境比较得出相关问题之答案。

2. 实质补充关系的概念与存在范围

一般来讲，补充关系可分为明示补充关系与默示补充关系，习惯上也称为形式补充关系和实质补充关系。形式补充关系，是指"立法者在制定法律规定时，即已明示表示构成要件之间的适用关系"①。例如，我国《刑法》关于过失致人死亡罪的条款规定："本法另有规定的，依照规定。"借助于对构成要件的解释而产生的形式称为实质补充关系。德国学界根据 Honig 的定义，又将该类关系划分为两种类型：一种是数个法条对于同一个法益的侵害属于不同阶段的规定，包括未遂犯与既遂犯的竞合和具体危险犯与实害犯的竞合；另一种是数个法条对于同一个法益的侵害属于不同强度的侵害状态之规定，主要是指共犯间的竞合，如同时构成帮助犯、教唆犯以及正犯或者行为人先行帮助或教唆而后再为正犯的行为。

3. 吸收犯的概念、特征与存在范围

关于吸收犯概念的界定，历来观点纷呈，争议颇多。作为通说的吸收犯，"是指数个犯罪行为，其中一个犯罪行为吸收其他的犯罪行为，仅成立吸收的犯罪行为一个罪名的犯罪形态"②。从上述定义中不难总结吸收犯具有以下特征：①吸收犯具有数个独立成罪的行为；②吸收犯中的数行为间具有吸收关系，即前行为是后行为发展的必经阶段，后行为是前行为发展的必然结果。然而通说未能解决四大问题：第一，吸收犯中的吸收究竟是何含义？第二，吸收犯中的数行为是侵害同一法益的数行为还是侵害不同法益的数行为？第三，吸收犯中的数行为是同一次侵犯过程中的数行为，还是多次侵犯过程中的数行为？第四，吸收犯又在何种范围内存在？易言之，吸收犯实现的多个犯罪构成是同质犯罪构成还

---

① 柯耀程：《刑法竞合论》，中国人民大学出版社，2008，第141页。
② 高铭暄、马克昌主编《刑法学》（第九版），北京大学出版社、高等教育出版社，2019，第192页。

是异质犯罪构成，抑或兼而有之？

　　首先，针对第一个问题，本书认为欲实现对吸收犯概念之澄清，需先对吸收的概念作一梳理，这是解决后面三个问题的基础。目前我国刑法理论上主要有以下两种具有代表性的学说，即犯罪构成吸收说与行为吸收说。犯罪构成吸收说认为，吸收犯的吸收仅仅是罪与罪之间构成要件的吸收，比如有学者认为："吸收犯是在不同的犯罪事实之间，一罪行吸收他罪行，自然是属于罪的吸收。"① 行为吸收说认为，吸收犯的吸收是行为之间的吸收，比如有学者认为："吸收犯，是指数个犯罪行为，其中一个犯罪行为吸收其他的犯罪行为，仅成立吸收的犯罪行为一个罪名的犯罪形态。"② 也有学者认为："吸收犯，是指事实上数个不同的行为，其一行为吸收其他行为，仅成立吸收行为一个罪名的犯罪。"③

　　我国台湾地区学者柯耀程教授认为，正确分析竞合现象的基础在于厘清存在与当为之间的关系。④ 刑法的评价客体是客观存在的行为，属于存在的范畴，其本身当属价值中立，并不存在善恶、好坏以及合法与不法的色彩。存在被赋予合法与不法的色彩乃是在当为的作用下的结果，也即受到评价之结果。哲学上的存在与当为关系在刑法上的具体体现即是行为与构成要件之间的关系。在吸收犯中，行为属于客观存在的范畴，多个客观存在的行为之间是不可能发生具有评价色彩的吸收现象的。例如，在行为人盗窃财物后再予以焚毁的个案中，盗窃行为与焚毁行为都属于客观存在的范畴，彼此间是不可能自动发生吸收现象的。盗窃行为吸收焚毁行为乃是当为即评价作用之结果。作为理论抽象产物的构成要件，与行为一样同属于客观存在的范畴，但是构成要件彼此之间缘何就能发生具有评价色彩的吸收现象呢？⑤ 当客观行为发生后，司法者运用客观存在的犯罪构成理论，对行为事实与构成要件进行对接，以确定是否符合犯罪构成。在此判断过程中，由于在构成要件中存在包含立法者价值观念的要素，即规范性构成要件要素，因此，司法者必须进行价值

---

① 马克昌主编《犯罪通论》（第三版），武汉大学出版社，1999，第 665 页。
② 高铭暄、马克昌主编《刑法学》（第九版），北京大学出版社、高等教育出版社，2019，第 192 页。
③ 张明楷：《刑法原理》，商务印书馆，2011，第 425 页。
④ 参见柯耀程《刑法竞合论》，中国人民大学出版社，2008，第 44 页。
⑤ 前例中盗窃罪吸收故意破坏财物罪的行为即是例证。

判断与选择才能正确地进行个案与构成要件的对接。此时司法者进行的价值判断与选择，即包含对各个构成要件的价值取舍，而这正是当为的体现。在吸收犯中，司法者会在各个构成要件之间进行利弊权衡与价值取舍，从而造成犯罪构成之间的吸收现象。但是需要明确指出的是，吸收既不是单纯的行为之间的吸收，也非纯粹的构成要件之间的吸收，而是司法者运用构成要件标准对客观行为进行评价、选择，运用最能全面评价的构成要件，将数行为的不法内涵均吸收。所以所谓吸收犯在本质上不过是一种评价竞合形态。

其次，吸收犯中的数行为是侵害同一法益的数行为还是侵害不同法益的数行为？通过对吸收概念的分析不难得出吸收犯是一种评价竞合形态之结论，即数个法条评价的不同行为之间具有法益的交叉，否则就不会出现竞合。例如，在行为人盗窃财物后再予以焚毁的个案中，盗窃罪与故意损害财物罪保护的法益存在交叉，两罪竞相保护财产法益以至于产生评价上的竞合。因此，吸收犯中的数行为是侵害同一法益的数行为，但是这并不意味着数个行为侵害的法益应当完全相同，实质上二者之间只要存在法益的重合即可。比如，甲杀死乙以后，为了毁尸灭迹又在房间中故意纵火，致使整栋楼数十间房屋毁损。放火罪和故意杀人罪保护的法益不同，但是二者之间存在共同保护的法益，即人的生命健康权。因放火罪保护的是不特定多数人的生命健康及财产安全，故在评价时仅用放火罪一罪评价。实质上是在评价的过程中，放火罪实现了将数行为的不法内涵均吸收的效果。

再次，吸收犯中的数行为是同一次侵犯过程中的数行为，还是多次侵犯过程中的数行为？例如，甲欲对乙实施杀害，但由于担心乙进行反抗的过程中自己不能有效压制，故先用刀砍伤其手臂后逃离。一周后甲又来到乙的住所，乘其不备而将其用刀砍死。若认为数行为是同一次侵犯过程中的数行为，那么此案中数行为不属于同一次侵犯过程。为避免对行为的评价不足，故意杀人罪不能吸收故意伤害之行为，而应当认为其构成实质竞合并予以数罪并罚。若认为数行为是多次侵犯过程中的数行为，则应当用故意杀人罪吸收故意伤害之行为，仅以故意杀人罪一罪评价。事实上吸收犯中的数行为之所以被某一构成要件吸收，乃是由于该数行为发生在对同一法益的同一次侵犯中，为避免对同一次侵犯中的行为重复评价方有吸收之现象发生。所以吸收犯中的数行为指涉的是同一次侵犯过程中的数行为。

最后，吸收犯触犯的多个犯罪构成是同质犯罪构成还是异质犯罪构成，抑或兼而有之？实际上这是关于吸收犯的存在范围问题。不同的学者从不同的视角出发所认定的吸收犯的范围不尽相同，目前我国刑法理论上主要存在如下三种学说。

第一种是"同质行为说"。该说认为："吸收犯的数个行为必须属于同一罪质。即数个独立的犯罪行为之所以可以吸收为一个犯罪，是因为行为人的数个行为具有同一罪质。同一罪质，就是具有同一犯罪性质，一般表现为触犯同一罪名，不论行为的表现形式如何，最终都是一个罪名。"① 事实上同质行为说中的数个犯罪构成之间的关系不过是基本犯罪构成与修正犯罪构成之间的关系以及不同修正构成之间的关系。例如，甲欲杀害乙而开枪射击，未打中要害但致其重伤，由于惊吓了周围群众，甲只得化装潜伏尾随乙至医院后将其杀害。行为人的故意伤害行为构成故意杀人罪（未遂），行为人的故意杀人行为构成故意杀人罪（既遂），基本犯罪构成与未遂犯罪构成属于同质犯罪构成，基本犯罪构成对行为的吸收排斥了未遂犯罪构成对行为的吸收，此即是同质犯罪构成的适例。从同质行为说的目的考量，其将吸收犯的范围界定为同质犯罪构成，要旨在于与牵连犯相区别。第二种是"异质行为说"。该说认为，成立吸收犯之数行为应当具有异质性。"吸收犯是指数个不同的犯罪行为，依照日常一般观念或法条内容其中一个行为当然为他行为所吸收，只成立吸收行为的一个犯罪。"② 数个犯罪行为若触犯同一罪名，可以认为是反复实施同一罪名的犯罪，成立连续犯；若无连续犯罪而反复触犯数个同种罪名，则成立数罪：都不可能成立吸收犯。从异质行为说的目的考量，其将吸收犯的范围界定为异质犯罪构成，主要目的在于与连续犯相区别。第三种是"无限制说"。该说认为："吸收犯之数行为无性质的限制，只要根据一般经验法则判断，就可以成立吸收犯。"③

---

① 林亚刚：《论吸收犯的若干问题》，《政治与法律》2004 年第 2 期。

② 马克昌主编《犯罪通论》（第三版），武汉大学出版社，1999，第 664 页。

③ 薛丰民：《论吸收犯的吸收关系——兼论吸收犯与相关罪数形态的界限》，《郑州大学学报》（哲学社会科学版）2013 年第 5 期。

通过前文对吸收含义的澄清，可以得出吸收犯既存在于同质犯罪构成之中也存在于异质犯罪构成之中的结论，因此本书认为"无限制说"具有一定的合理性。一方面，"同质行为说"将吸收犯的范围界定为同质犯罪构成是为了与牵连犯相区分的做法是不必要的。虽然二者都表现为数行为对法益的侵害，但牵连犯是侵害不同法益或者侵害同一法益的不同过程中的竞合形态，而吸收犯是侵害同一法益的同一过程中的竞合形态。牵连犯所涉及的数个犯罪构成之间的法益没有交叉，而吸收犯的法益必须重合。另一方面，"异质行为说"将范围界定为异质犯罪构成以区别于连续犯的做法也同样不可取。吸收犯是侵犯同一法益的同一过程中的竞合形态，连续犯是连续侵犯多个法益的竞合形态，二者有着本质的区别。

二　实质补充关系理论的调适

1. 实质补充关系纳入法条竞合范围的理论症结

首先，实质补充关系是一个理论上备受争议的概念。需要特别指出的是在该类型的竞合范围上，大陆法系学者无论是对形式的补充关系还是对实质的补充关系均存在较大异议，皆未达成学界共识。就形式的补充关系而言，我国台湾地区学者陈志辉就认为补充条款本身已经包含一个负面构成要件，也就是说主要构成要件没有被实现，既然构成要件已经明白表示补充的地位，无须等到竞合层面再去解决问题。[1] 对于实质补充关系的分歧则更为明显，有部分学者认为该类型根本就不是法条竞合的基本类型，而另有论者认为其虽不是补充关系，却可以被纳入吸收关系或者择一关系的类型。例如，我国台湾地区学者黄荣坚教授认为，德国通说认为杀人罪和重伤害罪是在保护不同的法益，这一前提无论如何都不可能得出通说认定的两罪系法条竞合的关系之结论。相对地，在杀人罪与伤害罪或重伤害罪都是在保护身体法益的前提下，行为人的行为虽然同时构成杀人未遂与重伤害既遂，但仍属于一行为侵害一法益而触犯数罪名，无论如何都是法条竞合。[2]

---

① 参见陈志辉《刑法上的法条竞合》，硕士学位论文，台湾政治大学，1997，第49页。
② 参见黄荣坚《基础刑法学》（下），台湾元照出版有限公司，2012，第944页。

其次，实质补充关系在行为数的认定和范围的界定上与我国现行罪数论体系风格迥异而大相径庭。在德国的竞合论体系下，无论是一行为还是数行为，只要是适用一个法条的情形就都被归入法条竞合的类型。一方面，实质补充关系仅以一罪论，仅有一个犯罪构成得以适用，故被纳入法条竞合之基本类型。但在中国现行的罪数论体系下，法条竞合是以行为单数为理论基础的，盲目将德国的复数行为也纳入中国的法条竞合体系中会产生内在的协调性冲突而造成混乱。另一方面，在法条竞合的范围上二者存在着较大的认知差异。在德国的竞合论体系下，由于全部与罪数和竞合有关的问题统统分别归入法条竞合、想象竞合与实质竞合这三种基本类型之中，法条竞合的范围宽泛，实质补充关系的范围也日益扩充，包括同一罪名下的既遂与未遂、正犯与共犯、帮助犯与教唆犯。反观在中国刑法的语境下，由于最初并没有接受德国的法条竞合理论，法条竞合的范围考量主要源于苏式体系下的逻辑思考，更多的是从逻辑主义的视角来透视构成要件之间的竞合关系。

再次，从实质补充关系和吸收犯的范围比较来看，在中国目前罪数论体系的架构下，承认实质补充关系不仅无任何实际意义反而徒增理论的混乱。在实质补充关系的存在范围内，同一罪名下的既遂和未遂、正犯与共犯、帮助犯与教唆犯被认为存在实质补充关系而被纳入法条竞合的范畴。事实上这一范围恰好对应的是吸收犯的构成范围，因此完全没有必要另行建立实质补充关系的概念去取代现行体系下的吸收犯。

最后，补充关系类型的划分标准则采用了截然不同的路径，这种路径不符合当下中国刑法的语境。该类型不由构成要件之间的逻辑关系来判断某一构成要件是否完全包容另一构成要件，而是从禁止对同一法益侵害作出双重评价的角度来划分法条间的关系。在苏式体系和日本罪数理论的影响下，我国罪数论体系已经习惯于从构成要件的逻辑关系来判断法条竞合的基本类型，若游离于逻辑标准之外另行建立标准，恐与现行罪数判断体系"水土不服"而格格不入。

2. 实质补充关系理论的调适

综上所述，本书主张不能盲目将德国竞合论体系下的实质补充关系归为中国的法条竞合类型，而应当将其在范围调适的基础上纳入中国的吸收犯范畴，同时吸收犯的概念在研究异质犯罪构成之间的吸收关系中仍具有实际的意义和存在的价值。

一方面，实质补充关系和吸收犯均是以数行为实现数构成要件而仅有一构成要件可以充分评价为成立前提的，法条竞合则是以一行为实现数构成要件而仅有一构成要件可以充分评价为成立前提的。一行为与数行为之差异是法条竞合犯与吸收犯以及实质补充关系的本质区别。若盲目将德国竞合论体系下的补充关系归为我国的法条竞合类型，势必造成法条竞合与吸收犯之间的界域模糊，法条竞合与吸收犯将难以区分。

另一方面，实质补充关系在范围调适的基础上可以纳入吸收犯范畴。由于德日体系下将所有仅适用一法条之情形全部归入法条竞合，实质补充关系的范围日渐扩充，其包括同一罪名下的既遂与未遂、正犯与共犯、帮助犯与教唆犯。虽然实质补充关系的各种类型都能一一纳入我国吸收犯的存在范围被讨论，但上述划分缺乏明晰的分类标准，也未必适合我国吸收犯的语境。

本书认为，应当根据吸收犯的本质特征，即依据行为的不同发展阶段对法益的侵犯程度进行划分。依据此标准可将吸收关系划分为实害犯与危险犯之间的吸收、实害犯与实害犯之间的吸收、危险犯与危险犯之间的吸收。如此划分优点在于，标准清晰、范围无遗漏又能切合吸收犯的本质。因为吸收犯概念建构之目的就是要解决在对同一法益的同一次侵犯过程中，不同行为之间发生竞合后，应当如何选择最能充分评价对竞合行为予以吸收的构成要件。而实害犯与危险犯正是根据行为的不同发展阶段对法益的威胁或侵犯程度来划分的，从一定意义上来讲，用实害犯与危险犯之间的关系来界定吸收犯的范围能更加准确地实现吸收犯之罪数评价功能。因此，将实质补充关系在范围调适的基础上纳入吸收犯之范畴，方能适应中国刑法语境。

第三节　法条竞合犯与牵连犯①区分的理论调适

当数个行为分别实现数个犯罪构成要件之时，由于《德国刑法典》

---

① 这里讨论的牵连犯特指德国竞合论体系下的共罚的事前或事后行为，因该种类型既符合我国罪数论体系下的吸收犯，又符合牵连犯，且被纳入德国竞合论体系下的法条竞合的范畴予以考量，故本部分将其与我国罪数体系下的法条竞合概念作一分析对比，以澄清差异。

中没有关于牵连犯的规定，为了回应在刑事司法实践中实质竞合类型范围的过度扩张现象，在刑事法学理论上建构了共罚的事前或事后行为（也称为不可罚的事前或事后行为，mitbestrafte Vor-und Nachtat）的概念，将其评价为一罪并纳入法条竞合的范畴。然在此等情形之下，共罚的事前或事后行为之概念有无纳入中国罪数论体系的必要，若纳入体系则归入的是法条竞合犯抑或牵连犯更为适宜，若纳入牵连犯则如何与法条竞合犯加以区别，此等问题皆需要——辨正。

一　共罚的事前或事后行为理论述评

1. 共罚的事前或事后行为的概念界定

我国大陆刑法理论界对共罚的事前或事后行为理论涉猎甚少，德日刑法学界及我国台湾刑法理论界，有的把它置于法条竞合中的体系下加以讨论，有的则在吸收犯的体系下加以研究，观点纷争、莫衷一是，颇为壮观。

根据德日刑法理论关于共罚的事前或事后行为的基本概念，理论上大致形成了以下五种具有代表性的学说：第一种学说认为，"所谓不可罚的事前或事后行为，是指某些犯罪在一般情况下是另一犯罪的前提或后果的情况"[1]；第二种学说认为，"不可罚的后行为，意指行为人为保全、利用或处分其先前行为之不法所得，所为之后行为"[2]；第三种学说认为，"不可罚之前行为，是指已合并在后行为中加以处罚的行为。不可罚之后行为，是指已合并在前行为中加以处罚的行为"[3]；第四种学说认为，"不可罚的前行为，是指已合并在后行为中加以处罚的行为。不可罚的后行为，是指已合并在前行为中加以处罚的行为，是行为人为确保或利用前行为所取得之利益，另为未侵害新法益之行为"[4]；第五种学说认为，"不可罚的前行为，指刑法上犯罪行为之作成，是经由行为持续保持之行为意思在经历不同阶段后而逐步完成，其中前阶段行为可借由对后

---

[1]　〔意〕杜里奥·帕多瓦尼：《意大利刑法学原理》（注评版），陈忠林译评，中国人民大学出版社，2004，第375页。

[2]　黄荣坚：《双重评价禁止与法条竞合》，《台大法学论丛》1993年第1期。

[3]　林山田：《论法律竞合与不罚之前后行为》，《台大法学论丛》1993年第2期。

[4]　林炜民：《刑罚行为之质与量》，《刑事法杂志》1996年第2期。

阶段行为之处罚，而不须再予论罪，亦即前行为之不法内涵已包括在主行为之处罚之中的行为。不可罚之后行为，指在实施一个犯罪行为后，另为一个后行为，此后行为在原法益之范围内，对主行为所造成的不法状态加以利用与保持，而其不法内涵亦包括在主行为的处罚范畴内，并可由此处罚而得到足够补偿的后行为"①。

上述五种学说的主要分歧集中体现在是否认为共罚的事前或事后行为必须是犯罪行为。第一种、第二种学说均认为共罚的事前或事后行为都是犯罪行为，其本身具有可罚性，但因为其与主行为之间存在前后相继的特殊顺序关系或者基于刑事政策上的考量而不予刑罚处理。第三种、第四种、第五种学说认为共罚的事前或事后行为本身就不构成犯罪，必须与主行为一起作为一个整体的行为才具备可罚性。因此在德国刑法理论中一般视共罚的事前或事后行为与主行为为一个整体行为单数而予以刑法上的评价。例如，甲盗窃他人的财物后将财物损坏。按照第一种、第二种学说的观点，故意破坏财物的行为和盗窃行为均是犯罪行为，都具备可罚性。但因为故意破坏财物的行为与盗窃行为之间存在前后相继的特殊顺序关系，基于刑事政策上的考量而不予刑罚处理。而按照第三种、第四种、第五种学说的观点，故意破坏财物的行为在此个案中不是犯罪行为，本身不具备可罚性。故意破坏财物的行为必须与盗窃行为一起作为一个整体的行为方具备可罚性。其理由在于被害人的财产法益已经被甲先行的盗窃行为侵害，那么承继的破坏财物行为也不会再次造成被害人的利益受到损害，所以故意破坏财物的行为不是犯罪行为，也就不可能构成故意破坏财物罪。

本书认为共罚的事前或事后行为都不是犯罪行为。一方面，如果前后行为都是犯罪行为，都具备可罚性，那么必须依照有罪必罚与一行为一罚的基本原则对前后两个行为按照实质竞合实行数罪并罚。刑事政策虽然具备一定的灵活性，但也不得违背刑法的原则。该学说认为其与主行为之间存在前后相继的关系而基于刑事政策上的考量不予处罚的观点有悖于一行为一罚的原则。另一方面，如果把共罚的事前或事后行为与主行为一起作为行为单数在刑法上予以评价，则既符合一行为一罚的基

① 战谕威：《吸收犯初探》，《刑事法杂志》1994年第6期。

本原则又符合罪刑均衡的原则。

综上所述，本书认为共罚的事前行为，是指在同一犯意的支配下，前后行为侵犯同一法益，对后行为的评价足以将其前行为的全部不法内涵涵摄，而不再以犯罪论处的行为。事实上，在德国刑法的语境中，其本质就是过程犯，即前行为虽然构成犯罪，但后行为侵犯相同的法益而构成另一犯罪，前行为失去独立评价的意义。所谓共罚的事后行为，是指在同一的犯意的支配下，前后行为侵犯同一法益，对前行为的评价已经足以将后行为的全部不法内涵涵摄，而不再以犯罪论处的行为。

2. 共罚的事前或事后行为的特征

依据前文对共罚的事前或事后行为的概念分析，不难得出共罚的事前或事后行为的如下四个法律特征。首先，前后行为必须侵犯同一法益，如若不是侵犯同一法益，则应当按照实质竞合的处断规则处理。值得注意的是，同一法益必须是犯罪对象同一、法益种类同一。例如，行为人以利刃故意割破被害人的路易威登挎包（价值 20000 元人民币），盗窃行为人现金 5000 元。在该案中，破坏行为侵害的法益和盗窃行为侵害的法益由于犯罪对象不同，而不属于同类法益。因此该案中破坏财物的行为并非共罚的事前行为，应当按实质竞合予以数罪并罚。其次，前后行为分别符合多个犯罪构成，多个犯罪构成评价的应当是不同的自然行为。例如，行为人盗窃枪支后非法持有枪支的行为，符合盗窃枪支罪、非法持有枪支罪两个犯罪构成。盗窃枪支罪、非法持有枪支罪分别评价盗窃枪支的行为与非法持有枪支的行为。再次，主行为的不法内涵足以涵摄前行为或者后行为的不法内涵。一般来说主行为侵害同一法益程度比前（后）行为要更高。例如，盗窃枪支的行为足以涵摄非法持有枪支的行为。最后，整个行为过程应当统摄于一个犯罪故意之中，否则对前后两个行为应当按照实质竞合处理。例如，行为人在盗窃的过程中，又对被害人实施强奸。在该案中，行为人的故意内容发生了变化，并且前后行为侵犯的不是同一法益，因此盗窃行为不属于共罚的事前行为，该案应当将盗窃罪和强奸罪按实质竞合予以数罪并罚。

二　牵连犯理论概述

刑法上牵连犯一词起源于德语 Verbrechens－konkurrenz，但是当下

《德国刑法典》中却没有关于牵连犯的规定。回顾牵连犯的发展历程，最早较为全面、系统地作出牵连犯概念表述，并且明确提出对牵连犯的司法处断应适用"从一重处断"原则的是德国刑法学家费尔巴哈。[①] 迄今为止，除日本等少数国家和地区，世界各国家和地区刑法典大多没有对牵连犯作出明确的规定，虽然对于牵连犯的概念和特征以及处断原则的著述颇丰，但在理论见解上并不一致，在司法实践中的运用也各自为政。例如，在普通法系的刑事理论上与司法实践中，对于具有牵连关系的犯罪，均按照有罪必罚的原则，依据实际所构成的犯罪个数予以数罪并罚。[②]《日本刑法典》总则第 54 条把牵连犯与想象竞合犯一起作了以下规定："一个行为同时触犯其他罪名的，按照其最重的刑罚处断。"[③]

我国无论是 1979 年颁布的第一部《刑法》还是 1997 年经修订后的现行《刑法》，对牵连犯的概念与处断原则均没有作明文规定，但是刑法理论上和司法实践中一般均予以认可和适用。有鉴于此，迄今为止我国刑法理论上对于牵连犯的定义仍旧众说纷纭，归纳起来大致有以下五种定义。

第一，"牵连犯是实施某一犯罪行为，其采取的方法或者产生的结果又触犯其他罪名的犯罪"[④]；第二，"犯罪分子出于直接追求一个犯罪目的，而犯罪的方法或结果又触犯其他罪名的，叫牵连犯"[⑤]；第三，"牵连犯是指犯一罪而其手段或结果的行为又触犯了其他罪名的情况"[⑥]；第四，"牵连犯是指犯罪人以实施某一犯罪为目的，而其犯罪的方法或结果行为触犯其他罪名的犯罪"[⑦]；第五，"牵连犯是指行为人实施某种犯罪（即本罪），而方法行为或结果行为又触犯其他罪名（即他罪）的犯罪形态"[⑧]。

我们可以看出上述五种牵连犯的定义都表现出了行为的牵连性、独立性以及行为对法益的威胁性或侵害性特征。但由于前两种定义在说明

---

① 参见高铭暄《刑法问题研究》，法律出版社，1994，第 225~226 页。
② 参见杨兴培《关于牵连犯的理论再思考》，《法学》1998 年增刊。
③ 《日本刑法典》（第二版），张明楷译，法律出版社，2006，第 24~25 页。
④ 高铭暄、马克昌主编《刑法学》（第九版），北京大学出版社、高等教育出版社，2019，第 190 页。
⑤ 吴振兴：《罪数形态论》（修订版），中国检察出版社，2006，第 285 页。
⑥ 顾肖荣：《刑法中的一罪与数罪问题》，学林出版社，1986，第 88 页。
⑦ 高铭暄、马克昌主编《刑法学》，北京大学出版社、高等教育出版社，2000，第 201 页。
⑧ 高铭暄主编《刑法学原理》（第二卷），中国人民大学出版社，1993，第 600 页。

触犯其他罪名之犯罪的方法或结果时，没有使用"行为"一词，因此未能突出表现牵连犯行为的复数性特征。后三种定义则较为清晰而明确地阐释了牵连犯行为的复数性，从而将牵连犯与法条竞合的罪数形态划清界限。本书认为，牵连犯的成立具备四个特点。

首先，行为的牵连性是牵连犯的本质特征。易言之，构成牵连犯的数个犯罪行为之间必须具有牵连关系。那么何谓牵连关系？通说认为应当从主客观相统一的角度来界定牵连关系。例如，姜伟教授认为："牵连关系是以牵连意图为主观形式，以因果关系为客观的内容所构成的数个相对独立的犯罪有机统一体。"① 这种牵连关系具有两种表现形态。一种是目的行为与方法（手段）行为牵连的形态。例如，为实施招摇撞骗而伪造国家机关公文、印章的，其中伪造国家机关公文、印章是手段行为，招摇撞骗是目的行为。另一种是原因行为与结果行为牵连的形态，例如，盗窃银行支票又冒名领取财物的，其中盗窃支票是原因行为，冒名领取财物（票据诈骗）是结果行为。

其次，行为的复数性是牵连犯区别于法条竞合犯与想象竞合犯的重要特征。牵连犯、法条竞合犯、想象竞合犯都触犯了数个刑法法条规定的罪名，所不同的是牵连犯的成立必须有数个犯罪行为的存在，而法条竞合犯与想象竞合犯的成立仅需一个犯罪行为的存在。

再次，行为的独立性是牵连犯的鲜明特征。易言之，构成牵连犯的数个行为须是符合刑法分则独立构成要件的犯罪行为。如果虽然有数个独立行为的存在，但其中只有一个行为具有不法性，而其他行为不具备不法性，则不存在具有牵连关系的犯罪行为，也即牵连犯不成立。比如，在利用色相勾引被害人进而实施敲诈勒索的个案中，利用色相勾引被害人不是犯罪行为，虽然敲诈勒索构成犯罪行为，但二者不构成牵连犯。

最后，牵连行为具有对法益的威胁性或侵害性。不具有法益威胁性或侵害性的行为不是犯罪行为，因而也不构成牵连犯。但值得注意的是，牵连犯前后行为对法益的侵害既可能是对同一法益也可能是对不同法益。从这一特征来审视，牵连犯中既包括吸收犯又包括实质竞合犯。由于吸收犯是前行为与后行为侵害同一法益，牵连犯是前后行为侵害同一法益

---

① 姜伟：《犯罪形态通论》，法律出版社，1994，第447~448页。

或不同法益，因此二者之间存在重合。例如，行为人为了骗取出口退税而虚开增值税专用发票就属于牵连犯前后行侵害同一法益，而行为人为了骗取保险金而故意杀害被保险人则属于牵连犯前后行为侵害不同法益。有鉴于此，牵连犯在罪数本质上具有双重性，既有吸收犯又有实质竞合犯，那么在处断方式上也不应一刀切。对于牵连犯中的吸收类型，应当按照一罪处理，对于实质竞合的部分则应当按照数罪予以并罚。①

三　共罚的事前或事后行为在中国语境下的竞合类型选择

首先，德国竞合论体系下将共罚的事前或事后行为纳入法条竞合的范畴，乃是受制于国家特定的立法语境之考量。由于《德国刑法典》中没有牵连犯的概念，在数个行为实现数个构成要件且具有牵连关系的情形下，刑法理论则通过"不真正法条竞合"的概念②（此处指涉的是共罚的事前或事后行为）来限制数罪成立的范围并弥补牵连犯概念的缺失所带来的理论真空。值得注意的是，"不真正法条竞合"中的行为是数行为。这与我国传统罪数论中法条竞合仅存在于一行为之中的观点是截然不同的。

具体而言，当行为人的牵连行为实现数个犯罪构成要件之时，如果各个构成要件要素彼此之间完全没有发生重合，德国刑法理论则通过构造共罚的事前或事后行为概念，将数个具有牵连关系且侵害同一法益的行为纳入不真正法条竞合的范畴来实现一罪的成立。例如，德国刑法判例认为行为人盗窃财物以后又侵占该财物，对侵占行为不予单独处罚，这是因为后行为是在前行为范围之内侵害法益的；但如果盗窃财物之后又向善意第三人出售盗窃的赃物，则后行为构成独立的犯罪，盖其原因在于后行为侵犯了新的法益。③ 再比如，对盗窃枪支后加以私藏的行为，德国在司法实践中对私藏行为一般不予处罚，其原因在于盗窃枪支行为与私藏枪支行为具有牵连性，属于共罚的事后行为，二行为侵害同一法

---

① 参见庄劲《罪数的理论与实务》，中国人民公安大学出版社，2012，第224~225页。

② 共罚的事前或事后行为虽然被纳入法条竞合的概念体系中，但既不符合法条竞合的一行为特征，在量刑上也不遵循法条竞合的处断规则，因而在学理上被称为"不真正法条竞合"。

③ 参见庄劲《罪数的理论与实务》，中国人民公安大学出版社，2012，第168页。

益，应当按照"不真正法条竞合"予以一罪处断。

其次，将共罚的事前或事后行为纳入法条竞合的范畴，在德式竞合论体系下有着特殊的原因。其根源在于犯罪个数认定标准与禁止重复评价原则、全面评价原则之间的内在冲突。从罪数认定的标准来看，可以上溯到李斯特的自然行为标准，即数罪的成立必须存在数行为，一个自然意义上的行为则只能构成一个犯罪。后来，《德国刑法典》第 52 条、第 53 条对该原则予以确立。随着现代刑法理论的不断发展，刑法学者认为犯罪是较为复杂的事实综合体，除了客观的行为以外，行为人之犯意、行为人对法益的侵害、构成要件的实现状况都是成立犯罪必不可少的要素。因此在犯罪认定标准中除了"行为说"以外，还出现了"法益侵害说""构成要件说""犯意说"等学说。①

例如，有学者认为："毕竟行为本身不能称为罪，而是必须经过规范评价之后，方得以成为具有非价内涵的犯罪行为。"② 在自然行为标准日渐式微的趋势下，德国刑法理论与实务在竞合理论中仍然坚守这一犯罪个数认定标准，将罪数的认定简化为自然意义上的行为个数。这"既不利于犯罪论体系内部的逻辑自洽，也将无法妥当安置犯罪中的其他无法包含在客观行为中的事实要素，最终导致犯罪竞合在定罪与量刑两种视角上的冲突"③。

最后，在我国罪数论体系的语境下，不宜将共罚的事前或事后行为纳入法条竞合的概念范畴。出于体系的自洽性考量，应在对其范围作适当调适的基础上将其纳入牵连犯的范畴，但在处断上应当按照吸收犯的处断原则处罚。第一，德国将共罚的事前或事后行为纳入法条竞合的概念范畴乃旨在限制数罪成立的范围与弥补牵连犯概念的缺失所带来的理论真空，而我国虽然在理论中对牵连犯的概念处断原则存在较大争议，但是自觉或不自觉地运用牵连犯的基本共识性概念和处断原则解决实践中的问题。这一点和德国的语境是不同的。第二，共罚的事前或事后行为是数行为，我国的法条竞合是一行为，如果照搬德国的共罚的事前或

---

① 参见柯耀程《刑法竞合论》，中国人民大学出版社，2008，第 59~62 页。
② 柯耀程：《刑法竞合论》，中国人民大学出版社，2008，第 63 页。
③ 徐凌波：《犯罪竞合的体系位置与原则——以德国竞合理论为参照》，《比较法研究》2017 年第 6 期。

事后行为理论，将其纳入我国的法条竞合，只会造成实践中的混乱，使得对法条竞合的行为判断丧失明确的标准。第三，在我国的罪数论语境下，牵连犯前后数行为对法益的侵害既可能是对同一法益也可能是对不同法益。从这一特征来审视，牵连犯既包括吸收犯又包括实质竞合犯。正是基于此，牵连犯的概念完全可以被吸收犯和实质竞合的概念代替，所以有不少学者主张放弃牵连犯之概念。① 依据前文对共罚的事前或事后行为的概念分析，共罚的事前或事后行为也是侵犯同一法益的数行为，所以不必在我国的罪数论体系下另行建构共罚的事前或事后行为之概念，而应当将其归于对应的我国罪数论体系下的牵连犯。但是在处断上，牵连犯既包括吸收犯又包括实质竞合犯，前者是择一重罪处断，后者是数罪并罚。因共罚的事前或事后行为与吸收犯都是数行为在同一过程中侵害同一法益，二者内涵实质相同，故应当按照择一重罪的处断原则加以处断。

---

① 参见谭钟毓《论牵连犯的罪数形态与处断原则》，《求索》2012 年第 4 期。

第八章　处断论：法条竞合的处断规则

处断论的价值旨趣在于在精准识别法条竞合形态的基础上，回归司法适用层面，解决各种法条竞合形态的不同处断规则及其法理依据问题。在一定意义上，刑法学界长期聚焦于法条竞合的学术个案，其目的也就在于建构法条竞合的合理处断规则以解决司法实践中遭遇的法律适用难题。当行为人以一个实行行为触犯数个法条所规定的多个具有从属、交叉或分解关系的犯罪构成要件时，在数个法条中，判断针对不同的竞合类型究竟应该选择适用哪一个法条，才能既实现对行为的充分评价又有效避免评价过剩，是研究法条竞合处断规则的核心要义所在。

第一节　法条竞合的基本处断原则

法条竞合的基本处断原则，是指在法条竞合的司法适用过程中所必须坚持的普适性原则。它对法条竞合处断的一般规则和补充规则都具有极其重要的指导作用。一般规则和补充规则若与基本处断原则相违背则皆无效，基本处断原则具有更高的法律适用效力。法条竞合的基本处断原则具体包括全面评价原则（也称完全评价原则）和禁止重复评价原则（也称双重评价禁止原则）。事实上两原则是从截然相反的观察视角来实现对行为的充分评价的，即"双重评价禁止原则讲的是，什么时候应该禁止双重评价。完全评价原则讲的是，什么时候应该双重评价。双重评价的禁止是评价行为的上限。完全评价原则，是评价行为的下限"①。

一　全面评价原则

1. 全面评价原则的内涵界定与法理依据

全面评价原则又称为完全评价原则或穷尽判断原则。其内涵主要是

① 黄荣坚：《刑法问题与利益思考》，中国人民大学出版社，2009，第216页。

指在犯罪成立阶段，就行为人所为之行为，判断行为究竟该当何罪时，应当对立法者所预设的各种类型的犯罪构成要件毫无遗漏地逐一判断，以检验具体行为事实是否符合各个构成要件之规定。倘若行为事实具备某罪所要求的主客观要素则可在形式上或认识上判断该罪之成立。①

全面评价原则的法理依据源于罪刑法定原则与罪刑相适应原则。罪刑法定原则要求法无明文规定不为罪，法无明文规定不处罚。全面评价原则作为罪刑法定原则在司法领域中的体现，具体表现为要求司法者在进行罪数判断时，应当受到立法者所制定的法律之拘束，不得凭借个人之好恶而随意选择是否予以适用。司法者仅能在不违反刑法基本规定的前提下解释、补充及适用刑法。因此司法者在进行罪数判断时，应当对于立法者所设立的各种罪名以及刑罚效果的规定毫无遗漏地全部检验，以确认具体事实是否符合各个犯罪构成要件之规定。

罪刑相适应原则的具体要求在于要对行为的社会危害性大小进行准确适当的评价，既要从罪的角度考虑，也要从刑的维度考量。当某行为的社会危害性较大时，要做到重罪重罚，当某行为的社会危害性较小时，要做到轻罪轻罚，从而较好地实现罚当其罪，达到刑罚的报应和预防之目的。全面评价原则淋漓尽致地体现了罪刑相适应原则的意义根基。概言之，从罪的角度讲，它要求将行为与各种类型的犯罪构成要件一一对照，毫无遗漏地判定所涉及的罪名；从刑的维度看，它要求对所有不法要素所蕴含的不法罪量通盘地予以考虑，做到不多评、不漏评、不少评。一言以蔽之，全面评价原则荷载了罪刑相适应原则的全部精神气质和价值诉求，可以说是罪刑相适应原则在罪数评价领域的具体体现和要求。

2. 全面评价原则在法条竞合处断中的具体要求

法条竞合的实质在于只适用一法条就足以将行为的全部非价内涵充分评价，从而排除其余法条的适用，因此德日体系下也称其为法规单一。其中适用的法条被称为优位法条，被排除的法条被称为劣位法条。全面评价原则在法条竞合处断中的作用主要表现为两个层面：一是在形式层面上逐一检验不法行为与各个可能该当要件的符合性，二是在实质层面全面检验是否存在一法条能将不法行为的非价内涵全面评价。以下针对

① 参见甘添贵《罪数理论之研究》，中国人民大学出版社，2008，第6页。

全面评价原则在两个层面的作用分而述之。

　　从形式层面观察，贯彻全面评价原则就是要把一行为可能实现的犯罪构成要件逐一罗列出来，力求做到不遗漏、不多余。如果遗漏了该行为实现的犯罪构成要件，就有可能在司法处断中评价不足，反之如果多罗列了犯罪构成要件则有可能评价过剩。

　　从实质层面检视，贯彻全面评价原则就是要检验是否存在优位法条可将行为的非价内涵全面评价。那么在司法实践中应当如何判断优位法是否包含了行为的全部非价内涵？这是一个斯芬克斯难题。在德日刑法体系下，学者们多从罪质的角度来解决该问题。他们认为如果适用一个刑法法条能够包容行为所有的不法组成要素，那么对行为的非价内涵即实现了全面评价。而事实上行为的不法，最主要的方面是指对法益的侵害或威胁，因此学者们对不法要素主要是从法益保护的角度去判定的。如果某一法条保护的法益涵盖了不法行为触犯的所有法益则可视为实现了对行为不法内涵的包容。

　　在此种判定模式的设计下，有时则会出现被适用的优位法①的法律效果明显弱于被排除的劣位法的法律效果的情况。例如，在司法判断中不法内涵较小的法条是被排除在法律适用之外的，故只能依照不法内涵较大的法条定罪。而事实上囿于立法技术等原因，在刑法典中某些不法内涵较大的法条的法定刑反而轻于不法内涵较小的法条的法定刑，其结果可能是对罪刑相适应原则的严重背离。德国刑法学界为了摆脱这一法条适用上的困境，提出了"轻罪最低刑对重罪的封锁作用（Sperrwirkung）"的理论学说。② 该学说认为被适用的法条的法定最高刑、法定最低刑基于罪刑法定原则均应当被遵守，但如果被排除的劣位法的法定最低刑在被适用的优位法的量刑幅度之内，则裁量的刑罚不得低于被排除的劣位法的法定最低刑。此外，当适用的优位法没有同类性质的附加刑时，被排除的劣位法的附加刑同样也应当被适用。

　　本书之基本立场为：德国目前采用的"轻罪最低刑对重罪的封锁作

---

① 本书所指称的优位法是指在具有法条竞合关系的数法条中非价内涵或不法与罪责内涵相对较广的法条，其余非价内涵或不法与罪责内涵相对较窄的法条则是劣位法条。
② 参见〔德〕克劳斯·罗克辛《德国刑法学 总论》（第2卷），王世洲等译，法律出版社，2013，第650页。

用"的理论学说，虽然在一定程度上解决了"绝对排除原则"与罪刑相适用原则的冲突，却在逻辑上造成了更大的悖论。

其理由之一，对不能充分评价不法行为的法条在量刑中加以考量。毋庸讳言，法条竞合的精义在于一法条充分评价了行为的全部非价内涵，从而绝对地排除其余法条的适用。疑似该当数个要件的行为事实上仅仅符合一罪，因此被排除的法条根本不是真正地符合被评价的行为。那么该理论何以将被排除的法条在量刑上再加以考虑，其法理依据何在，从该理论中很难得到合理解释。

其理由之二，这样的做法难以区别于想象竞合的法律适用效果。大陆法系通说认为想象竞合中被排除的法条不是真正被排除，在量刑时法官在判决书中必须将想象竞合涉及的相关罪名——列出，并且承认轻罪对量刑的封锁作用；法条竞合中被排除的法条则绝对排除在司法裁判之外，法官根本不必在判决书中列出法条竞合所涉及的罪名，更不会考虑其对量刑的封锁作用。

综上所述，本书认为，所有的症结都应当归于对非价内涵的认识问题。事实上非价内涵既有质与类别的差异性，也有量上的不同。被适用的优位法不仅要充分评价行为的罪质（主要从法益、罪过、实行行为的角度进行评价），也要评价行为的罪量（主要从社会危害程度与刑罚的量度关系是否体现罪刑相适应原则的角度进行评价）。如果优位法实现了对行为非价的充分评价，那么优位法在罪质和罪量上都能充分包容其余劣位法条。因此 Puppe 教授主张，法条竞合的法律效果主要体现在撰写起诉书和判决书时，对于裁量刑罚和附随后果，均不得提及和采用被排斥法。如果被排斥法只是表面上被排斥，实际上却作为加重刑罚的事由，这就意味着被排斥法的不法或罪责内涵没有被优位法完全包含，此种带有想象竞合效果的"法条竞合"案例，不应被称作法条竞合。①

二　禁止重复评价原则

1. 禁止重复评价原则的内涵界定与法理依据

法条竞合概念的产生乃是多重评价禁止的产物，因此禁止重复评价

①　参见陈志辉《重新界定法条竞合与想象竞合之界限——Puppe 教授之竞合理论》，《刑事法杂志》1997 年第 5 期。

原则与法条竞合之间存在着内在的密切联系。从一定程度上讲，可将禁止重复评价原则视作法条竞合的理论基石。例如，德国刑法学者 Montenbruck 认为法条竞合与禁止重复评价原则之间有着紧密的亲属关系，而且在特定的情况下二者甚至可以相互指涉、互换使用。不仅如此，Montenbruck 还提出了"以双重评价禁止与组合的构成要件代替法条单一"的见解，这就在理论上更加彰显了这种内在紧密关系。①

事实上，禁止重复评价原则较双重评价禁止原则的称谓更为恰当。其原因在于，有时犯罪行为的竞合可能涉及三个以上的罪名，此时就不是禁止双重评价的问题而是禁止多重评价的问题，例如，竞合之竞合现象、想象竞合中的夹结效果之情形皆是如此。

所谓禁止重复评价原则，是指针对侵害同一法益的同一行为，在刑法评价上只能一次宣示其犯罪并且只有一次处罚其行为的必要性。盖其缘由在于，如果某一行为仅侵害一个法益，但由于优位法条所保护的法益已经包容了劣位法条所保护的法益，理应对行为给予一罪评价，即仅适用一个优位法条而完全排斥其他劣位法条。但如若此时用两个以上的法条同时加以评价，这种多余的评价不仅是重复的，甚至是有害的，因为它对同一个法益进行了多次评价。概言之，一行为表面上触犯了数法条，但实质上仅侵犯一法益，这就意味着刑法的数法条已对该法益实现了多重的充分保护。此时即应当禁止重复评价，否则即为评价过剩。反之，若是一行为侵害数法益或数行为侵害一法益，因刑法法条尚未对法益完全实现充分保护，此时即应当全面评价，否则即为评价不足。所以，禁止重复评价原则并不是对所有的行为均适用，而是仅在一行为侵害一法益的前提条件下适用，一行为侵害数法益或数行为侵害一法益均不在此原则涵摄范围之列。②

在德日体系下，刑法学界大多认为全面评价原则的法理依据源于宪法上的平等原则与比例原则（罪责刑相当原则）之要求。《日本宪法》第 39 条规定："任何人在实施行为当时为合法的行为或对于已经被判无罪的行为，均不得被追究刑事上的责任。又，对于同一个犯罪，不得被

---

① 参见陈志辉《刑法上的法条竞合》，硕士学位论文，台湾政治大学，1997，第 161 页。

② 参见靳宗立《刑法实例解析——罪数之判断与科刑处断》，《辅仁法学》总第 28 期（2004 年）。

重复追究刑事上的责任。"①《德国基本法》第 103 条第 3 项规定："对于任何人之同一行为，不得以一般刑法为依据，而重复予以处罚。"② 黄荣坚教授认为："禁止重复评价原则系指在犯罪成立上，基于比例原则和平等原则，禁止对于行为人之行为，评价其成立数个犯罪并科以数个刑罚。"③

禁止重复评价原则作为平等原则在司法领域中的体现，具体表现为在适用刑法法条时，应当处于平等的立场对待被告人与被害人。对于被告人而言，不得给予过度处罚，当然也不能处罚不足；对于被害人而言，不得给予过度保护，当然也不可保护不足。如若在罪数的认定上，对一行为侵害一法益的被害人进行了重复评价，造成了评价过剩，则既触犯了禁止重复评价原则又触犯了平等原则。禁止重复评价原则作为比例原则在司法领域中的体现，具体表现为禁止对侵害一法益的一行为实施双重评价与重复处罚，否则在行为与处罚间不成比例。与平等原则相比较，德日刑法学界更倾向于认为比例原则为禁止重复评价原则之最邻近的依据。

2. 禁止重复评价原则在法条竞合处断中的具体要求

法条竞合在现象上表现为法条之间的交叉重合，实质上则是法益之间的竞合，在于法益保护的同一性。当一个行为触犯数个法条时，禁止重复评价原则要求对每一个法条保护的法益条分缕析，细致考察法条与法条之间是否存在法益保护的交叉。如若法条与法条之间存在法益保护的竞合关系，则可断定法条之间存在法益保护的同一性。那么按照禁止重复评价原则的具体要求（不得对侵害同一法益的某一行为实施多重评价），不得同时适用保护同一法益的多个法条，否则就会造成评价过剩而有违比例原则。如若各个法条之间不存在法益保护的同一性，或是数行为侵害同一法益，则不符合禁止重复评价原则的适用前提，没有禁止重复评价原则的适用余地。

3. 禁止重复评价原则与一行为不二罚原则的差异性比较

禁止重复评价原则与一行为不二罚原则在表面上有许多类似之处。

---

①　〔日〕芦部信喜著，〔日〕高桥和之补订《宪法》（第六版），林来梵、凌维慈、龙绚丽译，清华大学出版社，2018，第 200 页。

②　参见台湾"司法院"大法官书记处《德国联邦宪法法院裁判选集》（十五），王服清等译，台湾"司法院"，2014，"附录"第 337 页。

③　转引自甘添贵《罪数理论之研究》，中国人民大学出版社，2008，第 6 页。

比如，都旨在禁止对一行为触犯数法条所可能导致的多重处罚，都是为了共同的目的即实现刑罚之均衡，都是平等原则与比例原则的内在要求，等等。理论界和实务界常常将二者在概念上混同使用，这在实质上是对二者内涵的误读。禁止重复评价原则与一行为不二罚原则不仅在存在阶段与适用范围上大相径庭，而且在刑罚效果上也性质迥异。

首先，从存在阶段来看，禁止重复评价原则是犯罪评价阶段的指导适用原则，而一行为不二罚原则是犯罪处罚阶段的指导适用原则。在罪数判定的阶段，对该当性的判断即为第一阶段。在该阶段需要贯彻全面评价原则，将疑似该当的构成要件一一列出，在形式上检验构成要件的符合性。此阶段也被称为认识上的罪数阶段。第二阶段即为评价上的罪数阶段，该阶段贯彻的是禁止重复评价原则。该阶段是在构成要件符合性的基础上进一步检验法益保护有无同一性，若存在法益保护的同一性则评价为一罪，否则应为评价上的数罪。第三阶段即为犯罪处罚阶段，此阶段贯彻的是一行为不二罚的原则。犯罪处罚阶段系在评价上是数罪的基础上，进一步检验是一行为引发的数罪还是数行为引发的数罪。若存在一行为引发数罪（如想象竞合）的情形，则根据一行为不二罚的原则以科刑上的一罪论处，若系数行为引发的数罪则以并和论罪，进行数罪并罚。①

其次，从适用范围来看，禁止重复评价原则适用于侵害同一法益的同一行为，而一行为不二罚原则适用于侵害数个法益的同一行为。虽然在外观上二者都仅具有一个危害行为，但是一个危害行为侵害的是同一法益而另外一个危害行为侵害的是数个法益。显而易见，二者行为对象的性质完全不同。

最后，从刑罚效果上看，禁止重复评价原则的适用会导致评价上的一罪，并根据评价上的罪名定罪处罚。一行为不二罚原则的适用则会导致择一重罪的处罚效果，此一重罪也称为科刑上的一罪。一言以蔽之，评价上的一罪是实质的一罪，故按照实质的一罪定罪处罚；科刑上的一罪则是实质的数罪，仅是因为一行为不二罚原则的拘束才会在科刑上择一重罪论处。

---

① 参见洪健铭《想象竞合犯与牵连犯之研究》，硕士学位论文，台北大学，2009，第10~11 页。

第二节　法条竞合的一般处断规则

法条竞合的处断规则应建立在法条竞合不同分类的基础之上。因此法条竞合之类型化研究的终极目的在于解决不同类型的法条竞合究竟应当如何适用法条的问题。所谓法条竞合的一般处断规则，是指在禁止重复评价原则和全面评价原则的指导下，针对从属关系、交叉关系以及分解关系的法条竞合类型，具体选择适用法条的规则。事实上，该过程也是将事实判断与价值判断合二为一的具体运作过程。按照本书法条竞合分类的基本立场并参照以往的研究成果，本节试将法条竞合的一般处断规则作如下简要概括。

一　特别法优于普通法之规则

所谓特别法优于普通法的规则，是具体针对从属关系的法条竞合类型所提出的司法适用规则。它是指在特别法条与普通法条相互竞合的情形下，在法条适用选择上优先适用特别法条。事实上，这一原则是理论界与实务界争议相对较小的规则。无论是大陆法系刑法学界还是国内刑法学界，都将该规则视为法条竞合适用的公认性规则。

针对从属关系法条竞合类型适用特别法优于普通法的规则，主要基于如下因素之考量。从法益保护的普遍性考量，特别法应当优于普通法。由于概念的内涵与外延之间成反变关系，即外延越大内涵越小，因此特别法条的内涵较普通法条更为宽泛，但其外延也较普通法条狭窄。当一行为同时符合特别法条与普通法条时，依据内涵较为宽泛的特别法予以评价，对法益的保护更加充分和周全。为避免对侵犯同一法益的行为实行多重评价，普通法即被排除在适用范围之外。例如，《刑法》第131条规定的重大飞行事故罪与《刑法》第132条规定的铁路运营安全事故罪，以及《刑法》第133条规定的交通肇事罪之间构成特别法条与普通法条的关系。若发生重大飞行事故或铁路运营安全事故，应当依据作为特别法条的重大飞行事故罪和铁路运营安全事故罪定罪量刑。从法益保护的特殊性考量，特别法也应当优于普通法。特别法条往往是立法者针对特定的社会关系进行的特别法益保护。因此，所规定的犯罪构成能更加充分地、有侧重性地评价犯罪行为的非价内涵。普通法条规定的犯罪构成对法益的保护较为宽泛，虽然在形式上也能评价行为的部分非价内涵，但实质上不能突出对法益的特殊保护，更不能实现对行为的充分评价。所以为避免过度评价，当特别法条与普通法条发生竞合时，应当优先适用特别法条。从适用效力的角度考量，特别法应当优于普通法。普通法条应当属于原则法，特别法条应当属于例外法。依据法理学的基本原理，例外法与原则法竞相适用时原则法失效。故普通法条与特别法条竞合时，理应优先适用特别法条而排除普通法条。

但本书认为，《立法法》第 103 条①明文规定"特别规定与一般规定不一致的，适用特别规定"，这是以法律的形式对法的适用规则作出的明文规定。易言之，在现行立法体系下，当一个行为既符合特别法也符合一般法时，特别法应当绝对适用且必须排除一般法的适用，而绝非优先适用。因此本书主张应当将通说中的特别法优于普通法之原则修正为特别法排除普通法适用之原则，才能更加契合中国现行的刑事立法体系的语境。

二　复杂法优于简单法之规则

所谓复杂法优于简单法的规则，是具体针对交叉关系的法条竞合类型所提出的司法适用规则。所谓复杂法，是指该法条侵犯的法益比较复杂，既包含主要法益，也包含次要法益，其社会危害性相对也较大。所谓简单法，是指该法条侵犯的法益较为单一，其社会危害性相对较小。复杂法优于简单法的原则具体是指，具有交叉关系的法条相互竞合且复杂法非轻法时，优先适用复杂法。②

当数个法条之间出现交叉关系的竞合且复杂法非轻法时，优先适用复杂法而排除简单法的法理依据何在？因简单法指侵犯单一法益的刑法规范，因此它只能对行为的部分不法与罪责内涵予以评价，而不能完全实现对行为的充分评价，即有评价不足之嫌。而复杂法指侵犯复杂法益

---

① 《立法法》第 103 条规定："同一机关制定的法律、行政法规、地方性法规、自治条例和单行条例、规章，特别规定与一般规定不一致的，适用特别规定；新的规定与旧的规定不一致的，适用新的规定。"

② 参见赵秉志、肖中华《法条竞合及法条适用原则》，《华东刑事司法评论》2002 年第 1 期。

的刑法规范，因此它更能够对行为的全部不法与罪责内涵予以充分评价。换言之，复杂法本身已包容了简单法的全部不法与罪责内涵，故而能优先适用。一言以蔽之，复杂法从总体上看更能体现全面充分地评价犯罪行为的优位法实质。例如，某甲以放火的方式欲杀害某乙，结果大火点燃了某乙的房屋后，不仅烧死了某乙，也烧毁多家村民的房屋。在此个案中，某甲的行为同时触犯故意杀人罪和放火罪，构成法条竞合。由于故意杀人罪保护的法益是他人的生命，其法益保护相对简单，为简单法。放火罪保护的法益是公共安全，包括不特定多数人的生命和财产安全，其法益保护相对较为复杂，为复杂法。加之，放火罪的法定最高刑与故意杀人罪相同，因而从罪质和罪量的角度考量，作为放火罪的复杂法更能全面而充分地评价该犯罪行为的非价内涵。

　　值得注意的是，复杂法优于简单法这一规则并非在任何竞合情况下都能适用。在司法适用过程中需同时满足以下三个条件。第一，存在竞合关系的法条之间存在交叉关系，这是该规则适用的前提条件。第二，刑法并未对相关法条的适用作出明示规定，这是该规则适用的例外条件。第三，复杂法不能为轻法，这是该规则适用的基本条件，究其原委大致有二：一是若复杂法为轻法则说明复杂法根本不能对行为的全部非价内涵（罪质与罪量）予以充分评价，从而不能排除简单法之适用；二是若以复杂法评价不仅会造成评价不足，还会造成对罪刑相适应原则的严重背离。

三　整体法优于部分法之规则

　　所谓整体法优于部分法的规则，是具体针对分解关系的法条竞合类型所提出的司法适用规则。它具体是指，在整体法与部分法相互竞合的情形下，在法条适用选择上优先适用整体法。在逻辑分解关系的视野下，法条之间呈现出整体法与部分法的关系特征。所谓整体法，是指该法条规定的犯罪构成不仅包含另一犯罪构成的全部要件还具备自身的独立构成要件，因而成为复合犯罪构成；所谓局部法，是指该法条规定的犯罪构成被另一犯罪构成包含的单一犯罪构成。

　　针对分解关系法条竞合类型适用整体法优于部分法的规则，主要基于如下因素之考量。

首先，从属性与功能的维度审视，整体法具有的属性，部分法并不具有，整体法的功能大于部分法的功能。如果从犯罪构成要件的整体类型上检视，整体法不仅包含部分法的全部构成要件，还包含部分法所没有的构成要件。因此，整体法和部分法的构成要件在罪质上往往是不同的，整体法能完整评价的行为，部分法却往往难以完整评价。反之，符合部分法的行为，整体法则可以将其纳入一个构成要件意义上的整体行为予以充分评价。对此，苏联刑法学家 B. H. 库德里亚夫采夫也认为："永远应该适用最充分的包含实施行为的任何事实事件的那一规范。它在只是规定犯罪人实施行为一部分的规范前具有优先地位。"[1]

其次，从能否对行为实现充分评价的维度审视，具有整体法意义的犯罪构成包含部分法犯罪构成的全部内容，因此部分法犯罪构成的全部非价内涵已被整体法包容。事实上，当一行为在形式上既触犯整体法又触犯部分法之时，真正能对行为的非价内涵进行全面充分评价的仅仅是整体法而已。所以整体法的犯罪构成要件已经足以对行为的非价内涵进行充分评价，部分法的不法与罪责内涵已经完全被整体法的构成要件吸收，从而部分法被排除适用。

最后，从罪刑均衡的维度审视，整体法的法定刑一般高于部分法的法定刑，所以优先适用整体法即是对行为人处以相对于部分法更重的法定刑，这也契合罪刑相适应原则的基本精神。例如，当行为人在实施交易行为的过程中使用暴力手段强买强卖商品，造成被害人轻伤。此时强迫交易罪与故意伤害罪（轻伤）之间构成整体法与部分法的法条竞合关系，作为整体法的强迫交易罪能对该行为所侵害的全部法益（包括轻微暴力侵害的附随法益——生命健康权）进行充分评价。但当暴力的程度突破一定的量度而致被害人重伤时，强迫交易罪则不能实现对故意伤害罪（重伤）保护法益的充分评价，此时则应当以想象竞合论处。

第三节　法条竞合的补充处断规则

在常态下，当具有从属关系、交叉关系、分解关系的法条之间出现

---

[1]　〔苏〕B. H. 库德里亚夫采夫：《定罪通论》，李益前译，中国展望出版社，1989，第277 页。

竞合时，应按照法条竞合的一般处断规则分别适用特别法、复杂法和整体法。但当异态情况出现时，仍坚持适用一般处断规则，则会造成罪刑不均衡。例如，在一般情形下特别法、复杂法和整体法的法定刑高于或至少等于普通法、简单法和部分法的法定刑。但是在特殊情形下，普通法、简单法或部分法的法定刑可能反而高于特别法、复杂法或整体法的法定刑。此时如果按照法条竞合的一般处断规则适用法条则会造成罪刑不相适应的结果。特殊情形下的补充处断规则即是针对异态情况下的法条竞合现象所提出的法条适用规则。从本质上讲，该规则在价值位阶上当属第二序列，即只有当运用一般处断规则可能造成罪刑不均衡的结果之时，方有补充处断规则适用之余地。

一　德日语境下的补充处断规则

德日通说认为应当根据不同的法条竞合形态，分别适用特别法优于普通法、基本法优于补充法，以及吸收法优于被吸收法的一般处断规则。而当按照上述一般处断规则，出现选择优位法、排除劣位法会造成罪刑不均衡的结果时，早期的德国见解仍旧严格恪守法条竞合处理的"绝对排除"原则，即发生法条竞合后，应当适用一个能对行为的非价内涵进行充分评价的优位法条，从而绝对排斥其余劣位法条的适用。具体而言，该原则包括三层含义：第一，适用的优位法条应该在量刑中得到具体体现；第二，刑罚裁量应该在优位法的刑度之内；第三，被排除的法条既不得出现在有罪判决中，也不能用以描述犯罪。

时下的德国刑法理论界仍坚持绝对排除原则的代表人物日渐式微。例如 Geerds 和 Puppe 教授，他们主张"绝对排除原则"是法条竞合与想象竞合合理区分的界限。但是 Puppe 教授强调，德国刑法学者认为某些属于法条竞合的形态，在司法实践中常常呈现出择一重罪处罚的结果，这在事实上是依照想象竞合的处罚效果来处断的，因此应属于想象竞合的类型。① 由此可见，当今的德国刑法学界已逐渐对传统的"绝对排除"原则进行了适度调适和理论修正，以契合罪刑相适应原则的基本精神。

---

① 参见〔德〕普珀《实现不同构成要件因构成要件结果同一而想象竞合》，东吴大学法学院学术交流演讲会论文，2005 年，第 6~8 页。

这种理论修正表现为被排除的劣位法仅在定罪时不被在起诉书和判决书中列出，但在量刑时仍具有"封锁作用"，并且被排除的劣位法所规定的附加刑和保安处分也可以与优位法条并行适用。①

所谓劣位法的量刑"封锁作用"，是指在量刑时应当适度考虑被排除的法条，即承认被排除的法条能够限制量刑范围。易言之，如果被排除的法条的法定最低刑比优位法条的法定最低刑还高，则对被告人的宣告刑不能低于被排除的劣位法的法定最低刑。例如，德国通说认为强奸未遂能够包容强制猥亵，但根据《德国刑法典》第 23 条第 2 款和第 177 条第 2 款第 1 项，强奸未遂的法定最低刑是 6 个月自由刑，若依据第 177 条第 1 款，强制猥亵的法定最低刑是 1 年自由刑，所以依据劣位法的量刑"封锁作用"，起刑点不得低于 1 年自由刑。②

在对不同法条竞合类型如何处断的问题上，日本通说与德国见解并无二致。日本学者同样主张应当根据法条竞合的不同形态，分别采取"特别法优于普通法"、"基本法优于补充法"以及"吸收法优于被吸收法"的一般处断规则。但在选择优位法、排除劣位法会造成罪刑不均衡的结果时，二者的处理原则却相去甚远。时下德国刑法学界承认被排除法条的量刑"封锁作用"，意味着对法条竞合实际上是按照想象竞合的效果加以处断的，而这种处断方式显然与日本通说大为不同。即使在选择优位法会造成罪刑不相适应的情况下，日本通说也认为只适用优位法的刑事法规即可。③ 部分司法判例也恪守着"绝对排除原则"的底线。东京高等裁判所的判例表明，刑罚不受劣位法的法定刑下限的"封锁作用"影响。④

二　国内语境下的补充处断规则

当特殊情形下适用一般处断规则会造成罪刑不均衡之结果时，国内

① 参见〔德〕克劳斯·罗克辛《德国刑法学　总论》（第 2 卷），王世洲等译，法律出版社，2013，第 637 页。
② 参见〔德〕冈特·施特拉腾韦特、洛塔尔·库伦《刑法总论 I 犯罪论》，杨萌译，法律出版社，2006，第 440 页。
③ 参见蔡鹤等《中国刑法语境下的法条竞合研究》，人民出版社，2019，第 53 页。
④ 东京高等裁判所平成 5 年（1993 年）12 月 13 日判决，《高等裁判所刑事判例集》第 46 卷第 3 号，第 312 页。

刑法学界也面临与德日同样的境遇，即应当确立怎样的处断规则来化解适用优位法可能导致的与罪刑相适应原则的矛盾。由此，国内学界挑起了一场关于法条竞合中重法能否优于轻法的旷日持久的论争。肯定说从罪刑相适应原则的立场出发，着力澄清重法优于轻法契合罪责一致之理由。否定说则从罪刑法定原则的原点出发，着力阐释重法优于轻法有违罪刑法定之依据。故有学者将这场论争称为"罪刑法定原则与罪刑相适应原则之争"①。

持肯定说的学者主张，重法优于轻法作为一般原则失灵后的补充适用规则不但是必要的而且是可行的。盖其原委大致有三。首先，重法优先是罪刑相适应原则的内在要求。特别法、复杂法、整体法的法定刑高于或至少等于普通法、简单法以及部分法的法定刑。但如果普通法、复杂法、整体法的法定刑反而低于普通法、简单法以及部分法的法定刑，为了实现罪刑相适应原则以及避免放纵犯罪，在优位法的选择上应采用重法优于轻法的原则。② 张明楷教授对此也作了肯定性的论述："从我国刑法的规定来看，许多特别条款规定的犯罪并不轻，但其法定刑轻于普通条款的法定刑，如果绝对地采取特别法条优于普通法条的原则定罪量刑，就会造成罪刑不均衡的观念。在这种情况下，只要刑法没有禁止适用重法，或者说只要刑法没有指明适用轻法，为了贯彻罪刑相适应的基本原则，就应按照重法优于轻法的原则定罪量刑。"③ 其次，重法优先并不违背罪刑法定原则。当一行为同时符合具有竞合关系的轻法犯罪构成和重法犯罪构成之时，事实上无论适用哪一个法条都并不违反罪刑法定之基本要求。最后，重法优先的原则体现了司法对立法漏洞的补充，在一定意义上具有兜底条款的作用，同时也能为将来修改刑法的某些条款创造条件。

持否定说的学者主要援引三方面的理由来证明法条竞合不应当从重选择。第一，法条竞合的从重选择有违反罪刑法定主义之嫌。例如，有

---

① 陈兴良：《我国刑法中的法条竞合及适用》，《法学杂志》1986 年第 6 期。

② 相关论者还常以我国《刑法》第 149 条第 2 款之规定佐证重法优于轻法的原则的合理性。该款规定："生产、销售本节第一百四十一条至第一百四十八条所列产品，构成各该条规定的犯罪，同时又构成本节第一百四十条规定之罪的，依照处罚较重的规定定罪处罚。"

③ 张明楷：《刑法学》（第三版），法律出版社，2007，第 372 页。

学者认为："立法者本来就是基于罪刑相适应的考虑，认为普通条款的惩罚尺度不合适，才专门设立特别条款，在这种情况下，如果说司法者可以故意搁置和架空某一个他自己认为'罪刑不相适应'的特别条款并转而适用普通条款，那么立法权与司法权之间的权限划分以及立法对司法的限制就荡然无存了。这显然是与现代法治的基本共识完全背离的，除非重新定位司法权，否则在法无明文规定的情形下主张'按特别条款定罪不能做到罪刑相适应'，难以在现代法治理念的基础性框架中获得认同。"① 第二，法条竞合的从重选择有导致司法权僭越立法权之嫌。从宪法规定来看，司法机关只能严格执行立法机关所制定的法律条文及规定的司法职责，没有通过司法解释使法律条文失去独立成罪意义的权力。陈兴良教授对此也认为："既然立法者已经将特殊法独立加以规定，就应该严格依法办事，不能由司法机关司法人员随意选择。因此，重法优于轻法不能作为独立竞合的补充原则。"② 第三，法条竞合的从重选择是以刑制罪的思维方法，其背后隐藏的实际上是重刑主义的价值理念。在法条竞合的从重选择模式下，对法条竞合问题的处理首要考虑的是能否对被告人进行刑事追究的问题而非行为的类型化问题。这就将量刑环节优先于定罪环节来考虑，颠倒了罪刑关系的基本逻辑，从而违背了"刑从罪生、刑须制罪"的基本理念，是本末倒置的做法。正如梁根林教授所言："某些疑难案件中亦存在着逆向地立足于量刑的妥当性考虑，而在教义学允许的多种可能选择之间选择一个对应的妥当的法条与构成要件予以解释与适用，从而形成量刑反制定罪的逆向路径。"③ 这种模式可能导致判断顺序上的错误，从而造成刑法法条在适用方法论上的混乱。

三　比较视角下的补充处断规则重构

（一）"绝对排除原则"在德日体系下的变革困境

在法条竞合的适用原则上，德日体系长期以来在法律效果上秉持"绝对排除原则"，即主张仅适用优位法而排除劣位法。日本通说至今仍

① 车浩：《强奸罪与嫖宿幼女罪的关系》，《法学研究》2010 年第 2 期。
② 陈兴良主编《刑法各论的一般理论》，内蒙古大学出版社，1992，第 428 页。
③ 梁根林：《许霆案的规范与法理分析》，《中外法学》2009 年第 1 期。

然奉"绝对排除原则"为圭臬，主张即使在选择优位法、排除劣位法会造成罪刑不均衡的情形下，也应当恪守该原则，适用优位法。① 这一方面维护了刑事处罚效果与法条竞合法理属性（法规单一）的一致性，另一方面却又不可避免地造成了与罪刑相适应原则的背离。

为满足司法实践之需要，德国刑法学界积极对传统理论进行了调适与修正，并有条件地承认了被排除的劣位法在量刑时的"封锁作用"。毋庸讳言，这种处理方式显然已经与李斯特早期提倡的"其他法规在此等法规的竞争中被排除出局，不必予以考虑"② 的理念渐行渐远。这种做法虽然有效解决了罪刑相适应问题，同时却也引来更多的非议并面临更大的诘难。

这种诘难主要集中表现为两方面。

一方面，"绝对排除原则"的例外适用规则与法条竞合的本质属性相违背。法条竞合的本质在于仅适用具有竞合关系的一个法条，即能对行为的全部非价内涵实现充分评价。为避免对同一法益的重复评价，其余法条被绝对地排除在适用范围之外。故在此种意义上，德国刑法学界称法条竞合为法规单一，由于承认了所谓劣位法的量刑"封锁作用"，在量刑时被排除的劣位法仍然具有残余作用（尽管不在起诉书和判决书中列出，但对量刑依然具有限制作用）。概言之，如果被排除的法条的法定最低刑比优位法的法定最低刑还高，则对被告人的宣告刑不能低于被排除的劣位法的最低刑。由此可见，"绝对排除原则"的例外适用规则虽然用优位法定罪，却掺杂了劣位法量刑的残存痕迹。因此，该规则的确立不仅偏离了法条竞合的法规单一特征，也在司法实践中背离了法条竞合的本质属性。

另一方面，"绝对排除原则"的例外适用规则，事实上应当适用于具有想象竞合关系的法条而不是具有法条竞合关系的法条。"绝对排除原则"的例外适用规则的确立，事实上是承认了在一法条不能充分评价行为的全部非价内涵的前提下，需要借助劣位法的量刑"封锁作用"实现对行为不法与罪责的充分评价。而且此类情形在处理原则上也与想象竞

---

① 参见蔡鹤等《中国刑法语境下的法条竞合研究》，人民出版社，2019，第53页。
② 〔德〕弗兰茨·冯·李斯特著，埃贝哈德·施密特修订《李斯特德国刑法教科书》，徐久生译，北京大学出版社，2021，第315页。

合高度一致，皆是择一重罪处罚。从中就不难理解 Puppe 教授认为此种带有想象竞合效果的"法条竞合"不应被称作法条竞合的理由之所在了。

（二）重法优先原则在中国语境下的适用困惑

当适用一般处断规则会造成罪与刑的严重失衡之时，国内刑法学界主张法条竞合采用重法优先的理论自然就应运而生。虽然该原则自产生伊始，就一直伴随着极大的批判与质疑，但不可否认的是，重法优先原则不但成功地消解了一般处断规则所未能解决的罚不当罪的适用疑难，而且在罪刑法定原则与罪刑相适应原则之间也找到了理论契合点。这个契合点表现如下。

一方面，重法优先并不违背罪刑法定原则。因为当一行为同时符合具有竞合关系的轻法犯罪构成和重法犯罪构成，无论适用哪一个都符合罪刑法定之精神；另一方面，适用重法优先原则也坚定地捍卫了罪刑相适应原则，因为适用重法优先原则弥合了一般处断规则下的罪刑不均衡，彻底在法条竞合的领域贯彻了罪刑相适应原则。事实上，为了避免该原则的滥用，理论界一直强调重法优先原则是刑事司法过程中的补充处断规则，即只有当第一序列的一般处断规则失灵后，其方有适用之余地。如此强调，既是为了避免在任何情形下盲目适用重法而陷入重刑主义的误区，也是在罪刑法定原则与罪刑相适应原则间寻求最佳平衡点。因此，从这个意义上讲，重法优先原则在中国刑法的语境下具有积极的进步意义。

此外，我们也应当认识到，重法优先原则也存在着自身的理论缺陷。该理论在成功解决罚不当罪问题的同时却陷入了另一个荆棘密布的理论迷局。毋庸赘言，法条竞合的意义根基在于当一行为触犯数法条时，若适用其中一个法条即可充分评价该行为的全部非价内涵，则排除其余法条的适用。那么在法条竞合的意域范围内，以优位法来定罪、以优位法来量刑则是法条竞合处理原则的题中应有之义。盖其理由在于优位法能对行为的非价内涵实现充分评价，而劣位法只能实现部分评价，所以劣位法被排斥，仅适用优位法来定罪与量刑。然而事实却并非如此，在重法优先原则的指引下，法条竞合的处断结果非但不能以对行为实现充分评价的优位法来定罪与量刑，反而一味适用重法取代不法内涵较大的优位法。这就导致在事实上适用不法内涵较小且不能评价整个行为非价内涵的劣位法来定罪与量刑。这一做法严重偏离了法条竞合的意义根基，造成了适用结果与法条竞合理论的南辕北辙。例如，通说认为保险诈骗罪与普通诈骗罪存在普通法条与特别法条的法条竞合关系。当行为人非法骗取 400 万元保险金时，按照法条竞合的一般处断规则应适用保险诈骗罪定罪处罚。因为保险诈骗罪不仅保护公私之财产也保护国家的金融保险秩序，而诈骗罪仅仅保护公私之财产法益，故若将保险诈骗罪论以优位法，则最能实现对行为侵犯金融秩序和财产法益的充分评价。但在中国刑法的语境下，保险诈骗罪最高仅能处 15 年有期徒刑、没收财产或者并处 20 万元罚金。反之，如果按照普通诈骗罪定罪处罚，则最高可处以无期徒刑，并处罚金（未限数额）或者没收财产。因此，重法优先论认为按照保险诈骗罪定罪处罚可能会造成罚不当罪的严重后果，故根据重法优先的原则适用普通诈骗罪定罪量刑。由此可见，适用不法内涵较大的优位法原则与重法优先原则，在中国刑法的语境下难免会产生理论上的不相容性，形成理论与实践截然相反的逻辑悖论。

（三）　中国语境下补充处断规则的调适

面对域外法系对法条竞合处断规则的革新，在中国刑法的语境下当作何考量？是坚持重法优先的补充处断规则还是移植大陆法系的改革路径，抑或另辟蹊径？这些无疑是时下法条竞合相关研究不能回避的现实问题。

承上所述，本书认为无论是德国语境下的"绝对排除原则"的例外适用规则还是中国语境下的重法优先原则，其根本症结都在于没有跳出法条竞合的理论窠臼，没有突破非价内涵的理论樊篱。理论的目光往往局限于法条竞合的视域，或囿于非价内涵的既定范围。学者们在讨论特殊情况下法条竞合的补充处断规则之时，已经在不经意间忽略了一个理论前提，即补充处断规则的适用前提是法条之间存在法条竞合关系。事实上，此情形下法条之间还可能存在排斥关系（非竞合关系）或想象竞合关系。排斥关系下因不存在法条竞合的前提，故没有讨论"绝对排除原则"的例外适用抑或中国语境下重法优先适用之必要；想象竞合关系下按其处断规则——"择一重罪处罚"，也无讨论法条竞合补充处断规则之必要。下文分别依据法条竞合的属种关系、交叉关系、分解关系下的不同竞合形态特征，探讨中国刑法语境下补充处断规则的适用规则。

1. 属种关系下的补充处断规则的调适

在属种关系的条件下，本书前文已详细论证了在中国刑法语境下，依据《立法法》第 103 条之规定，普通法条与特别法条之间是反对关系。易言之，二者之间是此消彼长的关系，符合普通法条的必然不符合特别法条。因此普通法条与特别法条之间根本不存在竞合关系，遑论法条竞合补充处断规则之适用。故补充处断规则的适用仅在交叉关系与分解关系下有讨论之必要。

2. 交叉关系和分解关系下非价内涵的理论调适

在交叉关系和分解关系的条件下，盖因法条之间存在法条竞合关系，符合简单法的同时也符合复杂法，符合部分法的同时也符合复杂法。这和普通法条与特别法条的反对关系是迥异的。当特殊情形下简单法或部分法的法定刑反而高于复杂法或整体法的法定刑之时，依据法条竞合的本质特征，此时应当选择能对行为非价内涵实现充分评价的条款。因此对非价内涵的理解就显得尤为重要。但是何谓非价内涵？怎样对行为的非价性进行充分评价？事实上，在德日刑法体系与中国刑法语境下对行为非价内涵的理解是存在较大差异的。正是这种理解的差异性，导致了两大体系下处理该问题的不同路径与模式。

在以德日刑法体系为代表的大陆法系国家，大部分国家都仅仅规定了犯罪的具体行为方式，却没有规定行为的具体程度，并将类型化行为的性质作为区分罪与非罪的标准。该理论认为任何犯罪都是一种行为，这种行为具有特定的类型和性质，因此一种行为是否属于刑法规定的特定类型化行为，也就成为定罪的依据。在此情形之下，犯罪构成是行为的质的构成，而不关涉行为的量。[1] 故德日体系下的犯罪概念是不具有定量因素的限制性规定。各国刑法典对各类具体犯罪的定义大多建立在定性分析的基础之上。例如，"凡是危害社会治安的行为，无论其危害程度的大小，都作为犯罪看待，由法院管辖""犯罪即恶行""犯罪是反社会行为"等等。[2] 德日体系下的"立法定性+司法定量"的模式为大陆法

---

[1] 参见陈兴良《作为犯罪构成要件的罪量要素——立足于中国刑法的探讨》，《环球法律评论》2003 年第 3 期。

[2] 储槐植、张永红：《刑法第 13 条但书与刑法结构——以系统论为视角》，《法学家》2002 年第 6 期。

系的大多数国家所采用。这在事实上确立了对行为非价内涵的评价仅包括行为的质而不包含行为的量的规则。

职是之故，德日学者多从罪质的角度来诠释非价内涵。他们认为如果适用一个刑法法条能够包容行为所有的不法组成要素，那么即对行为的非价内涵实现了全面评价。例如有学者认为："一个犯罪事实，如果表面上实现数个构成要件，但是适用一个法则，禁止再去适用其他构成要件来对行为人加以评价。相反，如果仅适用一个构成要件并无法把所有的不法构成要件要素完全包含，就会有评价不足的问题。"① 而事实上，德日体系下对行为的非价性评价主要是指对法益的侵害或威胁的评价。因此，学者们对不法要素则主要是从法益保护的角度去判定的。如果某一法条保护的法益涵盖了不法行为触犯的所有法益，则可认为实现了对行为非价内涵的充分评价。

反观在中国刑法的语境下，我国刑法犯罪成立采用了与德日刑法路径迥异的"立法定性+立法定量"的个罪模式，即某种类型化的行为具有量的积累，并且达到一定程度以致产生严重的社会危害性时，才能被我国《刑法》规定为犯罪。易言之，我国对行为的非价评价不仅要求对法益的侵害或威胁，还要求这种侵害或威胁必须具有达到一定程度的社会危害性，唯其如此才能为我国《刑法》所调整。这种犯罪成立的思想在我国《刑法》总则第 13 条②和《刑法》分则中得到了淋漓尽致的体现。

一言以蔽之，通过两种不同语境和体系的对比，可以推论得出非价内涵既有质与类别的差异性也有量上的不同之结论。在法条竞合中，被适用的优位法不仅要充分评价行为的罪质（主要从法益、罪过、实行行为的角度进行评价），也要评价行为的罪量（主要从社会危害程度与刑罚的量度关系是否体现罪刑相适应原则的角度进行评价），但在逻辑顺序

---

① 陈志辉：《重新界定法条竞合与想象竞合之界限——Puppe 教授之竞合理论》，《刑事法杂志》1997 年第 5 期。

② 《刑法》第 13 条规定："一切危害国家主权、领土完整和安全，分裂国家、颠覆人民民主专政的政权和推翻社会主义制度，破坏社会秩序和经济秩序，侵犯国有财产或者劳动群众集体所有的财产，侵犯公民私人所有的财产，侵犯公民的人身权利、民主权利和其他权利，以及其他危害社会的行为，依照法律应当受刑罚处罚的，都是犯罪，但是情节显著轻微危害不大的，不认为是犯罪。"

上应当优先评价罪质而后评价罪量，否则会陷入"以刑制罪"的陷阱。如果优位法实现了对行为非价性的充分评价，那么优位法在罪质和罪量上都能充分包容其余劣位法条。如果一法条虽然在罪质评价上能实现对行为的充分评价，却在罪量上明显低于其余法条的法定最低刑，则说明该法条不能实现对行为非价内涵的全面评价。

有学者认为，对行为的非价性如果从罪量角度评价可能会导致"量刑反制定罪"。例如，有学者主张，当特别法条畸轻之时考虑适用更重的一般法条，实际是以刑罚轻重来决定属于构成要件该当的法条竞合的处理，颠倒了定罪量刑的顺序。① 依据"以刑制罪"论的主张，不难得出如下结论：在对行为非价内涵的全面评价中既考虑罪质又考虑罪量的做法是"以刑制罪"的体现。尤其是在司法裁判的顺序上，"重法优先"的选择严重背离了先定罪后量刑的逻辑规则。该种评价方式不仅误读了适用刑法的演绎推理逻辑，而且在更大程度上与罪刑法定原则、责任主义原则产生严重冲突，其实质是重刑主义的体现。因此在定罪过程中从罪质和罪量的双重维度评价行为的非价性，并不是一个普遍适用的法律原则，而是一种"立法技术"的考量，是一种"实用主义"的体现。

针对"以刑制罪"论的主张，本书观点如下。

首先，本书认为用"以刑制罪"的观点否定对行为非价内涵的全面评价是罪质和罪量相统一的评价，不符合中国刑法的语境。德日体系下的"立法定性+司法定量"的模式必然导致对行为非价内涵的评价仅包括行为的质而不包含行为的量。因此该体系下，学者们对不法要素则主要是从法益保护的角度去判定的。这就不难理解为什么德日学者在成罪条件上，仅考虑类型化的行为是否对法益造成侵害或威胁。在中国刑法语境下，犯罪成立采用了"立法定性+立法定量"的模式，即在立法上不仅要考虑类型化行为的质（如对法益的侵害或威胁）还要考虑行为的量，并且这种量达到一定程度足以产生严重的社会危害性时，方能被我国《刑法》规定为犯罪。因此，在对行为的非价性作出全面评价，即是否构成犯罪之时，不能不顾具体语境地全面移植德日理论，否则会出现"水土不服"的理论悖论。

---

① 　参见王彦强《犯罪竞合中的法益同一性判断》，《法学家》2016 年第 2 期。

其次，主张对行为非价内涵的全面评价是罪质和罪量相统一的评价不符合"以刑制罪"的逻辑顺序。第一，"以刑制罪"的定罪逻辑是根据刑罚轻重来决定是否属于构成要件的该当性，将刑随罪生的逻辑颠倒为罪随刑生。但在中国语境下对行为非价性的判断，在逻辑顺序上是优先评价罪质而后评价罪量，即先对类型化的行为从法益、罪过等角度进行评价，而后再从社会危害程度与刑罚的量度是否体现罪刑相适应原则的角度进行评价。在逻辑顺序上不是先考虑刑，再依据刑罚轻重来定罪，而是先考虑罪质，再考虑罪量，这是我国"立法定性＋立法定量"的个罪模式的内在要求。第二，在法条竞合定罪量刑处理顺序上，先宣告构成某一法条所规定的犯罪，再按该法条的法定刑量刑，不能因为在法条竞合的处断中适用了法定刑更重的法条就认为"量刑反制定罪"。第三，在逻辑顺序上，"法条竞合不是构成要件该当性判断的问题，而是犯罪成立后刑罚法规的适用问题"①。其原因在于法条竞合成立的前提是竞合的多个法条的构成要件都具备该当性，只需要判断适用哪一法条更能实现对行为非价性的全面评价。当竞合的法条的法定刑轻重不一之时，出于全面评价之需要则当然应该比较法定刑的轻重。这与"量刑反制定罪"逻辑顺序完全不同。

最后，对行为非价内涵的全面评价是罪质和罪量相统一的观点符合马克思主义哲学量变质变规律。量变质变规律告诉我们，质是一事物区别于他事物的内在规定性。而事物不仅有质的规定性，还有量的规定性，量则是事物存在和发展的规模、程度、速度等可以用数量表示的规定性。任何事物都是质与量的统一。② 该规律对刑法学的指导意义体现在，对成罪条件与行为非价性的评价，应当坚持从罪质和罪量两个维度全面考察。因为犯罪行为也是质与量的统一，犯罪行为只有具备了质的条件，并且达到一定量的程度，才能称为犯罪行为。质和量任何一方改变了，其事物本身也就发生了改变，因此罪量的变化也可能导致罪质的改变，所以中国刑法体系下的部分成罪条件中有量的规定性，例如数额犯等规定。

---

① 井田良『讲义刑法学・总论』有斐閣、2018、582 頁。
② 参见《马克思主义基本原理》编写组编《马克思主义基本原理》（第二版），高等教育出版社，2023，第 40 页。

3. 交叉关系和分解关系下补充处断规则的理论调适

综上所述，本书之基本立场为：特殊情况下简单法或部分法的法定刑反而高于复杂法或整体法，因在罪量上不能实现对行为非价性的充分评价，故不能判定为法条竞合，但也非想象竞合，本书称之为兼具"法条竞合与想象竞合色彩"的竞合形态。[①] 为贯彻全面评价原则与禁止重复评价原则，并结合《刑法修正案（九）》中竞合处理的立法模式，应当比照想象竞合的处断模式择一重罪处罚。

对于不能判定为想象竞合之理由，在德日体系下，由于不考虑罪量要素，法条竞合与想象竞合区分的关键就在于能否以一法条实现对行为罪质的充分评价。因为法条竞合的实质是法规单一，适用一法条就能评价行为的全部非价内涵，其余法条再无评价之余地，否则即是重复评价。想象竞合则不同，其本质特征在于罪过竞合，即用两个以上反映不同罪过形式的法条，方能体现行为非价内涵的整体可罚性。如果能实现对一行为罪质的充分评价则是法条竞合，反之则是想象竞合。易言之，在该体系下当一行为触犯数法条之时，呈现出不构成法条竞合即构成想象竞合的非此即彼状态。

反观中国刑法，基于罪量元素的加入，一行为触犯数法条符合德日体系下法条竞合的，未必构成中国体系下的法条竞合。因为中国刑法语境下对法条竞合的判断必须从罪质和罪量的双重维度进行全面评价，而非德日体系下罪质的单维度评价。譬如，当简单法或部分法的法定刑反而高于复杂法或整体法的法定刑之时，德日体系下仍然判定构成法条竞合，但此时因在罪量上不能实现对行为非价性的充分评价，故在中国刑法语境下不能判定为法条竞合。那么对该种竞合形态的性质判断需要在理论上予以澄清。

---

① 德国学者 Puppe 教授提出将此类处于模糊界域中的形态界定为具有想象竞合效果的"法条竞合"，但最终在对其的归属选择上仍将其纳入想象竞合的范畴加以考量。参见陈志辉《重新界定法条竞合与想象竞合之界限——Puppe 教授之竞合理论》，《刑事法杂志》1997 年第 5 期。山口厚认为："对一罪与数罪划分了五种不同的类型：单纯的一罪（法条竞合）、包括的一罪、科刑上的一罪、并合罪和单纯数罪。其中，介于法条竞合和想象竞合（科刑上的一罪）之间的'包括的一罪'，既具有与想象竞合犯相类似的数法益的侵害事实，又同时具有与法条竞合相类似的单一评价特征。"转引自马乐《如何理解刑法中的"本法另有规定"——兼论法条竞合与想象竞合的界限》，《甘肃政法学院学报》2016 年第 4 期。

一方面，该竞合形态既不属于法条竞合也不属于想象竞合。不属于法条竞合的理由前文已述，此处不赘，以下着重阐述不属于想象竞合的主要理由。首先，该竞合形态符合德日体系下的法条竞合判断标准，由于该体系下法条竞合与想象竞合呈现出非此即彼的状态，所以符合法条竞合的必不符合想象竞合。加之，德日体系下想象竞合的概念与中国刑法语境下的并无二致，因此该竞合形态在中国刑法语境下也不构成想象竞合。其次，由于该竞合形态在对行为非价性的罪质判断上实现了充分评价，法条之间具有法益保护的同一性，而想象竞合必须建立在法益保护的异质性基础之上，故从法益保护的维度审视也不构成想象竞合。最后，该竞合形态无论是处于简单法与复杂法的竞合中，还是在部分法与整体法的竞合中，均仅有一个罪过形式，不符合想象竞合是罪过竞合的实质。

另一方面，该竞合形态兼具法条竞合与想象竞合的部分特征，具有两种竞合类型的部分属性，本书称之为兼具"法条竞合与想象竞合色彩"的竞合形态。体现法条竞合色彩的特征表现为在该竞合形态下，一法条能对一行为在罪质上实现法益的充分评价，其余法条再无适用之余地，体现了法条竞合"法规单一"的本质属性。体现想象竞合色彩的特征表现为在该竞合形态下，任一法条都不能实现对一行为在罪量上的充分评价，在"一行为不二罚"的原则下，选择适用择一重罪处断而非适用能对实行行为实现罪质充分评价的法条处断，体现了"想象竞合"禁止重复评价的价值旨趣。

4. 兼具"法条竞合与想象竞合色彩"形态"从一重处断"之理由

一方面，兼具"法条竞合与想象竞合色彩"的竞合形态，在评价特征上与想象竞合具有类似性，择一重罪处断应当优先适用。想象竞合是对罪质不能实现充分评价，兼具"法条竞合与想象竞合色彩"的竞合形态是对罪量不能实现充分评价。二者在行为样态上均表现为，一行为触犯两个以上的法条且适用任何一个法条均不能实现对该行为的充分评价。故在"一行为不二罚"的处断规则下，两种竞合形态均不能数罪并罚。对此，山口厚教授指出："就交叉关系来说，在立法形式上并没有明示出所竞合的法条之中何者优先，因此，在此场合应该采取何种解决方案就是个问题。不过，由于没有否定适用规定了更重法定刑之法条的理由，就可以理解为，要优先适用规定了更重法定刑的法条。"①

另一方面，兼具"法条竞合与想象竞合色彩"的竞合形态选择择一重罪处断的方式，不仅符合《刑法修正案（九）》中竞合处理的立法模式，而且更加契合中国刑事立法体系的具体语境。《刑法修正案（九）》的通过，基本形成了针对属种关系法条竞合"从特别规定"处断，针对实质竞合"数罪并罚"以及针对想象竞合犯、交叉与分解关系下的法条竞合以及牵连犯等竞合犯"从一重处断"的竞合处断立法模式。② 毋庸讳言，兼具"法条竞合与想象竞合色彩"的竞合形态选取何种处断方式既要考虑逻辑理论的自洽性，也要考虑刑事立法体系的相容性。该竞合形态显然不属于属种关系下的法条竞合，因此不能纳入"从特别规定"的处断模式，也不属于数行为意义上的实质竞合，故不能纳入"数罪并罚"的处断模式，因而只有考虑纳入具有兜底条款性质抑或说补充性条款的"从一重处断"模式，方具有合理性。

5. 想象竞合"择一重罪从重处罚"的处断理由

想象竞合是对罪质不能实现充分评价，兼具"法条竞合与想象竞合色彩"的竞合形态是对罪量不能实现充分评价。这一特征的差异性决定了二者的处断规则应有所不同。通说一般认为，对想象竞合犯应采用"从一重处断"的原则予以处罚。但本书认为，"从一重处断"不足以充分评价想象竞合犯所侵害的数个法益，因为从一重罪处断的重罪只能涵盖本罪法益的评价而不能评价想象竞合犯所侵害的其他法益。从这一意义上讲，该处断规则未能贯彻全面评价原则。

若要对想象竞合犯所侵害的其他法益实现充分评价，在"一行为不二罚"原则的限制下，只能考虑在择一重罪处罚（评价重罪的法益）的基础上，从重处罚（评价其他罪之法益），即对想象竞合犯应按照其所触犯的数罪中最重的犯罪定罪并从重处罚。值得注意的是，择一重罪从重处罚，不是要选择一个较重的罪名并判处行为人该罪名最重的法定刑，而是需要依据犯罪的事实、情节、认罪态度、悔罪表现等进行量刑。在

① 〔日〕山口厚：《刑法总论》（第三版），付立庆译，中国人民大学出版社，2018，第394页。
② 参见王彦强《"从一重处断"竞合条款的理解与适用——兼谈我国竞合（罪数）体系的构建》，《比较法研究》2017年第6期。

一行为触犯两个罪名的想象竞合犯的情形下，量刑要比一行为单纯触犯一罪名量刑更重，对行为处罚的另一罪名要在量刑从重上体现。

概言之，想象竞合按照择一重罪从重处罚，兼具"法条竞合与想象竞合色彩"的竞合形态依照择一重罪处罚，更具处断上的相对合理性。

第四节　"中国式竞合"的处断模式选择

一　中国刑法语境下的特殊竞合问题

法条竞合的一般处断规则和补充处断规则都是讨论一行为同时符合数构成要件之时，不同法条竞合类型之间当如何选择法条的司法适用问题。在中国刑事立法的特殊语境下，还存在着一行为符合特别法的类型化行为，但是因数额、数量等罪量要素未达到特别法条的要求的情况。此时究竟应当以普通法条定罪还是特别法条定罪？这种特殊现象的出现是我国"基于行政刑法上的特别考虑，在经济犯罪中大量增加的特别法条和普通法条之间的特别关系"[1] 之结果，是"立法定性+立法定量"模式的必然选择。因罪量要素代表着我国犯罪概念的主要特色，故有学者将罪量要素所引发的竞合问题称为"中国特色的竞合问题"[2]。

例如，被告人利用合同实施诈骗或者利用信用卡实施信用卡诈骗，非法所得仅有 4000 元时，按照相关司法解释的规定，合同诈骗罪、信用卡诈骗罪的立案标准均是 5000 元。毋庸讳言，诈骗 4000 元的行为不构成合同诈骗罪、信用卡诈骗罪。而普通诈骗罪的立案标准是 2000 元，那么此时对于利用合同诈骗或者利用信用卡诈骗的行为能否按照诈骗罪论处？换言之，因罪量未达到相关规定，按照特别法条不能成立犯罪的情形，能否按照普通法条定罪？

二　"不罚说"与"可罚说"之争

"不罚说"认为，当一行为符合普通法条的构成要件，也符合特别法

---

[1]　周光权：《法条竞合的特别关系研究——兼与张明楷教授商榷》，《中国法学》2010 年第 3 期。

[2]　徐凌波：《犯罪竞合的体系位置与原则——以德国竞合理论为参照》，《比较法研究》2017 年第 6 期。

条的构成要件，但是因数额、数量等罪量要素没有达到特别法条要求之时，仍然不能按照普通法条处罚。例如，周光权教授主张："在行为在类型化上属于该特别规定，但尚未达到追究标准（定罪门槛）时，不对该行为进行追究。"① 支持"不罚说"的学者认为特别法条具有出罪效力，主要理由如下。

第一，特别法条中的罪量要素，比如"数额较大""情节严重""多次"等具有出罪效力。这意味着立法者在制定特别法条时有特殊的罪量考虑，对这种立法上的罪量要求，司法上应当采取尊重的态度。如果特别法条的罪量起点高于普通法条，那么行为外观上符合特别法条时，立法者希望借此限制处罚范围，缩小刑罚打击面，而特别地考虑对符合普通法条的不法行为不予处罚。

例如，以诈骗罪和金融诈骗罪为例，金融诈骗罪作为诈骗罪的特别法条，不仅要体现次要法益侵害程度的构成要素（数额），同时还承担着反映主要法益侵害程度的功能。在金融诈骗罪、合同诈骗罪中的"数额较大"不仅要反映被害人的财产损失，同时也要体现主要法益——金融管理秩序、合同交易秩序的侵害程度。在诈骗罪中，两三千元的损失，我们可以认为其对个人财产法益的侵害达到了刑罚介入的程度，但是对金融管理秩序与合同交易秩序恐怕就难以产生实际影响，达不到需要动用刑罚的程度。因此，肩负双重职责的特别法条的数额标准高于只需反映单一财产法益侵害的普通法条，赋予特别法条中的罪量要素以出罪效力，具有内在合理性。

第二，普通法条和特别法条存在着排斥关系。周光权教授认为，某行为不满足该类特殊法条的构成要件时，即满足该行为在类型化上的特别规定（罪质），但是尚未达到入罪门槛（罪量）时，便不认为是犯罪。② 这意味着当行为属于特别法条所规制的类型化行为时，特别法条具有排斥普通法条适用的可能性。立法者制定特别法条的目的就在于替代普通法条的适用。"行为按照特别法条不能构成犯罪时，排斥普通法条的适用，

① 周光权：《法条竞合的特别关系研究——兼与张明楷教授商榷》，《中国法学》2010 年第 3 期。
② 参见周光权《法条竞合的特别关系研究——兼与张明楷教授商榷》，《中国法学》2010 年第 3 期。

从根本上讲就是行为没有达到需要动用刑法意义上的法益侵害程度。特别法条对于其所规范的行为已经有所选择，这就意味着在立法之初，对于普通法条可能对哪些行为进行追究，对哪些行为不能再进行追究已经有所考虑。特别法条构成要件的类型化规定对于评价客体所做的选择，当然排斥普通法条的适用。既然普通法条的适用效力因为特别法条不再存在，按照特别法条不能成立犯罪的情形，当然不能以普通法条定罪。"①

第三，以普通法论，牺牲的是犯罪定型。毋庸讳言，构成要件是刑法规定的行为类型，是任何犯罪所固有的、类型化的可罚性要素，是表明某种犯罪与众不同的行为类型特征。但是数额只是违法程度的变化，并不是影响行为类型的要素，也没有行为类型变异。因此，犯罪数额未达到特别法的规定，转而诉诸普通法是典型的牺牲犯罪定型的做法。

第四，司法解释应当遵循立法原意，不得违背罪刑法定原则。由于立法者在制定特别法条时，对未达到某些罪量要求的行为不处罚，是基于缩小打击范围的考虑，那么就不存在所谓的立法漏洞问题。对立法上不存在的漏洞，在司法适用上不能随意解释，否则有违背罪刑法定原则之嫌。②

"可罚说"认为："特殊情形下，不符合特别法条的行为可适用普通法条。"③ 易言之，当一行为符合普通法条的构成要件，也符合特别法条的构成要件，但是因数额、数量等罪量要素没有达到特别法条的要求之时，应当按照普通法条处罚，否则就会造成处罚漏洞而放纵犯罪。支持"可罚说"的学者认为特别法条不具有出罪效力，主要理由如下。

第一，通过普通法条来堵挡特别法条的处罚漏洞，可以有效弥合司法解释的价值判断与立法价值判断的冲突，修复不合理的立案标准的缺陷；第二，"不罚说"中用抽象的"立法者特别考虑"取代对刑法规范的实质解释，但立法者对何以有这些特别考虑没有给出合理的理由；第

---

①　周光权：《法条竞合的特别关系研究——兼与张明楷教授商榷》，《中国法学》2010 年第 3 期。

②　参见周光权《法条竞合的特别关系研究——兼与张明楷教授商榷》，《中国法学》2010 年第 3 期。

③　张明楷：《法条竞合中特别关系的确定与处理》，《法学家》2011 年第 1 期。

三，"不罚说"仅从立法者的角度考虑问题，而没有从构成要件的符合性角度、法益保护的角度全面考虑问题。①

三　中国刑法语境下的处断模式选择

本书立足于中国刑法语境，采取"可罚说"的观点，其理由与传统"可罚说"的观察视角略有不同。现分别从构成要件的符合性角度、违法性判断的角度、法益保护的角度、出罪与入罪的角度，分述如下。

首先，从构成要件的符合性角度审视，"不罚说"和"可罚说"争论的实质在于是否承认罪量要素应当作为构成要件要素。若承认罪量要素应当作为构成要件要素，那么某行为符合特别法条的类型化行为，但是因数额、数量等罪量要素没有达到特别法条要求之时，不符合特别法的构成要件，也即特别法条和普通法条之间不会发生法条竞合。因此"不罚说"认为普通法条和特别法条之间存在排斥关系，符合特别法条的必然不符合普通法条之前提并不成立。因为该行为在罪量要素上并不符合特别法条构成要件之规定。

反之，不承认罪量要素可以作为构成要件要素，而认为"只要一个行为事实同时符合两个法条规定的行为类型，就应属法条竞合的问题，至于是否达到特别法条与一般法条的'数额较大'，则在所不问"②。按此观点仅考虑行为类型的符合性，则自然会得出依照特别法处理、排除普通法适用的结论，但因罪量又达不到特别法要求，而又得出"不罚说"的结论。例如，周光权教授认为"本法另有规定的，依照规定"的内涵是本法对行为类型有明确规定的，应当按照其特殊行为类型的规定来处理。③ 易言之，当出现特殊行为类型时，自然就排除了基本法所规定的一般行为类型的适用，只需按照特别法条来处断。

本书认为，立足于中国刑法语境则必须承认罪量要素应当作为构成要件要素。我国个罪立法模式表现为"立法定性+立法定量"，构成要件既包括罪质（行为类型）又包括罪量（数额、数量等），即某种类型化

---

① 参见庄劲《罪数的理论与实务》，中国人民公安大学出版社，2012，第128页。
② 黄小飞：《法条竞合之特别关系类型及其适用规则》，《中国刑事法杂志》2017年第3期。
③ 参见周光权《法条竞合的特别关系研究——兼与张明楷教授商榷》，《中国法学》2010年第3期。

的行为具有量的积累，并且达到一定程度以致产生严重的社会危害性时，才能被我国《刑法》规定为犯罪。因此，"舶来的法条竞合理论只能在行为类型意义上适用"[①] 的观点并不符合我国刑法体系下的构成要件要素特征。反观德日刑法体系下的个罪立法模式表现为"立法定性+司法定量"，其构成要件仅包括罪质（行为类型）而不包括罪量。因此，在该体系下的构成要件仅包括类型化的行为而没有罪量的规定性。一味照搬德日构成要件理论而罔顾两大体系下不同语境的实际，只会因"水土不服"而产生体系冲突下的概念混乱与刑事司法处断上的无所适从。

其次，从违法性判断的角度审视，如果采取"不罚说"的观点，会直接导致在普通法条中具备可罚的违法性行为得不到处罚。可罚的违法性理论认为："某种行为即使在行为上符合构成要件，也不具有违法性阻却事由，但如果不具备可罚的违法性，也不成立犯罪。"[②] 按照该理论，如果行为因罪量要素未达到特别法条的要求，从立法者的角度而言，显然认为这种行为在特别法条保护的法益中不具备可罚的违法性。从这个意义上审视，"不罚说"的观点似乎是正确的。但是刑法上的违法性判断是在不同的构成要件中具体判断行为依其对法益的侵害或者威胁程度是否值得处罚。行为对特别法条保护的法益的侵害或者威胁，被立法者评价为不具备可罚的违法性，并不意味着行为对普通法条保护的法益的侵害或者威胁的可罚的违法性也被立法者否认。事实上，当该行为符合普通法条构成要件且罪量要素达到了普通法条的立案标准之时，只要不具备违法阻却事由，即应当认为在普通法条的构成要件中，行为对法益的侵害或威胁具备了可罚的违法性。

再次，从法益保护的角度审视，如果采取"不罚说"的观点，行为已经侵害或威胁的普通法条保护的法益则得不到有效维护。例如，我国《刑法》规定集资诈骗罪是数额犯，入罪标准为 10 万元人民币。其立法理由在于，集资诈骗是对社会金融管理秩序的严重干扰，向社会公众募集的资金必须达到一定数量（10 万元）方能对社会金融管理秩序产生实

---

① 黄小飞：《法条竞合之特别关系类型及其适用规则》，《中国刑事法杂志》2017 年第 3 期。
② 张明楷：《刑法学》（上），法律出版社，2021，第 148 页。

际的严重社会危害性，也即是说方具备可罚的违法性。若行为人以集资诈骗的方式骗取 9 万元，从集资诈骗罪保护的法益来看，行为人对社会金融管理秩序的危害并没有达到值得刑罚科处的程度。但以普通诈骗罪保护的法益来看，诈骗罪保护的是财产所有权和其他本权。行为人以集资诈骗的方式骗取 9 万元，已经侵害了被害人的财产所有权，且达到诈骗罪的立案标准，完全具备可罚的违法性。倘若对具备可罚的违法性的行为不予惩处，势必造成放纵犯罪，使刑法需要保护的法益得不到有效维护。

最后，从出罪与入罪的角度审视，如果采取"不罚说"的观点，则只看到了特别法条构成要件的出罪功能而无视了普通法条构成要件的入罪功效。支持特别法条具有出罪效力的学者认为："立法者设立某一罪名，除了要强调符合该罪名构成要件的行为值得处罚外，同时也在暗示某些不符合该罪名构成要件的行为不值得刑罚处罚，这便是构成要件的出罪效力。"[1] 但是强调不符合该罪名构成要件的行为不值得刑罚处罚，并不能否认符合普通法条构成要件的行为值得处罚。也即是说，普通法条构成要件同样具有入罪功能。例如，被告人利用合同实施诈骗，非法所得仅有 4000 元时，按照相关司法解释的规定，合同诈骗罪的立案标准是 5000 元，因此根据特别法条的出罪功能可以排除合同诈骗罪之司法适用。但是普通诈骗罪的立案标准是 2000 元，该行为完全符合诈骗罪的构成要件且不具备违法阻却事由。依据普通法条构成要件的入罪功能，对于该不法行为应当按照普通诈骗罪定罪处罚。易言之，在该案中达到了普通诈骗罪立案起点的合同诈骗行为，只是侵害了合同诈骗罪所保护的主要法益——市场管理秩序，尚未达到值得以合同诈骗罪科处刑罚的程度，但这并非表明行为本身不值得科处刑罚。

第五节　多重竞合中法条竞合的特殊处断模式

对于多重竞合中法条竞合的非夹结形态，即一行为触犯多个法条既构成法条竞合又构成想象竞合时，究竟应该先处断想象竞合还是法条竞

---

[1]　庄劲：《罪数的理论与实务》，中国人民公安大学出版社，2012，第 129 页。

合抑或无所谓先后顺序？时至今日无论是德日刑法理论界还是国内刑法学界对此都鲜有涉猎，缺乏相关深入研究。对于法条竞合中的夹结形态，德日刑法理论重点聚焦于对想象竞合夹结形态理论的研究，至于法条竞合中的夹结现象则大多被笼统列入"涵摄效应"，其特殊性未曾被单独考量。当下在我国的刑法语境下，两种法条竞合的特殊形态究竟应该如何处断？尤其是德日模式对法条竞合中非夹结形态的处断语焉不详时，我国刑法学人当如何另辟蹊径，探寻多重竞合中法条竞合的特殊处断模式？

一 法条竞合中非夹结形态的处断

1. 两种路径的分析比较

对于法条竞合中的非夹结形态，处理法条竞合和想象竞合的路径顺序面临两种进路的不同选择。通说对想象竞合的处理是"从一重处断"，这与法条竞合的处断规则和效果明显不同。因此路径选择的顺序差异直接关涉对被告人的合理定罪与量刑。第一种路径是优先处理想象竞合关系，即根据想象竞合关系的处断规则选择适用的优位法，然后对该优位法与第三法条按照法条竞合的处理原则进行比较，最后确定所适用的最终优位法条。第二种路径是优先处理法条竞合关系，即将第三法条分别与构成想象竞合关系的两个法条按照法条竞合的处断规则比较。若第三法条被论以劣位法条而淘汰，那么该保留的两个优位法条再以想象竞合论，最后确定所适用的最终优位法条。反之，若第三法条被论以优位法条而淘汰了处于想象竞合关系中的相关法条，那么由于想象竞合关系中的法条遭到淘汰，也即想象竞合关系中的竞合链遭到切断，不再考虑想象竞合的处断结果，最终仅以法条竞合关系的处断规则判定即可。

2. 想象竞合优先的路径选择

究竟选择哪一种路径，离不开两种关键因素之考量：第一，路径的选择越简单，越有利于司法者操作，越佳；第二，无论选择哪一种路径，都不能任意切断法条竞合抑或想象竞合的竞合链，使得任何一种竞合关系形同虚设，尤其是想象竞合链一旦被切断，对法益的全面评价效果就很难在最终优位法条中得到体现。

从可操作性的角度审视，在第一种路径中仅仅通过两次法条的判断比较即可得出司法适用之结论，而在第二种路径中则至少需要三次法条的分析判断方能得出司法适用之结果，故从操作性来看第一种路径更具有优势。例如，有学者主张："想象竞合犯的处理是'从一重罪处'，相对而言，它比运用法条竞合的原理（先考虑适用三个一般原则，在一般原则不能解决问题时适用特殊原则）更简单、快捷，故对所有的'竞合之竞合'的情况均可简单地将其视为想象竞合犯进行处理。"①

从竞合链的角度审视，若采用第一种方式，法条竞合与想象竞合两种竞合链都得以保留；若采用第二种方式，想象竞合的竞合链则有可能在第一轮法条竞合的适用选择中遭到切断，从而想象竞合关系被彻底虚置，对法益充分评价的刑罚处罚效果就难以得到保障。故从竞合关系的维系来看，仍旧是第一种路径更具优势。

反观本书第六章第二节论及的爆炸案，行为人出于报复社会之目的，事先将一包烈性炸药埋在铁轨之下，在火车经过时予以引爆。最后爆炸不仅炸毁了铁轨而且使火车发生了倾覆。对于该案，我们可以采用想象竞合优先的路径来回答预设的问题。在该案中行为人实施了一个爆炸行为，分别侵犯了两个犯罪对象，即火车和铁轨，造成了火车倾覆和铁轨毁坏两个危害结果。该行为分别触犯了破坏交通工具罪、破坏交通设施罪与爆炸罪三个罪名。爆炸罪分别与破坏交通工具罪、破坏交通设施罪构成法条竞合关系，破坏交通工具罪则与破坏交通设施罪构成想象竞合关系。若采用第一种路径，应当先论以想象竞合。破坏交通工具罪与破坏交通设施罪的法定最高刑均为死刑，因此应当按照情节较重的罪名处罚。

本书认为，在该案例中造成火车倾覆的事实情节重于炸毁铁轨的事实情节，故在想象竞合中应当论以破坏交通工具罪。而后再将破坏交通工具罪与爆炸罪相比较，主要评价哪一个法条更能将行为的非价内涵充分评价。由于爆炸罪和破坏交通工具罪法定最高刑一致，保护的法益也均为公共安全，但是爆炸罪不仅评价了行为对交通工具和交通设施的破

①   汤火箭：《想象竞合犯与法条竞合犯辨析》，《西南民族大学学报》（人文社科版）2004年第6期。

坏，也评价了对不特定多数人生命安全的危害，这比破坏交通工具罪的不法内涵更加宽泛。因此适用爆炸罪更能将行为的不法和罪责内涵充分评价，故在该案例中应当认定行为人构成爆炸罪并按照爆炸罪的相关量刑规定予以处罚。

二 法条竞合中夹结形态的处断

（一）夹结形态的处断困境

在夹结形态的处断过程中，面临着两难选择：一方面，在司法处断中要呈现各个为不法行为所实现的具体构成要件，以实现充分评价之目的；另一方面，又要避免对贯穿行为的重复评价，以贯彻双重评价禁止原则之精神。事实上，二者之间存在着此消彼长的关系，就像"鱼与熊掌"一样难以兼得。若对各个被实现的构成要件进行全面评价，那么无疑是承认夹结行为可以拆分成数个刑法类型化意义上的行为。这样的做法直接导致对夹结行为在整体上评价一次后，将其分割后再在实质竞合中评价。这种做法在实现全面评价原则的同时，无疑违背了双重评价禁止原则。

若恪守双重评价禁止原则，仅对夹结行为作整体评价，一则对分割行为有评价不足之嫌；二则由于夹结行为的存在，把本应数罪并罚的实质竞合按法条竞合的一罪处理，则可能对行为人作出畸轻判决，有违罪刑相适应原则；三则使得继续犯、连续犯的理论设置形同虚设，失去了存在的理论价值和实践意义。

（二）想象竞合中夹结形态处断的理论学说

对法条竞合中的夹结形态当如何处断，德日刑法大多将之笼统列入"涵摄效应"，缺乏对其独立的系统性思考，但关于想象竞合夹结形态处断理论的著述则颇为丰厚。下文以德日体系下想象竞合中夹结形态的处断理论为基础，对比各种学说，以期在中国刑法语境下，为探索法条竞合夹结形态的处断模式提供有益的路径借鉴。

想象竞合中夹结形态的处断理论大体可以分为两类。一类可称为"涵摄说"，即承认夹结行为的效力，将两个实质竞合的行为视为一个夹结行为予以评价。易言之，对具有夹结作用的不法行为，本来构成复数关系的两罪，按照想象竞合之处断规则仅以一罪处理。另一类可称为"除摄说"，即不承认夹结行为的效力，对于贯穿行为中触犯其他构成要件的行为，因彼此间无任何关联性存在，在处断上应将个别行为分别处断，而依照实质竞合之处断规则处理。①

从德国刑事理论与司法实务的发展来看，德国是夹结理论的发源地并率先在司法判例中确认和提倡该理论。但夹结理论自产生伊始，一直备受诟病，质疑之声可谓不绝于耳。支持夹结理论（"涵摄说"）者坚定地认为，夹结事实中的各个行为，是由夹结行为整合而致的。但各行为或多或少地与贯穿行为具有一定的连带依附关系。若在理论上不承认夹结行为的效力，将夹结行为强行分割评价，则对于受到夹结行为贯穿作用的继续犯、连续犯的法律效果难以进行考量。事实上，"涵摄说"在德国的理论界和实务界均遭受严重的诘难。例如，有学者指出："数个严重的，本身处于实质竞合关系的行为，不能因为它们与一个在严重程度上要轻一些的犯罪行为有部分上的相同，就被相互连接成想象竞合；这样的连接，将颠倒对于人之举止的社会伦理角度上的评价。"② 又如，在剥夺他人行动自由（《德国刑法典》第 302 条）的过程中，打伤被害人（《德国刑法典》第 277 条）并且以暴力方式抢夺其财物（《德国刑法典》第 302 条），故意伤害与抢夺财物本无关联，原本属于实质竞合而应当数罪并罚，现在却因为剥夺他人行动自由的贯穿行为，而在整体上被认定为想象竞合。在理论上承认这一夹结效果，不仅有悖于罪刑均衡的原则，也会在实践中造成非正义的结果。

作为对实践中面临的诘难的回应，德国刑法理论界与实务界对夹结理论的成立场域进行了相关限制，以符合罪刑均衡之原则。当仅评价夹结行为而适用之量刑反而比被夹结之不法行为量刑更轻之时，在理论上需认定量刑较轻的犯罪不具有夹结效力。不能将其余各不法内涵较大、量刑较重的犯罪夹结成一个犯罪单数而予以定罪处罚。换言之，在实践中运用夹结理论的条件是夹结行为之罪最重。只要存在一个被夹结之罪比夹结之罪更重，即排除夹结作用适用之场域。例如，"两个自身独立的

---

① 参见庄劲《牵连夹结与法条竞合：数额犯之罪数问题》，《中国刑事法杂志》2021 年第 1 期。

② 〔德〕约翰内斯·韦塞尔斯：《德国刑法总论》，李昌珂译，法律出版社，2008，第 474 页。

行为，并不能因其中之一与同一个较轻微的犯罪相结合，而躲过第 53 条较为严厉的量刑"①。

　　尽管如此，德国不少学者如 Jakobs、Puppe 在理论上都提出了反对夹结理论的理由，实务上有否定夹结理论的见解倾向。② 至于否认夹结理论后该如何处理这类案件，尤其是在评价顺序上，反对者的意见也未达成一致。例如，德国学者 Jakobs 教授就是"除摄说"的坚定维护者。在评价顺序上，他认为应当"首先根据实质竞合的规则确定本身相互独立的数罪应当被判处的刑罚，然后再根据想象竞合的规则对将这些刑罚联结起来的犯罪进行量刑"③。德国学者 Werle 提出了"解离方式"的处断模式。该模式主张将各个独立行为分别先与夹结行为按照想象竞合处理，再依实质竞合处理。另有学者则认为，夹结之罪与被夹结之罪分别依想象竞合处断，然后再依实质竞合处理。④

　　日本刑法理论关于想象竞合夹结形态的学说大致分为肯定说和否定说，大体相当于德国刑法理论的"涵摄说"和"除摄说"。团藤重光、平野龙一、大塚仁、大谷实、中山研一等均持肯定说。⑤ 肯定说中存在着不对夹结现象作任何限制的观点和对其进行范围限制两种观点。大塚仁教授认为，当发生夹结效应，夹结罪名的不法内涵明显小于被夹结罪名的不法内涵时，应当否定夹结现象这一观点在理论上是值得赞同的，但是在实际上，刑法的法定刑幅度很大，裁判所的量刑又一般都接近于法定刑的下限，故可以避免具体的不合适。⑥ 大谷实教授则认为，承认夹结效应虽然会存在从轻处罚的不当，但是在现行刑法之下不得不承认它。此外，刑法典所规定的法定刑范围很广，在实际的处理上也不会有太多麻烦。但大谷实教授认为，当夹结罪名以自然视角观之数目太多时，

---

① 〔德〕汉斯·海因里希·耶赛克、托马斯·魏根特：《德国刑法教科书》（下），徐久生译，中国法制出版社，2017，第 983～984 页。
② 参见柯耀程《刑法竞合论》，中国人民大学出版社，2008，第 227 页。
③ 〔德〕冈特·施特拉腾韦特、洛塔尔·库伦：《刑法总论 I 犯罪论》，杨萌译，法律出版社，2006，第 444 页。
④ 参见柯耀程《刑法竞合论》，中国人民大学出版社，2008，第 227 页。
⑤ 参见马克昌《比较刑法原理——外国刑法学总论》，武汉大学出版社，2002，第 810 页。
⑥ 参见〔日〕大塚仁《刑法概说（总论）》（第三版），冯军译，中国人民大学出版社，2003，第 494 页。

则应当否定其一罪的性质，使每次单独的自然行为分别构成想象竞合。①

否定说在否定夹结效力的同时提出了"全面并合说"，该说认为具有联结关系的数罪应当以数罪并罚的方式处断。②"捷足先登说"则认为夹结之罪仅与最先成立之他罪构成科刑上的一罪。③ 此外，还有部分学者针对想象竞合与牵连关系的夹结现象分别提出了不同的处理方法。例如，高桥则夫教授认为当夹结现象乃因数个牵连关系而产生时，仅应当认为第一次的被夹结罪名与夹结罪名形成了牵连关系，其他的则构成并合罪的关系；而当夹结现象乃基于数个想象竞合的罪名时，则分别将被夹结罪名与夹结罪名进行想象竞合，之后再进行数罪并罚。④ 又如，山口厚教授认为，在想象竞合的夹结情况中，应该将各个被夹结罪名与夹结罪名分别想象竞合，从一重罪处罚，之后再进行数罪并罚，但在夹结罪名最重时则整体成立包括的一罪；在牵连关系的夹结情况中，只承认第一次的被夹结罪名与夹结罪名成立牵连关系，其他的构成并合罪。⑤

在日本司法实务界的判例中，对于想象竞合中的夹结形态大多支持相同的裁判观点。司法实务界大体认为："本来属于并合罪关系的数罪，因其分别与第三罪具有想象竞合犯或牵连犯之关系，全体乃结合成一罪而从一重罪处断。"⑥

我国台湾地区对于夹结现象的讨论与日本类似，也主要分为肯定说与否定说。肯定说中也存在不应对其作任何限制的观点和应对其进行限制的观点。作为肯定说观点代表人物的陈子平教授认为：第一，一个侵入住居罪作为手段牵连多个杀人罪的情形中，将多个杀人罪并罚亦无不可，但难以说明为何侵入住居罪仅与第一个杀人罪牵连，而不与其他杀人罪牵连；第二，若将夹结罪名与各个相互实质竞合的罪名分别论以想象竞合或牵连关系，之后再论以实质竞合，则会使夹结罪名被重复评价，

---

① 参见〔日〕大谷实《刑法讲义总论》（新版第二版），黎宏译，中国人民大学出版社，2008，第450~451页。
② 参见张爱晓《犯罪竞合基础理论研究》，中国人民公安大学出版社，2011，第167页。
③ 大塚仁等编『大注解刑法』（第3卷）青林书院、1990、134页。
④ 参见〔日〕高桥则夫《刑法总论》，李世阳译，中国政法大学出版社，2020，第472~473页。
⑤ 参见〔日〕山口厚《刑法总论》（第三版），付立庆译，中国人民大学出版社，2018，第408~409页。
⑥ 转引自张爱晓《犯罪竞合基础理论研究》，中国人民公安大学出版社，2011，第167页。

故虽然确实有可能发生刑罚减轻之不当情况，却不得不承认夹结现象；第三，法定刑有相当之幅度，实际上处理夹结现象时可以通过量刑实现罪刑相当。[①] 林钰雄教授则认为，应当对夹结现象进行限制，最基本的共识是"大能包小，小不能包大"，即仅在夹结罪名的不法内涵比被夹结罪名重时才能承认夹结效应，从一重罪处罚。[②]

否定说的代表人物主要有蔡圣伟教授和黄荣坚教授。蔡圣伟教授赞成 Jakobs 教授的观点，认为应将原本实质竞合的两个罪数罪并罚，再与第三罪从一重罪处断。[③] 黄荣坚教授提出行为数的判断标准不能脱离行为人之心理关系。行为人实现数犯罪的行为若是出于一个意思决定，就是想象竞合；若是出于不同的意思决定，则为数罪并罚。行为人实现数犯罪的行为是否完全一致、部分一致或者完全不一致，和行为数的判断没有关系。所谓夹结现象，通过这样的体系化便会自然消解，没有立足之地。[④]

（三）法条竞合夹结形态处断的路径选择

在对德日想象竞合夹结形态进行理论梳理的基础上，本部分针对不同情形下法条竞合夹结形态的处断问题作一比较分析。本书认为，在承认涵摄效应，赋予连续行为、继续行为以夹结效力的前提下，必须在理论上对夹结学说进行适当的限制，否则会产生罪刑不均衡之后果。当且仅当夹结行为能将被夹结行为的不法内涵（罪质）与刑罚结果（罪质）充分评价之时，也即具有罪质和罪量上的涵摄关系时方可承认夹结效力。本书称之为"限制条件下的夹结理论。"

本书尝试运用"限制条件下的夹结理论"对第六章第二节论及的爆炸案加以分析。行为人以一个实施爆炸行为的犯意，分两次分别实施炸毁铁轨和炸毁火车的行为。炸毁铁轨和炸毁火车的行为本系毫无关联之独立行为，但因行为人连续实施的爆炸行为而贯穿，那么此时爆炸行为是否具有夹结之效力呢？由于爆炸罪和破坏交通工具罪、破坏交通设施罪分别构成法条竞合关系，那么此时需从爆炸罪的罪质和罪量两方面进

---

① 参见陈子平《刑法总论》（第四版），台湾元照出版有限公司，2017，第732页。
② 参见林钰雄《新刑法总则》（第九版），台湾元照出版有限公司，2021，第630页。
③ 参见蔡圣伟《刑法问题研究》（二），台湾元照出版有限公司，2013，第437页。
④ 参见黄荣坚《基础刑法学》（下），台湾元照出版有限公司，2012，第942~943页。

行考察。如若爆炸罪能将其余两罪的不法内涵与处罚结果充分包容，那么法条竞合的夹结形态得以成立，据此可以按照爆炸罪定罪处罚。从法条竞合的本质检视，此时表面上虽然有三个法条被触犯，但仅有一个法条可以实现对不法行为的全面充分评价，故采用此方案既可以避免重复评价又可以避免评价不足。

本书认为但凡牵涉夹结行为之处断，要么承认夹结效力，将被夹结行为作为一个整体予以评价；要么否认夹结效力，将夹结行为分割为数个刑法类型化意义上的行为予以分别评价。切忌在被夹结行为之间评价一次，然后再与夹结行为评价一次，此乃重复评价产生之根源。

倘若爆炸罪（夹结罪名）保护的法益不能将破坏交通工具罪、破坏交通设施罪（被夹结罪名）保护的法益包容，那么此时不存在法条竞合的夹结形态，[①] 而存在想象竞合的夹结形态或牵连关系的夹结形态。本书也尝试对于该形态下的处断模式略作探讨。依据充分评价原则和禁止重复评价原则，大致可以在处断路径上分为三步。第一步（并罚），先将夹结行为分割为被夹结的行为一和被夹结的行为二，因为被夹结的行为之间是实质竞合的关系，因此要按照数罪并罚的原则予以处断。这样处断的优点在于既有效避免重复评价，又解决贯穿行为所涉及之罪不能对分割行为所涉及之罪充分评价的问题。在该案中即是将爆炸行为分割为破坏交通工具的行为和破坏交通设施的行为，然后按照破坏交通工具罪、破坏交通设施罪予以数罪并罚。第二步（夹结），不考虑被夹结行为，仅对夹结行为定罪量刑。这样处断的优点在于可以有效避免夹结行为与被夹结行为存在想象竞合或牵连关系时，优先进行竞合处断后再数罪并罚或先数罪并罚后再进行竞合处断造成的重复评价。第三步（比较刑罚），比较第一步被夹结行为数罪并罚后的法定刑与第二步对夹结行为定罪处断后的法定刑的轻重，选择法定刑较重的处断模式以实现对罪量的充分评价。

在中国刑法语境下存在着大量的数额犯，由于犯罪的数额具有既可分离又可融合的特性，法条竞合的夹结形态呈现出数额型夹结的特殊形

---

① 此时因贯穿行为所触犯的法条不能对分割行为所触犯的法条进行充分评价，实际上法条竞合关系并不存在，理论上并不属于法条竞合的夹结形态。

式。当数额型夹结现象出现时，依据本书提出的"限制条件下的夹结理论"，是选择承认夹结效力，将被夹结数额的犯罪作为一个整体予以评价？还是不认可夹结效力，将被夹结的数额予以数罪并罚？抑或在二者中选取适用法定刑更重的罪名？下文结合第六章第二节提出的案例，对其处断路径的合理性作一探析。

行为人未经许可经营烟草买卖，在此期间又以假充真销售伪劣的卷烟和雪茄烟，销售金额达到 11 万元。同时行为人明知供货方提供的是假冒某著名商标的烟草而予以销售，销售金额达到 15 万元。其行为分别触犯了销售伪劣商品罪（11 万元）、销售假冒注册商标的商品罪（15 万元）和非法经营罪（26 万元）。非法经营罪（夹结罪名）的犯罪数额是销售伪劣商品罪和销售假冒注册商标的商品罪犯罪数额的叠加。

处断方案一，承认夹结效力，将被夹结数额的犯罪作为一个整体予以评价，据此认定非法经营罪，并依据《最高人民法院、最高人民检察院关于办理非法生产、销售烟草专卖品等刑事案件具体应用法律若干问题的解释》第 3 条第 2 款之规定，非法经营数额在 25 万元以上的属于"情节特别严重"，处 5 年以上有期徒刑。

处断方案二，不承认夹结效力，将销售伪劣商品罪（11 万元）和销售假冒注册商标的商品罪（15 万元）予以数罪并罚。依据销售伪劣商品罪的规定，销售金额 5 万元以上不满 25 万元的，处 2 年以下有期徒刑或者拘役。依据《最高人民法院、最高人民检察院关于办理侵犯知识产权刑事案件具体应用法律若干问题的解释》第 2 条第 1 款、第 2 款之规定，销售假冒注册商标的商品金额在 5 万元以上不满 25 万元的属于"数额较大"，处 3 年以下有期徒刑或拘役；按照数罪并罚的规则，应当对行为人判处 2 年以上 5 年以下有期徒刑。

选择方案一或方案二的任意一种均不会造成重复评价。但适用方案一，认定为非法经营罪，最低刑为 5 年以上有期徒刑；适用方案二，数罪并罚最高为 5 年有期徒刑。显而易见，适用并罚方案可能会导致对行为的罪量评价不充分。同时销售伪劣商品罪、销售假冒注册商标的商品罪和非法经营罪之间存在交叉关系的法条竞合，择一重罪处断也符合交叉关系的处断规则。因此，就该案来看选择整体性评价的方案一更具合理性。

　　但是数额型夹结的科学处断并不总是选择承认夹结效力的整体性评价模式（承认夹结效力，将被夹结数额的犯罪作为一个整体予以评价）。理由在于，基于犯罪数额的游离性，其可以在被夹结罪名之间或被夹结罪名与夹结罪名之间分离和融合。数额的增加致使部分被夹结罪名的法定刑升高，从而使数罪并罚方案的法定刑较整体性评价方案的法定刑更重，即存在着适用数罪并罚方案之可能性。

　　仍以该案为例，对数罪并罚方案适用之可能性作一分析阐释，下文仅就犯罪数额作部分调整。若行为人未经许可经营烟草买卖，销售伪劣烟草200万元、销售假冒注册商标的烟草15万元，其非法经营罪的数额则合并计算为215万元。此时，按照方案一应当认定为非法经营罪，依据相关司法解释，215万元属于"情节特别严重"，处5年以上有期徒刑，但对于单个罪名的有期徒刑最高判处15年。按照方案二，则应当对销售伪劣商品罪（200万元）和销售假冒注册商标的商品罪（15万元）予以数罪并罚。依据销售伪劣商品罪的规定，销售金额200万元以上的，处15年以上有期徒刑或者无期徒刑。依据相关司法解释，销售假冒注册商标的商品金额15万元属于数额较大，处3年以下有期徒刑或拘役。按照数罪并罚的规则，数罪中有一罪被判处无期徒刑的，应当执行无期徒刑。在该案中，若判处有期徒刑则应当为15年以上18年以下。毋庸讳言，适用方案一会导致对行为的罪量评价不充分，故此情形下，基于全面评价原则的考量应当适用数罪并罚方案。

第六节　共同犯罪中法条竞合的特殊处断模式

一　共同犯罪中法条竞合识别与处断的理论基础

　　当下无论是大陆法系、普通法系抑或国内刑法学界，对于共同犯罪中法条竞合识别与处断的特殊性问题均鲜有论及。事实上，共同犯罪中法条竞合的识别与处断，不仅需要以法条竞合的基本理论为分析工具，更需要共同犯罪的相关理论作为法理支撑，二者共同构成法条竞合处断的理论基础。共同犯罪作为一种犯罪形式，大量存在于日常司法实践中。识别共同犯罪中法条竞合的形态，依据不同的形态提出不同的处断方法之前提在于判断是否构成共同犯罪。因此对共犯本质认识的不同立场选择，直接影响共同犯罪中法条竞合的识别与处断。本书认为，识别共同犯罪中法条竞合的特殊形态，构建共同犯罪中法条竞合的特殊处断规则，必先澄清共同犯罪的本质。共同犯罪的本质问题是关涉共同犯罪中法条竞合识别与处断的重要理论基石。

1. 共同犯罪本质学说的争论

德日语境下基本不使用"共同犯罪"这一术语，但我国刑法使用这一概念。我国《刑法》第 25 条规定共同犯罪是指二人以上共同故意犯罪。这一规定是我国刑法对共同犯罪的违法形态的抽象归纳，是共同犯罪的法定概念。我国刑法学界虽然使用这一概念，但在学理上对这一概念的理解存在着犯罪共同说与行为共同说的争论。

犯罪共同说和行为共同说分别从犯罪的共同性与行为的共同性出发，去寻求数人成立共同正犯的基础或者本质。两种学说均认为共同犯罪的本质在于"共同"，但对于"共同"是刑法罪名的共同，还是一起实施犯罪行为的共同，则在理论上产生了分歧。但是两种学说的最终目的都是解决两个以上的行为人造成的危害结果可以归因给何人的问题，从而为适用"部分实行全部责任"的原则提供依据。[1]

通说主张的完全犯罪共同说认为，共同行为人之间必须具有共同的犯罪故意和共同的犯罪行为，方可成立共同犯罪。换言之，共同犯罪行为是指各行为人的行为都指向同一犯罪，互相联系、互相配合，形成一个统一的犯罪活动整体。[2] 在过去的司法实践中，该种观点长期占据主导地位。近年来，以张明楷教授为代表，学界提出共犯的成立仅需要"行为共同"的行为共同说。这给传统的犯罪共同说带来了理论上的质疑与司法实践中的挑战。张明楷教授指出："正因为共同犯罪是违法形态，所以，共同犯罪中的'犯罪'是指违法层面意义上的犯罪。而完全意义上的犯罪包含违法与责任两个层面，所以，对共同犯罪应当采取行为共同说。"[3] 在犯罪共同说不法与责任混合认同的模式下，当直接实施

---

① 参见张明楷《共犯的本质——"共同"的含义》,《政治与法律》2017 年第 4 期。

② 参见高铭暄、马克昌主编《刑法学》(第九版)，北京大学出版社、高等教育出版社，2019，第 160 页。

③ 张明楷：《共同犯罪是违法形态》,《人民检察》2010 年第 13 期。

构成要件的行为人，由于缺乏责任能力、违法性认识的可能性以及期待可能性等责任要素，而不能构成直接正犯时，对狭义共犯将难以进行归责。行为共同说以"不法与责任的区分"为其优势，解决了完全犯罪共同说不能解决的不法层面的共犯认定问题。这在一定程度上表明刑法理论开启了从完全犯罪共同说向行为共同说的转型。

2. 犯罪共同说述评

犯罪共同说以犯罪构成要件为标准来认定共同犯罪。该学说认为，共同犯罪的本质在于二人或多人对同一被保护的法益进行侵害。易言之，两个以上的犯罪行为人在同一犯罪事实内属于共同犯罪，在不同犯罪事实内不属于共同犯罪。犯罪共同说可分为完全犯罪共同说和部分犯罪共同说。

完全犯罪共同说认为："仅特定之犯罪，即一个且同一之故意犯，始有成立共同正犯之可能，要求共同正犯间罪名之完全一致性，不同罪名之间不承认共同正犯之成立。"[①] 该学说对共同犯罪行为人所实行的犯罪行为要求同一个罪名，其目的在于限制共同犯罪的成立范围，有助于实现刑法的保障人权机能。虽然从这一意义上审视，其主张具有一定的合理性，但该学说要求各行为人的故意内容必须完全相同且完全忽略各行为人共同造成危害结果的客观事实，这就导致缺少共同意思联络的结果加重犯和帮助犯无法构成共同犯罪，从而不当地缩小了共同犯罪的成立范围。因此该学说在指导司法实践的过程中，要么轻纵犯罪分子，要么导致罪刑不均衡。当下我国的通说虽然仍持该观点，但其因为存在严重瑕疵，已经日渐式微。试举两例说明该学说的主要弊端。

一是该学说认为共同行为人对于加重结果缺乏故意时，不构成共同犯罪，这不符合罪责刑相一致的原则。例如，甲向乙提议报复丙，乙同意，甲、乙二人共同对丙实施暴力，丙因此死亡。事后查明，甲具有杀人的故意，而乙对此不知情，仅仅具有伤害故意。依据该学说的观点，如果共同行为人实施犯罪时故意的内容不一致，就不符合共同故意的实质。由于甲的故意内容是杀人，乙的故意内容是伤害，双方缺乏对杀人或伤害结果的犯意联络，因此不成立共同故意。该学说还认为即使甲、乙二人对基本犯存在故意，对加重犯存在过失，也不属于共同犯罪。在

---

① 陈子平：《刑法总论》（第四版），台湾元照出版有限公司，2017，第 500 页。

否认甲、乙二人的共同犯罪行为属于共犯的情形下，甲、乙二人在故意伤害罪的范围内不成立共犯，甲单独成立故意杀人罪，乙单独构成故意伤害罪。若无法查明甲、乙二人中谁的行为导致丙的死亡，根据"存疑有利于被告"的原则，甲的行为属于故意杀人罪的未遂，乙的行为属于故意伤害罪，且不能适用故意伤害致死的加重结果。显而易见，这样的处罚结果不符合罪责一致的原则。

二是完全犯罪共同说否认片面共犯，导致帮助犯不能纳入共犯范围被处罚，直接导致责任与刑罚效果的脱节。例如，甲明知乙正在追杀丙，由于其与丙有仇，便在暗中设置障碍将丙绊倒但丙未受伤。乙趁丙绊倒之机，顺利地杀害了丙。依据完全犯罪共同说的理论，甲、乙没有共同犯罪的意思联络，不属于共同犯罪，因此甲不构成故意杀人罪的共犯。甲设置陷阱绊倒丙的行为，由于未造成实质性伤害，不符合故意伤害罪的构成要件，因而不能对甲定罪处罚。毋庸讳言，这种处断方式会造成甲应当承担的责任与刑罚效果严重脱节。

基于完全犯罪共同说在司法实践中遭遇的困境，刑法学界开始对完全犯罪共同说进行系统的检视与理论上的部分调适，并由此提出了部分犯罪共同说。该学说主张多人共同实施犯罪行为，只要行为的不同构成要件之间存在同质且重合的部分，就可以成立共同犯罪。[①] 易言之，该学说不要求犯罪构成要件完全一致，也不要求犯罪行为人的行为一致和故意内容一致。该学说试图通过上述理论调适来应对完全犯罪共同说面临的诘难。例如，甲具有杀人的故意，乙具有伤害的故意，二人共同行为致丙死亡。那么依据部分犯罪共同说，甲、乙在故意伤害的范围内成立共同犯罪，对乙追究故意伤害致人死亡的责任，对甲按照故意杀人罪定罪处罚。由此可见，部分犯罪共同说有效化解了共同犯罪说在罪责刑相一致原则上的悖论，同时又捍卫了犯罪共同的客观主义立场。

但是部分犯罪共同说和完全犯罪共同说在本质上具有一脉相承性，是针对完全犯罪共同说存在的缺陷而进行改良的一种学说。因此"行为共同说的倡导者批判部分犯罪共同说在指导司法案件时不具有现实适应

---

① 参见张明楷《部分犯罪共同说之提倡》，《清华大学学报》（哲学社会科学版）2001 年第 1 期。

性"①。例如，13 周岁的甲与 19 周岁的乙共同轮奸妇女。依据部分犯罪共同说的理论，甲、乙二人要构成强奸罪的共犯，必须在不法与责任两个层面符合强奸罪的构成要件。13 周岁的甲在责任层面不符合，因此不构成强奸罪，故甲、乙二人不属于共同犯罪。若需对乙追究轮奸的责任，则必须对部分犯罪共同说进行改造，承认"共同犯罪是一种违法形态"②。该学说不承认共同犯罪是不法形态，导致其在司法实践中面对不法层面的共犯认定问题时无能为力，目前大有被行为共同说取代之势。

3. 行为共同说述评

关于共犯本质，刑事古典学派基于客观主义立场提出了犯罪共同说，刑事近代学派则基于主观主义立场提出了行为共同说。第二次世界大战后，出现了基于客观主义立场而采取行为共同说的主张。依据行为共同说的理论，大体可以划分为前构成要件的行为共同说、构成要件内的行为共同说。

前构成要件的行为共同说认为二人以上共同实施具有自然意义的行为即可成立共同犯罪，而不需要共同实施特定的犯罪。在犯意联络方面仅需要自然行为间具备意思联络即可，不要求具备犯罪意思的联络。该学说以主观主义的犯罪表征说为其理论基础，因理论基础遭到质疑，第二次世界大战以后鲜有支持者。③

构成要件内的行为共同说则从客观主义的立场出发，认为行为共同不是自然行为的共同，而是指符合构成要件的实行行为的共同。多人虽可成立不同的罪名，但跨构成要件的行为不能视为共同。易言之，共犯的成立既不需要故意的共同，也不要求罪名的相同，仅需要符合构成要件的实行行为的共同。④

行为共同说不仅在承认共同犯罪是一种违法形态的基础上，较好地解决了完全犯罪共同说不能解决的不法层面的共犯认定问题，而且提出了"数人数罪"的观点，为解决共犯竞合中的罪数问题提供了有益的借

---

① 高蕴嶙：《共同犯罪的本质探究——基于刑法教义学的立场》，《重庆交通大学学报》（社会科学版）2021 年第 1 期。

② 张明楷：《共犯的本质——"共同"的含义》，《政治与法律》2017 年第 4 期。

③ 参见高蕴嶙《共同犯罪的本质探究——基于刑法教义学的立场》，《重庆交通大学学报》（社会科学版）2021 年第 1 期。

④ 参见高蕴嶙《共同犯罪的本质探究——基于刑法教义学的立场》，《重庆交通大学学报》（社会科学版）2021 年第 1 期。

鉴。"数人数罪"的观点认为，每个犯罪行为人都是不同的个体，每个犯罪行为人的目的、行为方式都不尽相同，但都对犯罪结果具有贡献力，而导致犯罪结果发生的合力行为正是刑法应当规制的对象。[1]

但不同类型的行为共同说在理论与实践中遭遇了共同的质疑与诘难。除前构成要件的行为共同说基于理论基础的不当被质疑外，构成要件内的行为共同说也遭到了理论质疑与批判。该学说认为行为的共同是指符合构成要件的实行行为的共同，这就将非实行行为排除在外。例如，陈子平教授认为："行为共同说……共同之'行为'系该当构成要件之行为（实行行为）。"[2] 黎宏教授认为："行为共同说中的'行为'共同……并不是指杀人和盗窃这种在构成要件上没有任何关系的无条件的共同，而是杀人和伤害、盗窃和抢劫这种在构成要件上具有共同之处的共同。"[3] 面对实行犯的实行行为与狭义共犯的非实行行为为什么存在共同关系的质问，该学说难以给出合理的回应。例如，甲教唆乙对丙实施故意伤害，乙接受教唆后，却蓄意将丙杀死。甲故意伤害的教唆行为与乙故意杀人的实行行为之间不具有共同的实行行为，但无法否定的是，甲、乙二人之间成立共同犯罪。造成这种困境的原因在于，我国刑法语境下共同犯罪既包括共同正犯也包括狭义共犯，但我国刑法学者将日本刑法理论中用于说明共同正犯何以共同的行为共同说，不加区别地用于解释中国语境下狭义共犯何以共同，这就必然导致行为共同说"水土不服"，难以担当说明共同犯罪本质之重任。

基于构成要件内的行为共同说的上述缺陷，张明楷教授在吸收其合理主张的基础上进行了理论修正，本书称之为修正的行为共同说。该学说认为，共同犯罪是指"数人共同实施了行为，而不是共同实施特定的犯罪"[4]。"共同犯罪是指二人以上共同在故意犯罪"，而不是说"共同犯罪是指二人以上共同故意去犯罪"。[5] 易言之，行为共同是指一起故意实施犯罪行为，而不仅仅是实行行为的共同。共同实施的行为既包括构成

---

[1]　参见马荣春《行为共同说的法教义学批判》，《法律科学（西北政法大学学报）》2018年第 5 期。

[2]　陈子平：《刑法总论》（第四版），台湾元照出版有限公司，2017，第 503 页。

[3]　黎宏：《刑法学总论》，法律出版社，2012，第 262~263 页。

[4]　张明楷：《刑法学》（上），法律出版社，2021，第 539 页。

[5]　张明楷：《刑法学》（上），法律出版社，2021，第 541 页。

要件内的实行行为，也包括帮助、教唆等狭义共犯行为。这一点显著区别于构成要件内的行为共同说。本书认为该学说较好地说明了正犯之间以及正犯与狭义共犯之间何以共同的问题，能克服犯罪共同说、构成要件内的行为共同说等相关理论的缺陷，因而在共犯本质的问题上采取该学说具有相对合理性。

二　共同正犯中法条竞合不同形态下的处断规则

本部分在采取修正的行为共同说的基础上，厘清正犯之间的法律关系，并运用法条竞合的相关理论分析共同正犯不同类型之间法条竞合的不同表现形态，建构特殊的适用规则，探索复杂的共同正犯关系下法条竞合判断疑难问题的解决路径。

1. 共为共同行为之全部

两个以上之行为人，共同实施一行为，当该行为符合法条竞合之时，应如何处断？例如，甲、乙合谋杀害丙，丙发现二者的意图后，情急之下冲入了广场中的人群，于是甲、乙二人共同向人群中的丙投掷爆炸物，造成丙死亡和多人重伤的后果。以下从形态构造、争议焦点、学理依据、处断模式四个方面分析该案中对甲和乙应当如何处断。

从形态构造来看，其主体为两个以上之共同行为人；主观方面为故意；客观方面表现为两个以上的行为人共同实施了一个行为，[①] 触犯了两个以上的刑法法条，在事实上侵害或威胁了法益。在该种法条竞合的形态构造下，客观上仅仅适用其中一法条即能实现对共同危害行为的充分评价，这是法条竞合的本质特征。在该案中，甲、乙二人共同实施了一行为，该行为同时符合爆炸罪、故意杀人罪、故意伤害罪的构成要件。将该行为评价为爆炸罪一罪即可实现对行为不法内涵的充分评价。易言之，爆炸罪可以将甲、乙二人共同实施的这一不法行为所侵害的故意伤害、故意杀人和危害公共安全的全部法益完全评价，其行为符合法条竞合的构成要件。

从争议焦点来看，主要聚焦于对共同危害行为是按照共同正犯的处

---

① 本书采修正的行为共同说，即认为行为共同是指一起故意实施犯罪行为的共同，而不一定是共同故意支配下的共同犯罪行为。

理模式予以整体性评价还是按照单独正犯的处理模式予以分别评价。

从学理依据来看，采取共同正犯处理模式的理由在于，主体为两个以上之共同行为人，一起故意实施犯罪行为，可以在学理上将其视作基于共同故意的一个违法行为，这与单独正犯处理模式其实并无二致。采取单独正犯处理模式的理由在于，一起故意实施犯罪行为并非一定基于共同故意，可能存在出于一起故意去犯罪却基于不同故意内容的共同犯罪。由于故意的内容不同，所以不同故意支配下的行为不能视作一个刑法意义上的行为被整体性评价。事实上，无论是基于共同故意的共同行为，还是不同故意内容支配下的共同犯罪行为，依据部分犯罪共同说，如果故意的内容有重合，那么不论行为是作为整体被评价还是作为部分被单独评价，按照主客观相一致的定罪原则，共同正犯处理模式和单独正犯处理模式的定罪与处罚效果应当是一致的，对此在处断模式分析中详加说明。

从处断模式来看，依据共同故意的内容是否完全相同，应当分别讨论。如果故意的内容完全相同，依据主客观相一致的原则，基于共同故意实施的共同危害行为，无论是评价为一个整体的行为还是单独行为，其法条竞合的处断效果均一致。在该案中，由于甲、乙二人具有共同故意，因此无论是将甲、乙二人在危害公共安全和杀人故意支配下的投掷行为视为一个整体行为予以评价，还是将之作为独立的行为予以分别评价，依据法条竞合的处断规则，甲、乙二人均仅成立爆炸罪一罪。

如果故意的内容不完全相同，依据修正的行为共同说，那么行为人只要共同实施故意犯罪，存在行为的共同即能成立共犯。事实上，共为共同行为之全部的处断，不论是共同正犯处理模式还是单独正犯处理模式，其定罪与处罚效果均相同。例如，甲以杀人的故意对丙实施殴打，乙以伤害的故意对丙实施殴打，其共同行为造成丙重伤，后查明丙是被甲以利器猛击而死亡的。按照共同正犯处理模式，由于故意的内容不相同，甲、乙二人仅仅在故意伤害行为的范围内成立共犯。甲单独构成故意杀人罪，同时甲与乙共同构成故意伤害罪的共犯。但由于甲只有一个故意杀人的行为，故意杀人罪可以将甲的故意伤害罪的不法充分评价。因此按照法条竞合的处断规则，对甲只能定故意杀人罪。若按照单独正犯处理模式予以分别评价，甲构成故意杀人罪，乙构成故意伤害罪。由此可见，即使故意的内容不完全相同，两种模式下的法条竞合处断结果也并无二致。

2. 各为共同行为之部分

两个以上之行为人，分别实施共同行为中的部分行为，此情形下共同正犯各为之部分行为，究竟是界定为刑法意义上的一行为还是数行为？这是判断法条竞合、想象竞合与实质竞合的关键。例如，甲、乙二人合谋杀害丙、丁夫妻二人。双方潜入丙、丁在市中心的独栋别墅，甲持械实施了杀害丙的行为，乙持械实施了杀害丁的行为。二人正准备离开之际，忽然听见别墅中的丁在呼救。乙对甲说："你去门外放风，我去收拾局面。"乙随即拿起车中备用的汽油冲向别墅，将丙、丁居住的别墅周围洒遍汽油后点燃，导致丁最终死亡与整片别墅区着火。下文结合该案例，分别从形态构造、争议焦点、学理依据、处断模式四个方面予以阐释。

从形态构造来看，其主体为两个以上之共同行为人；主观方面为故意；客观方面表现为两个以上的行为人各为共同行为之一部分，侵害或威胁法益，且触犯两个以上的法条。在该种法条竞合的形态构造中，须符合在客观上仅适用其中一法条即能实现对共同危害行为的充分评价，这是法条竞合的本质特征。

从争议焦点来看，对于甲、乙二人的行为究竟认定为一行为还是数行为？其判定结果的不同，将直接导致罪名认定与刑罚效果的差异。在该案中，若将甲、乙二人的行为视为一个整体意义上的杀人行为，该行为不仅触犯了故意杀人罪还触犯了放火罪，因此可对该行为适用法条竞合的处断规则；若将甲、乙二人的行为视为数个行为，则应按照实质竞合的处断规则予以数罪并罚。

从学理依据来看，"一行为论"者坚持以"共犯从属性说"为理论基础，认为"部分行为全部责任"的要义就在于将共同犯罪视为一个行为而不是数个行为。所谓"部分行为全部责任"是指"即使共同正犯者没有实施构成要件的全部行为、没有直接造成构成要件结果，但由于其行为与全部结果之间具有因果性，且在共同犯罪中起到了主要作用，也要使之对全部结果承担正犯的责任"[①]。因此，甲、乙二人基于同一概括

---

① 张明楷：《共同正犯的基本问题——兼与刘明祥教授商榷》，《中外法学》2019 年第 5 期。

的杀人故意，虽然有数个犯罪行为，但在共同正犯行为合一的观念下，应当将共同正犯甲、乙二人的行为视为一个整体行为予以评价。按照共同正犯行为合一的观念，该案中的共同行为基于同一概括的杀人故意，以直接杀害、放火等手段实施了杀人行为，系一行为触犯故意杀人罪和放火罪两罪名。但二罪之间存在交叉竞合关系，适用放火罪即可将故意杀人罪的不法内涵充分评价，故甲、乙二人仅构成放火罪。

　　"数行为论"认为："每个共同犯罪人是对自己独立的行为而不是'部分行为'承担刑事责任。"① 因此甲、乙二人虽然基于同一概括的杀人故意，却分别实施了不同故意内容下的危害行为，应当对其行为予以分别评价。在第一阶段中，甲、乙共谋实施故意杀人且分别实施了持械杀害丙、丁的行为，构成故意杀人罪的共同正犯。在第二阶段中，乙以放火为手段实施了故意杀害丁的行为，构成故意杀人罪、放火罪的法条竞合，应当评价为放火罪。因为甲没有放火的故意，也没有实施放火行为，其放风行为仅能视为协助乙故意杀害丁的帮助行为，构成故意杀人罪的帮助犯。综上所述，按照行为共同说"数人数罪"的观点，对二人不同阶段实施的数行为应当分别评价，即甲构成故意杀人罪；乙构成故意杀人罪、放火罪，数罪并罚。

　　需说明的是，"一行为论"需从法理上充分说明"将共同正犯各行为人之行为，视为一个行为之理由何在"②。例如，我国台湾地区有学者主张："各个共同正犯在实质上，虽有数个犯罪行为，并非一个行为触犯数罪名，但在共同正犯行为合一观察之观念下，仍应依想象竞合犯之规定处断。"③ 有日本学者提出："共犯者之行为，实属于自己行为之一部分，同时共犯之行为，亦与自己之意思活动相结合，故得认其为一个行为。"④ 但是何谓"共同正犯行为合一"，为什么"共同正犯行为合一"，为何共犯的行为与自己之意思活动相结合就可以认定为一个行为，此等关键问题皆语焉不详，缺乏具体的说明理由。同样的道理，"数行为论"

---

①　陈世伟：《"部分行为全部责任"的现实困境及其出路》，《云南大学学报》（法学版）2008 年第 5 期。

②　甘添贵：《罪数理论之研究》，中国人民大学出版社，2008，第 176 页。

③　转引自甘添贵《罪数理论之研究》，中国人民大学出版社，2008，第 176 页。

④　中野次雄「共犯の罪数」植松正等編『現代の共犯理論』有斐閣、1964、367 頁。

也需要明确将共同正犯各行为人之行为视为数行为的法理依据。

从处断模式来看，本书主张在对各为共同行为之部分的竞合判定上，"一行为论"和"数行为论"均存在理论上的不足，应当在理论调适的基础上，分别归纳各自适用的条件。

第一，"一行为论"中的一行为，其判断标准模糊，不符合构成要件意义上的一行为标准。无论是"一行为论"还是"数行为论"都应当明确其判断行为数的标准，而该标准应当采取构成要件意义上的一行为而非自然意义上的一行为。其理由前文已述，此处不赘。因此构成要件意义上的一行为，应当是在同一故意支配下的一行为。

第二，"数行为论"未从法理上澄清将共同正犯各行为人之行为视为数个行为之理由。依据对犯罪的认识是否明确，刑法理论将故意分为同一的犯罪故意和概括的犯罪故意。刑法学中，同一的犯罪故意是指对犯罪的认识明确的故意；概括的犯罪故意是不确定种类的故意，一般是指行为人明知自己的行为会发生危害社会的结果，只是对行为对象、行为侵害范围以及行为危害结果不明确的心理态度。[①]"一行为论"者认为各为共同行为之部分的行为是基于概括故意的一个整体意义上的行为，因此可以评价为构成要件意义上的一行为。该观点的失当之处在于，把概括故意等同于同一构成要件中的故意。殊不知概括故意可以包含跨构成要件的故意内容。各为共同行为之部分的行为，实质上是在不同构成要件故意支配下的数行为，不能评价为整体意义上的一行为。因为概括故意下各为共同行为之部分的行为，一旦超出了同一构成要件的故意范围，就应当评价为不同故意支配下的数行为。

例如，在甲、乙二人合谋杀害丙、丁案中，"一行为论"者认为甲、乙二人基于概括的杀人故意，各为共同行为之部分，即甲持械杀害了丙，乙以放火的手段杀害了丁，因此将甲、乙二人的行为视为概括的杀人故意支配下的一个整体意义上的杀人行为。从构成要件的意义上检视，乙实施的放火行为已经超越了故意杀人犯罪构成的故意范围，是放火罪故意支配下的构成要件意义上的行为，而不仅仅是杀人故意支配下的行为。概言之，甲、乙二人分别共同实施的犯罪行为，由于乙的部分行为已经

---

① 参见赵远《论概括故意的构造与司法运用》，《法学评论》2015年第3期。

超越了故意杀人罪构成要件的涵摄范围，故所谓的整体意义上的行为作为数行为分别被评价，方能契合"构成要件意义上的一行为"理论之要义。

第三，针对名为共同行为之部分的行为，一律采取"一行为论"的处断模式不符合罪责一致的原则。一方面，在各为共同行为之部分的情形下，即使个别行为人没有实现相应构成要件，也要求其对"部分行为"承担整个犯罪的刑事责任，这无疑是严重背离个人责任原则的。另一方面，"一行为论"者先将概括故意下的部分行为视为一个整体意义上的行为，然后再分析该行为触犯几个罪名，最后按照法条竞合或想象竞合的原则加以处断。若个别行为人的部分行为超越了同一构成要件中的故意范围，而其余行为人没有超越该故意的范围，将两部分人的行为视为一个刑法意义上的行为给予评价上的一罪，这对于没有超越同一构成要件中的故意范围的行为人而言，将会产生罪责不相适应的处罚结果。

例如，在甲、乙二人合谋杀害丙、丁案中，"一行为论"将甲、乙二人的行为视为一个整体意义上的杀人行为，该行为不仅触犯了故意杀人罪还触犯了放火罪，因此可对该行为适用法条竞合的处断规则，仅评价为放火罪。但事实上，甲并没有放火的故意，将其故意杀人的行为和乙故意杀人与放火行为合并为一个整体意义上的行为加以评价，明显违背罪责一致的原则。因为从责任层面上审视，甲不具备放火的故意，因而不具备该罪的非难可能性，但用放火罪评价其行为，就造成了罪与责的背离。若按照"数行为论"的观点，甲、乙二人的行为数应当按照构成要件意义上的标准确定。前文已述，对二人不同阶段实施的数行为应当分别评价，即甲构成故意杀人罪；乙构成故意杀人罪、放火罪，数罪并罚。这样的处断结果，不仅行为数的标准明确，且能实现各为共同行为之部分行为人的罪责一致，既能对数行为侵犯数法益实现充分评价，又能通过竞合处断实现不重复评价。

第四，"一行为论"的处断模式也并非完全不适用于各为共同行为之部分的行为样态。当各为共同行为之部分的行为，均符合相同的构成要件，可将各为共同行为之部分的行为视作相同故意支配下的一个整体上的行为。这符合罪责一致的原则。仍以甲、乙二人合谋杀害丙、丁案为例，若甲和乙均采用放火的手段，分别杀害了丙和丁，则可以将甲、乙二人合谋后分别实施的部分行为视作在杀人故意和放火故意支配下的一行为，对该行为触犯的数罪名，依照法条竞合的原则加以处断即可。

第五，若各为共同行为之部分的行为，超越了共同的构成要件，在此行为样态之下，本书认为应当采取"数行为论"的处断模式。其理由在于各为共同行为之部分的行为，有的是在不同故意支配下的行为，其行为侵害或威胁了不同的法益，不能将其视作概括故意支配下的一个整体行为，而应当将"构成要件意义上的一行为"作为行为数的确定标准。该行为样态事实上已构成实质竞合，应当按数行为的处断规则予以并罚。

综上所述，本书认为各为共同行为之部分的行为在处断模式上以"构成要件意义上的一行为"和罪责一致原则为理论基础，依据刑事司法境遇的不同样态，分别采取"一行为论"或"数行为论"的处断模式，方能既实现对各为共同行为之部分的充分评价，又能避免对该行为的重复评价。

三　正犯与共犯中法条竞合不同形态下的处断规则

1. 正犯与共犯法条竞合处断的理论基础

共犯的处罚根据是刑法共犯论的核心问题，直接关涉正犯与共犯竞合中罪数的判断，是正犯与共犯法条竞合处断的理论基础。自德日刑法理论被引介至国内刑法学界以来，有关共犯处罚根据论的论争日渐成为我国共犯理论的重要场域。"作为狭义共犯的教唆犯和帮助犯，未直接实施符合构成要件、惹起法益侵犯结果的行为，为何要对他人的犯罪结果承担责任，是共犯处罚根据所要讨论的问题。大陆法系国家或地区有关共犯处罚根据的学说，基本上可以归纳为责任共犯论、违法共犯论和因果共犯论三种。"[1]

责任共犯论（Schuldteilnahmetheorie）亦称"堕落说"，主张"共犯之所以要受到刑罚处罚是因为其行为诱使正犯实施了犯罪行为进而应当受到刑法的责难——简单来说，共犯应受处罚是因为其诱导正犯堕落，

也正因如此责任共犯论又被称为堕落说"①。易言之，该说主张共犯应当受处罚，其根源在于其行为使正犯变坏并制造出"正犯"，故必须使之承担罪责与刑罚。正如德国学者 H. Mayer 所说，"正犯实行了杀人行为，教唆犯制造了杀人犯"②，这一金句不失为对该学说简短而经典的概括。

由于该学说在理论上存在重大缺陷，其观点已日渐消失于德日刑法学界的视野，但在我国教唆犯相关理论中依稀能感受到其残存的气息。例如，我国有学者认为："实际上教唆犯是犯意的发起者，没有教唆犯的教唆，实行犯就不会具有犯罪故意，也就不会有该种犯罪发生……所有审判实践一般都会将教唆犯作为主犯量刑处罚。"③

该学说的主要缺陷表现为对于共犯犯罪本质的误读。从犯罪的本质在于侵犯法益的维度审视，既然共犯是犯罪参与的一种具体形态，那么在本质上就应当是其因侵犯法益而受到处罚而非其因行为使正犯变坏而受到处罚。该学说偏重于从有责性这一层面寻踪共犯的处罚根据，却忽视了从该当性和违法性的层面去追根溯源。同时基于共犯是一种犯罪类型，那么就不能仅仅审视责任的要素，还应当重视其造成的法益侵害抑或说是违法性要素。另外，从实践的层面审视，依照责任共犯论的基本观点，未遂的教唆都应受到刑法的制裁，依据这种处断模式极易导致共犯处罚范围的不合理扩张，违背刑法谦抑性原则，在刑事司法实践中造成荒谬的结论。

基于责任共犯论的上述缺陷，在德国学者 Welzel、Stratenwerth、Drexel 等人的主张下，违法共犯论（Unrechtsteilnahmetheorie）应运而生。该学说是在批判和修正责任共犯论的基础上发展起来的。该说认为："共犯之所以应受处罚是因为其诱使正犯实施了违法行为或者是帮助正犯实施了违法行为。"④ 该说主张，教唆犯应受到处罚的根据并非其诱使正犯变坏而使自身陷入罪责和刑罚之中，而是创设其意图达到的符合构成要件的违法行为，致使被教唆人陷入与社会的对立状态之中抑或通过被教

---

① 张明楷：《外国刑法纲要》（第三版），法律出版社，2020，第 268~269 页。

② 张明楷：《外国刑法纲要》（第三版），法律出版社，2020，第 268 页。

③ 高铭暄、马克昌主编《刑法学》（第九版），北京大学出版社、高等教育出版社，2019，第 174~175 页。

④ 〔日〕大塚仁：《刑法概说（总论）》（第三版），冯军译，中国人民大学出版社，2003，第 247 页。

唆人破坏社会和平状态。从刑法教义学的角度来理解正犯与共犯处罚根据，则可概括为"正犯是违反了'不能杀人'的规范，而教唆犯是违反了'不要教唆他人杀人'的规范"①。

从共犯从属性和共犯独立性论争的场域来看，违法共犯论的主要缺陷在于坚持违法的绝对连带性，却彻底否定违法的相对性。这就会在一定程度上造成刑事理论与实践的脱节。例如，"某高中校园霸凌现象严重。某日，张某与同寝室的女生甲发生矛盾，遂怀恨在心。她汇给网上结识的'流氓'乙1万元，指使乙晚上潜入其寝室强奸甲，并把甲的照片发给了乙。但没想到的是，甲半夜突然肚子痛去了学校诊所。乙半夜爬进寝室后，发现屋内只有张某一个女生，也没有看清脸，就对张某实施了强奸。"② 在该案中，张某不仅是教唆人，更是被害人，依据违法共犯论和事实错误论的观点，张某理所当然地被认定为强奸罪的教唆犯。显而易见的是，该结论与自我损害不承担刑事责任这种刑法的基本态度完全背离。究其原委在于违法共犯论坚持违法的绝对连带性，却彻底否定违法的相对性。

从法益违反说和规范违反说的论域来看，违法共犯论更多地集中于教唆犯对于引起正犯行为不法的作用，在一定程度上忽视了教唆犯本身对于法益侵害或威胁的可能性。因此对违法共犯论的批判，归根到底是法益违反说对规范违反说的批判。

责任共犯论和违法共犯论存在共同的缺陷，表现在对共犯处罚的理论依据相互矛盾：一方面严格区分共犯与正犯；另一方面却又将共犯与正犯绑定，试图通过阐释正犯该当性、违法性和有责性得出共犯的应受刑罚处罚性。基于上述矛盾，二者不得不作出理论上的调适以克服逻辑上的悖论，进而提出了因果共犯论的基本立场。因果共犯论围绕共犯的违法性是否需要依赖于正犯的违法性而存在，共犯的违法性与正犯的违法性是否具有绝对的连带性这两个核心问题展开了激烈的论争。在此论域内观点的分歧导致了因果共犯论内部又分化出了纯粹惹起说、修正惹

---

① 陈洪兵：《同意伤害的可罚性检讨——以共犯的处罚根据为视角》，《中国石油大学学报》（社会科学版）2008 年第 1 期。

② 参见孙广智《奇葩案之说：指使他人强奸反被强奸是否构成犯罪》，京都律师事务所网，http://www.king-capital.com/content/details49_15005.html。

起说和混合惹起说的理论主张。

纯粹惹起说主张，共犯受处罚的根源在于自身行为惹起了不法结果而受罚，其受处罚的缘由与正犯的不法无关。正犯行为是共犯和结果连接的事实存在，仅具有单纯的因果进程上的意义。因此共犯的成立并不要求正犯具备构成要件符合性，这从根基上否定了共犯从属性的见解。[①] 一方面，该学说脱离正犯的不法性来单独讨论共犯的不法，明显存在不妥之处。因为排除正犯的法益侵害性而独立地讨论共犯的违法性，在一定程度上背离了因果共犯论的价值旨趣。另一方面，该学说主张共犯独立的不法，虽然摆脱了从属性理论的桎梏，却招致了可罚性的扩张，有背离罪刑法定主义之嫌。一言以蔽之，它违背了"共犯本质是由正犯的不法决定的，要从正犯的不法中推导出共犯不法"[②] 这一核心要义。

修正惹起说恪守共犯的从属性和独立性，坚持限制从属性的观点。该学说认为，参与正犯行为、间接引起法益侵害或威胁类型的共犯，一定是通过正犯的实行行为造成了符合构成要件的违法结果。易言之，共犯的违法性以正犯行为的违法性为前提，共犯违法与否关键在于正犯是否违法，即承认共犯"违法的连带性"。[③] 本书赞成该学说承认共犯的从属性这一学术立场，这也是该理论学说的优势所在。然而该说全盘否定共犯的独立性，势必造成理论与实践中的困惑。例如，甲告诉乙自己得了严重疾病，生活十分痛苦，多次请求乙杀了自己。乙看到甲终日饱受病痛折磨，于心不忍，故果断下手，终结了甲的生命。对于正犯乙而言，由于侵害了甲的生命法益，其理所当然地受到刑罚的处罚。按照修正惹起说的主张，由于其全盘否定共犯的独立性，因此共犯甲也应当从属于正犯乙，构成故意杀人罪，但是此时不难发现，该结论显然与自我损害不承担刑事责任这种刑法的基本态度相背离。

混合惹起说针对纯粹惹起说和修正惹起说的弊端进行了相关理论调适。该学说站在限制从属性的立场上，主张"无正犯的共犯"，并提出如果共犯本身存在违法阻却事由，则应当有条件地否定共犯的违法性。

---

① 参见张明楷《刑法学》（上），法律出版社，2021，第 548~549 页。

② 〔日〕高桥则夫：《共犯体系和共犯理论》，冯军、毛乃纯译，中国人民大学出版社，2010，第 121 页。

③ 参见周啸天《共犯与身份论的重构和应用》，法律出版社，2017，第 235 页。

相比较而言，该说更能合理地认定存在违法阻却事由的特殊犯罪参与情形。本书认为有条件地承认共犯违法相对性的混合惹起说更具合理性。"从国内外学界关于共犯处罚根据的讨论情况来看，混合惹起说目前是多数说，日本学者山口厚、松原芳博及我国学者张明楷、周光权、陈洪兵、张开骏等都主张此说。"①

2. 正犯与共犯法条竞合处断的模式选择

若教唆犯多次教唆，帮助犯多次帮助，但正犯仅仅实施了一个引起法条竞合的行为，究竟应当如何处断？本书以混合惹起说为处断模式选择的理论基础，采取限制从属性的学术观点，将正犯之罪数作为罪数认定之标准，运用法条竞合的相关理论，建构正犯与共犯法条竞合的特殊适用规则，为司法实践中解决此类竞合疑难问题提供路径导向。

首先，以犯罪构成要件为标准，分析教唆犯多次教唆或帮助犯多次帮助行为之该当性，此即认识上之罪数。其次，在数个教唆行为的场域，分析是哪一个教唆行为引发了正犯实施引发法条竞合的行为；其余符合构成要件该当性的教唆行为，则按照教唆未遂处理。本书采取限制从属性的学术观点，对教唆未遂的行为一般不认定构成犯罪。如若是在数个帮助行为的场域，则不需要分析是哪一个帮助行为助力正犯实施引发法条竞合的行为。因为所有的帮助行为都对正犯的行为起到了助推作用，否则不能称为帮助行为。究其根源在于帮助犯的可罚性来自其对正犯行为的助力，从而间接地造成了对法益的侵害或威胁。再次，从构成要件的该当性层面对正犯行为符合构成要件的要素一一进行检验，此即认识上之罪数；再依据法条竞合的相关理论，对正犯的一行为触犯的多个罪名，按照充分评价原则和禁止重复评价原则评价，得出评价上之罪数。最后，以混合惹起说为理论依据，将正犯之罪数作为罪数认定之标准来确定共犯的罪数，但需承认特殊情形下，共犯具有相对独立性。

需说明的是，在数个教唆行为的场域，通常引发正犯构成法条竞合的教唆行为应当被评价为一罪且罪名与正犯相一致。但是在特定情形下也存在例外规则。例如，对于正犯被评价的罪名，如果共犯本身与该罪名的构成要件不符合或者存在违法阻却事由，在此种情形之下，共犯不

---

① 钱叶六：《共犯处罚根据再思考》，《环球法律评论》2021 年第 1 期。

成立正犯触犯的罪名。① 但是存在共犯成立正犯在法条竞合中淘汰的劣位法罪名的可能性。② 不过在数个帮助行为的场域，则无例外情形，凡引发正犯构成法条竞合的帮助行为都应当被评价为一罪且罪名与正犯一致。

以本书前文提到的"教唆出纳案"为例，运用上述处断模式予以分析。甲（非国家工作人员）明知乙是国有企业出纳，于是教唆乙挪用公款 10 万元用于共同炒股，乙明确表示拒绝。其后甲又教唆乙利用职务上的便利条件，伪造盗窃现场，实施盗窃单位现金的行为。乙按照其教唆的方法，盗取自己监管的单位现金 5 万元。

第一步，以犯罪构成要件为标准，分析教唆犯多次教唆行为的该当性。甲多次实施教唆乙犯罪的行为，分别符合挪用公款罪、盗窃罪的构成要件。甲明知乙是国有企业出纳，教唆乙利用职务之便利实施盗窃，导致乙的行为触犯盗窃罪和贪污罪。但由于贪污罪中国家工作人员的身份属于构成要件身份，和违法性的认定密切关联，该案中甲不具有国家工作人员的身份，故不能仅凭行为充足而实现构成要件的不法。依据"真正身份犯之共犯具有可罚性"这一理论，甲因欠缺共犯独立的违法性，不符合贪污罪构成要件的该当性。

第二步，在数个教唆行为中，对引发正犯构成法条竞合的教唆行为予以进一步分析，其余符合构成要件的教唆行为，则按照教唆未遂处理。该案中甲教唆乙盗窃的行为引发了盗窃罪与贪污罪的法条竞合，教唆乙挪用公款的行为，由于正犯乙并未实施，应当按照教唆未遂处理。依据本书采取的限制从属性的学术观点，甲的教唆未遂行为不构成犯罪。

第三步，运用法条竞合的相关理论对正犯的行为予以刑法意义上的评价。该案中正犯乙在共犯甲的教唆下实施了构成要件意义上的一行为，分别触犯了盗窃罪和贪污罪。因贪污罪已经将盗窃罪的不法内涵完全充分评价，故应当按照法条竞合处断，对乙的行为应当认定构成贪污罪。

第四步，将正犯之罪数作为罪数认定之标准来确定共犯的罪数，但

① 例如，教唆他人强奸的行为，行为人的认识错误导致教唆人被强奸，在此情形下，教唆损害自己的行为构成违法阻却事由，因而不成立犯罪。
② 例如，在"教唆出纳案"中，共犯甲成立盗窃罪，正犯乙成立贪污罪，盗窃罪即是在对乙的一行为进行法条竞合评价中淘汰的劣位法罪名。

需承认特殊情形下，共犯具有相对独立性。一般来讲，引发正犯构成法条竞合的教唆行为的罪名应当与正犯罪名一致。但在该案中，依据法条竞合的处断规则，正犯的行为被评价为贪污罪。共犯甲与贪污罪存在身份构成要件的不符合性，依据混合惹起说，共犯甲具有相对独立性，因此甲不构成贪污罪，但甲可以单独成立盗窃罪的教唆犯。其理由在于乙实施的伪造现场窃取单位现金这一行为，既是盗窃行为，也是贪污行为，既实现了贪污罪构成要件，同时也实现了盗窃罪构成要件。在犯罪评价上，贪污罪已经将盗窃罪的不法内涵充分评价，故按照贪污罪一罪定罪处罚。由于贪污罪是评价上的一罪，依照贪污罪一罪定罪处罚，并不会影响被教唆者乙盗窃行为的认定。事实上行为人甲实施的教唆盗窃行为，使被教唆者乙实现了盗窃罪的全部构成要件，因此甲应当构成盗窃罪（既遂）的教唆犯。

第九章 案例论：法条竞合司法适用情况的实证数据分析

"法律的生命不是逻辑，而是经验"①，这是 1881 年霍姆斯大法官在其《普通法》一书中的名言。此语一出，随即广为流传、历久而弥新，迄今仍被奉为法谚经典。把经验视为法律的生命，这说明法律的智慧是一种实践理性。作为一门社会科学的法学，理论研究无疑是重要的，但理论研究之目的还在于满足实践中的需求。缺乏司法案例中的问题归纳与司法实践经验的支撑，常常使我们在对某个法学问题作精深理论分析和完美逻辑建构之时，与司法实践的需求相去甚远。本章通过对选样的 236 份牵涉法条竞合案件的刑事裁判文书进行实证分析，发现司法适用中存在的问题，并通过对其成因的揭示，为法条竞合在司法判断中的流程设计与技术规则的建构奠定坚实的实证基础。

第一节 问题的提出与样本的筛选

当下有关法条竞合的理论纷争遍布其概念、类型及判断标准等多个场域，但纯粹理论上的辨正分析往往又不自觉地陷入形而上学的泥潭。这一研究范式由于脱离了实践的滋养而在论证上显得愈发无力。法条竞合理论研究的目光应当更多投向司法实践领域，而非仅仅聚焦于竞合理论本身的逻辑自洽与周延。事实上，我们更需要的是发掘与整理中国法条竞合司法案例中存在的"真问题"并分析其成因、调适其理论、建构其规则，以粗疏笼统的法条规定为依据，以一种相对固定、有效、可操作性强的不同司法人员均可重复验证与适用的分析框架与技术规则，实现与司法实务之对接。如果不作司法案例的实证研究，仅仅以法条竞合的理论来机械地套用个案，或许在法理上并无大碍，但无法真正做到对

①〔美〕霍姆斯：《普通法》，冉昊、姚中秋译，中国政法大学出版社，2006，第 1 页。

法条竞合实践中的疑难案件释法析理，定分止争，实现个案的公平与司法裁判的统一。

要使法条竞合理论在中国语境下实现本土化，必须立足于我国的司法实践现状，检讨法条竞合在范围界定、类型判断、处断原则等方面在司法适用中的挑战和难题。带着这样的"真问题"，以"法条竞合"为关键词在北大法宝以审结日期 2019 年至 2022 年为检索条件，在得到的 223 个检索结果中进一步甄别筛选，剔除仅提及法条竞合的概念但与法条竞合无关的裁判文书，得到 168 个案例。将所有案例已经公开的一审判决、二审判决、裁定书和重审再审文书进行汇总整理，最终得到 236 份有效裁判文书。[①] 通过对其中记载的主要案件事实和判决结果等信息的数字化处理与对样本裁判文书的梳理和分析，力图从司法实践维度还原法条竞合理论的微观运行样态，借以发现当前法条竞合理论在实践中的真实现状。

第二节　以 236 份刑事裁判文书为样本的适用现状分析

首先，从犯罪类型的视角观察，在涉及各类诈骗型犯罪的裁判文书中，法条竞合的适用较为常见。例如诈骗罪、合同诈骗罪和贷款诈骗罪等，在 168 个案例中多达 74 个案例涉及该类犯罪的司法适用。此外，寻衅滋事罪、交通肇事罪、过失致人死亡罪和受贿罪也属较高频率产生法条竞合司法适用的案例类型。具体的案例罪名分布及占比见图 9-1。

其次，从刑事审判二审率的视角观察，判决结果呈现出二审率相对较高的特征。检察院、一审法院、二审法院在涉及法条竞合与想象竞合的判识以及法条竞合的判断与处断方面，在一定程度上存在认识上的分歧。在 168 个有关法条竞合的刑事案件样本中，一审结案的案件仅有 80 个（见图 9-2），占比为 47.6%，即超过半数的样本案例中当事人进行了

----

① 223 个检索结果中，存在部分仅提及法条竞合的概念而与法条竞合的适用无关的裁判文书，将其剔除后共得到 168 个刑事案例（一个案件的一审、二审以及再审文书等仅计为一个案例）。以这 168 个案例为线索，对每一个案例的所有已公开裁判文书进行搜集汇总，共得到 236 份裁判文书。需要说明的是，因为部分案例涉及数份裁判文书，其中仅有部分文书直接提及"法条竞合"，因此，这 236 份文书包含未在前述检索结果中的文书。

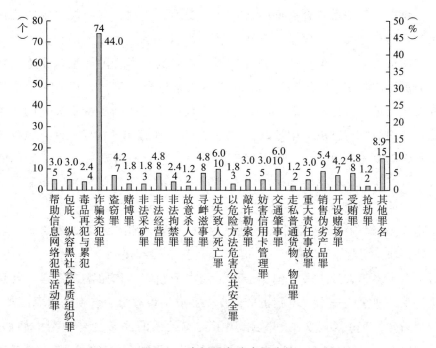

图 9-1 案例罪名分布及占比

注：由于部分案例中行为人涉及多个罪名，多个犯罪类别内存在重复统计的情况。因此，涉及上述罪名的案例总数大于样本案例的总数。上述占比仅为各类罪名占样本案例总数的百分比，因此合计值不等于百分之百。

上诉或检察院进行了抗诉，对于法条竞合理论在司法适用中产生的明显分歧，从中可窥见一斑。

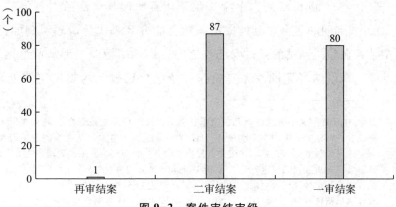

图 9-2 案件审结审级

　　再次，从法条竞合类型的认定视角观察，裁判文书中大多未明确法条竞合的具体类型，仅有部分法院承认特别关系、吸收关系和交叉关系类型的法条竞合，但也缺乏说理依据。在对法条竞合的类型认定上，在236份样本文书中，有175份出现了"法条竞合"字样，仅114份中法院对法条竞合进行了认定。① 其中57份裁判文书明确了特别关系的法条竞合，例如，有判决书中记载："本案既符合诈骗罪的构成要件，也符合集资诈骗罪的构成要件，二者属于普通法（条）与特别法（条）之间的法条竞合关系，根据特别法（条）优于普通法（条）的原则，崔某、刘某等人的行为应认定为集资诈骗罪而非诈骗罪。"② 又如，有法院认为："生产、销售伪劣产品罪是一般法条之罪，生产、销售有毒、有害食品罪是特别法条之罪。本案中……被告人……不同程度地参与生产、销售，对不特定多数人的生命、健康造成了潜在的损害，依照法条竞合、特别法优于普通法的规定，本案也应定性生产、销售有毒、有害食品罪。"③

　　另外，3份裁判文书明确承认了交叉关系的法条竞合类型，例如，有判决书中记载："而冒充军人招摇撞骗罪与诈骗罪的条文则属于法条竞合关系……而相关立法并没有明确冒充军人招摇撞骗罪与诈骗罪在竞合时的处理原则，应根据交叉竞合的一般处断原则，适用处罚较重的法条。"④ 1份样本文书承认了吸收关系的法条竞合，认为妨害信用卡管理罪与信用卡诈骗罪的法条之间的逻辑关系是吸收关系，构成吸收关系的法条竞合。⑤

　　此外，还有55份裁判文书中法院采用不明确具体法条竞合类型（见图9-3），仅列明罪名并称其构成法条竞合的方式来代替说理。例如，"被告人梁某某在赌博网站的开设赌场行为……属于赌博罪、帮助信息网络犯罪活动罪、开设赌场罪的法条竞合……依照处罚较重的规定定罪处罚"⑥

---

① 　其余61份裁判文书包括以下几种情形：第一，仅出现"法条竞合"的字样但未对法条竞合进行认定；第二，二审裁定或判决对一审文书中有关法条竞合的表述原文引用但并未讨论法条竞合；第三，辩护人提出了法条竞合但法院并未认定法条竞合。

② 　江苏省启东市人民法院（2018）苏0681刑初579号刑事判决书。

③ 　浙江省台州市椒江区人民法院（2018）浙1002刑初54号刑事判决书。

④ 　福建省福州市晋安区人民法院（2019）闽0111刑初735号刑事判决书。

⑤ 　参见山西省太原市杏花岭区人民法院（2019）晋0107刑初279号刑事判决书。

⑥ 　辽宁省开原市人民法院（2021）辽1282刑初220号刑事判决书。

或"禹某捆绑、殴打尹某进致其轻伤，法条竞合构成非法拘禁罪和故意伤害罪，应择一重罪处罚"①。

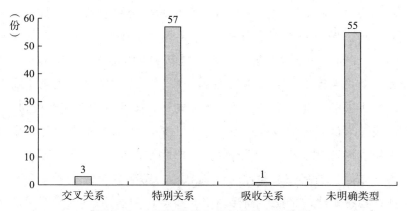

图 9-3　114 份裁判文书中法条竞合类型

注：因（2020）新 0203 刑初 98 号与（2019）闽 0111 刑初 735 号同时承认了特别关系与交叉关系的法条竞合类型，故各类型文书总量为 116 份，大于 114 份。此外，"从属关系"与"包容关系"属于特别关系的法条竞合的不同表达方式，故在此处均统计为"特别关系"。

在对法条竞合相关理论的释法说理上，在已认定法条竞合的 114 份样本文书中多达 46 份文书未对法条竞合相关理论进行释法说理。例如，"杨某某利用职务便利诈骗他人财物，数额巨大，其行为既构成诈骗罪，又构成受贿罪，按照法条竞合、择一重罪处理的原则，原审判决以诈骗罪定罪处理恰当"②。法院在涉及行为人以职务便利诈骗他人财物时，未对为何构成诈骗罪与受贿罪的法条竞合进行详尽的阐释和说理。而在未对法条竞合进行认定的 61 份文书中，有多达 40 份文书未对其不构成法条竞合进行释法说理。例如，"辩护人关于被告人……涉嫌犯逃税罪、虚开增值税专用发票罪两个罪名属于法条竞合犯应当择一重罪处罚的意见，于法无据，本院不予采纳"③。

最后，从裁判文书中的争议焦点观察，有两点结论。

一方面，在涉及法条竞合的司法案例中，不法行为的单复数问题经常成为争议的焦点。样本中有 27 个案例辩护方以行为数量来开展罪轻辩

①　湖南省怀化市中级人民法院（2020）湘 12 刑终 308 号刑事裁定书。
②　湖南省湘潭市中级人民法院（2019）湘 03 刑终 472 号刑事判决书。
③　内蒙古自治区包头市中级人民法院（2019）内 02 刑终 150 号刑事裁定书。

护，将控方认定的数个犯罪行为仅判识为一个犯罪行为，从而主张符合法条竞合成立之前提，并得出以一罪处断之结论。与此相反，控方则倾向于将行为人实施的不法行为解构为多个构成要件意义上的行为。基于控辩双方行为数标准认定的差异，行为数判识争议占比高达总样本的16.1%①。例如，王某等逃税罪、虚开增值税专用发票罪一审刑事判决书中记载，辩护人提出王某"涉嫌犯逃税罪、虚开增值税专用发票罪两个罪名，属于法条竞合犯，应当择一重罪处罚，按照逃税罪定罪处罚"，但法院最终并未认可辩护人的观点，认定王某所实施的逃税行为与虚开增值税专用发票行为系两个犯罪行为，应以两罪数罪并罚。②

　　另一方面，围绕法条竞合的处断原则，裁判文书中主要存在从一重罪抑或适用特别法的争议。在样本中，共计有41份判决明确指出法条竞合应当从一重罪处罚。例如，有法院认为"法条竞合犯，应依照处罚较重的规定定罪处罚"③，另有法院认为"分别触犯了票据诈骗罪与合同诈骗罪的刑法规范，形成法条竞合……故依照'从一重处断'的原则，被告人……应以票据诈骗罪论处"④。概言之，我国不同地区的法院在适用法条竞合时大都存在将"从一重罪处罚"作为处罚规则的倾向。此外，"特别法优于普通法"的处断规则也常见于样本文书中。样本中有47份裁判文书明确指出法条竞合适用"特别法优于普通法"的规则。例如，有法院认为，"该行为同时符合伪证罪与包庇罪的犯罪构成要件，属于法条竞合情形，应适用特别条款，认定为伪证罪"⑤。除以上两种处断规则外，承认吸收关系的法条竞合的法院还承认"完全法优于不完全法"这一处断规则。⑥ 此外还存在1份承认"复杂法优于简单法"的刑事裁定书⑦和1份承认"实害法优于危险法"的刑事判决书⑧（见图9-4）。

---

① 因关于行为数量的争议常常贯穿于整个案件所有环节，故对于行为数量争议的统计以案例为标准而不是以文书为标准，27个案例约占总案例数（168个）的16.1%。
② 内蒙古自治区土默特右旗人民法院（2018）内0221刑初220号刑事判决书。
③ 山东省临沂市中级人民法院（2019）鲁13刑初35号刑事判决书。
④ 广东省江门市新会区人民法院（2019）粤0705刑初504号刑事判决书。
⑤ 上海市嘉定区人民法院（2019）沪0114刑初1489号刑事判决书。
⑥ 参见山西省太原市杏花岭区人民法院（2019）晋0107刑初279号刑事判决书。
⑦ 参见山东省烟台市中级人民法院（2019）鲁06刑终337号刑事裁定书。
⑧ 参见新疆维吾尔自治区克拉玛依市克拉玛依区人民法院（2020）新0203刑初98号刑事判决书。

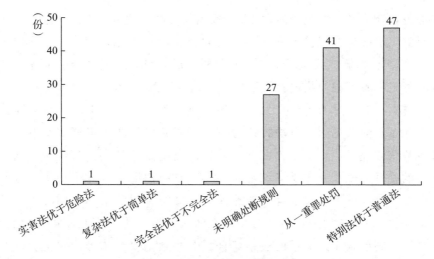

图 9-4 各处断规则文书数目

注：因（2020）新 0203 刑初 98 号同时承认了"实害法优于危险法"和"特别法优于普通法"两种法条竞合类型的处断规则，（2019）闽 0111 刑初 735 号认为特别关系的法条竞合应适用"特别法优于普通法"的处断规则，而交叉关系的法条竞合应适用"从一重罪处罚"的处断规则，（2019）冀 0983 刑初 410 号认为应同时适用"特别法优于普通法"与"从一重罪处罚"规则，（2019）鲁 06 刑终 337 号认为应同时适用"复杂法优于简单法"与"从一重罪处罚"规则，故各类型文书总量为 118 份，大于 114 份。

第三节 法条竞合司法适用中的问题检视

通过上述对相关裁判文书的研读梳理及对实证数据的分析，大致可以了解 2019 年至 2022 年法条竞合理论在审判实践中的基本适用问题。

一 司法人员对法条竞合的存在范围存在分歧

首先，刑事审判实践中对于法条竞合应当是存在于犯罪构成要件之间的竞合还是法条之间的竞合尚无定论。这一点在毒品再犯和累犯能否同时适用这一问题上得到了充分的体现。部分法院认为毒品再犯的法条与累犯的法条之间可以发生法条竞合，但仅能从重适用，"其毒品再犯和其累犯形成法条竞合，按照特别法优于一般法的原则，在法律适用上按照毒品再犯的规定，对其予以从重处罚"[①]。另有法院认为二者之间不存

[①] 四川省邻水县人民法院（2020）川 1623 刑初 65 号刑事判决书。

在法条竞合关系，应当同时适用，"累犯及毒品再犯分别系刑法总则与分则明文规定的情节，被告人同时构成累犯和毒品再犯，依法均应予以确认评价"①。其显然认为法条竞合系犯罪构成要件之间的竞合，而累犯与毒品再犯不属于犯罪构成要件要素，不构成法条竞合。

其次，对于是否承认交叉关系的构成要件间的法条竞合，审判实践中也存在不同的见解。有法院认为窃取型职务侵占罪与盗窃罪间系交叉式法条竞合关系，且不法程度存在差异，应遵循"特别法条优于普通法条"的处理原则，认定为职务侵占罪。② 与此相反，也有法院认为法条竞合犯是由于行为对象本身的特殊性而形成的普通法条和特别法条的罪名竞合，③ 基于这样的观点，交叉关系的法条竞合类型自然不可能存在。至于是否应承认交叉关系的法条竞合，刑法理论界尚未形成定论，因此在实践中呈现出的这种矛盾状态也就不足为奇了。

最后，审判实践中部分法院对过失犯罪与故意犯罪间的法条竞合予以认可。传统理论认为，法条竞合要求所竞合的数个犯罪构成的主观罪过一致，即法条竞合必须出于同一罪过。④ 换言之，法条竞合仅能发生在相同罪过的犯罪构成要件之间，不能一个是故意而另一个是过失。但另有观点认为，故意犯罪与过失犯罪间亦能成立法条竞合。例如，个别法院在裁判文书中承认了交通肇事罪与危险驾驶罪的法条竞合，其认为："……系危险驾驶罪和交通肇事罪的法条竞合犯，不能割裂分开重复评价，只能择一重罪即交通肇事罪进行处罚。"⑤

二 司法人员对法条竞合与想象竞合的区分标准模糊不清

在过失致人死亡罪与交通肇事罪的竞合类型判断上，有法院认为："交通肇事罪与过失致人死亡罪形成包容与被包容的法条竞合关系，根据特别法条优于普通法条的一般原则，本案应当……以交通肇事罪定罪科刑。"⑥ 与此相反，另有法院认为："由于交通肇事罪的保护法益不同于

① 广东省广州市天河区人民法院（2019）粤 0106 刑初 632 号刑事判决书。
② 参见北京市第二中级人民法院（2020）京 02 刑终 502 号刑事判决书。
③ 参见河南省宝丰县人民法院（2019）豫 0421 刑初 295 号刑事判决书。
④ 参见高铭暄主编《中国刑法学》，中国人民大学出版社，1989，第 217~218 页。
⑤ 湖北省十堰市中级人民法院（2019）鄂 03 刑终 306 号刑事裁定书。
⑥ 湖南省双牌县人民法院（2018）湘 1123 刑初 137 号刑事附带民事判决书。

过失致人死亡罪的保护法益，二者属于想象竞合，不宜认定为法条竞合。"① 此外，还有法院认为法条竞合系"出于同一犯意，同一行为，同时侵害了两个客体构成两个罪名，属于法条竞合，应择一重罪处罚"②。这一观点无疑将法条竞合与想象竞合的区分标准混同。法条竞合的本质在于一行为对法益侵害的同一性，而想象竞合的本质特征在于一行为侵犯数个法益。另有法院将法条竞合理解为想象竞合的下位概念，称之为"刑法理论上想象竞合犯中的法条竞合，即一行为同时触犯……两个罪名，依法应择一重罪处罚"③。

三　司法人员对法条竞合的类型划分未达成有效共识

承上所述，在对法条竞合的类型认定上，法院大多仅承认特别关系的法条竞合类型，在样本中仅有 3 份裁判文书承认交叉关系的法条竞合，另有 1 份裁判文书承认吸收关系的法条竞合。至于其他类型的法条竞合，如分解关系以及择一关系等法条竞合类型，则在样本中鲜有被提及。上述事实足以证明法条竞合在类型判断上尚未取得共识，致使司法实务中对法条竞合现象难以进行相对确定的具体类型判识和处断。此外，样本文书中部分判决倾向于对法条竞合的类型作出模糊化表述，以此来规避对于法条竞合的类型判断，例如，"触犯了妨害公务罪、故意杀人罪两个罪名，属法条竞合，应从一重罪处罚"④。但这一做法致使法条竞合的处断愈加困难，因为竞合类型的差异决定着不同的处断原则。

四　司法人员对普通法（条）与特别法（条）之间的适用关系尚未厘清

对于特别法与普通法的关系，实务中大多认为特别法优于普通法，而不是特别法排除普通法。即便是认为特别法排除普通法的学者，亦有将其关系表述为"特别法条具有排斥普通法条的功能，特别法条优先适用"⑤。

---

① 湖北省武汉经济技术开发区人民法院（2019）鄂 0191 刑初 251 号刑事判决书。
② 云南省昭通市中级人民法院（2020）云 06 刑终 2 号刑事判决书。
③ 河南省驻马店市中级人民法院（2020）豫 17 刑终 394 号刑事裁定书。
④ 湖南省邵阳市中级人民法院（2019）湘 05 刑初 21 号刑事判决书。
⑤ 周光权：《刑法总论》（第四版），中国人民大学出版社，2021，第 395 页。

在相关案件的司法适用中，仍未明确"优于"与"排除"之间的区别。厘清二者适用关系的意义在于，如果认为特别法优于普通法适用，那么当特别法所确定的刑罚低于普通法刑罚时，则可以转而适用普通法的法律规定；若认为特别法与普通法之间系排斥关系，那么在适用特别法时，不论普通法的刑罚更重还是更轻，都不能转而适用普通法，反之亦然。例如，有法院认为："本案既符合诈骗罪的构成要件，也符合集资诈骗罪的构成要件，二者属于普通法（条）与特别法（条）之间的法条竞合关系，根据特别法（条）优于普通法（条）的原则，崔某、刘某等人的行为应认定为集资诈骗罪而非诈骗罪。"① 与此相反，也有法院认为："法条竞合……仅仅是法条的适用问题，所触犯的法条之间在法律适用上是排除关系……"②

五 裁判文书对于法条竞合的类型判识与处断依据缺乏释法说理

样本中的大量案例，在判识法条竞合和选择处断原则时缺乏严谨缜密的论证，表现为不对判识法条竞合的类型以及相应的处断原则之依据加以详细说理，仅在说明罪名后径行选择处断原则。例如，"其行为既符合诈骗罪的犯罪构成，又符合招摇撞骗罪的犯罪构成，属于刑法理论上所讲的法条竞合，依照刑法理论对被告人……应当按照处罚较重的罪定罪处罚。"③ 在样本中，当合同诈骗罪与诈骗罪、过失致人死亡罪与交通肇事罪发生法条竞合时适用"特别法优先于普通法"，当发生诈骗罪与招摇撞骗罪的法条竞合时则适用"择一重罪处罚"。④ 合同诈骗罪与诈骗罪、诈骗罪与招摇撞骗罪均属于属种关系的竞合类型，为何一个适用特别法优先的规则，而另一个适用重法优先的规则，判决书中皆未加以说明。此外，还存在未指明具体处断规则直接得出应适用罪名的情形，例如，"赌博罪与开设赌场罪存在法条竞合而非想象竞合。本案被告人……

---

① 江苏省启东市人民法院（2018）苏 0681 刑初 579 号刑事判决书。
② 新疆维吾尔自治区克拉玛依市克拉玛依区人民法院（2020）新 0203 刑初 98 号刑事判决书。
③ 江苏省沛县人民法院（2020）苏 0322 刑初 452 号刑事判决书。
④ 参见上海市宝山区人民法院（2019）沪 0113 刑初 845 号刑事判决书、湖南省双牌县人民法院（2018）湘 1123 刑初 137 号刑事附带民事判决书和江苏省沛县人民法院（2020）苏 0322 刑初 452 号刑事判决书。

显然不符合开设赌场罪的构成要件，其行为符合赌博罪的构成要件，故其罪名应认定为赌博罪"①。

第四节　法条竞合司法适用问题的成因分析

一　存在范围的理论纷争导致审判实务的认知冲突

刑法的目的在于法益保护，刑法分则亦是通过对行为的具体类型化规制来实现保护法益之目的的。法益本身的交叉与包容以及不同的类型化的构成要件对同一法益之保护的现象在刑法中客观存在。当一行为侵害一个法益该当数个构成要件时，为了实现对同一行为的所有不法要素的充分评价，必须在同时符合的数个构成要件间选择最能实现充分评价的一个，由此便产生了法条竞合的处断问题。"'法条竞合'是一种不涉及任何事实，纯粹抽象的'构成要件'和抽象的'构成要件'之间的抽象关系概念"②，亦即法条竞合的本质在于构成要件的竞合，③ 因此对于存在范围的检讨，应当从犯罪构成要件之间的关系出发。当一行为或行为人同时符合数个非属构成要件要素的量刑情节抑或其他条文时，往往并不存在对不法要素进行完全评价之现实需要，此时并无法条竞合的适用空间。司法实务中部分法院对法条竞合这一本质特征未能准确把握，因此才会出现认为毒品再犯制度与累犯制度之间存在法条竞合的问题。除此以外，学界关于法条竞合的存在范围还存在三大理论分歧。

理论分歧之一，对在交叉关系的犯罪构成要件间能否成立法条竞合，理论界尚存争议。有学者认为："在法条之间存在交叉关系时，仅适用一个法条要么不能全面保护法益，要么不能全面评价行为的不法内容……应当认定为想象竞合。"④ 但也有学者认为交叉关系的构成要件间可以形成法条竞合。⑤ 这一理论纷争致使司法实务对于交叉关系的法条竞合是

---

① 陕西省佛坪县人民法院（2019）陕 0730 刑初 6 号刑事判决书。
② 郑逸哲、刘柏江：《法条竞合·想象竞合·实质竞合（构成要件适用方法导论）》，台湾瑞与图书股份有限公司，2013，第 46 页。
③ 参见肖中华《也论法条竞合犯》，《法律科学（西北政法学院学报）》2000 年第 5 期。
④ 张明楷：《刑法学》（上），法律出版社，2021，第 647 页。
⑤ 参见高铭暄、马克昌主编《刑法学》（第九版），北京大学出版社、高等教育出版社，2019，第 183 页。

否应当在审判实践中得到认可产生了认识上的分歧。反映在审判实务中，个别法院认为："法条竞合是指同一犯罪行为因法条的错综规定，出现数个法条所规定的构成要件在其内容上具有从属或者交叉关系的情形。"①与此判决观点相反，也有法院认为"法条竞合要求竞合的法条之间具有包容关系，使得一个行为触犯一般法条，也必然会触犯特殊法条"②，易言之，该观点只承认包容关系的法条竞合，不承认交叉关系的法条竞合。

理论分歧之二，对在同质的犯罪构成要件间能否成立法条竞合，国内刑法学界尚未取得共识。持肯定观点的学说③站在同质犯罪构成要件的理论层面来划分法条竞合的具体类型。若以同质犯罪构成要件为划分母项，往往便会承认危险犯与实害犯之间的法条竞合。另有学者基于法条竞合是罪刑规范的竞合这一基本观点，赞同同种罪名的内部亦可发生法条竞合，其认为："在我国同一罪名下的不同罪刑规范间均构成法条竞合，最终适用的是对其社会危害程度相适应的法定刑档次所在的罪刑规范。"④既然在理论层面上，同质犯罪构成要件之间均可构成法条竞合，那么，作为量刑情节的毒品再犯与累犯之间发生法条竞合的观点在法院的裁判文书中体现，也就不足为奇了。

理论分歧之三，对故意犯罪的构成要件与过失犯罪的构成要件之间能否成立法条竞合，亦存在疑问。传统理论往往认为，法条竞合要求所竞合的数个犯罪构成的主观罪过一致，即法条竞合必须出于同一罪过。⑤依照这种观点，故意犯罪的构成要件与过失犯罪的构成要件间便无法成立法条竞合。但另有学者认为"故意与过失是位阶关系而非对立关系"⑥。若采此种观点，故意犯罪当中可以包含评价过失犯罪的主观罪过，承认故意犯罪的构成要件与过失犯罪的构成要件间的法条竞合便不存在理论障碍。

二　操作性欠缺致使审判实践中法条竞合与想象竞合难以界分

当一行为触犯多个法条时，司法者应当如何对法条竞合与想象竞合

---

①　新疆维吾尔自治区克拉玛依市克拉玛依区人民法院（2020）新0203刑初98号刑事判决书。

②　广东省阳江市中级人民法院（2020）粤17刑终164号刑事判决书。

③　参见马克昌《想象的数罪与法规竞合》，《法学》1982年第1期。

④　蔡鹤等：《中国刑法语境下的法条竞合研究》，人民出版社，2019，第345页。

⑤　参见高铭暄主编《中国刑法学》，中国人民大学出版社，1989，第217~218页。

⑥　张明楷：《刑法学》（上），法律出版社，2021，第368页。

进行识别与判断，此乃法条竞合形态与想象竞合形态区分理论运用于实践的关键所在。传统理论往往从罪过与结果个数、是条文竞合还是行为竞合、所触犯的刑法规范之间的关系以及处断规则等方面对法条竞合与想象竞合进行区分。[1] 高铭暄教授基于法条间的关系对法条竞合和想象竞合进行区别，认为当一个犯罪行为同时触犯的数个法条之间存在重合或交叉关系时，是法条竞合；若不存在，则为想象竞合。[2] 传统理论对二者的区分聚焦于差异性比较，重点关注的是二者的不同而非给出具体适用的可操作区分标准。于是当抽象理论遭遇生动而多变的司法个案，尤其是处于模糊界域中的个案时，往往显得力所不及，难以满足实践的需求。

三　仅采用形式逻辑标准判识法条竞合类型是造成实务分歧的重要成因

通过对相关裁判文书的梳理，不难发现审判实践中通常采用形式逻辑标准对法条竞合进行分类，即以概念的逻辑分类为出发点，判断法条竞合的存在范围。但构成要件之间的关系是规范逻辑关系，必须基于规范目的理解彼此的关系；如果化约成一个一个的元素，就看不出来各个构成要件在规范目的上如何互相补充、互相排斥和互相重叠。[3] 此外，这一标准在一定程度上还存在局限性。第一，纯粹形式逻辑的划分标准不能说明外延重合的法条间真正竞合的实质内容，无法解释在逻辑上处于交错关系的法条之间既有相同要素又有不同要素时，为何一个法条的不法内涵可以被另一个法条完全评价。第二，逻辑划分的分类结果与法条竞合类型不能完全对应，同一关系即为一个鲜明的例证。逻辑划分的结果存在同一关系的类型，但是刑法中却并不存在具有同一关系的法条竞合，因为刑法中不可能有完全相同的法条。第三，运用形式逻辑的划分标准将会使具有整体与部分关系的法条被排除在法条竞合的基本类型之外。其原因在于作为整体法的法条与作为部分法的法条间在形式逻辑的划分之下可能是全异关系，若非采用构成要件的实质划分标准，全异

关系的法条竞合类型在形式逻辑的体系下是难以想象的。职是之故，理论界曾经一度热议的整体法与部分法的竞合问题，在所选样本中均未出现。

四　普通法和特别法的适用争议是造成处断差异的主要原因

裁判文书中所称的普通法与特别法，严谨的称谓应为"普通法条"与"特别法条"，意指在逻辑结构上存在属种关系的法律条文。对于特别法条与普通法条的关系，系特别法条优于普通法条抑或特别法条排斥普通法条，我国刑法理论中一直存在争议。黄荣坚教授认为，特别法是立法者有意针对特别情状赋予特别的法律效果，所以在法律的适用上自然形成特别法优于普通法的原则。[1] 张明楷教授认为，若法条竞合的特别法条出于实体或程序上的原因不适用时，普通法条便能够适用。[2] 另有学者认为，法条竞合理论上的混乱源于对特别法条与普通法条间关系的误解，这二者系反对关系而非属种关系，若一个案件事实满足了其中一个法条的全部构成要件，必然不可能同时满足另一个法条的全部构成要件。[3] 特别法条的适用会完全排除普通法条的适用，而不是优于普通法条的适用。此外，周光权教授也认为特别法条具有排斥普通法条的功能。[4] 这一旷日持久的理论聚讼致使司法实务在排斥适用和优先适用之间摇摆。虽然优先适用在刑事判决适用中占据主流，但排斥适用的判决也并不鲜见。

五　裁判文书缺乏说理源于相关理论的分歧与实定法规定的阙如

在大量样本裁判文书中，对于个案中所涉及的法条竞合的成立范围、类型划分、处断原则以及与想象竞合的区分问题，通常只是作出简单笼统的表述，而未进行深入的释法析理。这种状况的形成主要归因于两方面因素。一方面，法院说理的依据主要来自现行法律的规定，但是目前

---

[1] 参见黄荣坚《基础刑法学》（下），台湾元照出版有限公司，2012，第8页。

[2] 参见张明楷《刑法学》（上），法律出版社，2021，第630~631页。

[3] 参见周铭川《法条竞合中特别法条和普通法条的关系探析》，《中国刑事法杂志》2011年第3期。

[4] 参见周光权《法条竞合的特别关系研究——兼与张明楷教授商榷》，《中国法学》2010年第3期。

刑法关于法条竞合的类型、处断原则等的规定阙如，导致裁判文书难以运用刑事法律的相应条文规定予以释法析理。另一方面，法院说理的依据还源于刑事法学的相关理论。然而，当前理论界对于上述问题存在长期的争议和分歧，法院在各种理论学说的激烈论争中难以作出抉择。因此，法院只能选择以直接判决的方式规避深入的说理与解释。

概言之，要从根本上解决实践中对法条竞合的判断与处断缺乏说理的问题，不仅需要从法律制度层面建构法条竞合类型判断与处断的相关规则，更需要在理论层面，对转译而来的相关德日竞合理论在中国语境下予以调适，力求在契合本土化语境的基础上最大限度地达成相对共识，从而建构法条竞合的司法技术规则，以促进法条竞合判决释法说理的发展。

第十章　技术论：中国语境下法条竞合的理论调适与技术路径选择

在引介法条竞合理论的进程中，我国刑法学界乃至司法实务界对德日立法语境以及法条竞合理论的具体内容产生了认识上的误读。这种误读下的囫囵吞枣似的理论移植，直接导致体系冲突下的概念混乱与处断上的无所适从。有鉴于此，本章主要针对法条竞合本体论、范围论、形态论、处断论上存在的理论认识误区，通过系统地澄清理论误区的具体成因，对传统理论进行修剪、组合、调适，以弥合现行理论的瑕疵；同时因应理论调适对技术的需求变化，并通过对司法适用现状与问题的实证分析，修正司法技术流程上的不足，从而助力于司法处断阶段法条竞合判识流程的设计优化与技术规则的建构。

第一节　法条竞合理论的本土化检视

当下我国刑法法条竞合理论存在的症结，主要表现为在移植德日法条竞合理论的过程中，对相关理论的认识与阐释，在一定程度上偏离了中国刑法的本土化语境。本节在对法条竞合理论的认识误区进行系统梳理的基础上，指出这些理论认识误区主要包括：对法条竞合成立的前提条件的认识误区、对法条竞合本质的认识误区、对法条竞合存在范围的认识误区、对法条竞合类型的认识误区以及对全面评价原则的认识误区。

一　认识误区之一：对法条竞合成立的前提条件产生了误读

无论是在德国的竞合论体系（法条竞合、想象竞合与实质竞合）下，还是在日本的罪数论体系（单纯的一罪、法条竞合、包括一罪、科刑一罪、并合罪）下，法条竞合的成立前提都并不仅限于一行为，多个不法行为实现多个犯罪构成也可能成立法条竞合。易言之，行为人实施的不法行为不论是一个还是数个，依照全面评价原则，如认定其仅仅依照一个构成要件加以一次评价时，均有成立法条竞合之可能性。在日本刑法理论中，法条竞合中"存在着所谓的吸收关系，即不同的行为实现了多个构成要件，而某一构成要件比其它构成要件更具有完备性，仅适用某一构成要件的情形"①。团藤重光博士指出："一行为的表述只是用语问题，重要在于是否存在犯罪的竞合的这一点。"② 在德国刑法理论中，共罚的事前或事后行为与实质补充关系（均存在数行为）也被纳入法条竞合的范畴。

据此，部分学者认为既然德日法条竞合的成立前提都承认数行为，那么应当对我国现行通说的一行为理论进行修正。例如，有学者认为："实际上，复行为也可能构成法条竞合犯。例如，抢劫过程中故意杀害被害人的情形，既符合抢劫罪也符合故意杀人罪，属于故意杀人罪与抢劫罪的法条竞合犯，但抢劫罪就属于复行为犯。由此可见，强调法条竞合犯的一行为，不但无助于解决其危害性基础的特征，还会为法条竞合犯的认定造成混乱。"③

本书认为这种见解是对法条竞合成立的前提条件产生了误读。在德日体系下，承认数行为可以成立法条竞合而不会造成概念上的混乱，乃是由于其没有吸收犯的概念。这一点和我国的罪数论体系下法条竞合的存在语境有着根本区别。在德日体系下，由于没有吸收犯，凡属于吸收关系的情形，基本被纳入了法条竞合的范畴，因此承认数行为可以构成法条竞合并不会造成理论上和吸收犯区分的困难。若在我国的刑事立法语境下加以考量，法条竞合犯是以一行为实现数构成要件而仅有一构成要件可以充分评价为成立前提的。我国的吸收犯则是以数行为实现数构成要件而仅有一构成要件可以充分评价为成立前提的。二者之间的区别仅在于一行为还是数行为。若罔顾本土化的语境体系，不加辨别地引进德日理论，承认法条竞合的成立前提可以是数行为，势必造成法条竞合犯与吸收犯之间的界域模糊，法条竞合与吸收犯将难以区分。

二　认识误区之二：对法条竞合本质的认识发生了偏离

德国刑法学者 Binding 首先发现法条之间存在竞合现象。民国年间法

---

① 马克昌：《比较刑法原理——外国刑法学总论》，武汉大学出版社，2002，第 771 页。
② 转引自张光云《日本刑法中的法条竞合》，《师大·西部法治论坛》2017 年第 2 期。
③ 庄劲：《犯罪竞合：罪数分析的结构与体系》，法律出版社，2006，第 108 页。

条竞合的相关概念就已经引入中国。然自概念引入以来，学者们便习惯于从文义去解释法条竞合的本质，认为法条竞合是以法条之间的逻辑关系为基础而产生的，因此把法条竞合的本质解释为静态法条之间的交叉与包容关系。例如，有学者指出："无论犯罪是否发生，都可以通过对法律条文内容的分析确定各个法条之间的关系。"[①] 法条竞合"是指一个行为同时符合了数个法条规定的犯罪构成要件，但从数个构成要件之间的逻辑关系来看，只能适用其中一个法条，当然排除适用其他法条的情况"[②]。由此可见，通说是从分析法条之间的逻辑关系入手来研究法条竞合的本质的。事实上，法条竞合现象的发生虽然以法条之间的某类逻辑关系为基础，但静态的法条本身是不可能发生彼此之间的竞合现象的。竞合关系的发生需要某一不法行为事实作为纽带，因此研究法条竞合的本质既离不开对法条本身的考察，更离不开对引起法条发生具体竞合的行为的关注。

在德国刑法理论中，立足于从行为和法条（构成要件）的双重维度来解释法条竞合的本质，而非执着于法条之间的逻辑关系。因为逻辑关系不能说明对于具有交叉关系的法条，为何仅仅适用一个法条而排除其他法条。德国刑法理论认为，一个行为实现的数个构成要件之间存在某一个构成要件可以将其余构成要件的不法内涵与罪责充分评价的情形，不是真实的竞合，而代之"法规单一"抑或"假性竞合"之称谓。例如，耶赛克认为使用"法规单一"代替传统的但具有误导性的"法条竞合"，似乎是更适当的。[③] 日本刑法理论也认为法条竞合实质上是"本来的一罪"。[④] 例如，大塚仁认为发生法条竞合时，"一个行为在外表上可以认为相当于数个构成要件，但是，实际上只适用其中某一个构成要件，其他的构成要件当然应该被排除"[⑤]。易言之，虽然法条竞合呈现出一个

---

① 曲新久主编《刑法学》，中国政法大学出版社，2008，第 165 页。
② 张明楷：《刑法学》（上），法律出版社，2021，第 622 页。
③ 参见〔德〕汉斯·海因里希·耶赛克、托马斯·魏根特《德国刑法教科书》（下），徐久生译，中国法制出版社，2017，第 999~1000 页。
④ 参见〔日〕大塚仁《刑法概说（总论）》（第三版），冯军译，中国人民大学出版社，2003，第 478 页。
⑤ 〔日〕大塚仁：《刑法概说（总论）》（第三版），冯军译，中国人民大学出版社，2003，第 419~420 页。

行为实现数个构成要件之特征，但由于其构成要件具有逻辑上的交叉或包容关系，事实上仅用一个构成要件评价行为足以实现充分评价。

概言之，我国刑法理论界习惯称为"法条竞合"的概念，在德国的真实称谓叫作"法规单一"，在日本的实际称谓叫作"本来的一罪"。上述称谓真实地反映了法条竞合在本质上是犯罪单数，仅具有一罪之内涵。因此认为法条竞合的本质是静态法条之间的交叉与包容的观点是对其本质的误读。本书主张应当逐渐取消"法条竞合"这个名称而代之以"法规单一"之称谓。

三　认识误区之三：对法条竞合存在范围发生了误判

德国刑法理论认为法条竞合的本质特征在于法规适用的单一性与法益保护的同一性，因此不管是数个同质的犯罪构成还是异质的犯罪构成，只要对同一法益进行不同阶段、不同强度的侵害并具有吸收关系，如果最终仅适用一个法条，均可成立法条竞合。具体而言，主要存在以下三种情形：第一，当多个法条对于同一法益的侵害分别属于不同阶段时，存在未遂犯与既遂犯、具体危险犯与实害犯之间的法条竞合。第二，当多个法条对于同一法益的侵害分别属于不同强度时，共犯间存在法条竞合。比如，帮助犯、教唆犯以及正犯侵害同一法益，由于侵害强度的不同而可能产生法条竞合。第三，共罚的事前、事后行为存在法条竞合。

自法条竞合理论引介至我国以降，国内部分学者也主张按照德国法条竞合的范围来界定中国法条竞合犯的适用范围。例如，有学者认为，同一罪名下的危险犯与实害犯之间，就是法条竞合的关系。[①]　毋庸讳言，德国刑法的这种范围界定在一定程度上体现了法益保护之同一性的本质特征，有利于在司法实践中对法条竞合本质的理解与正确适用。但其弊端也十分明显，表现为极易造成法条竞合范围的多层次扩张。殊不知中国刑法的立法语境与德国的刑事立法语境截然不同。在我国刑法中，危险犯行为本身已经造成了对法益的威胁，但尚未造成实害结果。实害犯则是已经造成实际侵害结果的行为犯。由于二者在适用范围上具有互斥性，因此具有同一罪名的实害犯与危险犯之间不可能发生法条竞合现象。

---

① 参见马克昌《想象的数罪与法规竞合》，《法学》1982 年第 1 期。

基于同样的原理，同一罪名下的未遂犯与既遂犯也具有适用范围上的互斥性，也不能发生法条竞合。帮助犯、教唆犯以及正犯之间的关系在德国竞合论中属于法条竞合中的实质补充关系，不可罚的事前或事后行为属于法条竞合的吸收关系。将上述两类纳入法条竞合的范畴是德国竞合论体系下为限制实质竞合数量的无奈之举。如果我国将法条竞合的范围扩展为与德国的竞合体系相一致，将造成和吸收犯相区别的困难以及与法条竞合一般形态之间的交叉重叠。

四　认识误区之四：对法条竞合类型的认识存在误读

一方面，不顾本国立法语境照搬德日学说，容易造成对法条竞合类型的认识不符合现行立法体系的结果。日本通说认为："法条竞合通常被区分为以下四种：特别关系、补充关系、吸收关系及择一关系。"[①] 德国通说认为，刑罚法规之间存在三种关系，即特别关系、补充关系、吸收关系，另有部分学者将择一关系也纳入法条竞合的基本类型。[②] 由此可见，德日通说在关于法条竞合的类型问题上，除择一关系类型存在差异外，其余类型的分歧相对较小。有鉴于此，我国刑法学界也主张将特别关系、补充关系、吸收关系不加甄别地统统纳入法条竞合的基本类型。例如，有学者认为："我国刑法中存在特别关系、补充关系、吸收关系与交叉关系。"[③] 但德日的法条竞合类型的划分语境与我国刑法学语境差距颇大，具体表现在两个方面：一是立法对同一对象在逻辑上进行多标准划分；二是基于对法条竞合存在范围的认识差异，理论界在不同的层面确立了多重标准。

另一方面，由于形式逻辑标准大多流于形式，对法条竞合的判断在实践中缺乏可操作性。我国刑法学界通说在法条竞合类型的划分标准上采用形式逻辑标准，即以概念的逻辑分类为基础，判断法条竞合关系的存在与否。不可否认的是逻辑标准的运用，使法条之间的外延关系泾渭分明，有利于判断者直观明了地判定法条之间的外延关系。但是这一标

---

① 〔日〕大塚仁：《刑法概说（总论）》（第三版），冯军译，中国人民大学出版社，2003，第483~484页。

② 参见柯耀程《刑法竞合论》，中国人民大学出版社，2008，第136页。

③ 方军：《法条竞合的法理及类型思考》，《河南财经政法大学学报》2017年第5期。

准本身存在一定的局限性，该标准只是一个抽象意义上的标准，而不是具体的适用标准。其最大的弊端在于，运用这一标准仅仅是在理论层面上抽象地判断法条之间是否存在竞合关系，没有进一步说明实行行为何以引发具有全异关系的法条构成法条竞合。

五　认识误区之五：对全面评价原则产生了认识偏差

囿于对全面评价原则的认识局限性，法条竞合与想象竞合界域模糊，二者在司法实践中难以区分。判断法条竞合与想象竞合的关键问题在于，能否以一法条对行为的非价内涵实现充分评价。如果能实现则是法条竞合，反之则是想象竞合。因为法条竞合的实质是法规单一，适用一法条就能评价行为的全部非价内涵，其余法条再无评价之余地，否则即是重复评价。想象竞合则存在明显差别，其本质特征在于罪过竞合，即用两个以上反映不同罪过形式的法条，方能呈现行为非价内涵的整体可罚性。长期以来，受德日理论的影响，国内刑法学界不加辨别地认为对行为非价内涵的充分评价就是对罪质（主要从法益、罪过、实行行为的角度）进行充分评价。例如，有学者认为："当行为触犯复数的犯罪构成时，适用的犯罪构成能全面反映行为的法益侵害性。"[1] 由于"立法定量""特别法唯轻"等我国刑事立法语境下特有现象的出现，常常造成经过充分评价后适用的优位法条的法定刑反而比劣位法条的法定刑更轻的罚不当罪的尴尬局面。

事实上，造成这一适用困境的根源在于对全面评价原则在中国刑法语境下的误读。在中国"立法定性+立法定量"的个罪模式下，行为的非价性既包括质上的差异性，也包括量上的不同性。因此在适用全面评价原则之时，被适用的优位法条不仅要充分评价行为的罪质也要评价行为的罪量（主要从社会危害程度与刑罚的量度关系是否体现罪刑相适应原则的角度进行评价）。如果优位法条实现了对行为非价性的充分评价，那么优位法条在罪质和罪量上都必须充分包容其余劣位法条。

在中国刑法语境下明确充分评价是对行为非价性从罪质和罪量角度的全面评价，有利于在司法实践中正确地识别法条竞合与想象竞合。当

---

[1]　庄劲：《罪数的理论与实务》，中国人民公安大学出版社，2012，第48页。

出现一法条虽然在罪质上能实现对一行为的充分评价，却在罪量上不能涵盖劣位法条的法定最低刑时，则应判定该法条不能实现对该行为非价内涵的充分评价。因为充分评价是对罪质和罪量的全面充分评价，故在此情形下不符合法条竞合的法规单一的一罪本质，不应判定为法条竞合。

第二节　法条竞合理论的本土化调适

一　法条竞合成立前提的理论调适

一方面，必须在理论上明确在我国刑法的立法语境下必须将法条竞合的成立前提界定为一行为。倘若对德日数行为的理论不顾语境简单照搬，势必导致竞合理论体系的混乱，吸收犯、牵连犯与法条竞合犯的界域将难以划清。另一方面，应当将德国竞合论体系下的实质补充关系类型的法条竞合纳入我国吸收犯的范畴予以讨论，将不可罚的事前或事后行为纳入牵连犯的范畴，但在司法上要依据吸收犯的原则加以处断。其理由在于，我国刑法语境下的牵连犯事实上包括两类：一类是数个行为之间由于手段—目的牵连关系或原因—结果牵连关系而形成的实质竞合关系（应当数罪并罚）；另一类是在对同一法益的同一次侵犯过程中，数个行为之间由于手段—目的牵连关系或原因—结果牵连关系而形成的不可罚的事前或事后行为。事实上这属于我国罪数论体系下的吸收犯，应当按照吸收犯的处断规则择一重罪处罚。

二　法条竞合本质的理论调适

一方面，必须在理论上明确法条竞合的本质是一种假性竞合。所谓假性竞合，是指"表面上数次触犯刑法法规，但实际上是因各法条本身存在的交叉重叠关系而引起，只能适用其中一个法条，其他法条不得适用的情况，此为假性竞合，亦即法条竞合（Gesetzeskonkurrenz）"[1]。从表面上看，一行为触犯了数个法条，符合数个犯罪构成，而实际上仅有一个法条能对行为的不法与罪责实现完全的充分评价。法条竞合因此在

---

[1]　方鹏：《德国刑法竞合理论与日本罪数理论之内容比较与体系解构——兼及中国罪数理论的走向选择和体系重构》，《比较法研究》2011 年第 3 期。

本质上仅仅具有一罪的属性，实际适用的法条也仅有一个，所以也称作法规单一。另一方面，必须反对长期以来将法条竞合的本质简单地认为是法条或构成要件之间的交叉、包容抑或其他逻辑关系的理论学说。因为法条之间的逻辑关系仅仅是法条竞合的外在现象的表露，其本身不能说明法条竞合之后为什么只有一个法条最后得到适用，以及排除其余法条适用的法理是什么。事实上，必须对逻辑主义的本质理论作出调适，恢复其法规单一的一罪本质，才能说明在法条的多重竞合中为何仅有一个法条得到适用。

三　法条竞合存在范围的理论调适

一方面，在理论上要避免盲目全盘移植德日体系下的法条竞合范围论。在德日体系下，不论是数个同质的犯罪构成还是异质的犯罪构成，只要对同一法益进行不同阶段、不同强度的侵害或者具有吸收关系，只要最后仅适用一个法条，就均可成立法条竞合。因此当多个法条对于同一法益的侵害分别属于不同阶段时，存在未遂犯与既遂犯、具体危险犯与实害犯之间的法条竞合；当多个法条对于同一法益的侵害分别属于不同强度时，共犯之间也存在法条竞合。但是在我国同一罪名下的实害犯与危险犯、未遂犯与既遂犯具有适用范围上的互斥性，讨论法条竞合既无理论价值更无实践意义；帮助犯、教唆犯以及正犯之间的关系在德国竞合论中属于法条竞合中的实质补充关系，在我国属于吸收犯，故帮助犯、教唆犯以及正犯不应该纳入我国法条竞合的存在范围。另一方面，在我国刑事立法的语境下，法条竞合现象存在于异质犯罪构成之间的交叉关系与分解关系的范围之内。所以，在理论上应当澄清在异质犯罪构成的范围内成立法条竞合之理由。

四　法条竞合类型的理论调适

一方面，在法条竞合理论上必须反对全盘引进德日体系下的特别关系、补充关系、吸收关系以及择一关系的分类体系。[①] 因为上述类型划

---

① 参见〔日〕山口厚《刑法总论》（第三版），付立庆译，中国人民大学出版社，2018，第391页。

分是德日基于自身立法语境的考量，对法条竞合存在范围所进行的划分，并没有遵循同一标准，而是对同一对象进行多标准的分类。造成多标准分类的内在原因乃是其限制实质竞合的需要之产物。由于中国的罪数论体系不同于德国的竞合论体系，许多实质竞合的问题可以由牵连犯加以处断。但是在德国刑法竞合理论中，不存在牵连犯这种竞合类型。[①] 当出现本应该由牵连犯处断的个案时，皆由实质竞合加以处理，这样会不断扩大实质竞合的范围。为了限制实质竞合的日益扩张，不得不对同一对象进行多标准分类而扩大法条竞合的范围。

另一方面，在划分标准上，传统的形式逻辑标准仅仅是在理论层面上抽象地判断法条之间是否存在竞合关系，没有进一步说明构成要件在具体符合什么条件时成立什么类别的法条竞合，因而在实践中缺乏可操作性。本书主张应当通过在形式层面和实质层面分别建构划分标准的形式构造，克服单纯采用形式逻辑标准或在同一阶段采用多重标准的种种弊端。在形式层面上将"法条外延之间的关系"作为法条竞合的逻辑划分标准，这样划分的优势在于以简单明了的方式，直观上清晰地勾勒出法条之间的外延关系。在二次划分的过程中应当引入犯罪构成的标准，在实质层面上对法条竞合进行分类。如果犯罪客体重合或包容，犯罪客观方面的实行行为竞合，犯罪主观方面类型一致，犯罪主体相容，那么即可纳入法条竞合的基本类型。同时必须明确在中国"立法定性+立法定量"的模式下，需将罪量要素纳入构成要件要素来讨论法条竞合之成立。

五　全面评价原则的理论调适

本书认为对行为非价性的充分评价是从罪质和罪量双重维度进行的全面评价。传统理论仅仅强调从罪质上评价，主要受德日体系的影响，仅从法益保护的角度来衡量是否实现了对不法行为的充分评价。但这种评价会出现经过充分评价后，适用的优位法条的法定刑反而比劣位法条的法定刑更轻的罚不当罪的处罚后果。其原因在于"特别法唯轻"的现

---

① 参见〔德〕乌尔斯·金德霍伊泽尔《刑法总论教科书》（第六版），蔡桂生译，北京大学出版社，2015，第473页。

象在我国刑事立法中大量存在，因此在中国刑事立法语境下，对全面评价原则的解释，必须对具有中国式竞合特色的罪量元素加以考虑。概言之，在理论调适上全面评价原则应当包括从法益、罪过、实行行为的角度进行罪质评价，从社会危害程度与刑罚的量度的角度进行罪量评价，即全面评价是罪质和罪量的全面评价。

第三节　法条竞合司法适用的技术路径设计

一　中国语境下的技术路径构造

由于现行理论存在认识上的误区，司法工作者在对法条竞合处断的技术流程上出现偏差，因此法条竞合司法适用的技术路径设计应当在对相关理论本土化调适的基础上，针对法条竞合司法适用判例中存在的问题，弥合现行技术流程上的不足，从而提出不同于德日范式且相对契合我国刑法语境的技术路径模式。

当出现疑似法条竞合的个案时，在技术流程的设计上，将对行为的判断分为两个阶段（包含五个步骤）。第一阶段是法条竞合的罪质判断阶段，第二阶段是法条竞合的罪量判断阶段。罪质判断阶段主要解决三个问题：第一，触犯数法条的是一行为还是数行为？第二，该行为触犯哪些法条？第三，从罪质判断的角度考量，该行为是否构成法条竞合？当属于哪一种类型的法条竞合？罪量判断阶段立足于解决两个问题：第一，根据法条竞合的类型，选择适用哪一种处断规则？第二，从罪量角度考量，如果适用该原则出现了不能罚当其罪的后果，当如何予以调整？以下将针对两个阶段五个步骤的每一个环节的任务和具体判断要素展开论述。

二　中国语境下的技术判断流程

法条竞合的罪质判断阶段共分为三个步骤，分别是行为单数判断阶段、穷尽原则判断阶段（认识上的罪数判断）、罪质判断阶段（罪质评价上的罪数判断）。

第一步，行为单数的判断，乃是法条竞合论前提判断的核心问题。在行为单数判断阶段，技术流程设计的主要任务是确立简单实用且富有操作性的行为单数标准。根据现行技术流程的弊端，本书采取德国通说主张的构成要件上的行为单数概念，在构成要件的意义上认定行为单数，排除行为复数（见图 10-1）。

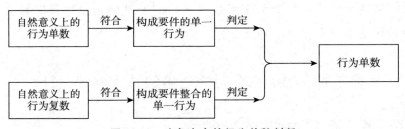

图 10-1　法条竞合的行为单数判断

　　第二步，穷尽原则判断阶段又称为认识上的罪数判断阶段。所谓认识上的罪数是指在该当性判断上，形式上符合犯罪构成要件的罪数而非犯罪行为实际构成的罪数。在此阶段，司法者需要将一行为所触犯的所有罪名毫无遗漏地列出，逐一检验具体行为是否符合每一个罪名的构成要件。需要注意的是，在德日体系下仅需检验类型化行为的该当性，但是在中国刑法语境下，由于构成要件涵盖了罪量要素，因此在该当性判断中要检验罪量要素是否符合构成要件的要求，不符合的应当作出形式不符合构成要件之判断。例如，甲利用信用卡诈骗 4000 元的行为，由于其未达到信用卡诈骗罪构成要件的最低罪量要求，因此在该阶段应当作出未触犯信用卡诈骗罪之判断。在此阶段，技术流程设计的主要任务是将一行为触犯的所有罪名悉数列出，尤其要防止遗漏，否则会造成评价不足（见图 10-2）。

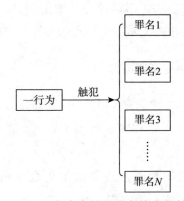

图 10-2　法条竞合触犯罪名的穷尽判断

第三步，罪质判断阶段即是从罪质要素出发，对一行为的非价性作出判断的阶段。在穷尽原则判断阶段，一方面，一行为仅仅是形式上符合犯罪构成要件，但由于只有一个行为，根据"一行为不二罚"的原则，需要对实际的罪数进行重新评价；另一方面，数个被实现的构成要件竞相保护同一法益造成了法条之间的竞合，依据禁止重复评价原则，应当对实际的罪数进行评价之后作出合理之选择。如若仅适用一法条即可实现对一行为罪质的充分评价，那么这种竞合符合法条竞合一罪之本质与法规单一之特征，故可作出在罪质上符合法条竞合之判断（见图 10-3）。

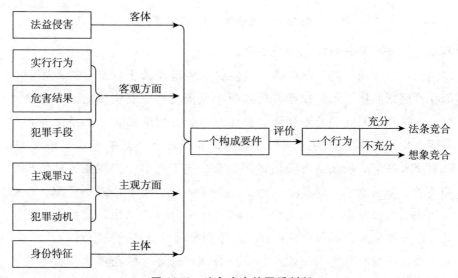

图 10-3　法条竞合的罪质判断

在此阶段，技术流程设计的主要任务有两项：一是要将罪质要素全部融入构成要件中，通过比较各个构成要件，选择适用能在罪质上将行为非价性充分评价的罪名；二是要通过构成要件之间的关系比较得出可能构成何种类型的法条竞合之结论（见图 10-4）。此处强调"可能构成"的原因在于，本书认为在中国刑法语境下，法条竞合是适用一法条即能从罪质和罪量的角度实现对行为非价性的充分评价。但是罪质判断阶段仅仅对行为非价性的罪质进行了充分评价，是否构成法条竞合还需接受第二阶段罪量判断的检验。

法条竞合的罪量判断阶段共分为两个子阶段，分别是一般处断规则

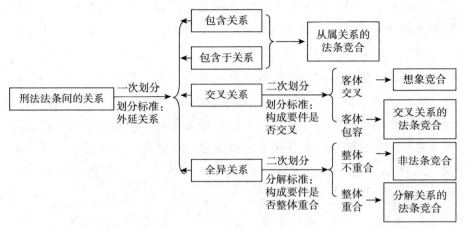

图 10-4　法条竞合的类型判断

判断阶段和补充处断规则判断阶段。

在一般处断规则判断阶段，其主要任务是在禁止重复评价原则和全面评价原则的指导下，依据罪质判断阶段得出的可能构成之法条竞合类型，选择适用不同的处断规则。具体而言，针对从属关系的法条竞合类型适用特别法排除普通法适用之规则，此情形下不需要考虑罪量要素；针对交叉关系的法条竞合类型适用复杂法优于简单法之规则，此情形下需要考虑罪量要素，即复杂法的法定刑不能低于简单法的法定刑；针对分解关系的法条竞合类型适用整体法优于部分法之规则，此情形下仍需要考虑罪量要素，即整体法的法定刑不能低于部分法的法定刑。

在补充处断规则判断阶段，主要是从罪量评价的角度出发，充分考虑量刑情节与刑罚幅度，针对适用一般原则会导致罪刑不相适应的结果所采用的兜底原则。从罪量评价的角度，当特殊情形下简单法或部分法的法定刑反而高于复杂法或整体法的法定刑之时，① 该法条不能从罪量的角度对行为的非价性实现充分评价。因任何一法条均不能实现罪质和罪量的充分评价，此情形下不能依照法条竞合的一般原则论处而应当判定为兼具"法条竞合与想象竞合色彩"的竞合形态，适用择一重罪的处断规则（见图 10-5）。

---

① 本书主张特别法排除普通法适用之规则，符合特别法条的必然排斥普通法条之适用，故不存在普通法与特别法竞合之时，普通法的法定刑反而高于特别法之情形，在补充处断规则下不予讨论。

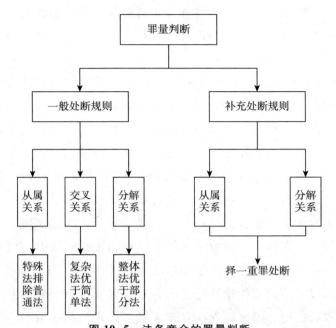

图 10-5　法条竞合的罪量判断

第四节　法条竞合司法适用的技术规则

在对司法判例问题归纳和技术流程系统梳理的基础上，本节以简约化、程序化、突出实践价值导向为目标，对法条竞合司法适用的技术规则作一分析、凝练和归纳。在整体上，将技术规则划分为法条竞合的判识规则和处断规则。判识规则细分为行为单数判断规则、构成要件的符合性判断规则、罪质的充分评价规则与法条竞合的类型判断规则。处断规则又分为一般处断规则和补充处断规则。补充处断规则在一般处断规则对行为罪质实现充分评价的基础上，解决如何选择适用法条以实现对行为罪量的充分评价和禁止对行为的重复评价之问题。

但需说明的是，在法条竞合技术规则的司法适用中，在判识与处断的逻辑顺序上，应当坚持优先评价罪质而后评价罪量的逻辑顺序，否则可能导致"以刑制罪"的颠覆性错误。

1. 判识规则之一：行为单数判断规则

自然意义上的行为单数符合构成要件的行为单数（该行为只有一个

构成要件真正符合，其余构成要件形式符合，实质为假性竞合）应当判识为行为单数，自然意义上的行为复数符合构成要件的行为单数应当判识为行为单数。

【规则释义】行为单数乃是法条竞合成立的前提条件。因此对于法条竞合，应当立足于对行为人行为单数的判断。行为单数在司法实践中主要表现为两种客观样态。第一种情形，自然意义上的行为单数符合构成要件的行为单数。此样态下，行为在形式上可能同时符合数个构成要件，但实质上仅有一个构成要件能对行为的罪质和罪量进行充分评价，其余的构成要件符合，不过是假性竞合而已。至于是否存在一个构成要件能对行为的非价性进行充分评价，则要进行下一步的判断。在该阶段仅需判断行为是否属于自然意义上的单数行为，是否符合构成要件（易言之，是不是刑法评价的类型化行为）。第二种情形，自然意义上的行为复数符合构成要件的行为单数。本书主张采取在构成要件的意义上来认定行为单数的立场，因此尽管在自然意义上表现为行为复数，但只要仅存在一个构成要件能对自然意义上的复数行为实现充分评价，就应当将之评价为行为单数。

2. 判识规则之二：构成要件的符合性判断规则

逐一列出自然意义上的单数行为所符合的构成要件或自然意义上的复数行为（但该行为符合构成要件的行为单数）所符合的构成要件，并对每一个构成要件要素从该当性的角度予以全面检视。

【规则释义】构成要件符合性判断之目的在于对行为所触犯的罪名逐一予以形式上的判识与检验，以防止出现漏罪，从而实现法条对行为的充分评价。需要指出的是，这一阶段所列出的罪名，仅仅是形式上符合犯罪构成要件的罪名而非犯罪行为实际构成的罪名，此即为认识上的罪数评价阶段。但需说明的是，在德日体系下仅需检验行为罪质的该当性，但是在我国刑法语境中，数额犯中的构成要件要素包含罪量要素，因此在构成要件的符合性判断中，要检验罪量要素是否符合数额犯构成要件的罪量要求。如若数额达不到成罪条件的最低数量，即可以作出不符合构成要件之判断。

3. 判识规则之三：罪质的充分评价规则

——检视行为所符合之构成要件能否全面评价行为人的法益侵害

（客体）、实行行为、危害结果、犯罪手段（客观方面）、主观罪过、犯罪动机（主观方面）、身份特征（主体方面）等罪质要素。如若仅适用一法条即可实现对一行为[①]罪质的充分评价，那么这种竞合符合法条竞合一罪之本质，故可作出在罪质上符合法条竞合之判断。如若适用两个以上的法条方可实现对一行为[②]罪质的充分评价，则应当判识为想象竞合。

【规则释义】罪质的充分评价阶段即是从罪质要素出发，对一行为罪质的非价性作出判断的阶段。由于在构成要件的符合性判断阶段，数个被实现的构成要件可能竞相保护同一法益从而造成法条之间的竞合关系，依据禁止重复评价原则，应当对实际的罪数进行重新评价之后作出合理之处断。如若在该阶段的检验中，仅适用一法条即可实现对一行为罪质的充分评价，那么这种竞合符合法条竞合一罪之本质特征，其余法条再无适用之余地。其中，一法条能否实现对行为所侵犯的法益的充分评价是该阶段首要考量的因素。若需两个以上的法条才能实现对一行为罪质的充分评价，则应当判识为想象竞合。

4. 判识规则之四：法条竞合的类型判断规则

第一步，以"法条外延之间的关系"为法条竞合的逻辑划分标准，判断法条之间属于属种关系、交叉关系或全异关系。第二步，若属于交叉关系或全异关系，则在二次划分的过程中引入犯罪构成的标准。在交叉关系中，如果犯罪客体包容，犯罪客观方面的实行行为竞合，犯罪主观方面类型一致，犯罪主体相容，那么即可判识为交叉关系的法条竞合。在全异关系中，如果犯罪客体重合，犯罪客观方面的实行行为竞合，犯罪主观方面类型一致，犯罪主体相容，那么即可判识为分解关系的法条竞合。

---

① 该一行为是指形式上符合两个以上构成要件的行为发生竞合，在客观上表现为自然意义上的一行为。之所以称形式上符合两个以上构成要件，原因乃在于法条竞合的法规单一的本质特征，即仅有一构成要件能实现对一行为的充分评价，其余构成要件再无评价之余地，故在实质上仅有一个构成要件符合。

② 该一行为是指实质上符合两个以上构成要件的行为发生竞合，在客观上表现为自然意义上的一行为。之所以称实质上符合两个以上构成要件，原因乃在于想象竞合是实质的数罪，任一构成要件均不能实现对行为不法的充分评价，故其在实质上符合数个构成要件。

【规则释义】类型判断阶段乃是依据法条外延之间的关系和构成要件之间的关系，得出可能构成何种法条竞合类型之结论的判断阶段。①第一阶段在形式层面上构造逻辑标准，即法条之间的外延关系，并据此标准将可能发生法条竞合的类型概括为从属关系、交叉关系和全异关系；第二阶段在实质层面上构造犯罪构成的重合标准（犯罪客体重合或包容，犯罪客观方面的实行行为竞合，犯罪主观罪过一致，犯罪主体相容），以识别交叉关系中的法条竞合与分解关系中的法条竞合。

5. 处断规则之一：一般处断规则

针对从属关系的法条竞合类型，适用特别法排除普通法之规则；②针对交叉关系的法条竞合类型，适用复杂法优于简单法之规则，但复杂法的法定刑不能低于简单法的法定刑；针对分解关系的法条竞合类型，适用整体法优于部分法之规则，但整体法的法定刑不能低于部分法的法定刑。

【规则释义】法条竞合的一般处断规则是在贯彻禁止重复评价原则和全面评价原则的基础上，针对从属关系、交叉关系以及分解关系的法条竞合类型，选择如何具体适用法条的规则。在对行为罪质的充分评价和类型判断的阶段，因复杂法和整体法能在罪质上充分评价危害行为的非价性，因此这一阶段主要从与犯罪实施相关的各种量刑情节和幅度来考量，选择复杂法与整体法的处断方式能否实现对一行为罪量的充分评价。事实上，一般处断规则也是将罪质评价与罪量评价合二为一的综合处断过程，即一法条能否实现对一行为的罪质和罪量在刑罚上的充分评价。

6. 处断规则之二：补充处断规则

针对交叉关系的竞合类型，一般适用复杂法优于简单法之规则，但若复杂法量刑轻于简单法，此情形下应当判定为兼具"法条竞合与想象竞合色彩"的竞合形态，择一重罪处断；针对分解关系的法条竞合类型，

---

① 此阶段之所以强调可能构成某种法条竞合类型，是因为本书认为在对数额犯的评价中，法条竞合是适用一法条即能从罪质和罪量的角度，实现对行为非价性的充分评价。但是类型判断阶段仅仅是在对行为非价性的罪质进行充分评价之后的初步结论，尚未接受罪量评价的检验，是否构成法条竞合还需接受第二阶段罪量判断的检视。

② 此情形下，即使特别法的法定刑较普通法的法定刑更轻，也不得转而适用普通法。

一般适用整体法优于部分法之规则，但若整体法量刑轻于部分法，此情形下应当判定为兼具"法条竞合与想象竞合色彩"的竞合形态，择一重罪处断。

【规则释义】按照法条竞合的一般处断规则，在司法实践中有可能造成对不法行为的罪量不能实现充分评价的结果。这一结果说明，在中国刑法语境下存在某一法条能对行为的罪质实现充分评价，却不能对行为的罪量实现充分评价的客观现象，即不存在一法条能对不法行为同时实现罪质和罪量的全面评价。此时，该种竞合形态不应当被认定为法条竞合，因为法条竞合的本质是法规单一，只需一个法条就能实现对行为非价性的全面评价，而应判识为兼具"法条竞合与想象竞合色彩"的竞合形态，择一重罪处断。事实上，补充处断规则在价值位阶上当属第二序列，即只有当运用一般处断规则不能实现对罪量的充分评价之时，方有补充处断规则适用之余地。

第十一章　制度论：中国语境下法条竞合的立法模式完善与制度体系建构

制度论在接续技术论的基础上，从法条竞合的现行法律制度出发，对我国"分则个罪立法模式"形成、特征与存在的问题进行实证分析与论证阐释，提出建构"以总则性立法为统领，以分散性立法为支撑"的立法模式构想；在对法条竞合典型立法表述的"从一重处断""从特别规定"两大类条款进行系统梳理的基础上，分析阐明上述条款在理解和司法适用中的疑难问题；同时在对大陆法系和普通法系相关制度设计进行比较研究的基础上，提出在立法和司法层面具体制度的建构路径。

第一节　分散立法视域下竞合处置的立法模式

一　"分则个罪立法模式"的形成

无论是采取日本刑法场域下的罪数论架构，抑或移植德国刑法视域下的竞合论体系，二者虽然在方法论和解释进路上存在一定程度的差异性，但落脚点都是要解决犯罪竞合的情况下如何妥适定罪量刑的问题。在大陆法系与普通法系不同的刑事立法体系下，不同的犯罪竞合类型在定罪量刑上也存在多种不同的立法模式，而不同的立法模式选择对于司法实践中的定罪量刑则会产生重大影响。例如，"德国、日本、意大利、荷兰、阿根廷等国刑法对于犯罪竞合的范围确认及其处断规则的规定在表述上有所不同，但这些国家刑法总则对于犯罪竞合处断规则均有专条规定，采用的是总则集中立法模式"①。美国在《模范刑法典》第 1.07条至第 1.11 条的规定中也采取了总则集中立法的模式，从不同的方面规

---

① 彭辅顺：《"从一重罪处断"规则的立法模式重构——从刑法分则分散立法模式到总则集中立法模式》，《辽宁师范大学学报》（社会科学版）2019 年第 6 期。

定了不同类型的犯罪竞合的处断规则。① 但在我国《刑法》总则中并没有关于犯罪竞合（罪数）问题的一般性条款。在从《刑法修正案（一）》到《刑法修正案（十一）》这 11 次修法中，每次仅针对刑事司法实践中亟待解决的犯罪竞合问题，在分则个罪条文中规定相应的具体处置条款，以立法回应司法之所需。尤其是在《刑法修正案（九）》施行之前，由于缺乏总则规定的一般性条款，《刑法》分则中犯罪竞合的处置条款表现为大量零散而杂乱无章的个别规定。

《刑法修正案（九）》对分则竞合条款进行了较大规模的增设和改立，在一定程度上改变了立法的基本格局。关于犯罪竞合条款的修正共计 10 处：其中 2 处是改立"数罪并罚"条款，其余 8 处都是"从一重处断"条款的增设。后再经《刑法修正案（十）》与《刑法修正案（十一）》的立法修正，个罪中的竞合条款已包括"依照处罚较重的规定定罪处罚"24 处，"本法另有规定的，依照规定"6 处，"依照数罪并罚的规定处罚"11 处。我国《刑法》分则竞合处置条款初步实现了类型化与规模化，大体上形成了"从一重处断"条款、"从特别规定"条款和"数罪并罚"条款三种类型鼎足而立的"分则个罪立法模式"。至《刑法修正案（十一）》实施，"分则个罪立法模式"基本改变了我国竞合（罪数）体系建构"无法可依"的困顿局面，有力扭转了我国竞合（罪数）体系建构的散乱状态。② 在分散立法的过程中，按照实质的一罪、处断的一罪和实质的数罪为基本架构，采取了三元分立的体系，从而形塑了我国的犯罪竞合（罪数）体系。这也表明我国刑事立法更加倾向于德国的竞合论体系。

二　"分则个罪立法模式"的特征

《刑法修正案（十一）》实施后，我国刑法典在宏观和微观层面更为突出地体现了分散立法模式的鲜明特点。从宏观层面来看，有两方面。一方面，"分则个罪立法模式"在内容上表现为刑法典总则中犯罪竞合问题一般性处置条款的缺失，在刑法典分则中表现为多次、多处大量增

---

① 参见美国法学会编《美国模范刑法典及其评注》，刘仁文、王祎译，法律出版社，2005，第 13 页。

② 参见王彦强《"从一重处断"竞合条款的理解与适用——兼谈我国竞合（罪数）体系的构建》，《比较法研究》2017 年第 6 期。

设的零散性规定。例如，在《刑法修正案（九）》实施之前，我国有效的司法解释中仅涉及"同时构成其他犯罪的，依照处罚较重的规定定罪处罚"的相关表述就多达 45 处。即便经《刑法修正案（九）》三元分立体系型构，也难掩其缺乏体系性考量的缺陷。另一方面，从结构上我国《刑法》大致形成了"从一重处断"条款、"从特别规定"条款和"数罪并罚"条款三元分立架构。

从微观层面来看，"从一重处断"、"从特别规定"和"数罪并罚"三类条款，具有不同的表征特性，大致分别对应不同竞合类型的处置原则。首先，在"从一重处断"的条款中存在法条竞合①、想象竞合、吸收犯、牵连犯等情形，是最为复杂且数量最多的竞合条款规定。截至《刑法修正案（十一）》施行，该条款的规定多达 19 处，占据三类竞合处置条款之首。其次，"从特别规定"条款中存在法条竞合以及结果加重犯与情节加重犯的情形，属于刑法上的注意性规定条款。一般来说，认为"从特别规定"条款包含属种关系下的法条竞合当无异议，仅存在对特别规定的理解是采取"构成要件说"抑或"行为类型说"之分歧。但另有学者认为"我国刑法分则之所以规定'本法另有规定的，依照规定'，是因为在这些基本规定之外，还存在为数不少的处罚更重的法条，因而有必要提醒司法人员，为了实现罪刑相适应，不要忽视对重法条的适用。例如，在故意伤害罪之外（故意伤害致死和残忍伤害除外），还存在大量处刑更重的法条，如抢劫致人重伤、强奸致人重伤、劫持航空器致人重伤"② 等结果加重犯。最后，"数罪并罚"条款，属性较为单一，仅是实质竞合（数罪）的专属处置原则。

第二节　法条竞合典型立法表述条款的梳理

在我国的刑事立法技术③中，立法者通常在某一法条的末尾加入用

---

① 在交叉关系与分解关系的法条竞合中，在法益保护具有同一性的基础上，为了实现对罪量的充分评价，应当择一重罪处罚。理由前文已述，此处不赘。

② 陈洪兵：《竞合处断原则探究——兼与周光权、张明楷二位教授商榷》，《中外法学》2016 年第 3 期。

③ 刑法立法技术是指"有关刑法规范的语言表达、逻辑构造、体系安排等方面的工具性的技巧和方法"。周少华：《立法技术与刑法之适应性》，《国家检察官学院学报》2011 年第 3 期。

以指引司法适用的立法用语，以指导司法工作人员正确地适用法条。在犯罪竞合的处置上，刑事立法用语有"依照处罚较重的规定定罪处罚""本法另有规定的，依照规定""依照数罪并罚的规定处罚"三类典型表述。有鉴于"依照数罪并罚的规定处罚"仅涉及实质的数罪，不牵涉法条竞合，故本节仅对可能存在法条竞合情形的"依照处罚较重的规定定罪处罚"和"本法另有规定的，依照规定"这两类典型表述，梳理相关的具体刑法条款，以便为后文研究法条竞合典型立法表述条款的理解与适用奠定基础。

一　"从一重处断"条款的梳理

截止到《刑法修正案（十一）》，我国《刑法》分则中共计19处涉及"依照处罚较重的规定定罪处罚"的立法表述。按照1997年《刑法》之规定以及《刑法修正案（八）》《刑法修正案（九）》《刑法修正案（十一）》的修正时间顺序，将"从一重处断"类型的条款分为四个类别予以系统梳理。

第一类，1997年《刑法》原本已有的"依照处罚较重的规定定罪处罚"的立法表述条款。包括第149条【对生产、销售伪劣商品行为的法条适用】第2款、第329条【抢夺、窃取国有档案罪　擅自出卖、转让国有档案罪】第3款、第399条【徇私枉法罪　民事、行政枉法裁判罪　执行判决、裁定失职罪　执行判决、裁定滥用职权罪】第4款，共计3处规定。

第二类，《刑法修正案（八）》增设的"依照处罚较重的规定定罪处罚"立法表述条款。仅包括第133条之一【危险驾驶罪】第3款，共计1处增设。

第三类，《刑法修正案（九）》增设的"依照处罚较重的规定定罪处罚"立法表述条款。[①] 包括第120条之二【准备实施恐怖活动罪】第2款、第260条之一【虐待被监护、看护人罪】第3款、第280条之一【使用虚假身份证件、盗用身份证件罪】第2款、第286条之一【拒不履

---

① 　在《刑法修正案（九）》之前，我国现行有效的司法解释中共有45处"同时构成其他犯罪的，依照处罚较重的规定定罪处罚"的相关表述。

行信息网络安全管理义务罪】第 3 款、第 287 条之一【非法利用信息网络罪】第 3 款、第 287 条之二【帮助信息网络犯罪活动罪】第 3 款、第 307 条之一【虚假诉讼罪】第 3 款和第 4 款，共计 8 处增设。

第四类，《刑法修正案（十一）》增设的"依照处罚较重的规定定罪处罚"的立法表述条款。包括第 133 条之二【妨害安全驾驶罪】第 3 款、第 142 条之一【妨害药品管理罪】第 2 款、第 229 条【提供虚假证明文件罪】第 2 款、第 236 条之一【负有照护职责人员性侵罪】第 2 款、第 291 条之二【高空抛物罪】第 2 款、第 338 条【污染环境罪】第 2 款、第 342 条之一【破坏自然保护地罪】第 2 款，共计 7 处增设。

二　"从特别规定"条款的梳理

我国《刑法》中共有 6 个罪名 5 个条款中存在"本法另有规定的，依照规定"的立法表述。上述条款均是 1997 年《刑法》原本已有之规定，历次刑法修正案均未进行改立与增设。具体包括第 233 条【过失致人死亡罪】第 1 款、第 234 条【故意伤害罪】第 2 款、第 235 条【过失致人重伤罪】第 1 款、第 266 条【诈骗罪】第 1 款、第 397 条【滥用职权罪　玩忽职守罪】第 1 款和第 2 款。

第三节　法条竞合典型立法表述条款适用中的问题

一　"从一重处断"条款的理解与适用

在"从一重处断"条款的理解与适用中，本书认为首要问题在于不能将"从一重处断"理解为想象竞合的专属表征，其还存在处断为法条竞合等其他竞合形态之可能性。诚如有学者所言："符合这种规定的情形究竟是法条竞合还是想象竞合，抑或是将数罪拟制为一罪，同样是我国的罪数论应当着重研究的问题。"① 因此，理解与适用的关键在于区分法条竞合、想象竞合、吸收犯以及牵连犯。因为不同的竞合形态虽然均可适用"从一重处断"条款，但其罪数性质却截然不同。法条竞合、吸收犯是实质的一罪，想象竞合是处断的一罪。由于牵连犯在罪数本质上具

---

① 张明楷：《罪数论与竞合论探究》，《法商研究》2016 年第 1 期。

有双重性，既包括吸收犯又包括实质竞合犯，因此在处断方式上也应当区别对待。对于牵连犯中的吸收类型，应当适用"从一重处断"，属于实质的一罪；对于实质竞合的部分，则应当按照数罪予以并罚，属于实质竞合的数罪。

限于本书主题，本节仅在结合《刑法》分则条文与典型案例的基础上，对法条竞合与想象竞合、吸收犯以及牵连犯，在"从一重处断"条款的适用中当如何区分予以理论上的澄清。主要涉及理解与适用中的两个问题：一是关于行为数的认定，这直接牵涉法条竞合与吸收犯、牵连犯以及实质竞合的界分问题；二是关于法益同一性与范围的判定，这直接牵涉法条竞合与想象竞合、牵连犯以及实质竞合的区分问题。

1. 关于行为数的认定

在竞合（罪数）论中，行为单数的判断乃是核心问题。而在"从一重处断"条款的理解与适用中，行为单数的认定关系到法条竞合、想象竞合与吸收犯、牵连犯以及实质竞合的界分问题。如若行为判断为复数，且不构成牵连犯与吸收犯，则应按照数罪并罚处理而无须适用该条款。然而什么情况下存在一个行为，什么场合下是数个行为乃竞合论前提性的问题，但该问题至今都没有得到令人满意的答案。① 本书在法条竞合的特点部分，已详尽分析了德日关于行为单数判断标准的各类学说，论证了本书采取行为构成要件说标准之理由。本部分重点讨论采取该标准，在适用"从一重处断"条款时，近年来司法实务中存在争议的热点问题。譬如，在继续犯的场域，一个行为可被完整地切割为数个构成要件且侵犯数个法益，是评价为一行为还是数行为？是适用"从一重处断"还是"数罪并罚"？

例如，甲在道路上醉酒驾驶机动车，行驶 10 公里后，不慎将路人乙撞死。在甲的行为同时符合交通肇事罪与危险驾驶罪的犯罪构成要件的情形下，对二罪的竞合关系当如何认定，对甲如何处罚？对此，学理上存在"实质竞合说""想象竞合说""法条竞合说"等相关主张。

"实质竞合说"认为，判断行为是单数还是复数，应当坚持构成要件标准。易言之，一个行为可被完整地切割为数个构成要件且侵犯数个

---

① 参见柯耀程《刑法竞合论》，中国人民大学出版社，2008，第 68~69 页。

法益，就应当是行为复数，构成实质竞合的则应当数罪并罚。反之，构成行为单数的则按照想象竞合或法条竞合处断。在该案中，甲的行为可以被分割为互不重叠的两个阶段。醉驾行驶了 10 公里的危险驾驶行为为第一阶段的行为，应当被评价为危险驾驶罪。后不慎将路人乙撞死的行为为第二阶段的行为，应当被评价为交通肇事罪。① 因此甲的醉驾行为和致人死亡的行为构成实质竞合，不能适用"从一重处断"而应当"数罪并罚"。

　　"想象竞合说"和"法条竞合说"则主张，在继续犯的前提下，不能将具有持续性特征的行为机械地分割为不同阶段的构成要件意义上的数行为。因为继续犯的持续性行为贯穿了整个犯罪过程，分割为数个构成要件意义上的行为予以评价，就会在构成要件之间产生评价上的竞合，难免有重复评价之嫌。因此，只能将继续犯的持续性行为认定为行为单数。例如，我国台湾地区学者许玉秀认为："醉态驾车是继续犯，如果在仍处醉态下肇事，继续行为并不会因为后来的肇事行为而变成两个行为。"② 梁根林教授也认为："在持续的危险驾驶过程中致人死亡的，如醉酒后驾驶机动车行走 10 公里后，路遇行人正常穿行斑马线避之不及，将其当场撞死的，亦应评价为一个行为造成两个结果。"③ 但"想象竞合说"和"法条竞合说"的分歧也十分明显。对于想象竞合中的法益侵害事实，任何一个单一构成要件均不能给予充分评价。唯有复数构成要件的共同评价，方能诠释其法益侵害的全部事实。法条竞合，只需单一构成要件即可充分评价行为的法益侵害事实。因此"想象竞合说"认为，醉驾行为造成了两个犯罪结果，即对公共交通安全的抽象危险和特定人员伤亡的公共安全实害结果，分别实现了对公共交通安全法益的威胁与对生命安全法益的侵害，需要由危险驾驶罪和交通肇事罪同时评价。毋庸讳言，对公共交通安全法益的威胁是一种抽象的危险，不可能实现对具体生命安全法益的充分评价，所以从法理上应当判定构成想象竞合。

---

① 参见罗翔编著《罗翔讲刑法》，中国政法大学出版社，2018，第 134 页。

② 许玉秀：《一罪与数罪之分界——自然的行为概念》，《台湾本土法学杂志》2003 年第 5 期。

③ 梁根林：《〈刑法〉第 133 条之一第 2 款的法教义学分析——兼与张明楷教授、冯军教授商榷》，《法学》2015 年第 3 期。

但"法条竞合说"认为，危险驾驶罪是结果加重犯，当"'危险驾驶+加重结果'，自然足以完全涵盖上述两个结果两个法益侵害，如此，仅需宣告交通肇事罪一罪即可"[①]。

综上所述，本书站在行为构成要件说的学术立场上，认为在继续犯的场域，即使一个行为侵犯数个法益，也不应当被切割为数个构成要件，只应评价为一行为，否则会造成对构成要件部分重叠的行为的重复评价。概言之，在危险驾驶过失致人伤亡这类案件中，基于危险驾驶行为的继续性考量，如果认定为数行为，则交通肇事罪和危险驾驶罪将对第二阶段的肇事行为重复评价。因此本书主张应当认定为行为单数，不能按照实质竞合处理而予以数罪并罚。值得注意的是，虽然危险驾驶行为具有持续性，但是如果在这一过程中，行为人有明显的犯意转变和行为变更，则应成立行为复数。所以不应当认定"同时构成其他犯罪的，依照处罚较重的规定定罪处罚"排斥了实质数罪的数罪并罚之适用情形。

在一行为判断的基础之上，本书认为在危险驾驶过失致人伤亡这类案件中，应当论以想象竞合犯，择一重罪处断。一方面，危险驾驶罪保护的公共交通安全属于抽象危险，不可能包括具体实害犯过失致人重伤（死亡）罪的具体法益；另一方面，在我国刑法的语境下，结果加重犯的成立必须要有刑法典的明确规定，但是《刑法》第133条之一的危险驾驶罪并无此规定。因此，认为作为结果加重犯的交通肇事罪完全可以完整评价行为所侵害或威胁的法益的观点值得商榷。

2. 关于"从一重处断"条款中法益同一性的判断

例如，甲在未取得麻醉药品相关批准证明文件的情况下，违反药品管理法规，违法生产麻醉药品。在生产过程中为了节约成本，使用不符合国家标准、足以严重危害人体健康的辅料。甲的行为既符合妨害药品管理罪也符合生产劣药罪，依据《刑法修正案（十一）》增设的第142条之一【妨害药品管理罪】第2款之规定，"有前款行为，同时又构成本法第一百四十一条、第一百四十二条规定之罪或者其他犯罪的，依照处罚较重的规定定罪处罚"。在此情形下，妨害药品管理罪与生产劣药罪

---

① 王彦强：《"从一重处断"竞合条款的理解与适用——兼谈我国竞合（罪数）体系的构建》，《比较法研究》2017年第6期。

究竟是法条竞合关系抑或想象竞合关系？这一问题直接关涉罪数的判断问题。因为法条竞合是实质的一罪，而作为处断一罪的想象竞合是实质的数罪，故有必要从法益同一性的角度予以厘清。

"法益同一性说"主张："一行为而触犯数罪名是法条单一与想象竞合共通的前提，因此所侵害之法益是否同一，就成为区分想象竞合与法条单一的界线之所在。一行为侵害一法益而触犯数罪名，是法条单一。一行为侵害数法益而触犯数罪名，是想象竞合。"[①] 具体而言，在法益同一性的判断上，步骤如下：首先，应当区分具体法益是单一法益还是复合法益。"单一法益，即某一具体犯罪所侵害的具体法益中，只包含一种具体的保护法益；复合法益，则是指某一具体犯罪所侵害的具体法益中，包含了两种以上的具体的保护法益。"[②] 但是侵害复合法益，并不意味着就归属于想象竞合，因为如果一法条能实现对复合法益的充分评价，即符合法条竞合法规单一之本质，应归入法条竞合。其次，对于危害行为乃侵害单一法益的犯罪行为，则可直接依据法益内容来识别具体危害行为所侵害的法益是否属于同类法益。同类法益"是指为某一类犯罪所共同侵害的而为刑法所保护的某一部分或某一方面的法益，其标示着某类犯罪侵害的刑法保护法益的类型性质"[③]。再次，对于危害行为乃侵害同类法益的犯罪行为，还需进一步判断各具体法益是否具有侵害对象的同一性。究其原因在于，同类法益是对纷繁复杂的犯罪之具体法益的高度抽象和概括，其抽象与概括的程度越高，所属之具体法益的内容之差异就越大。最后，对于侵害复合法益的行为，法益同一性的判断与单一法益大体一致，也包括法益类型的同一性判断和行为侵害对象的同一性判断。

就该案而言，甲在未获得批准证明文件的情况下，使用不符合国家标准的辅料生产麻醉药品的行为侵犯了复合法益。该复合法益不仅包括妨害药品管理罪保护的主要法益——药品管理秩序和次要法益——人的健康权、生命权等，还包括生产劣药罪保护的主要法益——药品管理秩序和次要法益——消费者的人身健康权。因此甲的生产行为所侵害的法

---

① 黄荣坚：《基础刑法学》（下），中国人民大学出版社，2009，第 605 页。
② 张小虎：《刑法学》，北京大学出版社，2015，第 105 页。
③ 张小虎：《刑法学》，北京大学出版社，2015，第 104~105 页。

益属于同类法益，且具有侵害对象的同一性。基于妨害药品管理罪与生产劣药罪具有法益保护的同一性，应当认定甲构成二罪交叉关系的法条竞合犯，适用"依照处罚较重的规定定罪处罚"。

3. 关于"从一重处断"条款中法益保护范围的释疑

在上例中提到的妨害药品管理罪与生产劣药罪在法益保护的同一性判断上相对较为简单，基本不存在对法益保护范围在认知判断上的差异。但在适用"从一重处断"条款的部分法条中，基于对个罪法益保护范围的理解差异，竞合法条是否具有法益同一性存在判断分歧，存在对被评价行为属于法条竞合抑或想象竞合的争议。下文以生产、销售伪劣产品罪与其他生产、销售伪劣商品罪，窃取国有档案罪与盗窃罪为典型案例，分析"从一重处断"条款在适用中涉及的法益保护范围的争论，探究问题解决的进路。

对于生产、销售伪劣产品罪与其他生产、销售伪劣商品罪法益保护范围的辨正，《刑法》第149条第2款规定："生产、销售本节第一百四十一条至第一百四十八条所列产品，构成各该条规定的犯罪，同时又构成本节第一百四十条规定之罪的，依照处罚较重的规定定罪处罚。"通说理论基本认为，这是法条竞合特别关系适用"重法优于轻法"原则的例外规定。但是，近年来部分学者提出了不同的主张，认为生产、销售伪劣产品罪与其他生产、销售伪劣商品罪之间是想象竞合关系而非法条竞合关系。[①] 也有学者认为二者是交叉关系的法条竞合。[②] 上述论点向传统学说——"特别关系说"提出了强烈的理论质疑与挑战。

本书认为，上述观点之所以产生认识上的分歧，关键原因在于各自在对法益保护范围的理解上存在差异。"想象竞合说"主张："第141条至第148条规定的犯罪大多将侵害结果或具体危险作为构成要件要素（第141条与第144条除外），而第140条没有将侵害结果与具体危险作为构成要件要素。"[③] 易言之，由于二者存在构成要件要素的差异，因此二者在法益保护上的范围是不同的。在适用任何一个法条均不能实现对

① 参见张明楷《刑法学》（下），法律出版社，2016，第747页。

② 参见王彦强《"从一重处断"竞合条款的理解与适用——兼谈我国竞合（罪数）体系的构建》，《比较法研究》2017年第6期。

③ 张明楷：《刑法学》（下），法律出版社，2016，第747页。

法益的充分评价的情形之下，自然应当评价为想象竞合。但是该观点的不足之处在于未能正确地界定法条竞合与想象竞合的判断实质。法条竞合与想象竞合的本质区别在于法益保护范围的同一性，而非法益保护范围的差异性。即使存在法益保护范围的不同，法条之间仍具有法益保护的同一性，优位法条能实现对劣位法条法益的充分评价，同样应当被评价为法条竞合。

该说还主张："在特别关系的场合，原本应当采取特别法条优于普通法条的原则，第149条第2款采取了重法条优于轻法条的原则。……上述法条之间的关系不是特别关系，而是相互补充关系或者想象竞合关系。"① 必须指出的是，将"从一重处断"条款理解为想象竞合的专属表征，是存在疑问的，不能因为适用重法优先的条款，就判定竞合形态为想象竞合。因为在此情形之下，还存在交叉关系的法条竞合等其他竞合形态之可能性。本书主张，生产、销售伪劣产品罪与其他生产、销售伪劣商品罪即是适用"从一重处断"的交叉关系法条竞合，下文予以详细阐述。

"特别关系说"立足于法条逻辑关系的分析，认为二罪之间在逻辑上存在"包含与被包含"的特别关系。但法条竞合特别关系的成立，不仅要借助于法条之间的逻辑关系判断，更离不开法益同一性和法益保护范围的实质性判断，否则就可能陷入形式逻辑关系的泥潭。一般认为生产、销售伪劣产品罪侵害的法益系复合法益，包括市场竞争秩序和消费者的财产权。其将实际销售伪劣产品的金额作为成立犯罪与法定刑升格的条件，这表明该罪对消费者财产法益的保护。其他生产、销售伪劣商品罪与生产、销售伪劣产品罪尽管在市场竞争秩序的法益保护上具有同一性，但在消费者合法权益的法益保护上，却分别指向了不同的内容，具有各自的侧重点。具体而言，生产、销售伪劣产品罪和生产、销售伪劣农药、兽药、化肥、种子罪，侧重消费者的财产权保护；生产、销售假药、劣药、有毒有害食品、不符合安全标准的食品、不符合标准的医用器材、不符合卫生标准的化妆品等罪，侧重保护消费者的人身健康权；生产、销售不符合安全标准的产品罪，则既保护消费者的人身权，也保护消费者的财产权；另外生产、销售伪劣产品罪与生产、销售伪劣农药、

① 张明楷：《刑法学》（下），法律出版社，2016，第747页。

兽药、化肥、种子罪之间，财产权保护的内容亦有所不同，前者是购买伪劣产品导致的财产损失，后者则是伪劣商品在使用过程中导致的财产损失。由此可见，生产、销售伪劣产品罪与其他生产、销售伪劣商品罪在具体法益内容上呈现交叉关系，而非特别关系（属种关系）。基于法益保护的同一性，本书认为二者构成交叉关系的法条竞合，适用"从一重处断"的条款，这体现了对行为罪质和罪量的充分评价。

对于窃取国有档案罪与盗窃罪法益保护范围的辨正，《刑法》第 329 条【抢夺、窃取国有档案罪】第 3 款规定了"同时又构成本法规定的其他犯罪的，依照处罚较重的规定定罪处罚"。依据这一条款之规定，在刑事司法实践中当行为人窃取财产价值较大的国有档案之时，适用"从一重处断"是对想象竞合的"从一重处断"，还是法条竞合的"从一重处断"？这直接关涉法院在判决书中对行为罪数的宣告。

该问题涉及具有属种关系的罪名之间①，法益保护范围界定的关键问题，即对附随法益的判断问题。所谓附随法益，是指"在复合法益中刑法所保护的而为某一具体犯罪可能侵害的法益。它不是该犯罪成立的必备要素，揭示的是在该具体犯罪实施时，该法益遭受侵害的或然性"②。

一方面，国有档案以其标识内容而具有特殊的法益保护价值。这种法益保护并不关注其载体自身财产利益。易言之，对国有档案此类对象的窃取行为之所以要在立法上单独设罪，并非源于其载体自身财产利益受损，而是因其承载之内容之于国家、社会或个人具有特殊的价值或意义。因此，财产法益并非该罪立法所要保护的主要法益抑或次要法益，仅在此类犯罪的具体行为侵害的对象载体具有较大财产价值时，才能或然地被侵害。所以，财产法益属于此类罪名可能或偶然侵害的附随法益。

另一方面，对某一犯罪保护之法益范围的判断，必须结合其构成要件的内容和在《刑法》分则中所处的体系位置来判定。就窃取国有档案罪而言，从构成要件内容的描述上审视，该罪关注的是国家的档案管理

---

① 罪名之间是否具有属种关系，是对罪名的概念进行逻辑判断的产物，而与罪名对应的构成要件是否具有属种关系则是对构成要件进行逻辑判断的产物。因此罪名之间具有属种关系并不必然导致构成要件之间、构成特别法与普通法之间的法条竞合关系。从罪名上审视，窃取国有档案罪与盗窃罪的罪名构成属种关系当无异议，但是两罪各自的构成要件却不必然构成特别法与普通法之间的法条竞合关系。

② 张小虎：《刑法学》，北京大学出版社，2015，第 105 页。

制度，与国有档案的经济价值无关；从所处的体系位置上审视，该罪位于妨害社会管理秩序罪之下，关注的是国家的档案管理秩序，这也与国有档案的经济价值无涉。因此，不论是从构成要件内容上看，还是从所处的分则体系位置看，都无法发现立法者具有对国有档案之财产利益进行法益保护的目的。综上所述，当行为人窃取财产价值较大的国有档案之时，由于财产法益作为窃取国有档案罪的附属法益，不属于该罪构成要件的法益保护范围，因此窃取国有档案罪与盗窃罪均不能对该行为侵害的法益实现充分评价。故应当以想象竞合论处，适用"从一重处断"条款。

4. "从一重处断"条款在多重竞合形态适用中的疑案解析

例如，甲离婚后出于对前妻的不满，虐待与前妻共同生育的 11 岁女儿乙，乙因长期受到虐待以至于精神崩溃而自杀。对该案中甲的行为应当如何定性？在该案中甲的虐待行为触犯多个法条，既构成法条竞合又构成想象竞合，符合法条多重竞合形态的特征。

按照本书的技术流程设计，有四步。首先，应当一一列举甲的虐待行为所触犯的罪名，进行构成要件的该当性检验。在该案中行为人甲的虐待行为符合三个罪名的构成要件，分别是虐待被监护、看护人罪，虐待罪和过失致人死亡罪。其次，应当判定甲的虐待行为是一行为还是数行为。依据构成要件说和继续犯理论，虐待被监护、看护人罪与虐待罪均是继续犯，不能将虐待行为拆分为数个构成要件意义的行为，因此判定甲实施的虐待行为符合刑法意义上的单数行为，故排除实质竞合而导致的数罪并罚之适用。再次，在一行为的前提下，先行讨论存在想象竞合的竞合链。① 对于甲虐待 11 岁女儿致其自杀的行为，适用虐待被监护、看护人罪与过失致人死亡罪中任何一个法条均不能实现充分评价，因此应当以想象竞合论。② 此时，对《刑法》第 260 条之一【虐待被监护、看护人罪】第 3 款"从一重处断"应当在想象竞合的意义上理解。由于过失致人死亡罪的法定最高刑为 3 年以上 7 年以下有期徒刑，虐待被监

---

① 当一行为触犯多个法条，既构成法条竞合又构成想象竞合之时，本书主张应当优先处理想象竞合关系，对其理由在"法条竞合非夹结形态的处断"部分已作相关论述，此处不赘。

② 一方面，虐待被监护、看护人罪没有结果加重犯的相关规定，因此不能对过失致人死亡所侵害的法益进行评价；另一方面，过失致人死亡罪也不能对虐待被监护、看护人罪保护的被监护人、被看护人的人身法益进行全面评价。故应当以想象竞合论。

护、看护人罪法定最高刑为 3 年以下有期徒刑，故应当适用过失致人死亡罪定罪量刑。最后，讨论过失致人死亡罪与虐待罪之间的竞合关系，从而对甲的行为定罪量刑。从法益的罪质判断角度审视，虐待罪的加重构成要件已经包含了过失致人死亡的情形，完全能实现对甲虐待行为的充分评价；从法定刑的罪量角度审视，两罪的法定最高刑均是 3 年以上 7 年以下有期徒刑。因此虐待罪在罪量维度，也能实现对甲虐待行为的全面评价。故两罪之间构成法条竞合关系，该案对甲应当以虐待罪定罪量刑。

通过该案还可以顺理成章地引申出"从一重处断"条款适用中的另一个问题，即虐待的家庭成员是未成年人、老年人、患病的人、残疾人（在该案中是家庭成员中的未成年人）之时，虐待被监护、看护人罪与虐待罪之间究竟是想象竞合抑或法条竞合。张明楷教授主张应当以想象竞合论处，即宣告行为人同时构成两罪，依照处罚较重的法条定罪量刑并且宣告行为人构成两罪，以体现想象竞合的明示机能。[①] 本书主张不构成想象竞合关系，应当构成交叉关系的法条竞合。一方面，想象竞合的成立必须以数个法益侵害事实的存在为前提，但虐待罪与虐待被监护、看护人罪，均是以被虐待者的人身权为单一保护法益的，不存在对数个法益侵害事实评价之功能。如果认定二罪之间构成想象竞合，那么在判决书中需要宣告构成两罪。这就会重复评价同一虐待行为导致的同一被害人的人身法益侵害，有违反禁止重复评价原则之嫌。另一方面，在负有监护、看护职责的人虐待作为家庭成员的未成年人、老年人、患病的人、残疾人的场域，虐待罪与虐待被监护、看护人罪之间存在共同的保护对象，具有法益保护的同一性。但若负有监护、看护职责的人，虐待属于非家庭成员的上述人员，两罪则不具有相同的保护对象，此时仅仅成立虐待被监护、看护人罪。这就充分说明了两罪之间的构成要件既具有重叠性又有差异性，故构成交叉关系的法条竞合。

二 "从特别规定"条款的理解与适用

1. "另有规定"的理解与适用中的困惑

问题之一，"另有规定"究竟是对行为类型另有规定还是对构成要

---

① 参见《张明楷教授讲刑法修正案九》，"找法网"，http://china. findlaw. cn/lawyers/article/d459173. Html。

件另有规定？我国《刑法》中共计有 6 个条文包含 "本法另有规定的，依照规定" 的立法表述。而对这 6 个条文中 "另有规定" 的理解不同，将直接导致对行为人定罪与量刑的不同结果。

目前国内刑法学界对 "本法另有规定" 的内涵理解，主要存在两种迥异的学术倾向。一种称为 "构成要件说"，另一种称为 "行为类型说"。"构成要件说" 认为："所谓 '本法另有规定的，依照规定'，是指行为完全符合本法另有的特别规定时，依照特别规定处理；而当行为并不符合另有的特别规定时，当然应适用普通规定。"① 易言之，这里所指涉的特别规定是指构成要件的特别规定，该说主张 "另有规定" 实质上是指对构成要件的另有规定。与此相反，"行为类型说" 则主张："'本法另有规定' 是指本法对 '是否' 处罚的 '定型性' 另有规定。"② 换言之，"行为类型说" 主张的 "另有规定" 是对行为类型另有规定。

试以 "构成要件说" 与 "行为类型说" 在对诈骗罪中 "另有规定" 理解上的不同，分析说明在司法适用中可能出现的偏差。③ 例如，当行为人利用保险诈骗，非法所得为 9900 元时，当如何定性？"构成要件说" 认为，《刑法》第 266 条【诈骗罪】第 1 款明确规定 "本法另有规定的，依照规定"，因此行为人利用保险诈骗的行为应当属于保险诈骗罪构成要件的 "另有规定"。但是依据相关司法解释的规定，保险诈骗罪 "数额较大" 的起点为 10000 元人民币。所以行为人利用保险诈骗非法所得为 9900 元的事实，不符合保险诈骗罪的构成要件。由于行为人利用保险诈骗的行为也符合诈骗罪的行为类型，加之普通诈骗罪的数额起点为 3000 元，行为人完全符合普通诈骗罪的构成要件，应当以诈骗罪定罪量刑。

---

① 张明楷：《刑法分则的解释原理》（第二版），中国人民大学出版社，2011，第 724 页。

② 马乐：《如何理解刑法中的 "本法另有规定" ——兼论法条竞合与想象竞合的界限》，《甘肃政法学院学报》2016 年第 4 期。

③ 这种对 "另有规定" 的理解不同，直接导致法院在认识与判断上的偏差，造成该类案件存在同案不同判的现象。例如，廖某诈骗罪一案，（2017）鄂 2822 刑初 124 号；王某贷款诈骗罪一案，（2019）豫 0503 刑初 44 号。基于对判决书的分析，不难发现廖某与王某的实行行为都是冒用他人身份信息进行贷款，符合贷款诈骗的行为类型。但是由于二者诈骗所得的金额不同，廖某因没有达到 20000 元的入罪标准，法官转而适用了作为一般法的诈骗罪定罪量刑，而王某则是刚达到贷款诈骗罪数额较大的入罪标准，因此法官以贷款诈骗罪定罪量刑。廖某以诈骗罪被判处 8 个月有期徒刑，王某则仅以贷款诈骗罪被判处 2 个月拘役，二者量刑差异巨大。

"行为类型说"则主张，诈骗罪中的"另有规定"是指对行为类型另有规定。在该案中即是指保险诈骗罪对行为人利用保险诈骗行为的特殊规定。故对行为人应当按照保险诈骗罪定罪处罚。虽然行为人因诈骗金额未达到"数额较大"的起点而不构成保险诈骗罪，但并不会因此而改变行为的类型。故行为人虽然不构成保险诈骗罪，但因符合保险诈骗罪的行为类型而排除普通诈骗罪的行为类型，也不成立诈骗罪，应当作无罪处理。

本书认为"构成要件说"相对于"行为类型说"更加契合中国刑法的语境，更加具有合理性。其一，构成要件是行为该当性判断的唯一标准，而在中国"立法定性+立法定量"的犯罪成立体系下，构成要件符合性的检验不仅包括行为类型还包括罪量要素。毋庸讳言，这与德日体系下构成要件符合性判断仅包含行为类型的模式有着本质上的差异。因此不能罔顾我国刑事立法体系的具体特点而盲目移植德日体系下的"行为类型说"。其二，"行为类型说"仅仅认识到了"另有规定"的出罪效力，却看不到"本法"的入罪功能。易言之，"在对一个事实可能适用多个法条时，不能因为排除了一个法条的适用可能性，就得出无罪的结论"[1]。显然这种认定犯罪的方法论颠覆了逻辑认知的常理。

问题之二，能否将"另有规定"仅理解为提醒适用"特别法优先"的注意性规定？抑或说"另有规定"是特别关系法条竞合的专属性表征而排除其余情形适用之可能性？依据学界通说，"另有规定"是刑法对法条竞合需依据"特别法优先"原则处断的明文规定，意在提醒司法人员适用特别法条之规定，而排除适用重法。例如，"特别法优先论"将"本法另有规定的，依照规定"视为一种注意性规定，看作"特别法优于普通法"的特别关系法条竞合适用原则的法律根据或重申。[2] 周光权教授认为："法条竞合概念意味着只要存在特别关系，特别法条的适用优先性是不可动摇的，而无须过问特别法条的刑罚轻重。"[3] 概言之，通说"另有规定"具有提醒司法人员适用特别法条的注意性功能。

---

[1]　张明楷：《刑法分则的解释原理》（第二版），中国人民大学出版社，2011，第 738 页。

[2]　参见王强《法条竞合特别关系及其处理》，《法学研究》2012 年第 1 期。

[3]　周光权：《法条竞合的特别关系研究——兼与张明楷教授商榷》，《中国法学》2010 年第 3 期。

但本书认为不能据此得出"另有规定"是特别关系法条竞合的专属性表征的结论。因为在"另有规定"的场域，还存在结果加重犯与情节加重犯的优先适用空间。例如，《刑法》第 235 条【过失致人重伤罪】第 1 款，使用了"本法另有规定的，依照规定"的立法语言表述。有学者认为，这里的"另有规定"还包括在过失致人重伤罪之外，存在的大量处刑更重的结果加重的构成要件规定与情节加重的构成要件规定。[①]譬如，抢劫致人重伤，非法行医致人重伤，拐卖妇女、儿童造成被拐卖的妇女、儿童或者亲属重伤等结果加重犯。该条款设立的目的在于提醒司法人员为了实现罪刑均衡原则，不应当忽视对涉及加重构成要件的重法条之适用。

问题之三，能否将"另有规定"理解为提醒适用重法的补充性条款？该问题涉及两个方面。

一方面，能否将"另有规定"理解为在符合构成要件的基础上，司法人员应当按照重法的规定予以适用？例如，有学者认为："'本法另有规定'，依照规定并不是对法条竞合适用'特别法优先'原则的表述，而是一个可有可无的规定，无论其是否存在，都应按照'从一重处罚'的原则处理。"[②] 本书不认可将"另有规定"理解为重法，将"本法另有规定的，依照规定"理解为对重法优先适用原则的表述。通说认为"另有规定"是刑法对法条竞合适用"特别法优先"原则的提醒，意在排除重法之适用。本书赞成通说的主张，但不认可"另有规定"仅包含特别法条。例如，张明楷教授主张："当刑法明文规定'本法另有规定，依照规定'之时，绝对排斥适用'重法优于轻法'。"[③] 易言之，"特别法优先"和"重法优先"二者存在互斥关系，不能将"另有规定"理解为对"特别法优先"和"重法优先"的注意性规定。

另一方面，"另有规定"是否具有补充性条款的性质？德国刑法理论认为："没有其他更重的刑罚规定予以处罚，可谓补充性条款规定的定

[①]　参见陈洪兵《竞合处断原则探究——兼与周光权、张明楷二位教授商榷》，《中外法学》2016 年第 3 期。

[②]　陈洪兵：《刑法分则中"本法另有规定的依照规定"的另一种理解》，《法学论坛》2010 年第 5 期。

[③]　张明楷：《刑法学》（第四版），法律出版社，2011，第 424 页。

式。"① 换言之，只有在没有法定刑更重的犯罪构成要件加以处罚时，才能适用补充构成要件。因此，这种补充构成要件又被称为救援构成要件或者收拾构成要件。例如，《德国刑法典》第 265 条（a）项滥用自动设备罪规定，符合法定刑更重的盗窃罪构成要件的（如非法从自动售货机中取得财物），优先适用法定刑更重的盗窃罪，余下的部分如滥用自动设备无偿取得服务，才有适用该罪的可能性。② 据此，国内部分刑法学者认为我国刑法典也存在类似的补充性条款。例如，"同时构成其他犯罪的，依照处罚较重的规定定罪罚"即属于提醒司法者适用重法的补充性条款。同时主张将"另有规定"也理解为提醒适用重法的补充性条款。③

本书认为"另有规定"是注意性规定，不具有补充性条款的属性。一方面，补充性条款必须具备重法优先适用的属性；与其相反，"另有规定"不仅排斥重法的优先适用，反而主张特别法优先适用，可以说与补充性条款的属性和功能大相径庭。另一方面，若将"从一重处断"条款与"从特别规定"条款的规定均理解为补充性条款，都主张重法优先适用，那么二者在处断竞合问题上的功能区分将荡然无存。显而易见，这不符合区分"从一重处断"、"从特别规定"和"数罪并罚"三类条款以对应不同竞合类型处置原则的立法初衷。

2. 普通法条中缺少本法"另有规定"之时，应当如何适用？

在我国《刑法》分则中共计有 6 个罪名的条款存在"本法另有规定的，依照规定"的立法语言表述。事实上，在具有法条竞合关系的刑事法律条文中，普通法条却不局限于这 6 个罪名。例如，合同诈骗罪的规定中没有"本法另有规定的，依照规定"这一立法语言表述，但合同诈骗罪与贷款诈骗罪、保险诈骗罪等利用合同形式实施诈骗的犯罪之间同样也存在法条竞合关系。因此，当普通法条缺少"本法另有规定的，依照规定"这一立法表述之时，是否也应当严格恪守"特别法优先"的处断规则呢？

---

① 转引自陈洪兵《竞合处断原则探究——兼与周光权、张明楷二位教授商榷》，《中外法学》2016 年第 3 期。

② 参见《德国刑法典》，徐久生、庄敬华译，中国方正出版社，2004，第 131 页。

③ 参见陈洪兵《竞合处断原则探究——兼与周光权、张明楷二位教授商榷》，《中外法学》2016 年第 3 期。

　　本书主张"特别法优先"原则并不需要以刑法的明示保证为适用之前提条件。"本法另有规定，依照规定"应当被理解为法条竞合时"特别法优先"适用的一个注意性规定。既然是注意性规定，那么即使没有使用"另有规定"的表述，也应当按照"另有规定"的构成要件适用，不可因其缺失而主张"重法优先"之适用。

第四节　"分则个罪立法模式"适用中的问题

一　分散立法模式缺失竞合问题的总则性规定

　　"在我国刑法理论中，竞合（罪数）论的体系建构可谓'五花八门'，当属刑法知识体系中最'杂乱'的一章。究其原委，除了竞合理论本身的复杂性（包括德式竞合论抑或日式罪数论之模式选择上的博弈）原因，我国刑法长期缺乏竞合（罪数）问题的总则性规定（即无法可依）亦不无关系。"① 毋庸讳言，与德日体系的立法不同，我国《刑法》总则中缺乏有关竞合问题处理原则的一般性条款，只是在分则个别个罪条文中规定了部分竞合关系的处置条款。② 但这些碎片式的规定由于缺乏统一的原则指导，常常会出现相互抵牾的情形而让实务界无所适从。

　　例如，行为人在实施违法犯罪行为的过程中，以暴力抗拒执法检查，《刑法》第157条规定，以暴力、威胁方式抗拒缉私的，以走私犯罪与妨害公务罪数罪并罚；但是在第318条组织他人偷越国（边）境罪和第347条走私、贩卖、运输、制造毒品罪中，又将"暴力抗拒检查"的行为作为法定刑升格的条件。相同的行为却没有相同的处遇，竞合问题在刑法典规定中的冲突可见一斑。

　　为了扭转这一局面，《刑法修正案（九）》对分则相关竞合条款进

---

①　王彦强：《"从一重处断"竞合条款的理解与适用——兼谈我国竞合（罪数）体系的构建》，《比较法研究》2017年第6期。

②　例如，提示可能存在法条竞合的注意性规定——"本法另有规定，依照规定"；提示可能存在想象竞合的语句——"有前款行为的，同时又构成本法某条规定之罪的，依照处罚较重的规定定罪处罚"。本处之所以表述为可能存在想象竞合，是因为在交叉关系的法条竞合、吸收犯以及牵连犯等处断的一罪中，同样适用"从一重处断"的原则。

行了系统性的增加和修正，大体上使个罪中的竞合条款形成了"从一重处断"条款、"从特别规定"条款和"数罪并罚"条款三种类型主导的局面。① 但由于刑法典总则中关于竞合问题的原则性规定阙如，在实践中仍旧会出现个案处理的巨大分歧，同时也会导致刑法私自解释的泛滥，而使相关立法规定沦为法官、检察官、律师们的可选项。若能从竞合处置条款中归纳总结出法条竞合、想象竞合的一般性处置原则，则能够为"一行为触犯数罪"问题的处理提供相关明确的法律适用依据。

二 刑事指导案例缺失法条竞合的典型个案

在成文法传统占统治地位的大陆法系，案例同样是刑法学研究的基础，刑法理论中绝大多数"真问题"的发现都是围绕着具体鲜活的案例展开的。长期以来，我国司法机关也高度重视对刑法典型案例的归纳和总结，注重类型化案例的示范效应。2010 年《最高人民法院关于案例指导工作的规定》的颁布，正式标志着我国案例指导制度的建立。案例指导制度作为我国司法实践的一种有益尝试，截至 2019 年 2 月 15 日，最高人民法院共计颁布了 106 个指导案例，其中刑事指导案例 22 个，② 这些指导案例在司法实践中正在被广泛运用，发挥着参照、示范、规范、监督等重要作用。

但是当下我国案例指导制度也存在不少亟待解决的问题。首先，由于目前刑事指导案例的数量较少，覆盖范围非常有限，特别是 22 个刑事指导案例难以涵摄刑事司法实践的典型法律难题，更缺少关于疑难竞合问题的典型案例。这就不能对实践中如何处理交叉竞合、属种关系竞合以及整体法与部分法的竞合起到示范作用。其次，梳理最高人民法院已经颁布的刑事指导案例不难发现其说服力并不强。大多数案例都重申司法解释或者回应社会公众关切的热点问题，缺乏对案例中蕴含的法理和规则的进一步抽象和解释。在普通法系，先例能够发

---

① 参见王彦强《"从一重处断"竞合条款的理解与适用——兼谈我国竞合（罪数）体系的构建》，《比较法研究》2017 年第 6 期。
② 参见北大法律信息网，http://www.pkulaw.com/case/。

挥巨大的司法指导作用，除了其本身具有法律效力之外，① 还表现为在辨法析理上尤为透彻，特别是能够给予后案法官充分的法律指导与启迪。特别是一些影响深远的法学理论以及里程碑式的结论往往都是通过先例判决对既定规则进行补充和突破而得出的。② 事实上，"案例指导制度的首要功能是创制司法规则，因为只有司法规则才能为此后审理相同或者相似案件提供参照"③。最后，基层司法人员对发布的典型刑事案例并不熟悉，指导案例能否真的提高效率也屡屡遭到司法人员的质疑。一名基层法官的代表性观点是："查询案例需要花费时间，而对查找到的案例进行研读，与手头案件进行比对以确定其参照性，从中汲取裁判规则、把握裁判要旨则需要大量的时间。"④ 这一代表性观点直接切中了实践中指导案例的援引率较低以及法院对其他诉讼主体援引指导案例不予回应的要害。⑤

三　缺乏"常识、常情、常理"的融入

"司法审判的进路在于从案情出发，从事理出发，诉诸常识常理常情，从事理切入讲求法理，公正裁判以达至解决纠纷之目的。"⑥ 但指导分则竞合条款适用的竞合理论却存在偏离"常识、常情、常理"的倾向。例如，有学者主张想象竞合犯"本质是危害行为的竞合，其同一的

---

① 在案例的效力上，普通法系的先例制度与我国的案例指导制度具有不同的内涵。普通法系中的判例具有法律效力，所有的既定判例就是法的渊源。而我国的案例指导制度是在继承大陆法系成文法传统的基础上，运用典型案例解释现行法律、指导法院审判活动从而维护司法统一的司法改革举措。人民法院发布的指导案例自身没有法律效力，仅仅是适用成文法律而已。指导案例在我国显然不属于法律渊源，当然法院判决也就不会"造法"，但可以为成文法的运用提供丰富的案例素材。

② 美国第五宪法修正案虽然规定了反对被迫自证其罪的权利，但这仅是一种原则的规定，对在具体适用中应当如何启动或者限制并未明确规定。1965 年的格里芬诉加利福尼亚州案（*Griffin v. California*）的判决结果，对这一修正案进行了补充和完善，衍生出被告人即使没有提出反对被迫自证其罪的权利，仍然应当受到该权利的保护的规则。参见 *Griffin v. California*，380 U. S. 609，615（1965）。

③ 陈兴良：《刑法指导案例裁判要点功能研究》，《环球法律评论》2018 年第 3 期。

④ 王洪季：《案例指导制度的反思与探索》，《广东经济管理学院学报》2004 年第 5 期。

⑤ 参见孙万怀《刑事指导案例中的刑事政策、刑法理论与规则建构》，《政治与法律》2015 年第 4 期。

⑥ 魏俊斌、帅佳：《法与不法：比较法视野下的德国判例与"于欢案"一审》，《南京航空航天大学学报》（社会科学版）2018 年第 4 期。

自然行为蕴含了多个具有刑法意义的行为。因此，以多个犯罪构成分别评价想象竞合犯，其实是以多个犯罪构成分别评价其所竞合的多个行为。可见，从想象竞合犯的本质观之，也不存在违反禁止重复评价原则的问题"①。故对于想象竞合犯应当数罪并罚。从学理的视角观照，由于同一的自然行为蕴含了多个刑法意义的行为，所以数罪并罚并不违反禁止重复评价原则。但从大众的视角来审视，行为人明明只有一个行为，却要被数次评价，遭到数次处罚，明显有悖于"常识、常情、常理"。至于学者所谓的被处罚的一行为是"多个具有刑法意义的行为"，在他们看来只是学者自娱自乐的概念游戏，对于他们而言是难以理解的。正是学者与大众在对待个案正义上的价值评判差异，才导致近年来诸如"辱母案""昆山案"等争议案件的出现。

然何以解决此种冲突？何以在竞合问题的处断上融入更多的"常识、常情、常理"？这不仅需要在刑事立法模式中融入"人之常情，法之义理"，也需要立足于本土资源，在司法制度的设计中融入大众元素。就当下而言，人民陪审员制度无疑是有效化解冲突的不二选择。人民陪审员制度"作为一种旨在彰显司法民主与权力制衡的制度，陪审制度设立的初衷即在于通过陪审形式，让普通民众直接参与到司法审判的进程中来，并在此一进程中通过参与案件审理、独立提出案件处理意见等方式，强化审判权运行的社会监督和制约，实现民众政治意愿的充分表达"②。其本质不在于业内人士的职业支持，而在于大众观点的融入，以便形成不同价值观念、知识谱系、思维模式以及论证方式的相得益彰，凸显个案处断过程中大众路线与学者思维的博弈与平衡。

但当下人民陪审员制度还存在一些问题，现实情况和制度设计的初衷存在一定程度的偏离。

一方面，相关制度在一定程度上忽视了人民陪审员与职业法官角色定位的差异性。以普通法系为代表的陪审团制度的显著特点表现为将"事实审"与"法律审"分离，强调职业法官（法律学者）与非职业法官（大众）的权能划分。该制度通常由 12 名普通公民组成陪审团参与

① 庄劲：《犯罪竞合：罪数分析的结构与体系》，法律出版社，2006，第 206~210 页。
② 步洋洋：《中国式陪审制度的溯源与重构》，《中国刑事法杂志》2018 年第 5 期。

"事实审"，仅对被告是否有罪的事实问题作出判断。当案件涉及法律如何适用等问题时，则由职业法官负责作出裁决。与普通法系的陪审团制度相比较，我国的人民陪审员制度采取了大陆法系的参审制模式。该模式在庭审案件时，人民陪审员既要对案件的事实情况进行判断，同时也要根据现行的法律和司法解释，对案件的法律适用作出相关判决或裁定。因此该模式与陪审团模式的最大不同在于职业法官与非职业法官在审判过程中共同认定事实问题与决定法律问题，加之"事实审"与"法律审"未曾分离，陪审员与职业法官之间的功能区分不显著。由于人民陪审员一般不具备相关法律专业知识与素养，对案件应当如何进行法律适用并不谙熟，因此该模式在定罪和量刑方面对人民陪审员的要求就显得不尽合理。

另一方面，相关制度在一定程度上忽视了人民陪审员与职业法官的互补性，人民陪审员本应具有的"无知美德"，却被引导向"准精英化"的目标发展。例如，在选任人民陪审员的选任制度设计方面，不论是普通法系还是大陆法系，在选任方面几乎都没有学历的硬性要求，仅要求具备基本的读写能力。我国现行人民陪审员制度却对此设有明确的限制和具体的要求。① 此种选任标准与我国的现实国情脱节，将低学历群体排除在人民陪审员的选拔范围之外，偏离了人民陪审员制度所荷载的民主价值。

第五节　法条竞合的立法模式完善与制度体系建构

长期以来，法条竞合理论在实践中的不足不仅表现为在分散立法模式下存在的体系性不足，也表现为制度层面的先天性缺陷。加之，在我国罪数论问题的研究场域，基于与大陆法系源出同宗之故，长期以来在法条竞合的理论体系、知识体系和话语体系以及立法模式的建构上尊德

---

① 《全国人民代表大会常务委员会关于完善人民陪审员制度的决定》第 4 条明确规定，人民陪审员一般应当具有大专以上文化程度。2015 年 4 月通过的《人民陪审员制度改革试点方案》在一定程度上降低了人民陪审员选任的学历要求，但仍然规定"担任人民陪审员一般应当具有高中以上文化学历，但是农村地区和贫困偏远地区公道正派、德高望重者不受此限"。2018 年 4 月通过的《人民陪审员法》对此项要求进行了确认。

崇日。这种路径依赖直接导致对普通法系的相关理论与实践成果缺乏应有的认知与借鉴。

本书主张在刑事立法模式的选择与法条竞合制度的建构上，应作出相应调适：不仅应当汲取大陆法系竞合制度设计的精髓，也应吸纳普通法系的制度义理与实践精义。基于立法层面的考量，在我国《刑法》总则中增补"一行为触犯数罪"处断规则；基于司法层面的考量，在我国刑事案例指导制度中增补典型的法条竞合案例；在人民陪审员制度的本土化进路中吸收陪审制的合理化元素；以期提出中国语境下的刑事立法模式选择与制度路径构建方案。

一　增补"一行为触犯数罪"处断规则的《刑法》总则修正案

一行为触犯数罪名，可能构成想象竞合也可能构成法条竞合。一行为实质上构成数罪时符合想象竞合；当表面上触犯数罪名，但仅适用一法条便可以对其不法内涵予以充分评价而排除其余法条之适用时，则构成法条竞合。对于想象竞合无论是《德国刑法典》还是《日本刑法典》在总则中都作出了原则性规定，而对于不符合想象竞合规定的一行为触犯数罪名的情况，德日则仅在理论上对不同的类型应当如何适用刑罚分别加以探讨。

例如，《德国刑法典》总则第三章第三节"触犯数法规的量刑"之第52条对"一行为触犯数罪"进行了原则性规定。该规定指出，同一行为触犯数个刑法法规，或者数次触犯同一刑法规范，只判处一个刑罚。[①]而前者被称为同种类型的想象竞合，后者被称为不同类型的想象竞合。[②]对于因各法条本身存在的交叉、包容关系而表象上触犯数个刑法条文，但事实上只能适用其中一个法条的假性竞合，亦即法条竞合，《德国刑法典》并未加以明确规定。但德国刑事法学理论对其进行了探讨，认为法条竞合在本质上是犯罪单数，因此并不存在竞合问题。《日本刑法典》总则第54条第1款明确规定了一行为同时触犯两个以上罪名的是想象竞合犯。对于想象竞合犯，应当按照其最重的刑罚处断。在《日本刑法

---

①　参见《德国刑法典》，徐久生、庄敬华译，中国方正出版社，2004，第19页。
②　参见〔德〕约翰内斯·韦塞尔斯著，李昌珂译，法律出版社，2008，第778页。

典》中也没有关于法条竞合的概括性规定，对该问题的处理模式与德国如出一辙，仅在学理解释和司法判例中探讨。[①] 这看似偶然巧合的背后却隐藏着一个"真问题"：为什么德日两国均不在总则条款中对法条竞合的构成要件与处断规则加以规定而仅规定想象竞合的构成要件与处断规则呢？

细究其原委大致有二。一是简化问题的需要。当一行为触犯数罪名时，要么是想象竞合要么是法条竞合，当总则条款对想象竞合作出要件规定后，一行为触犯数罪若不属于想象竞合则当然归属于法条竞合之范畴，总则自然没有必要再对法条竞合作出类似的规定。加之法条竞合的类型复杂，不可能在总则规定中详细列举与阐释，虽然美国在《模范刑法典》中对法条竞合作出了相关具体规定，但其仅涉及吸收关系与一般和特殊关系两种类型。与此类似，《荷兰刑法典》[②] 与《意大利刑法典》[③] 也仅对特别法条作出了近乎相同的规定。至于其他类型的法条竞合，刑法典基本未予提及，这导致立法考量在法条竞合类型上的漏洞。二是强调想象竞合不能按照普通的一罪处理。前文已述，法条竞合的本质是犯罪单数，实质上仅有一个法条得以适用，是假性竞合。对此按照一罪处罚即可，而无须在总则中强调。想象竞合的本质是犯罪复数，实质上符合两个以上的法条，是真实的竞合。对此必须在总则中作提示性规定，强调不能按照普通一罪处罚的原则来处断。

针对"分则个罪立法模式"存在零散性、分散性的问题，本书认为我国在刑事立法模式的选择上应当在现行分散立法模式的基础上，吸取德日等国在总则性立法模式方面取得的先进经验，建构"以总则性立法为统领，以分散性立法为支撑"的符合我国刑事法律语境特征的刑事立法体系。概言之，总则性立法要解决的是竞合处断中的普遍性问题，分散性立法则解决个罪竞合处断中的特殊性问题。分散性立法的主要目的在于对个罪特殊情形下的竞合问题予以提示性规定。一方面，应当结合我国的刑法典体系与本土资源特点，借鉴德日等国刑事立法经验，对于想象竞合的构成要件和处理原则在总则中予以明确规定；考虑到法条竞

①　参见《日本刑法典》（第二版），张明楷译，法律出版社，2006，第23~25页。
②　参见《荷兰刑法典》，于志刚、龚馨译，中国方正出版社，2007，第40页。
③　参见《意大利刑法典》，黄风译，中国政法大学出版社，1998，第9页。

合的类型较为复杂，且理论上争议较大，可以对不同类型的处断规则不作具体规定，而仅仅规定法条竞合的基本概念。同时也不能罔顾普通法系的典型立法经验，美国《模范刑法典》在刑法总则中统一规定法条竞合的典型构成要件的立法范式，也可以为我们的刑事立法模式选择提供一种有益的镜鉴。另一方面，分散立法模式在一定程度上存在立法的随意性，并可能导致对同样的犯罪竞合，处断规则却不一致，因此有必要对分散立法中"从一重处断"、"从特别规定"和"数罪并罚"涉及的相关竞合法条进行系统梳理，以防止个罪分别规定与总则竞合问题处理条款相抵牾。

有了这样的原则性规定来作为处理法条竞合情形的统一指南，一些疑难问题就会迎刃而解。例如，前文所述某甲利用信用卡诈骗 4000 元的案例，如果总则对法条竞合作出了明确规定，那么我们可以在司法上明确该行为必须在形式上触犯数个法条，而只有一个法条可以对其行为的非价性予以充分评价。依据《刑法》第 266 条【诈骗罪】第 1 款"本法另有规定的，依照规定"的立法表述，本书采取"构成要件说"的立场，认为"另有规定"是指信用卡诈骗罪的构成要件规定而非类型化行为规定（行为类型说）。因此，基于犯罪数额达不到构成要件要素的罪量要求之理由，得出不构成信用卡诈骗罪之结论。由于该行为没有触犯数个法条，当然也就不存在所谓的竞合问题，亦即既非法条竞合也非想象竞合，按照本书采取"可罚说"的立场，应当按照诈骗罪定罪处罚。

二　增补类型化的法条竞合典型案例

首先，最高人民法院应当选取社会关注度高、法律规定比较原则、具有典型性的法条竞合疑难案例发布。具体可选取当前社会热点中涉及交叉竞合、整体法与部分法竞合以及法条竞合与其他相关竞合形态难以区分的代表性案例。通过对法条竞合不同类型的典型疑难案例判决进行辨法析理，回应社会诉求，从而指导司法实践。例如，近年来随着电子商务的快速崛起，快递行业中有关侵犯财产的犯罪频繁发生。快递行业员工利用工作上的便利侵犯客户财物的行为当如何进行认定，是刑事司法实务必须正面回应的问题。那么究竟是论盗窃罪、侵占罪抑或职务侵占罪？① 围绕基层法院在实践中充满困惑的上述问题，必须通过对典型案例的裁判要点进行释法析理，澄清三罪之间的法条竞合关系并给出司法处断结论。唯其如此，方能达到释疑解惑、正本清源之目的。

其次，要充分发挥刑法指导案例裁判要点的多重功能，从而满足对于特殊刑事案件的公平正义要求。梳理最高人民法院颁布的 22 个刑法指导案例（截至 2019 年 2 月 15 日），不难发现裁判要点已经渐入刑事理论与司法实务的视域，成为司法规则的荷载主体，秉承着该类典型案例的义理精华。未来的案例指导制度改革，要进一步加强对裁判要点的学理剖析，更加充分发挥其司法规则的创制功能（与司法解释相比较而言，刑事指导案例能够更为细致、具体地创制类型化规则）、条文含义的释义功能（通过规则的细化对刑事法律规定本身进行解释与厘清，明确法律条文的具体含义）以及理解冲突中的释疑功能（通过类型化案例的辨法析理化解法律条文理解与适用中的冲突）。②

最后，指导案例的裁判要点优化，一方面，要在对类型化案例的案件事由、争议焦点、定罪与量刑依据的高度凝练上下功夫；另一方面，要充分运用人工智能技术与大数据，将高度凝练的裁判要点和关键词通过多种网络平台公开发布，以实现快捷、高效、准确地检索。这样不仅可以提高司法工作人员对典型案例的知晓程度，还可以借助理论界与实务界的力量充分挖掘典型案例的价值与功能；同时法官也可以通过阅读简明扼要的裁判要点节省"找法"的时间，从而大大提高司法效率。

三　完善人民陪审员制度的本土化路径

从总体上而言，通过完善人民陪审员制度的本土化路径，可以在涉及法条竞合问题的疑难案例处断上，更多地融入"常识、常情、常理"，

---

① 案情如下："犯罪嫌疑人吴某某系北京某快递有限公司的押送员，其工作职责是押运货物、分拣货物。2014 年 11 月 29 日 5 时许，吴某某在快递公司内分拣货物时，将装有蓝黑色万国牌手表一块、银色浪琴牌手表一块的快件占为己有。当快递公司经理找吴某某询问是否拿走了该手表时，吴承认拿走并称扔进了垃圾桶，之后又推托说无法找到手表，近 1 个月之后该经理电话报警。经鉴定，该两块手表均系仿冒，万国牌手表价值人民币 2000 元，浪琴牌手表价值人民币 3000 元。2015 年 3 月 4 日，吴某某到山西省内一派出所投案。"参见付立庆《交叉式法条竞合关系下的职务侵占罪与盗窃罪——基于刑事实体法与程序法一体化视角的思考》，《政治与法律》2016 年第 2 期。
② 参见陈兴良《刑法指导案例裁判要点功能研究》，《环球法律评论》2018 年第 3 期。

更加地契合中国刑事法律体系的宏观语境，更深入地扎根于中华法律传统文化的沃土。这不仅是吸收英美判例法精义的题中应有之义，更是弘扬中华法律传统文化的必然选择。

从两大法系来看，现代陪审制度主要表现为以普通法系为代表的陪审团制度和以大陆法系为代表的参审制度两种模式。20 世纪末，大陆法系的参审制度呈现出吸收、借鉴、融合普通法系陪审团制度的趋势。这种趋势一定程度上在新引入陪审制度的国家（地区）的行动上表现出来。例如，1995 年，西班牙颁布《陪审团法》，开始采用英国式的陪审团制度；2009 年，日本开始实施《关于裁判员参加刑事审判的法律》，在制度层面正式确立兼具大陆法系参审制度与普通法系陪审团制度特征的裁判员制度；2017 年 11 月，我国台湾地区"司法院"公布了"国民参与刑事审判法（草案）"，实现由形式监督的观审员到实质参审的参审员之转变。① 但在这种融合的进程中，部分国家也出现了两种制度在体系与价值上激烈的碰撞，最终导致回归单一模式。例如，基于对事实问题与法律问题在司法上的区分困难，德国试图移植陪审团制度的努力最终归于失败并回归到了参审制度。事实上日本虽然引进了陪审团制度但也没有区分裁判员与法官在事实问题与法律问题上的职权差异，而是强调在此过程中，应当融入裁判员的社会经验与社会知识，防止法律职业精英忽视一般国民社会经验的技术专断。因此两种模式的交融，必须既立足于各国的历史经验与法律文化传统，又符合国内刑法语境，满足司法的诉求。

一方面，在我国现行司法体系下构建以"事实审"和"法律审"彻底分离为基础的人民陪审员制度，不仅在可操作性上值得商榷，且可能给司法实务徒增困扰。例如，在审理涉嫌猥亵儿童罪的庭审过程中，按照"事实审"和"法律审"相分离的模式，陪审员在庭审中需要对是否存在猥亵儿童这一事实问题进行认定。但是不是儿童的判定不单纯是一个事实问题，还涉及法律的评价和判断，是否属于猥亵行为也涉及经验法则的评价而不是单纯的事实判断。从司法实际运行的经验来看，事实问题和法律问题总纠缠在一起，往往难以分割。因此判断"儿童"是否

① 参见步洋洋《中国式陪审制度的溯源与重构》，《中国刑事法杂志》2018 年第 5 期。

遭受被告人实施的"猥亵"行为侵害，必须在整体上加以评价，而不能在庭审中机械地分割。

综上所述，现行陪审制度需要的是"事实审"和"法律审"的相对分离，而不是绝对分离，更需要的是职业法官与陪审员之间的协商信任与通力合作而非相互制约。2018 年 4 月通过的《人民陪审员法》将七人合议庭中的人民陪审员权限限缩为事实问题认定上的决定权、法律问题上的保留建议权。① 这一规定正是对"事实审"和"法律审"相对分离的立法肯定，或许对于司法判决的民意基础和社会效果更加有利。

另一方面，在人民陪审员的选任上，借鉴普通法系中对陪审员"无知美德"的要求，复归人民陪审员本有的平民视角，保留陪审员作为一般国民的社会经验与社会知识，避免"专业化"导向下的"被法官化"现象。在现阶段，主要工作有三。首先，要逐步废除关于陪审员岗前、定期、日常法律职业培训之规定，删除关于陪审员选任的学历资格要求，明确规定在法院所辖区域内，凡是具备选民资格且能够正常表达的公民均可被选为人民陪审员。其次，为凸显人民陪审员作为大众代表的广泛性，应当充分吸收社会不同民族、年龄、性别、行业的人员参加陪审工作。尤其要在广大农村地区吸收农民参加与农民有关的陪审案件；在城市社区探索将陪审引入的途径和方式，建立社区人民陪审员制度。最后，将随机抽取陪审员的程序上升为一项具有法律约束力的刚性要求，在相关法律中明确违反该程序的否定性法律后果。

---

① 2018 年 4 月，全国人大常委会表决通过的《人民陪审员法》第 21 条和第 22 条分别规定："人民陪审员参加三人合议庭审判案件，对事实认定、法律适用，独立发表意见，行使表决权。""人民陪审员参加七人合议庭审判案件，对事实认定，独立发表意见，并与法官共同表决；对法律适用，可以发表意见，但不参加表决。"

第十二章 运用论：法条竞合的判识与处断规则对疑案之适用

通过对法条竞合理论学说与司法判决中争议问题的归纳与分析，技术论部分主要针对理论与实践中的典型疑难问题，分别提出了理论调适方案、技术判断流程与处断规则。本章试运用法条竞合的技术判断流程与处断规则并结合中国语境下的理论调适方案，对法条竞合司法判决中存在共性的典型疑难案例进行分析，以检验法条竞合的判识与处断规则是否具有司法适用的可操作性，理论调适方案是否具有可行性。具体而言，本章针对交叉关系、从属关系、分解关系的类型判断，法条竞合与想象竞合的区分标准，复合行为引发多重法条竞合的判识，以及夹结形态的处断等多类司法判决中的争议个案，[①] 检验相关理论调适方案与技术模型的有效性，从而将法条竞合的技术规则与司法实践紧密融合，不断增强法条竞合理论的实践理性与学术生命力。

第一节 交叉关系判识与处断中的疑案研习

杨某职务侵占与盗窃案

【案情概览】[②] 2013 年 11 月 15 日凌晨 3 时许，被告人杨某趁在四川顺丰速运有限公司分拣线上班之机，采取大物件掩藏小物件以躲避扫描的方式，盗走输送带上的一部小米 3TD 手机后供其自用。经鉴定，被盗的手机价值人民币 1999 元（四川省盗窃罪数额起点为 1600 元）。

四川省某某县人民法院认为，被告人杨某以非法占有为目的，秘密窃取他人财物，数额较大，其行为已构成盗窃罪。鉴于被告人杨某当庭自愿认罪，且属初犯，被盗财物已追回，可对其从轻处罚。据此，依照

---

① 为调聚问题之需，对所选部分案例作了案情简化，对个别情节作了适当删减。
② 参见四川省成都市中级人民法院（2014）成刑终 293 号刑事判决书。

《刑法》第 264 条、第 52 条、第 53 条的规定，判决：被告人杨某犯盗窃罪，判处罚金人民币 3000 元。

宣判后，四川省某某县人民检察院以原判量刑畸轻为由提出抗诉。二审法院认为，一审被告人杨某作为顺丰速运有限公司的工作人员，利用经手单位财物的职务上的便利，采取盗窃方法侵占本单位价值 1999 元的财物，其行为应当属于职务侵占性质，但因侵占的财物价值尚未达到职务侵占罪数额较大的定罪起点 1 万元，依法不应以犯罪论处。

【案情焦点】 综合全案考量，一审法院和二审法院争议的焦点大致有两个：一是对于杨某的行为应当适用盗窃罪的规定还是职务侵占罪的规定；二是倘若适用职务侵占罪的规定，但因数额达不到成罪条件，能否转而适用盗窃罪的规定。该案在适用法律和处断规则上存在的争议直接牵涉交叉关系法条竞合类型的判识与处断规则的运用。

【释法析理】 争议焦点一之分析。在该案中杨某作为顺丰速运有限公司的工作人员，利用经手单位财物的职务便利，采取盗窃的方式侵占本单位价值 1999 元的财物。该一行为既具有职务侵占的性质也具备盗窃的性质，在罪质上同时符合盗窃罪和职务侵占罪的行为类型。加之，适用职务侵占罪对杨某的这一不法行为能实现罪质上的充分评价，且在犯罪客体（法益）评价上能包容盗窃罪的法益评价，因此二者间应当判识为交叉关系的法条竞合类型。依照法条竞合的一般处断规则，对于交叉关系的法条竞合类型，应当适用对法益能实现充分评价的法条，即适用职务侵占罪。

争议焦点二之分析。二审法院认为一审被告人杨某因侵占的财物价值未达到职务侵占罪数额较大的定罪起点 1 万元，依法不应以犯罪论处。本书认为职务侵占罪与盗窃罪间属于交叉关系的法条竞合类型，而非普通法和特别法的法条竞合类型。交叉关系是一行为分别符合两个法条的构成要件，一般情形下适用法益评价更为充分的法条。但特殊情形下，适用能实现法益充分评价的优位法条导致其法定刑反而轻于适用劣位法条的法定刑，此时适用法定刑更重的劣位法条方能实现罪量之充分评价。之所以在不同的情形下，优位法条和劣位法条均有适用之余地，原因乃在于行为同时符合优位法条与劣位法条之构成要件。但是，在普通法和特别法的法条竞合类型中，二者是互斥关系，符合特别法的必然不符合普通法。易言之，就该案来看，盗窃罪和职务侵占罪间属于交叉关系而非属种关系。两罪在适用上，不是互斥关系，而是交叉相容关系，故可以转而适用盗窃罪之规定。二审法院判决杨某无罪，是将职务侵占罪与盗窃罪之间的竞合类型认定为普通法与特别法之间的竞合类型，因此在处断规则上运用了特别法排斥普通法之规则。

【规则运用】下文试运用法条竞合的技术规则，对该案的处断流程与方法作一简要分析，以检验相关理论与技术规则的可行性。第一步，运用"行为单数判断规则"对杨某的行为进行判断。杨某采取盗窃的方式侵占本单位财物的行为符合自然意义上的行为单数，至于是否符合构成要件的行为单数则需要进行下一步的判断。第二步，运用"构成要件的符合性判断规则"逐一列出杨某这一不法行为所实现的构成要件，并对每一个构成要件要素从该当性的角度予以全面检视。由于数额犯中的构成要件既包含罪质要素又包含罪量要素，因此在构成要件的符合性判断中不仅要检视行为是否符合构成要件的类型化行为的罪质要求，也要检验行为是否符合数额犯构成要件的罪量要求。如若数额达不到成罪的最低数量，即可作出不符合构成要件罪名之判断。该案中杨某的这一不法行为既符合盗窃罪的罪质也符合职务侵占罪的罪质，但仅符合盗窃罪的罪量而不符合职务侵占罪的罪量（1万元）。加之，两罪之间不存在普通法与特别法之间的互斥关系，故仅成立盗窃罪而不构成职务侵占罪。由此可见，借助于法条竞合的技术规则与理论分析框架，仅需两个步骤便能简单明了地对疑难个案予以释法析理，达到准确判识与合理处断之目的。

第二节 从属关系判识与处断中的疑案研习

一 从属关系下的诈骗罪与信用卡诈骗罪

陈某某信用卡诈骗案

【案情概览】① 2015年4月，陈某某向上海浦东发展银行股份有限公司太原分行信用卡部申领信用卡，固定授信额度为37000元，于2015年

① 参见山西省太原市中级人民法院（2019）晋01刑终13号刑事判决书。

5 月 8 日激活并使用。在使用过程中，于 2016 年 1 月 6 日向该行申请"万用金"174000 元，于 2016 年 3 月 17 日向该行申请"万用金"87000元。后因陈某某未按照规定期限还款，该卡于 2016 年 9 月 10 日开始逾期，截至 2017 年 2 月 24 日，共逾期 168 天，涉案信用卡欠款本金为 88748.75元，其中"万用金"金额 82550 元，固定额度内消费金额 6198.75 元。逾期利息、滞纳金等费用共计 67686.95 元。另查明，2017 年 3 月 14 日，涉案信用卡还款 158262.82 元，全部还清。

一审法院认为，被告人陈某某以非法占有为目的，超过规定期限透支，并经发卡银行催收后仍不归还，数额较大，其行为构成信用卡诈骗罪。公诉机关指控罪名成立。被告人陈某某当庭自愿认罪且认为已偿还全部透支款息，犯罪情节轻微，可以免于处罚。二审法院认为，上诉人陈某某恶意透支金额为 6198.75 元，未达到刑法要求的"数额较大"的法定条件，不应当适用刑法对其追究刑事责任。陈某某的行为依法不构成犯罪。

【案情焦点】争议焦点一：一审法院和二审法院对陈某某账户欠款中包含的"利息、滞纳金、手续费、逾期还款违约金总计 67686.95 元"是否属于信用卡诈骗的数额产生分歧。一审法院将该金额认定为信用卡诈骗的数额，二审法院却予以否认。综合全案来看，对该金额的认定则直接关涉信用卡诈骗罪的成立。争议焦点二：近年来关于信用卡诈骗，特别是恶意透支信用卡诈骗，公安机关立案较多。在司法实务中，行为人尚未达到恶意透支型信用卡诈骗罪的立案标准，是否可以按照普通诈骗罪进行处理，成为理论界热议的话题。该案中二审法院认定陈某某恶意透支金额为 6198.75 元，虽然因金额达不到恶意透支型信用卡诈骗罪的入罪要求，但是否可以对其适用诈骗罪的规定，这在刑法理论界表现为"不罚说"与"可罚说"之争。

【释法析理】争议焦点一之分析。依据《最高人民法院、最高人民检察院关于办理妨害信用卡管理刑事案件具体应用法律若干问题的解释》第 9 条之规定，"恶意透支的数额，是指公安机关刑事立案时尚未归还的实际透支的本金数额，不包括利息、复利、滞纳金、手续费等发卡银行收取的费用"。据此，包含利息等费用的金额 67686.95 元，应当不属于恶意透支的数额，陈某某恶意透支的实际金额应当为 6198.75 元。依据该解释第 8 条之规定，"恶意透支，数额在五万元以上不满五十万元的，应当认定为刑法第一百九十六条规定的数额较大"，陈某某的行为未达到信用卡诈骗罪要求的"数额较大"的法定条件，依法不构成信用卡诈骗罪。

争议焦点二之分析。对陈某某因金额达不到恶意透支型信用卡诈骗罪的入罪要求，本书立足于中国刑法语境，采取"可罚说"的观点，认为应当对其适用诈骗罪的规定。首先，陈某某因金额没有达到信用卡诈骗罪的成罪条件，即不符合该罪的构成要件，也即特别法条（信用卡诈骗罪）和普通法条（诈骗罪）之间不会发生法条竞合。因此，虽然在法条竞合中，普通法条和特别法条存在排斥关系，符合特别法条的必然不符合普通法条，但是该案中陈某某的行为仅仅符合普通法条的构成要件，所以并未引发法条竞合。其次，陈某某以恶意透支的方式骗取 6198.75 元时，已经侵害了被害人的财产所有权，且符合诈骗罪的立案标准，完全具备了可罚的违法性。倘若对具备可罚的违法性的行为不予惩处，势必造成放纵犯罪，使刑法需要保护的法益得不到有效维护。最后，如果采取"不罚说"的观点，认为陈某某的行为属于信用卡诈骗罪的规制行为而排斥其属于诈骗的行为，则只看到了特别法条构成要件的出罪功能而无视了普通法条构成要件的入罪功效。易言之，不能以特别法条构成要件具有出罪功能而否认普通法条构成要件具有入罪功效。

【规则运用】第一步，运用"行为单数判断规则"对陈某某的行为进行判断。陈某某以恶意透支的方式骗取被害人 6198.75 元的行为符合自然意义上的行为单数。该行为是否符合构成要件的行为单数尚需进一步的检验。第二步，运用"构成要件的符合性判断规则"逐一列出陈某某这一不法行为所实现的构成要件，并对每一个构成要件要素从该当性的角度予以全面检视。在该案中，陈某某的这一不法行为既符合信用卡诈骗罪的罪质也符合诈骗罪的罪质，但仅符合诈骗罪的罪量而不符合恶意透支型信用卡诈骗罪的罪量（5 万元）。概言之，在法条竞合的司法处断规则的分析框架下，陈某某仅符合诈骗罪一罪之构成要件，而不符合信用卡诈骗罪的构成要件，因此两罪之间根本不存在普通法与特别法之间的法条竞合关系，也就无所谓特别法对普通法的排斥适用。因为排斥适用是以符合特别法条的构成要件为前提的，故本书认为该案中陈某某应当成立诈骗罪。

二　从属关系下的诈骗罪与集资诈骗罪

刘某某诈骗与集资诈骗案

【案情概览】① 刘某某伙同崔某某等人，违反国家金融管理法规，通过仿冒英国 HY 网站平台，以投资外汇众筹项目的名义，对外谎称由有实力的财团及专业团队炒外汇帮助客户理财，将日息为投资额的 1.5% 到 3.5% 的高回报率及推荐奖金作为诱饵，通过"拆东墙补西墙"的方式使部分投资者暂时"获利"，后通过推广及投资者之间口口相传的方式，不断向社会不特定公众非法吸收资金。至 2016 年 5 月 24 日，扣除为继续实施诈骗活动而进行的返利，共计 1302 名投资者的人民币 46022847.30 元被骗。

公诉机关认为，被告人刘某某伙同他人以非法占有为目的，搭建网络诈骗网站，利用移动终端、互联网等发布虚假信息，对不特定多数人实施诈骗，数额特别巨大，对其行为应以诈骗罪追究刑事责任。

一审法院认为，被告人刘某某违反国家金融管理制度，伙同他人以非法占有为目的，使用诈骗方法非法集资，数额特别巨大，其行为既符合诈骗罪的构成要件，也符合集资诈骗罪的构成要件，二者属于普通法与特别法之间的法条竞合关系，根据特别法优于普通法的原则，刘某某等人的行为应认定为集资诈骗罪而非诈骗罪。

【案情焦点】 争议焦点一：一审法院与公诉机关对被告人刘某某伙同崔某某等人虚构事实，隐瞒真相，以投资外汇众筹项目的名义不断向社会不特定公众非法吸收资金的行为是属于诈骗行为还是集资诈骗行为存在争议。争议焦点二：争议焦点一衍生出问题，即被告人刘某某的不法行为若适用集资诈骗罪的法定刑反而轻于诈骗罪的法定刑，可否转而适用诈骗罪定罪量刑。

【释法析理】 争议焦点一之分析。在该案中被告人刘某某伙同崔某某等人，将日息为投资额的 1.5% 到 3.5% 的高回报率及推荐奖金作为诱饵，向社会不特定公众非法吸收资金，并在多地流窜作案，集资后并没有用于生产经营活动，而是在平台资金达到一定规模后即关闭平台，进

---

① 参见江苏省启东市人民法院（2018）苏 0681 刑初 579 号刑事判决书。

行团伙成员分赃，并用 POS 机匿名刷卡套现及购买比特币方式进行洗钱。概言之，该团伙的行为不仅具备非法占有之目的也符合非法集资类犯罪类型化的特征，即非法性、公开性、利诱性、社会性，其行为应当属于集资诈骗行为。

争议焦点二之分析。一审法院认为："本案既符合诈骗罪的构成要件，也符合集资诈骗罪的构成要件，二者属于普通法（条）与特别法（条）之间的法条竞合关系，根据特别法（条）优于普通法（条）的原则，……的行为应认定为集资诈骗罪而非诈骗罪。"① 在本书的判例分析部分选取的法院判决样本中，对于特别法与普通法的关系而言，大多在判决书中承认特别法优于普通法，而不是特别法排除普通法的适用。讨论这一问题的意义在于：如果认为普通法优于特别法，当特别法所确定的刑罚低于普通法的刑罚时，则可以转而适用普通法的法律规定；若认为特别法与普通法之间系排斥关系，那么在适用特别法之后，不论普通法的刑罚更重还是更轻，都不能转而适用普通法，反之亦然。同时依据《立法法》第 103 条之规定，普通法条与特别法条之间是反对关系。易言之，二者之间是对立与排斥的关系，符合普通法条的必然不符合特别法条。因此，本书认为在该案中刘某某的行为仅构成集资诈骗罪，即使该罪的量刑低于诈骗罪的量刑，也不得转而适用诈骗罪，否则会犯"以刑制罪"的颠覆性错误。

【规则运用】第一步，运用"行为单数判断规则"对刘某某等人的不法行为进行判断。刘某某等人虚构事实，隐瞒真相，以投资外汇众筹项目的名义非法吸收资金的行为属于自然意义上的一个诈骗行为。该行为是否符合构成要件的行为单数尚需进一步的检验。第二步，运用"构成要件的符合性判断规则"逐一列出刘某某这一不法行为所实现的构成要件，并对每一个构成要件要素从该当性的角度予以全面检视。在该案中，刘某某的这一不法行为在该当性上既符合诈骗罪的罪质与罪量，也符合集资诈骗罪的罪质与罪量。第三步，运用"罪质的充分评价规则"检视刘某某的这一不法行为在该当性上所符合的诈骗罪与集资诈骗罪的构成要件，是否仅适用一个构成要件即可实现对行为人的法益侵害（客

---

① 江苏省启东市人民法院（2018）苏 0681 刑初 579 号刑事判决书。

体）等罪质要素的充分评价。在该案中，作为特别法的集资诈骗罪所保护的金融管理秩序涵盖了诈骗罪保护的财产法益，即适用特别法可以实现对罪质的充分评价，故可作出在罪质上符合法条竞合之判断。第四步，以诈骗罪和集资诈骗罪法条之间的外延关系为逻辑划分标准，可判断出两法条之间属于从属关系。第五步，针对从属关系的法条竞合类型，适用特别法排除普通法之规则。故刘某某等人的行为在实质上仅符合集资诈骗罪的构成要件，其行为是构成要件意义上的单数行为，应认定为集资诈骗罪而非诈骗罪。

第三节　分解关系判识与处断中的疑案研习

刑法法条之间是否具有分解关系是刑事司法实践中的难题，也是理论界与实务界争论较多的话题。事实上判断法条与法条之间是否存在整体法与部分法的竞合关系，司法工作者通常较为重视法条竞合的外在形式特征判断，而往往忽视对法条竞合的内在本质特征的判断。兹举近年来学界热议的典型个案予以分析说明。

杨某某滥用职权、受贿案

【案情概览】① 杨某某在担任大方县市场监督管理局百纳分局负责人的 2014 年至 2015 年，在申办微型企业及微型企业补助款发放工作的过程中，在明知刁某等共计 15 户业主申办微型企业不符合申办条件的情况下，仍然收受部分申办业主财物，违规为不符合申办微型企业条件的业主办理申办手续，使不符合条件的企业获得微型企业补助款，共造成国家微型企业补助款损失 70.1 万元。杨某某在 2014 年至 2015 年，在管理微型企业申办及补助款发放工作过程中，利用职务之便利，为他人谋取利益，共计收受他人贿赂 4.73 万元。

一审法院认为，被告人杨某某身为国家工作人员，在村民申办微型企业的过程中，未正当履行职责，违反国家文件规定，造成国家微型企业补助资金损失 70 余万元，并利用其作为大方县市场监督管理局百纳分局负责人的职务便利，为申办微型企业的业主谋取利益而收受财物。其

---

①　参见贵州省大方县人民法院（2016）黔 0521 刑初 251 号刑事判决书。

行为已分别触犯《刑法》第 397 条、第 385 条之规定，构成滥用职权罪、受贿罪，应当数罪并罚。

【案情焦点】 该案的争议的焦点之一是，杨某某在受贿过程中，非法收受他人财物，为他人谋取利益的滥用职权行为是否构成了整体法（受贿罪）与部分法（滥用职权罪）之间的法条竞合。争议的焦点之二是，杨某某的行为若不构成法条竞合，是符合想象竞合还是属于牵连犯中的实质数罪，其法理依据何在。

【释法析理】 在判断相关渎职犯罪的犯罪构成与受贿罪的犯罪构成之间是否存在整体与部分的竞合关系时，理论界与实务界大都选择先判断是否符合法条竞合的形式特征，即一行为是否触犯数法条，犯罪构成之间是否具有包容关系。如果受贿行为被认为是一行为，同时又触犯受贿罪与渎职罪且受贿行为包容渎职行为，渎职行为作为受贿行为的一部分而存在，那么即可以得出受贿罪与渎职罪之间存在整体法与部分法的竞合关系之结论。殊不知这样的结论忽视了法条竞合最本质的特征，即一犯罪构成要件能将其余全部构成要件的非价内涵充分包容。易言之，一法条必须能对行为的不法作充分评价而其余的法条单独均不能实现充分评价之效果。事实上在该案中，作为整体法的受贿罪法条并不能实现对受贿中滥用职权行为的全面充分评价。

理由一，贪污贿赂罪在现行《刑法》中作为一类独立的犯罪，被单独规定为一章，其保护的法益具有相对的独立性。贿赂罪表现为以职务换取财物或者反之，对其打击体现了保护职务行为的廉洁性与不可收买性的法益。理由二，渎职罪在现行《刑法》中，也单列一章，同样具有独立保护的法益，表现为保护国家机关公务的合法、公正、有效执行以及国民对此的信赖。理由三，规定在不同章节的法条之间，仅仅可能具有法益之间的包容关系。例如，放火罪与故意杀人罪、故意伤害罪分别规定于《刑法》的不同章节。虽然放火罪保护的是公共安全法益，但显而易见的是立法者在制定该法条的时候，已经将故意杀人罪所保护的个人生命法益、故意伤害罪保护的生命健康法益全部纳入公共安全法益所保护的范围。因此，放火罪包容了故意杀人罪与故意伤害罪的不法内涵，二者之间存在法条竞合关系。但是，贿赂罪与渎职犯罪之间显然并不存在这样的法益包容关系，职务行为的廉洁性与不可收买性和保护国家机关公务的合法、公正、有效执行以及国民对此的信赖之间不存在包容关系。易言之，作为整体法的受贿罪法条并不能实现对受贿中渎职行为所侵犯法益的全面充分评价，反之亦然。理由四，受贿过程中为他人谋利益的职务行为如果没有使国家与人民的利益遭受重大损失，显然用受贿罪即可以实现全面评价，但是若造成重大损失，构成渎职犯罪，那么这种致使国家与人民的利益遭受重大损失的后果显然不在受贿罪保护法益的涵摄范围之内。

概言之，当受贿行为同时构成渎职行为之时，由于无论是适用受贿罪评价还是适用渎职罪评价，都不能将行为的不法内涵逐一评价充分，因此，受贿罪法条与渎职罪法条之间不存在法条竞合关系。一个刑法意义上的类型化受贿行为，同时触犯两个法条，侵犯两类法益，这不符合法条竞合的基本特征，而符合想象竞合的特征。故行为人因索贿或者受贿而渎职的行为应当被评价为想象竞合而非法条竞合。

在受贿罪的构成要件中，杨某某的滥用职权行为属于非法收受他人财物、为他人谋取利益的类型化行为，该行为已经被受贿罪评价。在该案中若认为杨某某的行为属于牵连犯中的实质数罪，则应当采取数罪并罚的立场。这会导致滥用职权行为在受贿罪中再次被评价，这就违背了"一行为不二罚"的原则。因为"在司法时，根据案情，对同一行为事实只能进行一次（或一个）构成要件评价，或适用一次（或一个）法律效果（法定刑），不得重复评价"①。因此，本书认为《最高人民法院、最高人民检察院关于办理贪污贿赂刑事案件适用法律若干问题的解释》第17条②采取数罪并罚的规定值得商榷。

【规则运用】第一步，运用"行为单数判断规则"对杨某某的行为进行判断。杨某某的不法行为在自然意义上表现为一个受贿行为。该行为是否符合构成要件的行为单数尚需进一步的检验。第二步，运用"构成要件的符合性判断规则"逐一列出杨某某这一不法行为所实现的构成

---

① 阮齐林：《论构建适应中国刑法特点的罪数论体系》，《河南师范大学学报》（哲学社会科学版）2006年第3期。

② 该条规定："国家工作人员利用职务上的便利，收受他人财物，为他人谋取利益，同时构成受贿罪和刑法分则第三章第三节、第九章规定的渎职犯罪的，除刑法另有规定外，以受贿罪和渎职犯罪数罪并罚。"

要件，并对每一个构成要件要素从该当性的角度予以全面检视。在该案中，杨某某的不法行为既符合受贿罪的行为类型也符合滥用职权罪的行为类型，同时也满足构成要件意义上的行为单数，且符合受贿罪的罪量。因滥用职权罪不是数额犯，故在构成要件的符合性判断阶段仅作罪质的符合性判断。概言之，杨某某以一个自然意义上的受贿行为，符合滥用职权罪和受贿罪两个构成要件。第三步，运用"罪质的充分评价规则"检视杨某的这一不法行为所符合的受贿罪与滥用职权罪的构成要件能否全面评价行为人的法益侵害（客体）、实行行为、危害结果等罪质要素。如若仅适用一法条即可实现对一行为罪质的充分评价，那么这种竞合符合法条竞合一罪之本质，故可作出在罪质上符合法条竞合之判断。如若需要适用两个以上的法条方可实现对一行为罪质的充分评价，则应当判识为想象竞合。

在该案中作为整体法的受贿罪法条并不能实现对受贿过程中滥用职权行为所侵犯法益的全面充分评价，同时作为部分法的滥用职权罪法条也不能实现对杨某某受贿行为所侵犯法益的全面充分评价。因此，按照法条竞合司法适用技术规则，应当判识为想象竞合，择一重罪从重处罚。对杨某某所犯滥用职权罪，应根据《刑法》第 397 条之规定在处 3 年以下有期徒刑或者拘役的幅度内处以刑罚；对其所犯受贿罪，应根据《刑法》第 385 条、第 386 条、第 383 条第 1 款第 1 项，《最高人民法院、最高人民检察院关于办理贪污贿赂刑事案件适用法律若干问题的解释》第 1 条第 1 款之规定，在处 3 年以下有期徒刑或者拘役并处罚金的幅度内处以刑罚。比较两罪的法定刑，应当适用受贿罪之规定并依据犯罪事实和悔罪情节，在决定适用的法定刑的基础上从重处罚。

第四节　法条竞合与想象竞合判识的疑案研习

一　从属关系下的想象竞合

庄某招摇撞骗案

【案情概览】① 2013 年 1 月至 2017 年 4 月，庄某谎称其是转业军人

---

① 参见江苏省连云港市中级人民法院（2019）苏 07 刑终 406 号刑事判决书。

并具有公安特警、法院司法警察等身份，通过 QQ、微信交往等方式与被害人王某乙确立恋爱关系，制作"预备役军官军衔命令"等军官、警察证件图片发给被害人王某乙，骗取其信任，并先后多次以部队需要用款为理由，骗取被害人王某乙通过银行贷款、网络借款、信用卡透支等方式交付的 50.2 万元。案发前，被告人庄某已归还被害人王某乙 80515 元。

一审法院认为，被告人庄某以非法占有为目的，采取虚构事实、隐瞒真相的方法骗取他人财物共计 42.1485 万元，数额巨大，其行为构成诈骗罪，应依法追究刑事责任；并认为，公诉机关指控被告人庄某犯招摇撞骗罪，罪名认定不当，依法予以纠正。上诉人庄某及其辩护人认为一审判决认定罪名有误，其犯的是招摇撞骗罪，应当以招摇撞骗罪对其定罪量刑，提起上诉。

二审法院认为，依据《最高人民法院、最高人民检察院关于办理诈骗刑事案件具体应用法律若干问题的解释》第 8 条之规定，冒充国家机关工作人员进行诈骗，同时构成诈骗罪、招摇撞骗罪的，依照处罚较重的规定定罪处罚，因此依照诈骗罪定罪处罚符合法律和司法解释规定。

【案情焦点】该案争议的焦点集中表现为一审法院、二审法院与公诉机关对上诉人庄某应当适用诈骗罪抑或招摇撞骗罪产生了认识与理解上的分歧。该分歧产生的根源在于对诈骗罪与招摇撞骗罪之间是法条竞合关系还是想象竞合关系的竞合性质理解不同。若将二者的竞合性质判识为法条竞合，那么二者属于特别法条与普通法条的竞合类型，依据特别法排除普通法适用之规则，该案应当认定为招摇撞骗罪。若将二者的竞合性质判识为想象竞合，依据通说关于想象竞合的处断规则，则应当择一重罪（诈骗罪）处断。

【释法析理】法条竞合与想象竞合区分的关键在于判断一法条能否实现对不法行为侵犯法益的充分评价，若不能实现对法益的充分评价应当评价为想象竞合，若能实现则应当在罪质上评价为法条竞合。易言之，法条竞合仅适用于一行为侵害一法益的场域。一个行为同时侵害了两个不同的法益，则只能认定为想象竞合犯。

本书主张诈骗罪与招摇撞骗罪之间不是法条竞合关系而是想象竞合关系。

首先，认定两罪之间为法条竞合关系则无法实现对行为侵犯法益的充分评价。从《刑法》分则的体系检视，诈骗罪与招摇撞骗罪分别位于第五章和第六章，各自保护的主要法益各有侧重。"前者侵犯的是国家机关的公共信赖；后者侵犯的是财产。"① 在该案中，适用任何一个罪名都无法对庄某冒用公安特警、法院司法警察等身份与被害人王某乙确立恋爱关系并诈骗 50.2 万元的行为实现充分评价。

其次，承认诈骗罪与招摇撞骗罪之间是法条竞合关系，则必须将招摇撞骗罪保护的法益解释为包含财产法益。事实上，这样的解释结果会造成司法实践中的罪刑不均衡。按此解释，当行为人冒充国家机关工作人员实施诈骗犯罪时，属于招摇撞骗罪（特别法条）与诈骗罪（普通法条）的法条竞合。依据特别法排除普通法的法条竞合处断规则，仅能适用招摇撞骗罪。但是，依据《刑法》第 236 条与第 279 条之规定，诈骗罪的法定最高刑为无期徒刑，而招摇撞骗罪的法定最高刑仅为 10 年有期徒刑。如果对冒充国家机关工作人员骗取财物的行为均以招摇撞骗罪定罪处罚，则会造成司法实践中罪刑不均衡的结果。例如，在该案中庄某冒充公安特警、法院司法警察等身份诈骗 50.2 万元，根据《最高人民法院、最高人民检察院关于办理诈骗刑事案件具体应用法律若干问题的解释》第 1 条之规定，诈骗公私财物价值 50 万元以上的，应当认定为"数额特别巨大"。数额特别巨大或者有其他特别严重情节的，处 10 年以上有期徒刑或者无期徒刑，并处罚金或者没收财产。毋庸讳言，一律适用招摇撞骗罪定罪处罚，则法定最高刑仅为 10 年有期徒刑，难以在罪量上对庄某的不法行为实现充分评价。

最后，认定两罪之间为想象竞合关系符合现行司法解释。将招摇撞骗罪保护的法益解释为国家机关的公共信赖而不包含财产法益，那么庄某冒用公安特警、法院司法警察等身份骗取财物的行为构成想象竞合犯。依据通说关于想象竞合的处断规则，则应当择一重罪（诈骗罪）处断，这与《最高人民法院、最高人民检察院关于办理诈骗刑事案件具体应用法律若干问题的解释》第 8 条之规定具有一致性。

【规则运用】 第一步，运用"行为单数判断规则"对庄某的不法行为进行判断。庄某采取冒充警察的方法骗取他人财物的行为属于自然意

---

① 张明楷：《刑法学》（下），法律出版社，2016，第 1037 页。

义上的一个诈骗行为。该行为是否符合构成要件的行为单数尚需进一步的检验。第二步，运用"构成要件的符合性判断规则"逐一列出庄某不法行为所实现的构成要件，并对每一个构成要件要素从该当性的角度予以全面检视。在该案中，庄某的这一不法行为在该当性上既符合诈骗罪的罪质与罪量，也符合招摇撞骗罪的罪质与罪量。第三步，运用"罪质的充分评价规则"检视庄某的不法行为，判断是否仅适用一法条即可实现对行为人的法益侵害（客体）等罪质要素的充分评价。在该案中，行为人的不法行为侵犯了国家机关的公共信赖法益与财产法益，适用两罪中的任一法条均不能实现对法益的充分评价，故应当判定为想象竞合。该行为是自然意义上的一行为，却是构成要件意义上的复数行为，依照本书的观点应当择一重罪（诈骗罪）从重处罚。

二　交叉关系下的法条竞合

钟某某以危险方法危害公共安全、盗窃案

【案情概览】① 钟某某于 2007 年 6 月至 7 月，明知盗窃消防栓铜芯将使消防栓丧失功能，仍先后伙同他人至苏州市虎丘区通安镇通浒路北侧以及华通路、东唐路等附近路面，窃走价值 3600 元的消防栓铜芯 90 个，危害了公共安全。

公诉机关认为，被告人钟某某的行为已构成以危险方法危害公共安全罪、盗窃罪，应实行数罪并罚。一审法院则认为，被告人钟某某伙同他人以破坏手段盗窃正在使用中的公共消防设施，危害公共安全，其行为已构成以危险方法危害公共安全罪。依据法条竞合的原则，对被告人钟某某盗窃消防栓铜芯的行为应择一重罪，即以危险方法危害公共安全罪定罪处刑。一审宣判后，上诉人钟某某以其行为不构成危害公共安全罪为由提出上诉。二审法院经审理后认为，一审法院的判决定性正确、量刑适当、审判程序合法，故驳回上诉，维持原判。

【案情焦点】该案争议的焦点之一是，钟某某先后伙同他人窃走价值 3600 元的消防栓铜芯 90 个的行为，应当评价为一行为还是数行为。若评价为数行为，公诉机关认为被告人钟某某的行为已构成以危险方法

---

① 参见江苏省苏州市中级人民法院（2008）苏中刑终 0135 号刑事判决书。

危害公共安全罪、盗窃罪，应实行数罪并罚的观点无疑是正确的。争议的焦点之二是，若评价为一行为，那么钟某某触犯以危险方法危害公共安全罪与盗窃罪的法条，其构成法条竞合犯还是想象竞合犯。

【释法析理】一方面，从自然的客观视角观察，钟某某先后伙同他人窃走消防栓铜芯的行为，在事实上表现为数次、数个盗窃行为，在自然意义上可以视为行为复数。但另一方面，本书在"法条竞合的特点"部分已经论证了，自然意义行为判断标准由于采取主观主义的见解和立场，主张以行为意思数来判定客观行为数，此标准过于模糊和恣意，则必然造成与客观实际的脱节。本书主张，在行为单数的判断上应当采取构成要件之标准，即只要实现了一个法定犯罪构成要件，那么就可以认定一个行为的成立，即使这个行为由多个身体举动构成。

在该案中钟某某伙同他人以破坏手段盗窃正在使用中的公共消防设施，虽然实现了盗窃罪和以危险方法危害公共安全罪两个犯罪构成，但是这种符合仅仅是表面的该当性符合而非实质符合。因为以危险方法危害公共安全罪保护的法益是公共安全，包括不特定或者多数人的生命、身体或者重大财产的安全。该法益已经涵盖盗窃罪所保护的财产法益，因此适用以危险方法危害公共安全罪即可实现对钟某某不法行为所侵犯法益的充分评价，盗窃罪并无适用之余地。① 从这个意义上检视，两罪法条之间的表面竞合仅是一种假性竞合，其实质仅符合以危险方法危害公共安全罪一个犯罪构成，故应当评价为构成要件意义上的一个行为，不得适用数罪并罚，应当依据交叉关系的法条竞合类型予以处断。

【规则运用】第一步，运用"行为单数判断规则"对钟某某等人的不法行为进行判断。钟某某等人先后伙同他人窃走消防栓铜芯的行为表现为自然意义上的行为复数。该行为是否符合构成要件的行为单数尚需进一步的检验。第二步，运用"构成要件的符合性判断规则"逐一列出钟某某等人不法行为所实现的构成要件，并对每一个构成要件要素从该当性的角度予以全面检视。在该案中钟某某等人的不法行为，在该当性上既符合盗窃罪的罪质与罪量，也符合以危险方法危害公共安全罪的罪质与罪量。第三步，运用"罪质的充分评价规则"检视钟某某等人的不

---

① 以危险方法危害公共安全罪的法定最高刑重于盗窃罪，在罪量上也能实现全面充分评价。

法行为，在该当性上所符合的盗窃罪与以危险方法危害公共安全罪的构成要件，判断是否仅适用一法条即可实现对行为人的法益侵害（客体）等罪质要素的充分评价。在该案中，适用以危险方法危害公共安全罪即可实现对钟某某等人不法行为所侵犯法益的充分评价，故应当判定为在罪质上符合法条竞合。第四步，以两罪法条之间的外延关系为逻辑划分标准，可判断出两法条之间属于交叉关系。第五步，针对交叉关系的法条竞合类型，适用复杂法优于简单法之规则，对钟某某等人应当适用以危险方法危害公共安全罪定罪处罚。第六步，检验该案中对钟某某等人适用以危险方法危害公共安全罪（复杂法）的量刑是否轻于盗窃罪（简单法）。因为以危险方法危害公共安全罪的法定最高刑为 10 年以上有期徒刑、无期徒刑或者死刑，盗窃罪的法定最高刑为 10 年以上有期徒刑或者无期徒刑，因此，适用以危险方法危害公共安全罪，在罪量上也能实现对钟某某等人不法行为的全面充分评价。依据中国语境下，法条竞合的充分评价是罪质和罪量的充分评价之准则，钟某某等人的行为因被以危险方法危害公共安全罪充分评价，故盗窃罪再无适用之余地，其行为当认定为构成要件意义上的行为单数。对钟某某等人应当适用以危险方法危害公共安全罪定罪处罚。

第五节　兼具"法条竞合与想象竞合色彩"
形态的疑案研习

吴某某等非法经营案

【案情概览】① 吴某某为牟取暴利，明知盐酸曲马多是国家管制的精神类药品，仍于 2010 年底纠集黄某某合伙共同出资加工盐酸曲马多，约定由吴某某负责租用生产场地、购买生产设备并联系接单及销售渠道，黄某某负责生产设备调试、盐酸曲马多配方及日常生产管理。2011 年 9 月 15 日，该工厂被查处，公安机关在现场扣押盐酸曲马多药片成品 115.3 千克、生产假药的原料 1280.25 千克及加工设备一批。到被查处为止，该工厂已生产和销售出"感康片"、盐酸曲马多等假药

---

① 参见广东省潮州市中级人民法院（2014）潮中法刑二初 1 号刑事判决书。

（尚未出现致人体健康严重危害后果或其他严重情节），获取违法收入50750元。

一审法院认为，被告人吴某某、黄某某违反药品管理法规，在没有依法获得药品生产、销售许可的情况下，合伙非法生产经营国家管制的精神类药品盐酸曲马多，情节严重，其行为均已构成非法经营罪，应依法予以惩处。

【案情焦点】 在该案中，行为人吴某某、黄某某共同出资生产、销售国家管制的精神类药品盐酸曲马多的行为，既符合非法经营罪的犯罪构成又符合生产、销售假药罪的犯罪构成。但一审法院经审理后认定吴某某、黄某某的行为仅构成非法经营罪而排除适用生产、销售假药罪，其判决书也未对其法理依据详加阐释。由于生产、销售假药罪位于《刑法》分则第三章"破坏社会主义市场经济秩序罪"第一节"生产、销售伪劣商品罪"之下，因此该罪不仅以保护公民生命健康安全为主要法益，同时也有保护市场秩序的次要法益；非法经营罪位于《刑法》分则第三章"破坏社会主义市场经济秩序罪"第八节"扰乱市场秩序罪"之下，该罪保护的法益是国家经济行政法律、法规规定的限制经营的经营活动之市场秩序。在该案中对行为人法益评价更为充分的生产、销售假药罪被排斥适用，其法理依据何在，二罪之间究竟是法条竞合抑或想象竞合还是其他竞合形态，皆需要辨法析理予以澄清。

【释法析理】 在该案中，行为人吴某某、黄某某共同出资生产、销售国家管制的精神类药品盐酸曲马多的一行为同时构成生产、销售假药罪与非法经营罪的竞合。为贯彻对不法行为充分评价之原则，必须从罪质和罪量的角度予以考量。

从罪质上检视，因非法经营罪仅保护限制经营的经营活动之市场秩序，而适用生产、销售假药罪对行为人法益评价更为充分，不仅评价了吴某某、黄某某的生产、销售行为对公民生命健康安全的侵害，也评价了其生产、销售国家管制的精神类药品对市场秩序的破坏。概言之，从法益评价的角度审视，二者在罪质上符合交叉关系法条竞合的特征。

但从罪量上检视，比较两罪的法定刑，由于在该案中尚未出现致人体健康严重危害后果或其他严重情节，因此，如果适用法益评价更为充分的生产、销售假药罪定罪量刑，其法定刑幅度反而更低。基于此，两罪中的任何一个法条在罪质和罪量上，均不能同时实现对行为人不法行为的充分评价。依据本书之观点，应当将该案中的两罪竞合形态判识为兼具"法条竞合与想象竞合色彩"的竞合形态，因二罪存在交叉竞合关系，即两法条均可适用，但从罪刑均衡的角度考量，应当择一重罪定罪处罚。

【规则运用】第一步，运用"行为单数判断规则"对吴某某、黄某某的不法行为进行判断。吴某某、黄某某合伙非法生产经营国家管制的精神类药品盐酸曲马多表现为自然意义上的一个非法经营行为。该行为是否符合构成要件的行为单数尚需进一步的检验。第二步，运用"构成要件的符合性判断规则"逐一列出吴某某、黄某某不法行为所实现的构成要件，并对每一个构成要件要素从该当性的角度予以全面检视。在该案中行为人的不法行为，在该当性上既符合非法经营罪的罪质与罪量，也符合生产、销售假药罪的罪质与罪量。第三步，运用"罪质的充分评价规则"判断是否仅适用一法条即可实现对行为人的法益侵害（客体）等罪质要素的充分评价。在该案中，适用生产、销售假药罪即可实现对吴某某、黄某某不法行为所侵犯法益的充分评价，故应当判定为在罪质上符合法条竞合。第四步，以两罪法条之间的外延关系为逻辑划分标准，可判断出两法条之间属于交叉关系。第五步，针对交叉关系的法条竞合类型，适用复杂法优于简单法之一般处断规则，对吴某某、黄某某应当以生产、销售假药罪定罪处罚。第六步，检验该案中对吴某某、黄某某适用生产、销售假药罪（复杂法）的量刑是否轻于非法经营罪（简单法的量刑）。因在该案中尚未出现致人体健康严重危害后果或其他严重情节，故如果适用法益评价更为充分的生产、销售假药罪定罪量刑，其法定刑幅度反而更低，在罪量上该罪未能实现对吴某某、黄某某不法行为的全面充分评价。依据补充处断原则，针对交叉关系的竞合类型，适用复杂法优于简单法之规则，但复杂法量刑轻于简单法之时，应当判定为兼具"法条竞合与想象竞合色彩"的竞合形态，择一重罪处断。故该案中的竞合形态符合兼具"法条竞合与想象竞合色彩"的特征，根据该形态的处断规则与该案的情节，应当依照非法经营罪（重罪）对吴某某、黄某某进行定罪处罚。

第六节 复合行为引发多重法条竞合的疑案研习

陈某某等走私普通货物、废物、国家禁止进出口的货物案

【案情概览】① 2019 年 8 月 11 日，陈某某、邵某某等违反海关法规，逃避海关监管，驾驶"DAYU"轮船，从海上走私货物入境。2019 年 8 月 13 日凌晨 0 时 20 分许，"DAYU"轮航行到东经 116°58.6352'、北纬 23°08.8957' 处时，被汕头海警局和汕头海关缉私局联合行动查获。经检查，该船运载有 18 个集装箱货柜，船上未发现"DAYU"轮的有关船舶证书和所载货物的合法单证，该轮未有入境相关申报；经理货、检验、鉴定，上述货柜装有来自疫区的肉类冻品 99.76 吨、固体废物 100.12197 吨、普通肉类冻品 141.825 吨，以及书画、工艺品、日用品、电子产品等普通货物一批。经海关关税部门计核，普通货物部分偷逃税款 2917935.41 元。

一审法院认为，被告人陈某某、邵某某违反海关法规，逃避海关监管，驾驶船舶从海上偷运国家禁止进口的固体废物、来自疫区的肉类冻品以及普通货物入境。其中，走私固体废物情节严重、走私来自疫区的肉类冻品情节严重、走私普通货物偷逃应缴税额特别巨大，其行为已构成走私废物罪、走私国家禁止进出口的货物罪、走私普通货物罪，依法应数罪并罚。

二审法院认为，陈某某、邵某某等人行为已构成走私废物罪、走私国家禁止进出口的货物罪、走私普通货物罪，依法应数罪并罚。一审判决认定事实清楚，证据确实、充分，定罪准确，量刑适当，审判程序合法。唯该案走私废物属情节严重不当，应为情节特别严重，予以纠正。

【案情焦点】该案是关于混合型走私的典型案例，在一个走私行为中，走私的物品既有普通货物又有废物、国家禁止进出口的货物，那么对于这类复合型犯罪行为，究竟应当认定为一行为还是数行为？如果是数行为的复合而非竞合，理当数罪并罚；如果仅认定为一行为，那么是法条竞合抑或想象竞合？虽然在该案中一审和二审法院均认为陈某某、

① 参见广东省高级人民法院（2021）粤刑终 461 号刑事判决书。

邵某某等人的行为是实质上的数行为，应当数罪并罚，但在判决书中未见明确的相关说理。事实上，理论界围绕上述问题的争议由来已久，尤其是关于复合型犯罪的行为数认定以及行为是构成想象竞合、法条竞合还是实质数罪的争论至今尚未达成共识。

【释法析理】该案中的焦点问题表现为对陈某某、邵某某等违反海关法规，逃避海关监管，驾驶"DAYU"轮船，从海上走私普通货物、废物、国家禁止进出口的货物入境的行为数认定。从自然意义审视，该行为表现为一个混合走私行为，然而该行为可被完整地分解为符合走私废物罪、走私国家禁止进出口的货物罪、走私普通货物罪这三个构成要件意义上的行为。前文已详加论证，认定行为数量应当采取构成要件的标准，方具有较为明晰的标准和较强的可操作性。因此，对该案中的混合走私行为应当在构成要件上予以认定。毋庸讳言，该走私行为在该当性上是同时符合三个构成要件的类型化行为。

但是犯罪的本质并不在于形式层面的犯罪构成要件的该当性而在于其法益侵害性。因此，构成要件意义上的符合，不代表行为在实质意义上的符合。故尚需判断该复合走私行为侵害的法益，是否能仅适用单个构成要件即可全面评价。若存在这样的构成要件，那么其余构成要件无适用之余地，该复合走私行为在实质上仅符合一个法条，应认定为构成要件意义上的一行为。

单一的优位法条要实现对行为侵犯法益的充分评价，则优位法条与劣位法条必须具备法益保护的同一性。因此，考量一法条能否对行为侵犯法益的充分评价，应当先行对法条之间是否具有法益保护的同一性进行判断。所谓侵害同一法益，是指一行为侵害同一客体之相同法益。故判断行为是否侵犯同一法益，应当分别从法益的同类性和行为客体之同一性两个层面加以判断。如果行为侵犯之法益既具有同类性又具有行为客体之同一性，方可得出法益同一性之判断。

在该案中走私废物、走私国家禁止进出口的货物、走私普通货物的行为，虽然侵犯了国家对外贸易管理制度和海关监管制度的同类法益，但是该走私行为侵害的客体并不具有同一性。就客体同一性的判断而言，主要是指行为之侵害对象必须具有同一性。同类的法益如果建立在不同的侵害对象之上，仍然是不同的法益。在该案中，陈某某等人混合走私行为的犯罪对象分别是普通货物、废物和国家禁止进出口的货物，所以侵害对象不具有同一性。概言之，在该案中陈某某等人走私普通货物、废物、国家禁止进出口的货物的混合走私行为，不具有法益保护的同一性，故适用任一法条均不能实现对混合走私行为侵犯法益的充分评价。故该案中的混合走私行为应当判识为走私废物、走私国家禁止进出口的货物、走私普通货物三个刑法意义上的类型化行为。

对该案的混合走私行为在排除了法条竞合之后，是构成想象竞合抑或实质的数罪，其关键在于判识走私废物、走私国家禁止进出口的货物、走私普通货物这三个行为之间是构成行为的竞合还是行为的复合。从行为意义观察，想象竞合乃在于行为的竞合，行为人的不法行为使符合构成要件意义的数个行为同时发生竞合，表现为外观上的一个行为。因此依照通说"一行为不二罚"之原则，对想象竞合只能择一重罪处断而不能数罪并罚。实质竞合（实质的数罪）则不同，符合构成要件意义的数个行为不存在竞合关系，即行为人的不法行为不会使符合构成要件意义的数个行为同时发生竞合，即在外观上复合成一个自然意义的行为，① 但各个构成要件行为之间不存在交叉竞合关系。在该案中，陈某某等人的混合走私行为应判识为行为的复合而不是行为的竞合。因为行为人混合走私行为中的走私废物、走私国家禁止进出口的货物、走私普通货物这三个行为均未竞合，② 且该混合走私行为可被完整地分解为三个构成要件意义上的行为，所以应当将陈某某等人的混合走私行为认定为数罪并予以并罚。

【规则运用】第一步，运用"行为单数判断规则"对陈某某、邵某某等的走私行为进行判断。在该走私行为中，走私的物品既有普通货物，又有废物和国家禁止进出口的货物，在外在形态上表现为自然意义上的一个走私行为。该行为是否符合构成要件的行为单数，尚需进一步的检验。第二步，运用"构成要件的符合性判断规则"逐一列出陈某某、邵某某走私行为所实现的构成要件，并对每一个构成要件要素从该当性的

---

① 例如，该案中走私普通货物的行为、走私废物的行为、走私国家禁止进出口的货物行为，在外观上复合形成一个走私行为，但三个行为之间不存在竞合关系。

② 这里的均未竞合是指走私普通货物的行为并非同时走私废物、走私国家禁止进出口的货物的行为，三个行为相对独立，不具有重叠交叉性。

角度予以全面检视。在该案中行为人的走私行为，在该当性上符合走私废物罪、走私国家禁止进出口的货物罪、走私普通货物罪的罪质与罪量的成罪条件。第三步，运用"罪质的充分评价规则"判断是否仅适用一法条即可实现对行为人的法益侵害（客体）等罪质要素的充分评价。在该案中，适用任何一罪名均不能实现对走私行为所侵犯法益的充分评价，故应当在罪质上判定为不符合法条竞合。由于行为人走私废物、走私国家禁止进出口的货物、走私普通货物的三个行为构成走私行为的复合而非竞合，故应当将其走私行为认定为行为复数，应当判识为实质竞合（实质的数罪）予以数罪并罚。

第七节　夹结形态的疑案研习

李某某等生产销售假药、假冒注册商标、销售假冒注册商标的商品案

【案情概览】① 2016 年 6 月至 2020 年 9 月，李某某为非法获利，违反国家药品、商标管理的法律法规，通过微信、支付宝账户购入假冒肉毒毒素、玻尿酸等美容产品，在朋友圈宣传以招揽客户。李某某从钟某某、张某某等处购入大量裸瓶大紫盖、小粉盖等冻干粉，从杜某某处购进假冒"保妥适"等注册商标的包材，假冒衡某牌美容药品，白盖冻干粉，假冒韩国白肉、粉肉美容药品，共计销售各类美容药品 200 余万元。经对从李某某处扣押的假冒肉毒毒素进行检验，发现与国家药品标准规定的成分不符，河北省邢台市市场监督管理局认定系假药，该部分假冒肉毒毒素销售金额达 40 余万元。另外，李某某从邢某某等人处购进假冒瑞蓝牌玻尿酸等产品销往全国各地，销售金额 10 余万元。李某某不能提供商标授权许可，有关商标权利人分别出具情况说明，涉案保妥适牌、瑞蓝牌玻尿酸等未经授权许可，为假冒注册商标的商品。

一审法院对被告人李某某等人以生产销售假药罪、非法经营罪、销售假冒注册商标的商品罪数罪并罚。一审判决后，李某某等提出上诉。

---

① 参见《检察机关依法惩治医疗美容领域违法犯罪典型案例》，最高人民检察院官网，https://www.spp.gov.cn/xwfbh/dxal/202304/t20230406_610399.shtml。

二审法院根据 2022 年 3 月出台的《最高人民法院、最高人民检察院关于办理危害药品安全刑事案件适用法律若干问题的解释》之精神，依法将被判处非法经营罪的一审被告人罪名变更为假冒注册商标罪、销售假冒注册商标的商品罪，其余维持一审判决。

【案情焦点】一审法院和二审法院的争议表现为对被告人李某某等人是否构成假冒注册商标罪以及非法经营罪存在意见分歧。非法经营罪是否成立，在竞合理论上牵涉夹结形态的识别以及是否承认夹结行为的夹结效力等问题。在该案中李某某等人未经许可销售美容药品，在此期间又购入假冒注册商标的商品，且未经注册商标所有人许可，在同一种商品、服务上使用与其注册商标相同的商标，同时还生产、销售肉毒毒素等假药。行为人假冒注册商标的行为、销售假冒注册商标的商品的行为、生产销售假药的行为本系毫无关联之独立行为，但因行为人持续实施的非法经营行为而得以贯穿，那么此时的非法经营行为是否具有夹结之效力就成为该案罪名认定中争议的核心问题。

【释法析理】关于被告人李某某等人是否构成假冒注册商标罪的争议，在认定中涉及销售假冒注册商标的商品罪与假冒注册商标罪的区分问题。首先，两罪在犯罪客观方面表现不同。前者在客观方面主要表现为行为人明知是假冒注册商标的商品而予以销售；后者在客观上主要表现为行为人未经注册商标所有人许可，在同种商品上使用与他人已注册商标相同的商标。其次，两罪的犯罪对象存在差异。前者的犯罪对象是假冒注册商标的商品；后者的犯罪对象是他人的注册商标。最后，两罪在行为方式上表现出不同。前者的主要表现形式是销售；后者的主要表现形式是假冒，即生产和制造的过程中，未经许可擅自使用他人的注册商标。在该案中，李某某等人从杜某某处购进假冒"保妥适"等注册商标的包材，假冒衡某牌美容药品，白盖冻干粉，假冒韩国白肉、粉肉美容药品，共计销售各类美容药品 200 余万元，其行为符合销售假冒注册商标的商品罪的犯罪构成。同时对于涉案的保妥适牌、瑞蓝牌玻尿酸等商品，李某某不能提供商标授权许可，经查为假冒注册商标的商品，其行为单独构成假冒注册商标罪。

关于李某某等人是否构成非法经营罪则牵涉夹结形态的识别与效力问题。在该案中李某某等人生产销售假药、假冒注册商标、销售假冒注册商标的商品的独立行为，因行为人持续实施的非法经营行为而得以贯穿。本书认为但凡牵涉夹结行为之处断，要么承认夹结效力，将被夹结行为作为一个整体予以评价；要么否认夹结效力，将夹结行为分割为数个刑法类型化意义上的行为予以分别评价。切不可在被夹结行为之间评价一次，然后再与夹结行为评价一次，否则会导致重复评价。在该案中，一审法院以生产销售假药罪、非法经营罪、销售假冒注册商标的商品罪数罪并罚，此判决结果显然是将夹结行为与被夹结行为并罚，这是对李某某等人不法行为的重复评价，该判决结果已被二审法院纠正。

依据本书提出的"限制条件下的夹结理论"之主张，如若承认"涵摄效应"，赋予连续行为、持续行为以夹结效力，那么必须在理论上对夹结学说进行适当的限制，否则会导致罪刑不均衡之后果。当且仅当夹结行为能将被夹结行为的不法内涵（罪质）与刑罚结果（罪质）充分评价之时，也即具有罪质和罪量上的涵摄关系时，方可承认夹结效力。

因此在该案中要么承认非法经营罪的夹结效力，仅将李某某等人的不法行为认定为非法经营罪一罪，要么否认非法经营罪的夹结效力，对被夹结的罪名予以数罪并罚。至于是否能承认非法经营罪的夹结效力，则需要结合全案分析夹结行为（非法经营行为）能否将被夹结行为（生产销售假药、假冒注册商标、销售假冒注册商标的商品的行为）的不法内涵（罪质）与刑罚结果（罪质）充分评价。

下文尝试运用"限制条件下的夹结理论"① 对该案的竞合形态进行识别与处断。在该案中，被夹结的生产销售假药罪、假冒注册商标罪、销售假冒注册商标的商品罪之间是实质的数罪。若非法经营罪能将三罪的罪质与罪量充分评价，那么此时夹结效力应当被认可，李某某等人仅仅构成非法经营罪。事实上仅从罪质考虑，非法经营罪就不能实现对生产销售假药、假冒注册商标、销售假冒注册商标的商品的行为的充分评价。因为非法经营罪仅能保护限制经营的经营活动之市场秩序，对于生产销售假药行为对公民生命健康安全的侵害、假冒注册商标行为对知识产权的侵害是无法评价的。

---

① 需要特别说明的是，此处对夹结形态的识别、与处断未使用法条竞合司法适用的技术规则，其原因在于该规则主要适用于法条竞合基本类型的识别与处断，对于涉及案发频率较低的夹结形态则需要运用"限制条件下的夹结理论"之分析框架予以识别与处断。

　　从罪量的角度考量，依据全面评价原则和禁止重复评价之原则，大致可以在处断路径上分为三步。第一步（并罚），先将夹结行为切割为被夹结的若干行为，因为被夹结的行为之间是实质竞合的关系，所以要按照数罪并罚的原则予以处断。这样处断的好处在于既有效避免重复评价，又解决贯穿行为所涉及之罪不能对分割行为所涉及之罪充分评价的问题。在该案中即是将非法经营行为分割为生产销售假药行为、假冒注册商标行为以及销售假冒注册商标的商品行为，然后对三罪予以数罪并罚。第二步（夹结），不考虑被夹结行为，仅对夹结行为定罪量刑。这样处断的优点在于可以有效避免夹结行为与被夹结行为之间的重复评价问题。在该案中即是依据非法经营罪的涉案金额，对行为人予以定罪量刑。第三步（比较刑罚），比较第一步被夹结行为数罪并罚后的法定刑与第二步对夹结行为定罪处断后的法定刑的轻重，选择法定刑较重的处断模式以实现对罪量的充分评价。毋庸讳言，在该案中生产销售假药罪、假冒注册商标罪、销售假冒注册商标的商品罪数罪并罚的法定刑要明显高于非法经营罪的法定刑。① 因此，二审法院对李某某等人判处三罪并予以并罚，既能实现对罪质的充分评价又能实现对罪量的充分评价。本书运用"限制条件下的夹结理论"的分析框架得出的结论与人民法院的结论具有一致性。

---

①　生产销售假药罪的法定最高刑为 10 年以上有期徒刑、无期徒刑或者死刑，并处罚金或者没收财产；假冒注册商标罪的法定最高刑为 3 年以上 10 年以下有期徒刑，并处罚金；销售假冒注册商标的商品罪的法定最高刑为 3 年以上 7 年以下有期徒刑，并处罚金；非法经营罪的法定最高刑为 5 年以上有期徒刑，并处违法所得 1 倍以上 5 倍以下罚金或者没收财产。毋庸讳言，依据数罪并罚的原则，生产销售假药罪、假冒注册商标罪、销售假冒注册商标的商品罪数罪并罚的法定刑要远高于非法经营罪的法定刑。

结　论

　　在步入司法"大数据"时代的今天，如何立足本土资源在法条竞合相关理论的完善中吸取大陆法系的义理精华与普通法系判例制度、陪审制度之精义？如何在"司法＋人工智能"的革新中挖掘法条竞合典型案例的价值与功能？如何因应本国刑法语境，回应相关刑事立法与司法实践中的重大需求？上述问题都立足于中国刑法语境下宏大的叙事背景，是当下法条竞合研究必须关注、探讨、回应和解决的"真问题"。带着上述具有时代气息和实践理性的"真问题"，直面法条竞合理论在本土化进路中遭遇的痛点，本书尝试对书中各章提出的问题，在学理进路上作出探索、回应与小结，以表明本书的理论研究之立场。

　　结论之一，关于法条竞合的概念与本质的基本结论。本书主张的法条竞合，是指一行为触犯保护同一法益之数法条，仅适用其中一法条即对行为的全部非价内涵予以充分评价，故仅适用该法条而排除其余法条之适用。本书主张法条竞合的本质在于能实现充分评价同一行为的犯罪构成与其他犯罪构成在四要件上的包容或交叉关系。其中能实现充分评价同一行为是其本质特征，某一犯罪构成与其他犯罪构成在四要件上的包容或交叉则是形式特征。

　　结论之二，关于法条竞合的存在范围与划分标准的基本结论。本书认为在中国刑法体系的语境下仅在异质犯罪构成之间存在法条竞合的可能性。在划分标准上，本书确立了划分标准的基本原则，并提出了二次划分标准说。通过在形式层面和实质层面分别建构划分标准的不同形式构造，克服了单纯采用逻辑标准或在同一阶段采用多重标准的种种弊端。在一次划分阶段，在形式层面上以"法条外延之间的关系"为法条竞合的逻辑划分标准。这样划分的优势在于以简单明了的方式，在直观上清晰地勾勒出法条之间的外延关系。同时为了克服该逻辑标准流于形式之局限，则从法条竞合的本质出发，在二次划分的过程中引入犯罪构成的标准，在实质层面上对法条竞合进行分类。如果犯罪客体重合（或包容），犯罪客观方面的实行行为竞合，犯罪主观方面类型一致，犯罪主体相容，那么即可判识为法条竞合的基本类型。

结论之三，关于法条竞合形态的基本结论。首先，本书认为所谓法条竞合形态是指法条竞合现象发生时，法条之间所呈现出的各种形式的具体竞合样态。它既包括法条竞合的一般形态也包括法条竞合的特殊形态。其次，本书关于二次划分的结论认为，法条竞合的一般形态应当包括从属关系、交叉关系以及分解关系三种形态。最后，依据法条之间的叠加竞合关系，法条竞合的特殊形态分为法条竞合的夹结形态与法条多重竞合中的非夹结形态；依据法条在共犯之间以及共犯与正犯之间的竞合关系，法条竞合的特殊形态分为共犯间的法条竞合以及共犯与正犯间的法条竞合。

结论之四，关于区分论的基本结论。在与想象竞合区分上，本书主张只有一法条在罪质和罪量双重维度上都可以充分评价一行为的不法内涵时，方能认为存在法条竞合，否则应判识为想象竞合或兼具"法条竞合与想象竞合色彩"的竞合形态；在与实质补充关系的区分上，本书主张不能将实质补充关系纳入中国的法条竞合类型，而应当将其纳入我国的吸收犯范畴；在与共罚的事前或事后行为的区分上，本书主张不宜将共罚的事前或事后行为纳入法条竞合的概念范畴，而应将其纳入牵连犯的范畴。

结论之五，关于法条竞合处断模式的基本结论。本书提出了法条竞合司法适用的基本处断原则、一般处断规则与补充处断规则相结合的处断模式。所谓法条竞合的基本处断原则是指在法条竞合的司法适用过程中所必须坚持的一般原则。所谓一般处断规则即是在禁止重复评价原则和全面评价原则的指导下，针对从属关系、交叉关系以及分解关系的法条竞合类型，应当如何具体选择适用法条的规则。一般处断规则具体包括：特别法排除普通法之规则、复杂法优于简单法之规则、整体法优于部分法之规则。补充处断规则系针对适用一般处断规则会导致罪刑不相适应的结果所采用的适用规则，即当特殊情形下简单法或部分法的法定刑反而高于复杂法或整体法的法定刑之时，不能依照法条竞合论处，而应当判识为兼具"法条竞合与想象竞合色彩"的竞合形态而择一重罪处断。

结论之六，关于想象竞合处断的基本结论。通说一般认为，想象竞合犯应采用"从一重处断"的原则予以处罚。但本书认为，"从一重处断"不足以充分评价想象竞合犯所侵害的数个法益，因为择一重罪处断的重罪只能涵盖本罪法益的评价而不能评价想象竞合犯所侵害的其他法益。从这一意义上讲，该处断规则未能贯彻全面评价原则。若要对想象竞合犯所侵害的其他法益实现充分评价，在"一行为不二罚"原则的限制下，只能考虑在择一重罪处罚（评价重罪的法益）的基础上，从重处罚（评价其他罪之法益）。

　　结论之七，关于法条竞合的立法模式完善与制度体系建构之路径。本书主张针对分散立法模式零散性、重复性的立法弊端，在刑事立法模式的选择与法条竞合制度的建构上，不仅应当汲取大陆法系竞合制度设计的精髓，也应吸纳普通法系的制度义理与实践精义。基于立法层面的考量，在我国《刑法》总则中增补"一行为触犯数罪"处断规则；基于司法层面的考量，在我国刑事案例指导制度中增补典型的法条竞合案例；在人民陪审员制度的本土化进路中吸收陪审制的合理化元素；以期建构"以总则性立法为统领，以分散性立法为支撑"的刑事立法模式与法律制度体系。

主要参考文献

一 中文文献

（一）国内著作

1. 《马克思主义基本原理》编写组编《马克思主义基本原理》（第 2 版），高等教育出版社，2023。

2. 陈子平：《刑法总论》（第四版），台湾元照出版有限公司，2017。

3. 陈兴良主编《刑法各论的一般理论》，内蒙古大学出版社，1992。

4. 陈兴良：《刑法适用总论》（上卷），法律出版社，1999。

5. 陈兴良：《本体刑法学》（第三版），中国人民大学出版社，2017。

6. 蔡鹤等：《中国刑法语境下的法条竞合研究》，人民出版社，2019。

7. 蔡圣伟：《刑法问题研究》（二），台湾元照出版有限公司，2013。

8. 陈波：《逻辑学是什么》（第二版），北京大学出版社，2007。

9. 储槐植、江溯：《美国刑法》（第四版），北京大学出版社，2012。

10. 冯亚东：《罪与刑的探索之道》，中国检察出版社，2005。

11. 高晋康主编《中国犯罪构成体系完善研究》，法律出版社，2010。

12. 顾肖荣：《刑法中的一罪与数罪问题》，学林出版社，1986。

13. 韩友谊编著《刑法》，知识产权出版社，2010。

14. 甘添贵：《罪数理论之研究》，中国人民大学出版社，2008。

15. 高铭暄主编《中国刑法学》，中国人民大学出版社，1989。

16. 高铭暄主编《刑法学原理》（第二卷），中国人民大学出版社，1993。

17. 高铭暄：《刑法问题研究》，法律出版社，1994。

18. 高铭暄主编《刑法专论》（第二版），高等教育出版社，2006。

19. 高铭暄、马克昌主编《刑法学》，北京大学出版社、高等教育出版社，2000。

20. 高铭暄、马克昌主编《刑法学》（第九版），北京大学出版社、高等教育出版社，2019。

21. 韩忠谟：《刑法原理》，中国政法大学出版社，2002。

22. 胡军：《哲学是什么》，北京大学出版社，2002。

23. 黄荣坚：《刑法问题与利益思考》，中国人民大学出版社，2009。

24. 黄荣坚：《基础刑法学》（下），中国人民大学出版社，2009。

25. 黄荣坚：《基础刑法学》（下），台湾元照出版有限公司，2012。

26. 姜伟：《犯罪形态通论》，法律出版社，1994。

27. 柯耀程：《变动中的刑法思想》，中国政法大学出版社，2003。

28. 柯耀程：《刑法竞合论》，中国人民大学出版社，2008。

29. 罗翔编著《罗翔讲刑法》，中国政法大学出版社，2018。

30. 李贵方：《自由刑比较研究》，吉林人民出版社，1992。

31. 李海东：《刑法原理入门：犯罪论基础》，法律出版社，1998。

32. 李晓明主编《中国刑法罪刑适用》，法律出版社，2005。

33. 李晓磊：《罪数理论简约化论要——兼论"纯粹简约化思想"之提出》，法律出版社，2021。

34. 黎宏：《刑法学总论》，法律出版社，2012。

35. 林山田：《刑法通论》（增订十版下册），北京大学出版社，2012。

36. 林钰雄：《新刑法总则》（第九版），台湾元照出版有限公司，2021。

37. 吴振兴：《罪数形态论》（修订版），中国检察出版社，2006。

38. 马克昌：《比较刑法原理——外国刑法学总论》，武汉大学出版社，2002。

39. 马克昌主编《犯罪通论》（第三版），武汉大学出版社，1999。

40. 卫兴华、赵家祥主编《马克思主义基本原理概论》，北京大学出版社，2008。

41. 王勇：《定罪导论》，中国人民大学出版社，1990。

42. 王泽鉴：《民法学说与判例研究》，中国政法大学出版社，1998。

43. 王作富主编《中国刑法适用》，中国人民公安大学出版社，1987。

44. 曲新久主编《刑法学》，中国政法大学出版社，2008。

45. 任彦君：《数罪并罚论》，中国检察出版社，2010。

46. 台湾"司法院"大法官书记处：《德国联邦宪法法院裁判选集》（十五），王服清等译，台湾"司法院"，2014。

47. 许玉秀：《当代刑法思潮》，中国民主法制出版社，2005。

48. 雍琦主编《法律逻辑基础》，四川省社会科学院，1986。

49. 张丽卿：《刑法总则理论与应用》，台湾一品文化出版社，2005。

50. 张明楷：《刑法学》（第二版），法律出版社，2003。

51. 张明楷：《刑法学》（第三版），法律出版社，2007。

52. 张明楷：《刑法学》（下），法律出版社，2016。

53. 张明楷：《刑法学》（上），法律出版社，2021。

54. 张明楷：《刑法原理》，商务印书馆，2011。

55. 张明楷：《外国刑法纲要》（第三版），法律出版社，2020。

56. 张明楷：《刑法分则的解释原理》（第二版），中国人民大学出版社，2011。

57. 张爱晓：《犯罪竞合基础理论研究》，中国人民公安大学出版社，2011。

58. 张小虎：《犯罪论的比较与建构》，北京大学出版社，2006。

59. 张小虎：《刑法学》，北京大学出版社，2015。

60. 庄劲：《犯罪竞合：罪数分析的结构与体系》，法律出版社，2006。

61. 庄劲：《罪数的理论与实务》，中国人民公安大学出版社，2012。

62. 中山大学逻辑学教研室编著《逻辑导论》，中山大学出版社，1996。

63. 赵秉志主编《犯罪总论问题探索》，法律出版社，2003。

64. 赵秉志主编《刑法新教程》（第四版），中国人民大学出版社，2012。

65. 周啸天：《共犯与身份论的重构和应用》，法律出版社，2017。

（二）国外译著

1. 〔日〕小野清一郎：《犯罪构成要件理论》，王泰译，中国人民公安大学出版社，2004。

2. 〔日〕福田平、大塚仁编《日本刑法总论讲义》，李乔、文石、周世铮译，辽宁人民出版社，1986。

3. 〔日〕木村龟二主编《刑法学词典》，顾肖荣、郑树周等译校，上海翻译出版公司，1991。

4. 〔日〕大塚仁：《刑法概说（总论）》（第三版），冯军译，中国人民大学出版社，2003。

5. 〔日〕山口厚：《刑法总论》（第三版），付立庆译，中国人民大学出版社，2018。

6. 〔日〕西田典之：《日本刑法总论》（第二版），王昭武、刘明祥译，法律出版社，2013。

7. 〔日〕大谷实：《刑法讲义总论》（新版第二版），黎宏译，中国人民大学出版社，2008。

8. 《日本刑法典》（第二版），张明楷译，法律出版社，2006。

9. 〔日〕野村稔：《刑法总论》，全理其、何力译，法律出版社，2001。

10. 〔日〕前田雅英：《刑法总论讲义》（第六版），曾文科译，北京大学出版社，2017。

11. 〔日〕芦部信喜著，〔日〕高桥和之补订《宪法》（第六版），林来梵、凌维慈、龙绚丽译，清华大学出版社，2018。

12. 〔日〕高桥则夫：《共犯体系和共犯理论》，冯军、毛乃纯译，中国人民大学出版社，2010。

13. 〔日〕高桥则夫：《刑法总论》，李世阳译，中国政法大学出版社，2020。

14. 〔德〕克劳斯·罗克辛：《德国刑法学　总论》（第2卷），王世洲等译，法律出版社，2013。

15. 〔德〕约翰内斯·韦塞尔斯：《德国刑法总论》，李昌珂译，法律出版社，2008。

16. 〔德〕汉斯·海因里希·耶赛克、托马斯·魏根特：《德国刑法教科书》（下），徐久生译，中国法制出版社，2017。

17. 〔德〕卡尔·拉伦茨：《法学方法论》，陈爱娥译，商务印书馆，2003。

18. 《德国刑法典》，徐久生、庄敬华译，中国方正出版社，2004。

19. 〔德〕弗兰茨·冯·李斯特著，埃贝哈德·施密特修订《李斯特德国刑法教科书》，徐久生译，北京大学出版社，2021。

20. 〔德〕冈特·施特拉腾韦特、洛塔尔·库伦：《刑法总论Ⅰ犯罪论》，杨萌译，法律出版社，2006。

21. 〔德〕乌尔斯·金德霍伊泽尔：《刑法总论教科书》（第六版），蔡桂生译，北京大学出版社，2015。

22. 《荷兰刑法典》，于志刚、龚馨译，中国方正出版社，2007。

23. 《意大利刑法典》，黄风译，中国政法大学出版社，1998。

24. 〔意〕杜里奥·帕多瓦尼：《意大利刑法学原理》（注评版），陈忠林译评，中国人民大学出版社，2004。

25. 美国法学会编《美国模范刑法典及其评注》，刘仁文、王祎译，法律出版社，2005。

26.〔美〕E. 博登海默：《法理学：法律哲学与法律方法》，邓正来译，中国政法大学出版社，2017。

27.〔美〕约书亚·德雷斯勒：《美国刑法精解》（第四版），王秀梅等译，北京大学出版社，2009。

28.〔美〕霍姆斯：《普通法》，冉昊、姚中秋译，中国政法大学出版社，2006。

29.〔法〕亨利·莱维·布律尔：《法律社会学》，许钧译，上海人民出版社，1987。

30.〔苏〕B. H. 库德里亚夫采夫：《定罪通论》，李益前译，中国展望出版社，1989。

（三）论文

1.〔德〕普珀：《实现不同构成要件因构成要件结果同一而想象竞合》，东吴大学法学院学术交流演讲会论文，2005 年。

2. 步洋洋：《中国式陪审制度的溯源与重构》，《中国刑事法杂志》2018 年第 5 期。

3. 车浩：《强奸罪与嫖宿幼女罪的关系》，《法学研究》2010 年第 2 期。

4. 陈洪兵：《不必严格区分法条竞合与想象竞合——大竞合论之提倡》，《清华法学》2012 年第 1 期。

5. 陈洪兵：《竞合处断原则探究——兼与周光权、张明楷二位教授商榷》，《中外法学》2016 年第 3 期。

6. 陈洪兵：《同意伤害的可罚性检讨——以共犯的处罚根据为视角》，《中国石油大学学报》（社会科学版）2008 年第 1 期。

7. 陈洪兵：《刑法分则中"本法另有规定的依照规定"的另一种理解》，《法学论坛》2010 年第 5 期。

8. 陈珊珊：《法条竞合的内涵与处断规则探析——以嫖宿幼女罪与强奸罪的法条竞合为例》，《中国刑事法杂志》2013 年第 7 期。

9. 陈世伟：《"部分行为全部责任"的现实困境及其出路》，《云南大学学报》（法学版）2008 年第 5 期。

10. 陈文昊：《大竞合论的匡正与型构》，《研究生法学》2016 年第 2 期。

11. 陈兴良：《从罪数论到竞合论——一个学术史的考察》，《现代法学》2011 年第 3 期。

12. 陈兴良：《法条竞合的学术演进——一个学术史的考察》，《法律科学（西北政法大学学报）》2011 年第 4 期。

13. 陈兴良：《我国刑法中的法条竞合及适用》，《法学杂志》1986 年第 6 期。

14. 陈兴良：《刑法竞合论》，《法商研究》2006 年第 2 期。

15. 陈兴良：《刑法指导案例裁判要点功能研究》，《环球法律评论》2018 年第 3 期。

16. 陈兴良：《作为犯罪构成要件的罪量要素——立足于中国刑法的探讨》，《环球法律评论》2003 年第 3 期。

17. 陈志辉：《重新界定法条竞合与想象竞合之界限——Puppe 教授之竞合理论》，《刑事法杂志》1997 年第 5 期。

18. 陈志辉：《刑法上的法条竞合》，硕士学位论文，台湾政治大学，1997。

19. 储槐植、张永红：《刑法第 13 条但书与刑法结构——以系统论为视角》，《法学家》2002 年第 6 期。

20. 方军：《法条竞合的法理及类型思考》，《河南财经政法大学学报》2017 年第 5 期。

21. 方鹏：《德国刑法竞合理论与日本罪数理论之内容比较与体系解构——兼及中国罪数理论的走向选择和体系重构》，《比较法研究》2011 年第 3 期。

22. 冯亚东：《论法条竞合后的从重选择》，《法学》1984 年第 4 期。

23. 冯亚东：《受贿罪与渎职罪竞合问题》，《法学研究》2000 年第 1 期。

24. 付恒：《论法条竞合的成立范围、划分标准与竞合类型》，《四川师范大学学报》（社会科学版）2018 年第 4 期。

25. 付立庆：《交叉式法条竞合关系下的职务侵占罪与盗窃罪——基于刑事实体法与程序法一体化视角的思考》，《政治与法律》2016 年第 2 期。

26. 付强：《合理界定法条竞合的基本范围》，《法学》2009 年第 10 期。

27. 甘添贵：《罪数理论之研究（三）——法条竞合（八）》，《军法专刊》1994 年第 5 期。

28. 甘添贵：《罪数理论之研究（三）——法条竞合（三）》，《军法专刊》1993 年第 11 期。

29. 高蕴嶙：《共同犯罪的本质探究——基于刑法教义学的立场》，《重庆交通大学学报》（社会科学版）2021 年第 1 期。

30. 何荣功：《英国刑法的法典化改革之路述评》，《中国审判》2013 年第 1 期。

31. 洪健铭：《想象竞合犯与牵连犯之研究》，硕士学位论文，台北大学，2009。

32. 黄荣坚：《犯罪的结合与竞合》，《台大法学论丛》1993 年第 2 期。

33. 黄荣坚：《双重评价禁止与法条竞合》，《台大法学论丛》1993 年第 1 期。

34. 黄小飞：《法条竞合之特别关系类型及其适用规则》，《中国刑事法杂志》2017 年第 3 期。

35. 姜伟：《刑事法条竞合及其适用》，《西北政法学院学报》1985 年第 4 期。

36. 靳宗立：《刑法实例解析——罪数之判断与科刑处断》，《辅仁法学》总第 28 期（2004 年）。

37. 柯耀程：《评德国刑法竞合论"行为单数"概念》，《东海大学法学研究》总第 14 期（1999 年）。

38. 黎宏、赵兰学：《论法条竞合的成立范围、类型与处罚规则》，《中国刑事法杂志》2013 年第 5 期。

39. 李洁：《犯罪构成理论体系设定需要厘清的基本问题》，《湖北警官学院学报》2007 年第 1 期。

40. 李拥军：《当代中国法律对亲属的调整：文本与实践的背反及统合》，《法制与社会发展》2017 年第 4 期。

41. 李仲民：《美国联邦刑法法典化述评》，《西南政法大学学报》2014 年第 4 期。

42. 梁根林：《〈刑法〉第 133 条之一第 2 款的法教义学分析——兼与张明楷教授、冯军教授商榷》，《法学》2015 年第 3 期。

43. 梁根林：《许霆案的规范与法理分析》，《中外法学》2009 年第 1 期。

44. 林东茂：《危险犯的法律性质》，《台大法学论丛》1994 年第 1 期。

45. 林山田：《竞合论概说与行为单数》，《政大法学评论》总第 39 期

（1989 年）。

46. 林山田：《论法律竞合与不罚之前后行为》，《台大法学论丛》1993 年第 2 期。

47. 林炜民：《刑罚行为之质与量》，《刑事法杂志》1996 年第 2 期。

48. 林亚刚：《论吸收犯的若干问题》，《政治与法律》2004 年第 2 期。

49. 刘明祥：《论法条竞合的范围和适用原则》，《检察理论研究》1996 年第 4 期。

50. 刘宪权：《罪数形态理论正本清源》，《法学研究》2009 年第 4 期。

51. 吕英杰：《刑法法条竞合理论的比较研究》，《刑事法评论》2008 年第 2 期。

52. 马凤春：《论法条竞合的类型及其法律适用》，《法治研究》2009 年第 12 期。

53. 马克昌：《想象的数罪与法规竞合》，《法学》1982 年第 1 期。

54. 马乐：《如何理解刑法中的"本法另有规定"——兼论法条竞合与想象竞合的界限》，《甘肃政法学院学报》2016 年第 4 期。

55. 马荣春：《行为共同说的法教义学批判》，《法律科学（西北政法大学学报）》2018 年第 5 期。

56. 彭辅顺：《"从一重罪处断"规则的立法模式重构——从刑法分则分散立法模式到总则集中立法模式》，《辽宁师范大学学报》（社会科学版）2019 年第 6 期。

57. 彭国能：《法条竞合之检讨》，《军法专刊》1989 年第 2 期。

58. 钱叶六：《共犯处罚根据再思考》，《环球法律评论》2021 年第 1 期。

59. 饶景、蔡鹤：《英美刑法中的法条竞合》，《师大·西部法治论坛》2017 年第 2 期。

60. 饶明党：《规范竞合标准论》，硕士学位论文，中国人民大学，2008。

61. 阮齐林：《论构建适应中国刑法特点的罪数论体系》，《河南师范大学学报》（哲学社会科学版）2006 年第 3 期。

62. 苏彩霞：《法条竞合新探》，《贵州省政法管理干部学院学报》2000 年第 4 期。

63. 孙万怀：《刑事指导案例中的刑事政策、刑法理论与规则建构》，《政治与法律》2015 年第 4 期。

64. 谭钟毓：《论牵连犯的罪数形态与处断原则》，《求索》2012 年第
    4 期。

65. 汤火箭：《想象竞合犯与法条竞合犯辨析》，《西南民族大学学报》
    （人文社科版）2004 年第 6 期。

66. 田禾、戴绍泉：《论我国刑法中的法律竞合》，《社会科学战线》1989
    年第 2 期。

67. 田明海：《罪数原理论》，博士学位论文，中国政法大学，2003。

68. 王强：《法条竞合特别关系及其处理》，《法学研究》2012 年第 1 期。

69. 王洪季：《案例指导制度的反思与探索》，《广东经济管理学院学报》
    2004 年第 5 期。

70. 王磊、曹瑞臣：《19 世纪英国刑法法典化改革探析》，《菏泽学院学
    报》2014 年第 4 期。

71. 王彦强：《"从一重处断" 竞合条款的理解与适用——兼谈我国竞合
    （罪数）体系的构建》，《比较法研究》2017 年第 6 期。

72. 王彦强：《犯罪竞合中的法益同一性判断》，《法学家》2016 年第
    2 期。

73. 魏俊斌、帅佳：《法与不法：比较法视野下的德国判例与 "于欢案"
    一审》，《南京航空航天大学学报》（社会科学版）2018 年第 4 期。

74. 魏克家：《刑事法条竞合及其适用》，《广东法学》1991 年第 5 期。

75. 肖开权：《法条竞合不能从重选择——与冯亚东同志商榷》，《法学》
    1984 年第 8 期。

76. 肖晚祥：《法条竞合的界定与适用》，《铁道警官高等专科学校学报》
    2009 年第 4 期。

77. 肖中华：《也论法条竞合犯》，《法律科学（西北政法学院学报）》
    2000 年第 5 期。

78. 徐凌波：《犯罪竞合的体系位置与原则——以德国竞合理论为参照》，
    《比较法研究》2017 年第 6 期。

79. 许玉秀：《一罪与数罪之分界——自然的行为概念》，《台湾本土法学
    杂志》2003 年第 5 期。

80. 薛丰民：《论吸收犯的吸收关系——兼论吸收犯与相关罪数形态的界
    限》，《郑州大学学报》（哲学社会科学版）2013 年第 5 期。

81. 杨兴培：《关于牵连犯的理论再思考》，《法学》1998 年增刊。

82. 叶良芳：《法条何以会"竞合"?》，《法律科学（西北政法大学学报）》2014 年第 1 期。

83. 战谕威：《吸收犯初探》，《刑事法杂志》1994 年第 6 期。

84. 张光云：《日本刑法中的法条竞合》，《师大·西部法治论坛》2017 年第 2 期。

85. 张明楷：《部分犯罪共同说之提倡》，《清华大学学报》（哲学社会科学版）2001 年第 1 期。

86. 张明楷：《法条竞合与想象竞合的区分》，《法学研究》2016 年第 1 期。

87. 张明楷：《法条竞合中特别关系的确定与处理》，《法学家》2011 年第 1 期。

88. 张明楷：《犯罪之间的界限与竞合》，《中国法学》2008 年第 4 期。

89. 张明楷：《共犯的本质——"共同"的含义》，《政治与法律》2017 年第 4 期。

90. 张明楷：《共同犯罪是违法形态》，《人民检察》2010 年第 13 期。

91. 张明楷：《共同正犯的基本问题——兼与刘明祥教授商榷》，《中外法学》2019 年第 5 期。

92. 张明楷：《罪数论与竞合论探究》，《法商研究》2016 年第 1 期。

93. 赵丙贵：《想象竞合犯研究》，博士学位论文，吉林大学，2006。

94. 赵秉志、党剑军：《英国刑法的新走向——法典化》，《中央检察官管理学院学报》1995 年第 3 期。

95. 赵秉志、肖中华：《法条竞合及法条适用原则》，《华东刑事司法评论》2002 年第 1 期。

96. 赵炳贵：《犯罪客体概念之新诠》，《法学家》2000 年第 6 期。

97. 赵远：《论概括故意的构造与司法运用》，《法学评论》2015 年第 3 期。

98. 周光权：《法条竞合的特别关系研究——兼与张明楷教授商榷》，《中国法学》2010 年第 3 期。

99. 周铭川：《法条竞合中特别法条和普通法条的关系探析》，《中国刑事法杂志》2011 年第 3 期。

100. 周少华：《立法技术与刑法之适应性》，《国家检察官学院学报》2011 年第 3 期。

101. 朱飞：《论法条竞合的本质》，《政法学刊》2004 年第 2 期。

102. 庄劲：《机能的思考方法下的罪数论》，《法学研究》2017 年第 3 期。

103. 庄劲：《牵连夹结与法条竞合：数额犯之罪数问题》，《中国刑事法杂志》2021 年第 1 期。

二 外文文献

（一）英文文献

1. Gunther A. Weisst, "The Enchantment of Codification in the Common-Law World," *The Yale Journal of International Law* 25 （2000）.

2. John F. Dobbyn, "A Proposal for Changing the Jurisdictional Provisions of the New Federal Criminal Code," *Cornell Law Review* 57 （1972）.

3. Ronald L. Gainer, "Federal Criminal Code Reform: Past and Future," *Buffalo Criminal Law Review* 2 （1998）.

4. Julie R. O'Sullivan, "The Federal Criminal Code Is a Disgrace: Obstruction Statutes as Case Study," *Journal of Criminal Law and Criminology* 96 （2006）.

5. Paul H. Robinson, "The America Model Penal Code: A Brief Overview," *New Criminal Law Review* 10 （2007）.

6. The American Law Institute Model Penal Code, 1962-05-24.

7. Carissa Byrne Hessick & F. Andrew Hessick, "Double Jeopardy as a Limit on Punishment," *Cornell Law Review* 97 （2011）.

8. Emily Finch & Stefan Fafinski, *English Legal System* （London: Pearson Education Limited, 2007）.

（二）日文文献

1. 中野次雄「共犯の罪数」植松正等編『現代の共犯理論』有斐閣、1964。

2. 山火正則「法条競合の諸問題」（1）『神奈川法学』7 巻 1 号、1971 年。

3. 山火正則「法条競合の諸問題」（1）『神奈川法学』7 巻 2 号、1972 年。

4. 小田直樹「法条競合論一考」『広島法科大学院論集』創刊号、2005 年。

5. 町野朔「法条競合論」『平野竜一先生古稀祝賀論文集』（上巻）有斐閣、1990。

6. 大塚仁等編『大注解刑法』（第 3 巻）青林書院、1990。

7. 瀧川幸辰『改訂犯罪論序説』有斐閣、1947。

8. 井田良『讲义刑法学・总論』有斐閣、2018。

9. 平野龍一『刑法總論』（Ⅱ）有斐閣、1975。

10. 前田雅英『刑法總論讲义』（第 4 版）東京大学出版会、2006。

后　记

当行为人以一行为触犯数法条时，在排除违法阻却事由和责任阻却事由的前提下，究竟应当以法条竞合论、想象竞合论抑或其他？这是长期以来困扰学术界的斯芬克斯难题。自法条竞合的概念产生之日起，经学理的不断探究、理论的不断创新，时至今日对该问题的认识仍旧停留于百家争鸣的理论混战状态。而要解决上述问题必须建立清晰的划分标准，让法条竞合的各种类型呈现出相对分明的状态以区别于想象竞合等竞合形态。

刑法法条竞合的相关理论实则是一个非常宏大的系统工程，涉及法条竞合的概念、本质、存在范围、划分标准、具体类型、特殊形态以及处断规则、模型流程、体系建构等各个相关环节。同时部分交叉关系的法条竞合形态与想象竞合形态处于模糊界域时，又处于模棱两可、亦此亦彼的状态，更为形态的分辨徒增困扰。笔者自知智之所不致、力之所不及，仅期望以永不懈怠的精神和怀疑的态度去探索一种判断法条竞合类型相关问题的思维方式，寻求跳出既定模式窠臼的方法，力图从另一种方向和维度重新思考法条竞合判断的理论模式，着实期待一种"行至水穷处，坐看云起时"的豁然心境。虽然本书对法条竞合判断与司法适用的相关研究有所深入和推进，但结果如何却难以自评。本书中对法条竞合类型、形态与处断问题所进行的尝试性探索，当然或许与传统理论并无二致，自觉能成为批判之对象已知足矣。

本书得以出版，首先感谢四川师范大学给予我一个宽松的学术氛围，使我能够心无旁骛地完成学术专著。感谢马克思主义学院给予的出版支持，感谢法学院张光云教授对本书之日文文献所作的翔实校对与考证，对付雷荣、贺嘉玥、李安琪、杜平、夏冬阳、黄扬诸位同学为本书案例数据的收集以及全文校对付出的辛勤劳动也一并致谢！

行文至此，本书的写作不得不暂时告一段落。但对法条竞合问题的相关思考却仅仅是新一轮学术生涯的开始。基于篇幅和学识所囿，关于共同犯罪中所涉及的法条竞合论证尚未深入；关于法条竞合中的夹结形态研究，本书也浅尝辄止；英美刑法视域下的法条竞合之比较研究，本书同样未能深入洞悉。已言及部分的刍荛之见或因本人学养粗浅难以成理，仍待进一步琢磨与沉淀。或因笔力浅薄，舛误尽显，滋生读者阅读上的困惑。文中的观点与结论或可批判或可商榷，但本书的思考则是作者对于法条竞合相关处断疑难问题的自省结果，是一种思维进路上的探索。不奢谈能解决所有的相关竞合问题，仅是一种学术思想的交流与互动的期待而已。

付 恒

2023 年 6 月 26 日于成都